海外中国研究文库

THE ALIENATED ACADEMY: CULTURE AND POLITICS IN REPUBLICAN CHINA, 1919-1937

[美] 叶文心　著
冯夏根　胡少诚
田嵩燕　等译

民国时期
大学校园文化
（1919－1937）

中国人民大学出版社
·北京·

中文版序

本书的英文本写成于20世纪80年代。当时中美建交不久，学术交流活动正在起步，档案的咨询开发还处在形成阶段。有关民国时期的历史研究在西方的学术领域中尚属萌芽，以文化社会作为主要关注点的中国史研究，尤属新创的举动。

二十多年以来，中美学术交流的大环境有了许多发展。民国文化史的触角也大有伸张。这部专著，如果写在今天，想必在档案材料方面可以大大丰富一番，访谈以及实地调查材料部分也可以多多深入，下笔的时候想必就会更为谨慎，论述的时候构思的格局也就得作一些必要的简约。

知识社会学里有一种说法，就是专业论著往往随着知识纯度的上升，会出现一种跟现实的关联递减的现象。这本着眼于民国时期的小书在20世纪80年代的环境里，跟中国社会现实的关联恐怕十分少。但是曾几何时，峰回路转，现实社会不少眼前的议题都可以在历史上找到回响，仿佛空谷足音，几十年前后起伏共鸣。这是想不到的古今观想。

本书原著是以英文写作中国题材，在英语的知识语境中，许多在汉语语境中不成问题的问题需要附加解释，许多汉语读者众人皆知的人物、事件需要多加注释。这是用西文写作时需要多加赘语的地方。但是从另一方面看，在西方学院中书写中国，若干欧美社会科学文化诠释的普通理论与概念就无须多加着墨。若干西方中国学领域中已经建构成的论述也正是本书原作立论辩驳的起点。这是西文汉学著作在文本传承体系之内相互援引辩证的地方。

在今天，把一本中国题材的英文著述译为中文，在翻译上就不得不考量一些由于英汉知识语境相互差异所产生的表述问题。百余年前严复就曾经反复踟蹰，考量译事之难，认为如果要求信、达、雅兼具，三者之间也就得作某些取舍与平衡。

本译文不敢号称能够追随得上严先生的标准。但是在原作者的主导之下，译本在文字上并不追求与英文原本作一字一句的对应，这是因为我们认为文本的一一对应在跨文字的翻译过程中未必是充分表意的最有效方式。读者也许会发现，对英文原本从简之处译本有时多加一笔注释，对英文原本多作赘语之处译本有时宁取简约。这并不代表译者的专业水平不足，而代表在译述过程中从语境着眼，作了若干有关表述方式的斟酌与取舍。

本书的翻译，北京大学的欧阳哲生教授从开始便不断关心，投注了许多心力与劳动。如果没有他的坚持，这部译作恐怕不可能完成。

今天在本译著即将付印之际，我愿意借这个机会，向欧阳老师和他的学生们表达最深挚的谢意。

叶文心

2012 年 4 月

目　录

图表目录

写在书前

中国近现代史上有几个重要年份。1919 年是其中之一，1937 年也是 xi
其中之一。从中国近代高等教育史来看，在 1919 年与 1937 年之间，全国将近四分之三受过高等教育的人是在上海、北京和南京的学院和大学接受教育的。这段时期在近代教育史上有着特殊意义。民国时期是一个社会经济变革深刻的时代。这一变革，起源于科举制度在 1905 年的废除。大学培养的新型知识精英从此和国家官僚体制断了钩。大学里讲授的专业知识和国家政党所着意灌注的意识形态也断了钩。[1]在这文化、社会和政治关系彻底重组的背景下，在 1919 年 到 1937 年间，北京、上海和南京的高等院校跟主政者的关系产生了分疏。[2]

民国时期的大学生在诸如五四运动、抗日爱国主义运动以及中国共产党成立等重要历史事件中都扮演了核心的角色，已有许多史学著述对此加以讨论。一般学者对于大学生的群体形象并不陌生。[3]然而当我着手研究民国时期大学校园文化的时候，我发现当时全国大学数量众多，各有千秋，无论在结构上或取向上彼此并不成为体系。在这个背景之下，很难说得上有个全国一致的大学生形象。以北京和上海为例，这两个地方学校最集中，然而各校的大学生不仅有不同层次的社会背景，而且在不同的高等
教育机构中接受颇为不同的教育。事实上，尽管中国大学生在全国范围内 xii
的文化与政治运动中都有所投入，但是大学生作为群体，缺乏一个全国性的大学生文化。大学生作为社会阶层，所代表的更是多种多样的类型与选择。

我的这项研究的开展，受惠于西方两部重要的史学著作：其一是何炳棣教授对明清中国社会阶层流动性的研究，其二是约瑟夫 · 列文森（Joseph R. Levenson）对晚清以降儒家传统转型的研究。[4]何先生的著作认定科举在明清中国社会形成中居于核心地位。这意味着1905年此类国家考试废除之后，传统士绅—官僚政治中的精英上升的途径产生重大转变。近二十年的研究表明，传统中国的社会流动渠道远比何先生在他的开山作品中所能呈现的要复杂。[5]然而科举制度即使不是构成传统国家和社会关系的唯一主导因素，也是关键性制度之一。那么，晚清新政改革和1911年共和革命以后，高等教育制度与新兴党国体制之间相互的关系又是什么呢？这个关系如何取代科举的功能为国养士？

列文森的著作开辟了另一个视野。他将我的注意力引向西化的问题，以及西化如何将中国城市知识阶层从本土根源和传统文化价值观中剥离出来。列文森以后的西方学者继续他的研究路子，但是得出不同的结论。有的学者认为，近代中国思想界接受西化是十分有局限性的。这个局限性无论在近代儒学还是在唯物史观里都找得到证据。有的学者认为只要观察城市中产阶层的市民文化，就可以看出传统的符号和语言运作在大众文化领域里作用有限。[6]尽管这些研究显示中国知识层并没有彻底西化，传统
xiii 文化元素也并未丧失再生的力量，但是西化和精英“失根”相联系的问题仍然挥之不去。高等教育既然有西化的努力，就有以下的问题，比如说，塑造了资产阶级城市知识阶层的高校文化其本质到底是什么？民国时期的大学校园文化具有什么样的社会含义？如果说在高等教育中并没有一套单一的教育体制，也没有一个全盘的西化过程，那么我们对民国的大学逐个考察，我们在一个个大学的校园文化及校园生活中会发现哪几种联系文化、社会和政治的关系？

为了回答以上的问题，我把民国时期的各个高等学府看做各自具有相当内在逻辑组合的机制。我们观察校园生活，一方面看的是学生们如何应对各校不同的环境，一方面看的是学生们如何反映全国所共同面临的一些大环境。然而这个各校内在逻辑的运作自然未必十分严谨。所谓学校的典型顶多只是个理想形态的建构，不是实例举证归纳成的结果。比如说，大学生们彼此之间有人崇拜歌德，有人勤读孔子之书；有人在武汉求学，有人在上海当大学生；有人在北伐前夕成年，有人在抗战期间随校西迁。这些差别对每个人有何重要意义？我们如何将这些具体而细微的现象联系到

近代历史的大脉络之中？我们如何在分歧的经历及统一的时代主轴之间找到对话？

我对民国时期校园文化和政治的模糊意念，在某些方面来自童年时期母亲教我唱的歌。母亲 20 世纪 40 年代的下半期就读于上海圣约翰大学。她有极好的歌喉，在学校里经常演剧，担任女声主唱。以后到了台北，她 xiv
在家把那时候的歌曲教给我。有一首歌嘱咐成为烈士的同学们安息，叮嘱他们不必再为人民担忧，寒冷的冬夜过后就是美好的春天，后人必然跟随着前行者继续前进。这样的歌曲母亲说在家门之外不得重复。我虽然听话，但是总想搞明白是怎么回事。

几年来，我在加州大学伯克利分校历史系求学，从我的指导老师那里受益良多。这个研究开始是由魏斐德（Frederic Wakeman）教授指导的博士论文。我将永远感激我的论文指导老师，正是他无尽的耐心和高见，引导着我把最初模糊的念头形成观点，并加以论证，写成论文，最后成书。

论文的修订得到了一些研究基金的支持，包括梅隆中国研究基金（Mellon Fellowship in Chinese Studies），它设立在伯克利和斯坦福，由美国学术团体委员会（American Council of Learned Societies）管理；哈佛大学费正清东亚研究中心的博士后基金；加州大学伯克利分校校长博士后基金和中国研究中心。在斯坦福，范力沛（Lyman P. Van Slyke）指导了我的工作。在哈佛，我通过与孔飞力（Philip Kuhn）教授和史华兹（Benjamin Schwartz）教授的对谈获得了巨大启迪，他们为我的想法引入了重要的视角。在伯克利，大卫·凯特利（David Keightley）教授和欧文·席耐尔（Irwin Scheiner）教授非常慷慨地贡献了他们的时间、想法和建议。

许多老师、同事和朋友都过目了此书的早期形态并助其最终成形。我想在此表达对下列教授的谢意：莱因霍德·本迪克斯（Reinhard Bendix），高家龙（Sherman Cochran），柯文（Paul Cohen），易劳逸（Lloyd Eastman），周锡瑞（Joseph Esherick），费正清（John K. Fairbank），保拉·法斯（Paula Fass），默尔·高曼（Merle Goldman），易社强（John Israel），乔伊斯·卡尔戈林（Joyce Kallgren），劳伦斯·莱文（Lawrence Levine），琳达·勒温（Linda Lewin），毕克伟（Paul Pickowicz），普莱斯（Don Price），谢尔登·罗斯布赖特（Sheldon Rothblatt），石约翰（John Schrecker），苏云

峰，杜维明，傅高义（Ezra Vogel），以及后期约翰·威廉·沃德（John William Ward）富于价值的评论、建议和支持。

xv 感谢斯坦福大学东亚座谈会的成员，哈佛大学费正清研究会，哥伦比亚大学现代中国研究会，加州大学伯克利分校中国研究地区性研究会，台北“中央研究院”近代史研究所。他们使我有机会发表本书的观点，并给予评论和建议。

本书的大部分研究工作的进行，是在加州大学伯克利分校的东亚图书馆和中国研究中心图书馆，胡佛研究所的东亚文库，哈佛—燕京图书馆，美国国会图书馆，台北木栅“教育部”档案馆，台北阳明山的国民党党史馆。感谢这些机构的图书管理员和案卷保管人所提供的帮助，感谢哈佛大学东亚研究出版物委员会佛罗伦萨·特雷弗森（Florence Trefethen）所提供的编辑上的指导，感谢曹志涟（Tsao Jr-lien）帮助准备本书的最后手稿。

最后但绝非最不重要，我感谢正治（Jim）的努力并积极地包容了我的一切，以及庆予（Irvin）的拥抱、亲吻和笑声。

导　言

西式学院和大学在中国传统儒家书院的废墟上崛起。这场发生在世纪 1
之交的转变突如其来。部分由于国家强制推行，部分由士绅阶层发起，在短短七八年间，新的教育机构取代了由地方学校、书院和学监构成的、几百年来与科举制度休戚相关的复杂教育体系。[1]新学堂最初出现在城市中心以及其他与西方接触密切的地方，然后渗透到内地，代表了对第一次鸦片战争后清王朝的政治失败以及对由此失败而生的深重的思想挫败感的一种迟来的、但非常关键的回应。

尽管继承了帝国学术机构的惯习和遗风，民国学校在功能上仍几乎无法有效取代它。不仅文史教育和经学道德训育被重新编制，以涵盖西方的科学和近代语言类科目；而且近代学术机构从一开始就含有各种对立的政治力量。清政府试图通过教育改革，用外来手段维护本土文化本体，以维护政权，对抗帝国主义。尽管改革本身的设计是依靠为人熟知的保守思想
去集中控制新式教育和潜在的激进思想，但新式学校也变成各省士绅精英 2
中进步改良派的工具，他们试图占据教育舞台以实现其摆脱中央控制的目的。

这些进步士绅精英在许多省组织成立了教育会，并试验了各种类型的教育课程。他们继而发现，新式学校毕业生（其中许多人继续去日本和欧美深造）也忙于探索如何把新的学术机构和师范学校转变成激进政治的温床。因此，辛亥革命的发起者是在戊戌变法和新政改革中改良派创办的中学和师范中酝酿起义的。与此相类，当国民党 1927 年在南京掌握政权时，他们也发现 20 世纪 20 年代的共产党已经建立了他们自己的机构——事实上，是他们自己的大学——来聚集革命的能量和散布社会主

义。国民党人通过毫不留情的军事战役和反间行动，成功地破坏了中国共产党的城市基层组织，把红军驱逐到陕北的贫瘠地区。同时，南京的教育部致力于“党化教育”，指定新的文化正统学说为党国服务。就好像绕了一圈后又回到原点，在皇帝的第一份教育改革诏书颁布三十年后，使政权和大学关系复杂的一个主要难点，还是在于高等学府该为既有秩序的利益服务，还是该充当激进变革的先锋。

事实上，1927 年国民党重建中央政府之前，民国的高等教育机构已经在一个自由放任的环境中有所发展。南京教育部颁布并强制执行了一系列规章制度，既企图党化学生，规范大学行政部门，又指望把不同的学院和大学统统纳入高等教育体制的规范。然而，由于南京政府的目标和手段
3 通常公然从属于意识形态和政治，因此 20 世纪 30 年代高等教育最显著的一致性，与其说是对文化信仰和教育理想的共识，倒不如说是对南京政府的政权和意识形态权威的让步。学校如果不能或拒绝承认国民政府的新制度，就会被关闭，或得不到官方认可的身份，就像上海的几所大学和圣约翰大学那样。

尽管在士绅精英改革者的支持下，新式小学和中学扩展到了各省，但 20 世纪 20 年代高等教育机构的空间分布在地理上很不平衡。由政府上层推动并从中心城市开始，这些机构有 60% 集中在北京和上海，前者是古老的帝国首都和经学中心，后者是重要的中西贸易、金融和工业都市，并且迅速成为中国最大的城市。剩下的 24 个高等学府散布在 12 个省的 18 个城市。在北京，城市人口的四分之一直接或间接与高等教育有关，在各种级别的高等学府中上学、工作或服务。在上海，这个比率大约是十分之一。在中国的其他地方，百分比则大大下跌，内地降到了平均百分之一。

概略地说，民国高等教育机构有四种主要类型：清时创建的国立大学，西方（主要是美国）教会学院，私立中国学院，各级政府主办并得到国民党支持的学校。各种类型的学校因其独特的政治背景和内部学派的学术传统而区别开来，并进而展现为具有某种社会特征以及与此相联系的特有文化倾向。北京大学，从其前身京师大学堂发展而来，既是历史悠久的考据学的中心，也是反传统的新文化运动的策源地。上海的圣约翰大学是美国圣公会的教会学校，它的成立与买办资产阶级在通商口岸的发迹有

关。江南的士绅精英和官僚改革者在世纪之交建立的复旦公学，在 20 世 4
纪 30 年代发展成重要的私立大学，强调应用性专业科目。广州中山大学于 20 世纪 20 年代中期在广州国民革命政府治下成立，试图成为“党化教育”的化身，把政治训练和对科学技术的强调结合在一起。

有人可能会提到，民国的高等院校彼此之间在质量和名望上无疑存在水平上的差异，这区分了全国性和地区性高校，也区分了地区性和纯粹省级高校。北方的北京大学、清华大学和燕京大学，属于全国性精英学校，吸引了全国各地的学生。私立的上海复旦大学、大夏大学和圣约翰大学是跨地区的高校，其生源的地理分布包括中国中部和南部的许多地区。20 世纪 20 年代国民党主办的公立高校——广州的中山大学，南京的中央大学，武汉的武汉大学，成都的四川大学——都是地区性学校，吸引好几个省的学生。在北平—天津和江南核心地带以外的私立、公立的省级高校——例如，福建的厦门大学，梧州的广西大学，开封的河南大学——吸引着本地精英的后代。

此外，质量和威望在教育机构中处于较低层的是公立省级学校，如师范学校和各类专科学校。此处我们必须要考虑空间和时间上的某些特质。我们对民国早期位于省会的高等师范学校和 20 世纪 20、30 年代相当于中学水平的地方性师范学校也要区别对待。在南京政府统治的十年间(1927—1937)，前者或被纳入高等教育的省级和地区机构，或被省级机关降级为中等学校，实际上，在 20 世纪 20 年代的政治动乱中，他们并没
有遭受损失。[2]后者几乎没有作出成为高等教育机构的努力，连续几届的 5
民国教育部门也没有把它们当做高等教育机构。这些学校通常培训小学和中学老师，并为当地培养有技术和文书能力的职工。因为收费很少或者不收费，所以其学生主体的社会构成跟高等院校的颇有不同。拥有大都市社会关系的精英，连同主要城市的商业及专业精英，通常把他们的孩子送往北京和上海的高等院校，那些学校常常强调西学科目，以及数学和科学。地方社会和乡镇的资产者，比如从前的秀才人家、殷实地主、米商或钱庄业主，就把子弟送进省级院校，这些学校强调国学科目也教授新学，让正在衰落的传统中层精英看到了前景。但是，内地社会通过省城大学再生产县级精英，也就是从本土吸收人才，学成后还是回到本土。[3]与此相反，

北京和上海的名校则持续地吸引着大城市的世家子弟，让他们离开家乡到更广阔的世界去，使他们疏离于本土环境及乡土根基。

被疏离的学院未必是毫无建树的，也并不会归于沉默。确实，我们可以这么认为，当“学而优则仕”这一顺理成章的预设破碎时，这一决绝的断裂状态为创造性追求释放了能量，而创造性追求不仅出现在艺术、科学、学术和专门职业技能中，而且表现为在官方意识形态之外形成独立政治见解。20世纪中国知识界有一种独特的疏离感（estrangement）。这既不是黑格尔的“外化”（“externalization”），也不是马克思的制度化且成系统的“异化”（“alienation”），而是更接近于韦伯（Max Weber）的“祛魅”（“disenchantment”）和“去神秘化”（“demystification”）。在两次世界大战间这段时期，这种深重的疏离感正是中国大学学生文化的重要背景。[4]

正如乔治·里希特海姆（George Lichtheim）已经指出的：“这些问题
6 以一种朦胧的神秘的方式与人类的永恒关怀相联系。每当一种特有的社会文化整体无法使某个社会的精英满意时，这些永恒关怀便自然而然会出现。”[5]在历史和价值割裂的地方，疏离感作为对存在于既有秩序之外的刺激的感知，出现在那些体验到传统权威丧失及过去地位和落魄现实间张力的人中。[6]在发生关键社会变革的年代里，那种特有的疏离感在中国找到了一种融合了文化和政治形式的表达，两者的风格和内容都辩证地纠缠在一起。要全面评价民国高等教育史所反映的文化和政治间错综复杂的关系，需让我们先对20世纪早期中国大学里语文与学识的高度政治化作一番考察。

第一章　语文与学识

19 世纪中叶，中国人开始怀疑他们的世界并非那么自给自足。此时 7
的清王朝在英国人和法国人手里遭遇了一连串军事失利和外交溃败。从第一次鸦片战争（1840—1842）到中日甲午战争（1894），清廷经历了一个痛苦而漫长的过程，最终耗尽理学秩序的政治智慧，开始承认“中学为体、西学为用”相结合的全面改革的必要性。[1]虽然在王朝衰落时期由于西方的到来而释放出的社会和文化动力仍有待学术探究，但在西方帝国主义的世纪中，清王朝政治历史的大致轮廓却并不让人陌生。[2]同样为大家所熟知的是在政治改革进程中保守派所发起的对抗。第一个由清政府筹办的西文、西学机构是同文馆。同文馆在 1862 年创办之初就遭到了以倭仁为首的保守派的强烈反对。倭仁是蒙古人，理学卫道士，曾先后担任帝师、翰林院掌院学士和六部之中几个部门的尚书。[3]倭仁认为，在朝廷官方机构中不适合教授西方蛮夷之学，这些机构应当把重点集中到“正心诚意”的礼义圣学上来。西学中关于天文学和数学的知识对于“立国之道”为益 9
甚微。再者，立国之道首要还是在于“义理人心”。当一批“才能兼备的学者”在清廷的引导下“趋附蛮夷”之际，倭仁对于他们彻底改变治学之道做出了大声疾呼和严词反对。不过那个呼声在 1871 年冬天一个冰封的早晨终于沉寂了，这一天，倭仁坠马断腿，同年 6 月 8 日他死于腿伤并发症。[4]

尽管保守派反对，传统教育体系仍然开始发生结构性变革。随着 1894 年在中日甲午战争中的惨败，地方上开始了零星的试验。摧枯拉朽式的改革始于 1905 年 9 月 2 日，那天清廷下令立即永久性废止科举考试，这一存在了千余年的基本制度曾引领知识精英步入仕途，为那些精通儒家经史的士人带来社会地位。这个制度就此终结。[5]同年，新成立

图1　上海务本女子中学学生会成员（约1910年）

资料来源：《中国学生》，1929年第1卷第2期。

的学部在北京颁布了将全国地方书院改制为新式学堂的政令。[6]地方资源被纳入新式教育。在许多乡村，民间自发、主动地建起了小学，除了教授传统经史课程以外，还教授自然科学、数学、体育和西方音乐等课程。[7]

世纪之交中国近代学校体系的创立使外语和西学纳入了中国教育课程的主流。[8]在此之前，英语和中文，科学和经史是在不同的机构被分别教授的。随着近代学校的兴办，两类学术课程结合起来并入了同一个教育体系。外语和西方学科被正式纳入学校课程，改变了教育大纲的结构。大背景的改变重新界定了中文科目在教育体系中的地位，而反过来教育体系中的新成分也有助于重新定义中国新一代知识精英的社会倾向与属性。

一、中国高校中英语的使用 10

随着外语和西学被纳入学校的主流课程，这些课程迅速吸引了大量学生的注意。这一趋势始于大都市和省城，而后扩展到小城镇。相较于中小学，这种倾向在大学及专门学校中更为显著。在20世纪20、30年代，除了汉语言及文、史、哲课程以外，几乎所有的大学科目——理科、工科、医科、商科、教育学、经济学、社会学和法学——都极其依赖英文教科书和参考书。[9]

一些评论家尖锐地指出，由于高等院校中学生的年度预算大多用于购买进口书籍，以至于这些费用成为中国知识精英阶层向西方“朝贡”的一种形式。[10]尽管有人批判，大学教室里除了国文课，多半的理工财经课程的阅读材料、考试和课堂作业普遍用的都是英文。[11]许多中国教授在西方受过学术训练，他们回国后全盘传播从西方习得的知识。[12]在经济学和社会学领域，美国的影响不仅主导了整个学科，而且美国的慈善事业——特别是洛克菲勒基金——实际上支配了中国各主要社会科学院系的研究取向。其中天津的南开大学经济研究所和北平的燕京大学社会学系都接受其资助。两校的研究取向也传承自西方。[13]

大学如此，中学也明确强调使用英语，与此伴随的是全盘接受西化的风气，这一风气成为主要城市精英教育机构的显著标志，这些通都大邑的中学能使其毕业生在大学入学考试的角逐中胜出。城市里的著名中学跟那些处于穷乡僻壤、风气闭塞的地方城镇学校在风格上迥然有别。比如私立

11 南开中学，它是包括中华人民共和国总理周恩来在内的20世纪中国政坛上许多领导人的母校。南开中学的学生需要学习代数、几何、三角、解析几何、对数、微积分、化学和世界地理，这些课程用中文教授，但主要使用的是英语教科书和英语术语。尽管学生中很少有人能够熟练地用英语来表达，但他们大都借助英语词典来设法掌握这些学科。[14]无独有偶，在南洋中学、上海南洋公学（1927年后更名为“上海交通大学”）的初中部，学生们阅读的工程学和自然科学的读物也都是英文的。[15]许多学科对学生们构成学习上的挑战，往往不是因为数学难懂，而是因为英语难懂。对于许多学生来说，在他们的中学课程里最具挑战性的课程是西方文明史和文化地理学。其难处不在于阅读材料的晦涩，而在于掌握这些科目很大程度上得依赖相当强的外语能力。[16]

既然民国时期的学业成绩如此严重地依赖外语的使用熟练程度，老师和家长对外语的重视程度就可想而知。意味深长的是，甚至连极少说外语的国民党的忠实信徒也强调外语的重要性。[17]1925年冬，蒋介石（1887—1975）专门从广西军事总部写信给即将毕业于上海万竹中学的长子蒋经国（1910—1988），教诲他必须重视英语课程，并应当参加圣约翰大学预科的入学考试。[18]

上教会大学的学生很少主修中文。[19]随着对英语的日渐重视，对于中国历史和语言的兴趣与热情便逐步下降。[20]由于大部分科学和专业学科的主要媒介是英语而非汉语，因此“中学”在与“西学”的竞争中日
12 渐采取守势。如下所述，民国时期的传统学问，许多以阐析文化、精英和唯美为主题。民国学术界的国学有一种面对西方的深切的矛盾心理。这种矛盾心理不仅表现在彻底的文化民族主义中，而且也表现在从唯美主义出发对实用功利主义进行的巧妙攻击中。[21]

二、翻译与写作：文化优先性问题

大学课程之中对英语的偏重，直接产生了重大社会效应。这个效应最为明显地表现在精英知识阶层内部的分化。第一个分化表现在城乡之间。沿海大城市中的中学英文师资阵营整齐，一般中上家庭出身的学生在新潮

风气的影响之下，切身认识到英语的用处，毕业之后，外语知识在工作中也能派上一定用场。内地的学生所面临的情况则非如此。内地英语教学师资的短缺，往往令学生事倍功半，并且即使学成，在就业时也难派上用场。城乡之间，英语学习的环境虽有如此差异，而大学入学考试，对英语水平的要求，则是无论学生来自城里或乡下，一视同仁，一同评鉴。这种情况之下，内地考生申请新式大学，在先决条件上居于劣势，在接受大学教育的机会上产生了结构性的不平等。城市知识人“无根的世界主义”特征因此也在教育领域有了一定的表征。[22]在文化以及语言能力的取向上，城市的受教育者和农村的受教育者之间产生了一定的社会距离。文化和语言不再将整个国家整合在一起，而是加剧了精英阶层与社会大众的差异，并造成了精英内部不同阶层的分化。

在高等教育内部，各个大学教授英语课程的不同方法也影响了上述分化。一般教会学校的教学常常高度西化，更确切地说，是美国化，旨在训
练学生在外国文化环境中流畅地直接使用英语，教会学校中的外语教学因 13
此强调对话和作文。国立大学的英语教学则将重点放在语法和翻译上，目的在于训练学生看懂外文材料，用于中文环境，因而把精通英语仅仅作为阅读外文资料的工具。私立大学则在这两种教学取向之间摇摆不定，旨在标榜其重西学的名声，也会根据学生要求做出调整，因此各所学校各有不同，随着年代不同也有变化。这些不同取向往往通过大学招生考试的英语试题，把各自不同的侧重点明确传达给全国的中小学教育机构。

以北京大学1924年的英语招生考试为例，这年的英文试题不长，内容分为三个部分。[23]第一部分考学生的英语阅读能力。第二部分考文法，包括英语里的阴阳性、单复数、时态、主动态或被动态。第三部分考翻译，将一段中文译成英文。这部分考题固然要求学生用英文表述，但与英语作文中需要的技能还是有很大区别。

北大的试题强调文法与翻译，其他许多国立大学的英文试题也大致如此。同年国立北京师范大学的英语试卷要求学生分析长句的文法结构，指出文法上的错误，还有中译英。广州的广东大学（中山大学前身）的考题要求学生列举凡是可以作为主语的名词，解析长句的语法结构，将中文
译成英文，将英文译成中文。[24]广东大学的英语考题虽包括英语作文， 14

但是文章仅限三百字，而且这一部分在总分里所占的比例也较低。[25]

翻译与写作的相对比重，在教会学校和清华大学、南开大学等校的英语考题里大有不同。南开大学与美国洛克菲勒基金会关系深厚。清华大学是用美国所退还的庚款而办的留美预备学校。上海浸会大学（沪江大学）的英语试题主要是一纸作文，而“一些其他试题”不过是陪衬。[26]南开大学的试题把一半的篇幅用在英文写作上，要求学生写私人信件、给商店写信订购书籍、简述一本好书的内容、描述自己故乡的特色。[27]清华的考题要求学生在指定的三个题目之中任选其一，以英文作一篇简洁流畅的文章。[28]评分标准除了文法没有错误之外，还得修辞恰当、使用英文惯用法、段落分明、内容通顺、布局有条理，并且思维清晰。[29]

英文考卷的长度，有时也反映学校对外语能力重视的程度。北大的英文考题不过三道。南开的试题有八道。北大的考题填不满一纸，而清华的考题长达八页。[30]

从英语教学的角度看，翻译和写作各有所取，无可厚非。但两种取向
实际上区别很大。翻译练习使大学生担当起在两个语言和文化之间互译的
角色，而作文练习则旨在掌握用某种语言作自我表述。翻译练习的要求，
15 是对外语的熟练掌握必须经常参照或回归到母语的表达，而作文练习则让
学生用新掌握的外语来表达自我。

同时，在强调英语作文及会话的教会大学，教英语的教师也几乎都以英语为母语。上海圣约翰大学英语系的教授们大部分是美国人。20 世纪初，学生增多，以至于师资紧张，就聘用教授的太太们和新到中国的年轻传教士来兼课。[31]在另一所规模小得多的上海浸会大学（沪江大学），20 世纪 30 年代初期一共有 56 名教授，其中包括 22 个美国人以及 1 个俄国人。沪江的英语系强调会话及作文，9 名编制内的教授全是美国人。[32]

20 世纪 30 年代的沪江大学，英文的主导地位意味着学生对中文缺乏兴趣以及中文能力的低下。沪江大学总共有 550 名左右的本科生，其中 224 人（约占 40%）学商，70 人（约占 13%）学教育，134 人（约占 24%）学化学及医学预科，192 人（约占 35%）列名文学院。文学院之中，大多数主修社会学与政治学，只有一小部分主修英语，几乎无人主修中文。[33]此后五年文学院学生人数逐年下降，1934 年降到总共 130 人

（约占全校学生的24%）。商学院的比例维持在36%，理科增长到31%，英语系的学生则大幅增长，占到全体的三分之一。与此同时，中文系的主修学生则降到零。[34]

除了燕京大学之外，民国时期的教会学校在加强中文教育方面普遍有困难。饱学资优的国学大师多半不愿意任教于教会大学，因为自觉与学校重英语轻中文的风气格格不入，无法与其他各系同事相处。教会大学的学生也大多对极其依赖英语教材的科目感兴趣。[35]然而一所学校英语系的 16
兴盛，不一定建立在中文系的式微之上。以清华大学为例，清华的英语系在20世纪30年代是全国大学外语系中学生最多的一个系。与圣约翰大学和沪江大学不同，清华的英语教授是拥有欧美学位的中国学者，而不是美国人。清华的英语系偏重英美文学而非语言。清华英语系学生虽然比中文系多了一倍，但是中文系的学生也占到文学院的近四分之一。[36]某种程度上因为对文学的共同爱好，两系之间常有学术交流。[37]

民国时期高等教育除文史哲课程外，基本上各学科在教学上都大量依赖英文教材。两类学科主修学生人数的比例，在某一程度上也就间接反映一所学校重视英语的程度。20世纪30年代，11所国立大学文学院的总学生数和19所教会及私立大学文学院的总学生数不相上下。[38]然而，这11所国立大学之中，文学院学生有一半以上主修的是国学范畴里的文史哲，教会及私立大学的文学院学生之中则只有五分之一修习的是以中文为主的专业。[39]私立大学绝大多数学生主修政治、商学、教育、社会学、新闻等“文科”以及自然科学，都是些需要掌握外语的学科。由于这些学科以及工程、医学基本都不是从本土学术传统中衍生出来的，因此学生修 17
习这些科目之前就不得不浸淫于一门或多门外语。至于传统所谓的文史哲，学士课程则几乎完全集中于少数几所国立大学，传统学问在那里还受到相当程度的关注，这些学校包括北京的北大、师大及清华（在较小程度上），广州的中山大学，华中的四川大学、武汉大学及中央大学。私立及教会大学每年所总共培养出来的文史哲人才不及全国大学文科人数的五分之一。[40]

总之，以上数据显示教会及私立大学在民国时期普遍大量依赖英文进行教学，这种依赖在科学及工、商、新闻、教育等学科中尤为明显。从比例上看，私立大学与公立大学相比，靠英语求学的学生要多得多。上海及天津的私立学校聘用外籍教员，教授英语的会话及作文。掌握英语使这些学校的学生能把握机会，在中心城市的贸易、金融、制造业和其他新兴职业中占有一席之地。

尽管相比之下，北京、南京、广州、成都、武汉的国立大学对植根于本土学术传统的科目要重视的多，但国立大学的三分之二左右学生学的还是科学技术和社会科学。这些学生在求学中不可避免地依靠英语教材。然而国立大学的英文系，是研究赏析西方文学理论和经典著作的专业科系，而非为整个学校的本科生进修英语提供服务。在海外学成归国的中国学者开设了大量文学课程。吴宓（1894—1978）与梅光迪（1890—1945）都
18 在哈佛大学师从欧文·白璧德（Irving Babbitt），回国以后两人又都任教于国立东南大学（南京中央大学的前身）的外文系，他们可谓是这些人中最著名的例子。[41]

国立大学外语系在民国时期所开的课程范围极广，除了不教《圣经》文学之外，举凡希腊神话、英诗、戏剧、小说等等无所不包。中国籍的教授们对于英美文学极为推崇，而极少愿意屈尊教授语言。[42]即使是大一、大二低年级授课教材也是文学名著。[43]英文课程有时与法、德、日文并列，或共同组成外语系。他们注重文化和文学的修养，而不屑于一般流俗的商用语言。[44]这些中国学者致力于莎士比亚的中译，讲究文法精确的标准英语。[45]除了当时的欧洲语言，他们还涉猎经典的古代文字如希腊文、拉丁文、梵文或古阿拉伯文。[46]

20世纪中国受过西式教育的人文学者常常自矜于学贯中西。在这些学者看来，翻译也是一种学术成就，因为它要求学者拥有驾驭多种高雅文字的能力。通商口岸的买办英语因此让人反感，一是因为只学英语而不学其他语言是文化上的狭隘，将人的视野仅仅局限于口岸城市的外国人中；二是因为商务英语十分粗鄙，仅仅是中国人用来谋生的语言工具。[47]文化的重要分野不在于“东方”与“西方”，“中国”与“世界”，而在于
19 “雅”与“俗”，人文精华与贩夫走卒。燕京大学校方因为道德风化的缘故而禁止学生演出王尔德之剧，清华大学教授陈源（同时也是颇具影响力的政治周刊《现代评论》的主要撰稿人之一）引马修·阿诺德（Mat-

thew Arnold，原文称之为“亚诺尔特”）对非力士第恩（philistines，即小市民）俗人俗见的攻击来批评燕京，他无疑是想超越这些东方与西方的文化区分，以“雅”与“俗”的分类创造出跨文化的共同文明话语。[48]

三、内地的英语教学

无论是通商口岸还是高等学府里出现的“世界文化眼光”，对于内陆地区大众的日常生活而言都很遥远。而且，在实际的英语教学中，侧重于翻译抑或写作往往取决于现实的环境而非抽象的教学法选择。清华大学的英文教授叶公超（1904—1981）曾指出，当时的中国虽已有相当数量外国文学研究方面的中文书籍出版，但有能力教英语的却不多。[49]在大学和中学，合格的英语教师长期短缺。在教育改革初期，这些空缺亟待由有名的教会学校，如圣约翰和东吴大学的毕业生来补充。[50]后来的几十年间，尽管国立大学的外语系开始培养越来越多的本科生，但这些毕业生所受的训练只将语言教学视为第二位。20 世纪 20 年代国立东南大学的课程设置和教授组成就充分显示了这一偏向，并为 30 年代包括清华、北大在内的主要公立大学所仿效。[51]受此训练的许多公立大学外语系毕业生到
公立中学任英语教师，他们虽精通外语，但是因为没学好如何教外语，因 20
而不足以胜任中学教学任务的要求。他们在教学方法上犯了不少错误，例如在学生英语还没入门时，就采用塞缪尔·约翰逊（Samuel Johnson）和本杰明·富兰克林（Benjamin Franklin）的散文为范文来教他们英语。[52]这就像外国学生学汉语，一字不识就以韩、柳、欧、苏的作品作为入门范本。

合格教师的短缺直接导致教育体系内部学术发展水平的不均衡，城乡差距十分明显。本就为数不多的优秀英语教师集中于几个大城市，那里的教学水平也水涨船高，特别是在一些大通商口岸或政治中心。在大城市的教育体系内部，大学和专科学校的附属学校往往代表最高水平。除了北京、上海、广州等大城市中教会大学的对口中学，中国一些主要大学的附属中学的英语教学也保持较高的水平，为学生日后在大学的学业做了充分准备。天津的南开大学、南京的东南大学、上海的中国公学和南洋大学等

校的附属中学的学生通过三年的学习都能获得足够的英语阅读能力。这些学生中的大部分在大学录取考试中成绩优异，而且在大学入学后一直保持流利的阅读和翻译能力，即使在对话和写作上可能略逊一筹。相反，普通中学生能在三年里学会自己看懂英文的只是凤毛麟角；毕业三四年之后，还能记住在学校里所学英文的学生也就只有两到三成。[53]

在农村中学，英语是以中文授课的。由于英语教师自己尚不能用英文自如授课，因此课堂上学生大部分的时间都是在做英译汉的练习。课程着重于课文阅读。听力理解、口语和作文则统统被忽略。[54]即便如此，这些学校的学生们还是花费大量时间在英语上。据估计，学生的课外自修时
21 间，有一半以上花在准备和复习每天的英文功课上。无奈教师水平实在有限，百分之七八十的学生学习成果甚微。[55]

有批评指出，在少数中心城市之外的中学里开设英语课程实际上造成时间和精力的巨大浪费，他们觉得对于内陆普通学生来说，不仅英语教学不成功，而且即使学好英语也没什么用。从20世纪20年代江南地区的实际情况来看（江南地区是中国最早的对外通商地区，同时也是中国学术根基最为深厚的地区），江南地区省城和通商口岸以外的县级中学学生只有十分之一继续上大学，余下的十分之九，其中只有极少数的人在需要用到英语的一些新式行业或政府机构谋职。[56]认为英语毫无裨益的学生，在内地县级学校中的比例更是明显高于上海、天津等通商口岸周边地区的学校的。内地中学英语教学成绩不佳不仅由于教学水平低劣，更是因为学生缺乏学习英语的积极性。少数港口城市和政治中心城市受到西方的影响较早，因此那里的学生渴望借助英语这种媒介接触外面的世界，无论是通过文化还是通过贸易。[57]

20世纪20年代中叶，中国教育体系在经过了二十多年将西学引入中国学校正规教育的努力后，英语作为中学必修课和大学入学考试必考科目的必要性遭到了越来越多的质疑。在几个大都市之外的中国大部分地区，英语教学日益被视为资源和时间的浪费。有些批评者质疑，如果内地学生
22 把更多时间放在其他更有实际价值的科目而非英语课上，他们是否会更受益于中学教育？然而，另一些人反对这个看法，极力支持全才教育，要求实行全国统一的课程。他们指出，只有在所有中学都普及了英语的学习之

后，中国教育体系才能够避免大学升学考试中的结构性不公平。民国时期，这类有关城乡教育差距的讨论十分热烈，虽然最后往往不了了之，没有形成实践，但是也让我们看出问题的所在。

尽管这些是针对英语教学的讨论，但事实上他们的争论反映了中国近代教育事业本质上的一种两难。在世纪之初，人们寄望教育改革会带来与外部世界更广阔的思想交流。然而民国最初二十多年的经验表明，通往此前景的媒介——外语和西学——只掌握在那些能利用英语的人手中，尤其是那些在大城市和通商口岸的人。对生活在偏远乡镇的人们而言，那些受过大学教育的新式精英身上的“世界主义”既遥远又陌生。当这些学成的精英义无反顾地面向西方时，他们却又把在社会文化上仍然落后的大多数内地同胞抛在了身后。[58]

四、20 世纪 20 年代北京的国学

民国时期的高等教育体系中，文史哲课程主要集中在北京、南京、武汉、成都和广州等主要城市的公立大学中。这些国学研究的重镇在上海、天津与沿海商业资本并存。在当时已经出现的过分依赖英语资源教授应用知识的严峻趋势下，这些公立大学的文科院系作为国学的堡垒，竭尽捍卫 23
国学的领地。民国时期的公立大学中，中国语言文化的讲授是在一种不寻常的环境中进行的。中国大学里的国学研究一方面面临着自然科学和应用性专业科目的竞争，另一方面又遭遇五四运动以来，新文化在民主和科学的普遍原则下横扫旧俗、抨击传统的挑战。

20 世纪第二个十年末的新文化运动，以《新青年》和《新潮》两本刊物为发端而轰轰烈烈地展开。这场运动通常被认为是由大学教授和学生带头发起的反对传统文化的社会革命。它是 19 世纪中期以后知识分子几十年来自我反思的进一步发展。在诸如《非孝》、《狂人日记》和《家》这样的杂文和小说中，新文化运动的年轻作者满怀着激情和道德感去批判传统的伦理规范和社会关系。[59]

然而考据的传统在学术界拥有不可撼动的地位。民国时期国学发达，新文化虽然风光一时，但是在学术院墙中汉学的声望仍然不可轻估。新文

化领袖人物胡适虽然倡导白话文学，但是他也不得不深入展示他的考据功夫，做《红楼梦》研究。我们可以把胡适的研究图谱看做当时学风的显现。[60]

24 即便是白话小说大师鲁迅（周树人，1881—1936）也对训诂和辑佚采取了遵从的态度。尽管他的短篇小说《狂人日记》和《阿 Q 正传》集新文化运动打破传统精神之大成，为他赢得了广泛赞誉，然而却是他作为“太炎弟子”的身份使他在 20 世纪 20 年代获得北大国文系教职。他开设的课程也并非近代文学，而是教中国小说史。他不去从事文学创作，却在北京的图书馆里投身日式的辑佚学问，通过搜集残存的旧籍逸文，编成权威注本。[61]他翻遍了宋、元时期的主要类书，从中逐字摘录叙述性的片断，仔细考证出它们最初出现的年代和语境。他校勘各种版本以寻找证据。就这样他写出了《中国小说史略》，这是他在北大教课的讲义。[62]

虽然诞生于世纪之交的西式专门学校和大学标志着中国学术机构的一大转型，制度基础也已发生变化，但许多传统学术脉络仍绵延不绝。因此，学术研究范式的权威和学术共同体的固有地位相互强化。例如，与黄侃同时代的人，尽管在文化问题上跟他存有成见分歧，但几乎没有人不尊黄侃为民国音韵学学界之翘楚。黄侃以对 6 世纪文学评论名著《文心雕龙》的研究而驰名。他被誉为自乾嘉以来最为重要的音韵学家，同时他也以章太炎（炳麟，1869—1936）大弟子的身份而闻名。[63]章太炎年轻时师从浙江著名学者俞樾（1821—1907）和黄以周（1828—1899），而俞
25 樾的学术谱系可以上溯到戴震（1724—1777）、王念孙（1744—1832）、王引之（1766—1834）等清代著名朴学大师。[64]换言之，衡量黄侃成就的标准，就是由这个秉承了杰出传承的学术共同体所定立的。

当同为浙江人的蔡元培就任北大校长时，他试图借章太炎之名振兴国学研究，于是聘请了大批“太炎弟子”到北大来任教，其中包括三对兄弟：马幼渔、马叔平，周树人、周作人，沈尹默、沈兼士，再加上钱玄同及刘半农。[65]

尽管太炎弟子也试图在学术上调和乾嘉汉学与西方科学经验主义，但他们还是经常与以胡适为首的新文化人发生冲突。胡适在美国受过教育，支持白话文和文学革命。这两派学者间的关系“势同水火”。[66]“太炎

弟子”的倨傲态度来自其引以为傲的学术传统，而新兴的“新文化”群体则通过《新青年》和《新潮》这类刊物在年青人中赢得听众，从而获得自信。国学家以其知识渊博、学统久远而素负盛望。在这一备受尊崇的学统中，他们是最后一代传人。相反，打破传统的新文化人，则是受益于新学统的第一代，在这一新学统中，旧制度已经结构性崩坏，知识分子的行动领域也拓展到了出版和新闻业。

新文化运动的领袖同时也是学术界的领袖。他们赞赏朴学的经验主义方法，但他们推崇汉学是为了新的目的。众所周知，汉学对19世纪今文
学派的兴起贡献良多，因而新文化运动的领袖将汉学视为对传统思想权威 26
适度而有节制的质疑，从而与20世纪反传统主义和经验主义的精神相容不悖。[67]作为新文化运动的主要领导人，胡适深信，传统中没有哪部分享有不容置疑的至尊地位，可以免于批判性的学术质疑。[68]他把乾嘉时期的学术研究与欧洲的文艺复兴和启蒙运动相比较，视清代朴学大师为以开放和独立精神审视经典的知识分子先驱。[69]自称师从汉学家的民国学者受鼓励去仿效18世纪经验主义先驱的开明态度，而不是将其研究局限于代代相传的框架内。这种做法，在不与传统激烈决裂的情况下，为进行近代革新提供了可能性。这样的国学研究在“整理国故”的旗号下一方面巧妙地调和了西方科学的挑战与中国的古典经史研究，另一方面也缓和了文化上破除偶像的情绪。[70]

尽管环绕考据学派和清学的传统的光环延续到民国学界，考据方法在新文化人这一代中被用于更为广泛的目的。傅斯年自传中一段著名逸事生动描述了五四一代反传统的青年如何运用经典的考据学来挑战正统的学术等级制度。[71]傅斯年是北京大学的学生领袖、《新潮》的主编。1918年，他大学四年级时，选修了朱蓬先开设的《文心雕龙》课。但是，傅斯年和他的一些朋友对朱的解读颇为不满，并打算公开指正老师的错误。傅斯年通宵达旦梳理朱的授课讲义。通过征引其他相关文献、批注和诠
释，他列出朱讲义中三十余处训诂、音韵以及史实性错误。傅斯年把他的 27
发现呈给了北大校长蔡元培，以证明朱并非一个合格的学者。几天后，这位教授被迫辞职。[72]

20世纪20年代，与清学传统渊源甚深的旧式考据学，在受最新考古

发现和档案材料激发的新学术面前，显得相形见绌。民国学界的前沿主要是殷墟甲骨文、青铜铭文、敦煌藏经、清宫档案的研究。[73]大学教授带着学生去接触这些新出史料，教他们欣赏研究国学的新方法。比如，顾颉刚（1893—1980）带着燕京大学历史系学生参观了北大国学研究所保管的大高殿档案，紫禁城里的清宫档案，团城的玉佛，地质调查所的新石器时代石器和陶器，河南的殷墟发掘现场。[74]尽管对古代文物和文献的研究带有朴学家重视证据的特点，国学家却是以近代科学方法为研究路径。正如顾颉刚所概括的，民国的国学研究实质上结合了对以上丰富材料的“科学”处理和线性的历史发展观。[75]

新式学校内产生了新型的师生关系，使旧式的师徒学术传承变得过时。民国时期的西式高等教育助长了“老同学关系”，取代了清代的学术派系。[76]尽管这些新学者仍对传统朴学存有敬意，但在胡适、顾颉刚、钱玄同、陈寅恪以及其他许多学者手中，考据学发生了微妙的变化，一种新的国学研究开始出现。要是严格运用经验主义方法，就为学术设立了内在限制。但是，经验主义方法若仅仅是种方法，就能顺应着知识界更大学
28 术目标的变化而不断修正。在新文化运动时期，它被用来弘扬科学价值观，为国学研究定下了新的基调，正如胡适的“整理国故”运动所显示的那样。南京政府时期（1927—1937），华北平原面临即将到来的日本侵略，笼罩着浓重的阴影，而民国的国学研究则以对文化认同问题的另一种关注来回应。

五、北京以外的国文教学

对于中文学科教学“唯传统是尊”（traditionalistic）的态度——这里用的是列文森的概念，在文化和传统遗产受到严肃对待的学术中心，反不如在高度西化、严重依赖英文资料的地方那么强烈。[77]与北京的国立大学相较，教会大学的国文教学显得十分保守。上海教会学校之首的圣约翰大学，聘请获有低级科举功名的人来中文系讲授古文经，并强调旧式的记忆和背诵法。[78]显赫京官地位、前朝翰林学士的文风、精于辞藻华丽的六朝骈文，这些素质备受重视。南京政府时期，燕京大学曾任命一个中国

人担任校长即为明证。[79]中文经典被视为凝固在时间中的文物，而品读传统美文则止于消遣。在文化问题上，教会大学的管理者和中国的政治保守派一样，他们害怕变革，对新文化运动充满了怀疑。例如，20 世纪 20 年代，燕京大学的管理层和北京军阀政府一样对新文化运动所引发的骚动持不信任态度。当军阀们将新文化运动对儒家纲纪伦常的批判视为对其权力的挑战，燕大的基督徒则对新文化运动倡导近代科学所引发的无神论倾向而心生警惕。[80]

交通大学是上海一所国立工科大学，它也有中文课程，但这课程仍然 29
延续了清代科举制度的影响。学生们被要求写作说教性的道德文章，依据的是宋人对儒学经典的注释，而非模仿汉学家的考据学问。学生们还需每周听校长讲修身之道，而不是在图书馆做校勘考订研究。学校每个月还召集全校会考，把科举时代月考的仪注搬到大学中来。[81]

交通大学校长唐蔚芝是前清翰林，他任上海交通大学校长二十余载，直到 1920 年。1920 年卸任之际，他自称怒不可遏，因为他感到在交大校园里试图遏制新文化运动的潮流是徒劳的。这位老人退休后回到了家乡，随即创建了无锡国学专修馆，而无锡是由中国资本支持的新兴机器制丝织业中心。国学专修馆强调旧式理学，这就是唐蔚芝对新文化运动的回应。在以北大为基础的自由主义刊物《现代评论》中，它成了大力嘲讽和攻击的对象。[82]

北京、上海等大都市外其他地区教育机构中的文化传统主义可谓是列文森指出的政治上的防御性姿态。文化保守派试图通过操纵传统符号获得永久的合法性，他们和地方军阀结成同盟，但吊诡的是，这一同盟反而因其僵化促使了传统的灭亡。20 世纪 20 年代，在区域性教育中心，如武汉和成都的高等师范学校，新思想遭到怀疑和敌视，传统观念和习惯得到地
方军阀的强力推崇。[83]在 19 世纪末，文人学者与手握兵权的总督同桌共 30
饮，赋诗作文，相互酬酢。这类场景，使人联想起 19 世纪 70、80 年代地方督抚的“幕府”，但在 20 世纪 20 年代，这表现了军阀和极端保守派共同反对新思想、新文化而结成的统一战线。

武昌高师中文系四年级学生蒋鉴章 1925 年 11 月 16 日写信给《现代评论》的编辑，披露了他们系里的情况。自 9 月初开学以来，系里就没有

为中文专业的学生开设任何课程，因为当时中文系唯一的教授朴学大师黄侃拒绝教考据学，以抗议学校拟邀请左翼新派诗人郭沫若到校任教。自黄侃 1920 年到武昌后，他就反对聘请任何与新文化运动有关的人到中文系任职，此前正是新文化运动迫使他从北大辞职的。当武昌高师的校长石衡青解聘黄侃时，一些自命为黄侃弟子的人向湖北省督军萧耀南请愿，要求他干预此事。与此同时，黄侃应邀加入萧的秘书处，并得以用停止地方财政支持来威胁武汉高师校方。郭沫若在上海亦接到许多质疑他任职资格的匿名信，他遂谢绝了学校的正式邀请。在朴学家和新文化人无休止的争吵中，武昌高师的校长石衡青辞职并离开了武昌。[84]

上海的教会大学和工科院校对于南京政府时期高等教育的政治化还有相当的免疫力，但华中、华南地区的教育机构在 1927 年后受到南京政府教育部的日益控制，经历了相当大的变化。

31 国文课程的政治化最早出现于 20 世纪 20 年代中期位于广州的国立广东大学，一所为国民党培养革命干部的学校。学习孙中山思想在这所党办大学的课程中占据越来越重要的位置，这一模式在 1927 年后成为所有党办学校的样板。在 1924 年广东大学的入学考试的国文试题（其他科目为英语、数学、历史、地理、化学、物理和党义）中，报考者被要求评估粤汉铁路的经济利益，描述华北平原、长江三角洲、珠江三角洲的社会经济和地理概貌，还要对如何最好地协调这三大地区的经济发展发表评论——这些问题在孙中山的《建国大纲》中都有长篇讨论，并被国民党采纳作为其经济规划的蓝图。[85]这种形式的国文试题测试的不单是报考者的文学能力，也多少是对时事知识和政治倾向的考察。

有人或许会说，在某种程度上，清代的科举考试就有类似先例。策论就是一种历史悠久的文体，它的起源可以追溯至西汉（公元前 206—公元 8）时期在野士大夫的陈情或奏疏。1898 年，维新派将策论列为科举考试的一部分，他们认为对时事的评论和对政治改革的建议比那些引据经典的八股文具有更大的实用意义。[86]

但在 20 世纪 20 年代中期的广州，国民党的考试绝不是对表达政治见解的鼓励，而是代表了向政治教条化方向迈出的一步。考试变成了报考者
32 熟读孙中山的著作并接受其观点。这种方法在尊崇古典研究的北方学术界

受到鄙视，他们不屑于研究第一次鸦片战争爆发后的近代史事。[87]

尽管北方的国学家（classicists）* 看似陷于许多乏味、深奥的争论，例如“五经”原文的真假、第一位佛教僧侣的历史真实性等，但是在这些学术研究的背后有共同的关注，也即对中国文化遗产的本质及其在近代世界中地位问题的适时思考。尽管国学家表达其关注所选择的媒介看似很传统，但是民国学界对经典的研究绝非唯传统是尊。这些国学家把那些关于文化和历史的用心良苦的观点，嵌入了其考据训诂研究的深层结构之中。

六、雅文化与朴学的严谨

民国时期的国学家所采用的朴学方法可谓严谨历史主义的一种形式。一方面，他们始终孜孜不倦地追求材料的考证与文本真实性，而正是这种特征使20世纪的学者视清代的朴学为实证和“科学的”；另一方面，随着五四时期以后国学研究的发展，坚持这些原则和源自传统的态度在这种情境下就有了新的意义，成为某种宣言而非一种文化选择。民国时期，北方大学中国学研究的设想和目标，与通商口岸的私立学校（它们对知识的追求带有西化和功利的倾向）以及中南部地区党办教育机构（它们多为政治目的服务）形成强烈的对比。

例如，哈佛燕京学社首任社长陈垣开设的文献方法课就具有一些重要特征。首先，课程强调彻底掌握少量文本，而非广泛涉猎大量文献。在讲 33
清代学者全祖望（1705—1755）作品的时候，整整一个学期，陈垣只选讲了他的三篇短文，加起来只有区区四页。他为整个学年准备的课堂讲义不过两页纸，然而其内涵却十分丰富。

其次，陈垣要求他的学生用手写体一笔一画地将这三篇文章全文誊录

---

* 原文为“classicists”，直译为“古典学者”，即研究传统文史的学者。但是在当时的中文语境中，并无对等的词汇。这里勉为其难地翻译为“国学家”，原文中的“classical”有时也酌情译为“国学”而非“古典的”。尽管“国学”本身就有诸多歧义，围绕“国学”当时学术界也颇有争议，但大致与原文描述的“classics”相符。如此庶几可免译文的生涩。——译者注

到统一尺寸和版式的纸上，以此作为“史源学实习”的入门训练。他要求学生在文中出现的所有人名、地名和历史事件下面画线，并在全面涉猎经典文本和参考资料后进行详细注解。这种教学方法的目的是尽可能多地辑佚并校勘原始文本的片段，从而得知这些术语和措词的用法在历史中是如何演变的。整个学期的文本研究汇集成了一篇关于全祖望作品的“论文”。[88]

这种文本分析强调追溯某一文本中各种组成部分的资料来源，首先将文章结构本身的理路暴露出来。这使得学生能够把文本解剖为各部分的集合，而不是单纯地认可其为一个连贯的论述整体。于是，学生就能够轻易地在任何文本中发现事实细节的内在矛盾，进而判定它真实与否。换言之，这种学术分析的目的在于通过掌握翔实的资料校勘，比较不同文本差异，以暴露出其中的史实性错误和文本的扭曲。此课程有双重目的。严格意义上的学术训练不仅让人训练有素地掌握原始资料，而且还灌输给学生对忠实探究文本每一细节真实性的尊重。

34 这样的考据法看来是永恒的，经得起时间的检验。陈垣还是一个年轻学生的时候，就是受到19世纪90年代两广总督张之洞的启发而产生了对朴学的兴趣。尽管此后半个世纪经历了许多次战争和革命，但他发现同样的方法在新社会仍有价值，直到“文化大革命”（1966—1976）前夕，他还在大学里给学生开设文献学课程。[89]

文学革命中的新文化运动，其中很多方面是由那些极力主张自我表达的人充当先锋的。然而，这种新作品在国学研究领域内无足轻重。国学研究尤其强调精确细致的实证性，注重文本片断与事实细节。它不仅与宏观概念归纳格格不入，也与有目的的创造性著述这一观念背道而驰。

不管在哪里，好的学术研究总要求如实呈现史料原貌，而民国的国学研究在一些情况下过于推崇客观、实证的优先性，以至于使其接近某种历史主义，也即只能靠文本本身来说话，不能有作者观点的介入。例如，顾颉刚称赞李文藻（1730—1778）编的《历城县志》与《诸城县志》[90]，形容李的地方志“均纂集旧文，不自著一字”。这两部方志之所以得到了“绝对真实可信”的高度评价[91]，正是因为“全书均由纂集旧文片断构成”。没有什么学术违规行为比有偏见地选用史料招致更严厉的谴责——

对于原始文本的轻率篡改，亵渎了原文完整性这一近乎神圣的特质，将同一时代的不和谐要素注入到了历史本身之中。

对历史真实性如此珍视，是建立在坚信这种真实性可通过恪守公认有效的实证方法来获得这一观念之上。鉴于这种方法的客观性，考据研究可 35
以作为一种集体事业由几代人相继来完成。民国时期，对考据方法客观有效性的信念有时甚至与孝道观念相结合，出于“孝道”，后辈要追随先辈的足迹，完成他们未竟的事业。就像在清代，师徒相继，父业子承。比如，清代学者杨守敬毕生致力于《水经》的注释工作。[92]在对《水经》文本真实性的判断上，他承袭明代学者朱谋玮的观点，摒弃赵一清（1710？—1764？）和戴震的立场。[93]他认为《水经》中至少有两到三成的事实谬误皆由于赵、戴二人对早期版本的草草整理。[94]然而，杨守敬死时也未完成对《水经》所有版本的校勘与注释。他的弟子熊会贞（卒于1936年）继续他未竟的事业。在杨氏40卷注疏基础上，编辑了40卷补遗，共同完成了80卷本的皇皇巨著。熊会贞还批阅了杨氏注疏的定稿，不辞劳苦逐字加以校正。[95]记录20世纪中国“新史学”的顾颉刚评价说：“守敬实集清代三百年来《水经注》研究的大成。”[96]顾很是钦佩地感叹道：“其专心致志真可惊也！其笃于师生之谊如此。”[97]

由于国学研究者在其成果中投入如此之多，他们往往坚决维护自己的学术论断，有时学术论争甚至充满怨恨。重要研究结论往往不是单个学者所持观点，而且还得到整个学派的支持，因此学术论争常在不同派系间发
生。例如，黄侃在刘师培（1884—1919）和钱玄同（1887—1939）支持 36
下，在音韵学领域占据优势，他们都是“太炎弟子”。[98]而王力、张世禄这样的学者，在音韵学研究中采用比较和历史的方法研究语言发展，却被民国学术界边缘化。[99]这两派的弟子在此后的半个世纪里仍然各持己见，不留情面地捍卫各自立场。甚至直到1986年，还因为两派互相抵制，全国音韵学研讨会始终未能召开。[100]

对于学术传承的强烈意识和对古代典籍研究的无私奉献都是清学悠久传统的重要组成部分。顾颉刚曾说，在中国的学术共同体中知识系谱始终是十分关键的方面。一定程度上这是因为谱系证明了知识的可信度。顾的《当代中国史学》列举了许多关于学术事业如何在一个家族的几代人

或者随着师徒关系的系谱传承下去的例子。正如上文指出，这种知识系谱的影响一直存在于民国学术界，甚至跨越了划分不同学术机构的正式结构。[101]

与此同时，许多朴学方法被设计出来，用来快速敏锐地发现文献中文风与事实的错误。在20世纪30年代的政治和文化环境中，对文本不同部分内在一致性的细微关注，与对系谱和传统的极度尊崇相结合，使朴学研究转向强调文化体系的完整性与传承系谱的纯正性。不像此前胡适的国学研究，这个意义上的国学研究建立在高度历史主义和文化主义的基础上，也即以确保整体的排他性和系谱的纯正性为理由，拒绝在研究中掺入外来
37 元素。在“整理国故”的口号下，五四一代曾试图将中国的传统文化遗产置于与其他文明对等的地位。然而随着日本对华北军事进攻的加剧，抵抗或偏安的艰难抉择变得日益迫切，20世纪30年代的学者最终日益转向坚定的文化民族主义。

七、解读国学家：文化、民族与考证

1937年战争爆发后，陈垣留在了北平。他在1943年11月24日写给历史学家方豪的一封信中说：“从前专注考证，服膺嘉定钱氏，事变后颇趋重实用，推尊昆山顾氏；又进一步，颇提倡有意义之史学”。[102]当然，钱大昕生活在一个和平稳定的年代，那时清朝正逢盛世，繁荣强盛。但是顾炎武的人生却经历了一场彻底的分崩离析，明王朝瓦解（1644年）使他必须面对抵抗还是合作的政治抉择。尽管当时许多同时代的学者选择了妥协，顾氏还是毅然决然地选择了抵抗。他在17世纪下半叶潜心学术，很少顾及个人的安全与幸福。[103]

民国学术界的考据学争论几乎毫无例外用的是专业术语，在少数争论发起者内部讨论，但是这些对细节真实性的争论往往暗合了某些意义重大的学术分歧。例如1924年，关于《水经》的争论被重新点燃，当时梁启超与胡适发起了一个纪念戴震诞辰200周年的研讨会，戴震的哲学体系与学术成就被胡氏赞许为在传统中国存在近代科学态度的明证——因此，含蓄地说，也是中国本土“文艺复兴”的最初表现。[104]而王国维攻击戴震

的学术不端，认为他未能慎重地使用《永乐大典》中的《水经》版本， 38
并有剽窃赵一清之嫌——因此，王国维不只是在批判这位18世纪的学者，也是在批判胡适为现实目的重塑清代学术史的尝试。[105]

对在学术争论中获胜者的奖励有时表现为公众的认可。杨守敬的工作得到了顾颉刚的赞赏。1950年，杨守敬的著作《历代舆地图》被用作《中国历史地图集》的底本，该书的主编谭其骧正是顾颉刚的弟子之一。《中国历史地图集》的编辑得到新政权的支持，杨守敬对《水经》的解释反映在他的历史地图中，基本上被确认为学术正统。[106]

应当如何描述与分析汉语，在某种意义上也是争论的一个显著焦点，包含了众多方面的文化问题。因为中学教科书日益普遍地采用英文语法词汇来描述汉语，对语言本身的描述也成问题了。一些学者，特别是那些立足于通商口岸、受国外观点影响的人，希望在汉语中区分名词、代词、动词、形容词和副词。民国时期最有影响的汉语语法书是1904年出版的《马氏文通》。该书由耶稣会士马良的兄弟马建忠（1844—1900）与马建勋编撰，沿用印欧语系的范畴描述汉语语法。[107]对此，北方国学学者反响强烈，称英语语法规则对汉语而言是完全不适用的。这并非清代朴学继承人对学术创新的盲目仇视。事实上，五四运动前夕，一场全面的语言革
命已经进入北方学术精英的议程中。钱玄同、赵元任与林语堂主张激烈的 39
语言变革，例如推广白话，采用汉字的简化形式，为汉字制定一套标准拼音体系等。他们合作编辑了一部新的汉语字典。然而，这些学者并非以西方模式为出发点，而是继承了过去三个世纪所积累的音韵学和语言学研究成果。[108]与此相反，马氏兄弟的语法分析则改编自他们对英语的研究。

国学学者拒绝新式语法分析，无疑存在民族主义的因素。陈寅恪（1890—1969），民国时期最受尊重的国学家之一，不仅把西方普遍深入的文化影响归因于他们军事上的优越性，而且特别援引西方史实，将亚历山大大帝征服东方以后强制使用希腊语与1900年义和团运动失败以后英语进入20世纪中国的正规教育二事进行类比。陈指出："昔希腊民族武力文化俱盛之后，地跨三河，始有训释标点希腊文学之著作，以教其所谓'野蛮人'者。"[109]古波斯和古埃及文明的传承者在战场上败给了新兴的希腊文明，于是被贬低为"野蛮人"。在古希腊和近代中国，征服者的语

言都与文化和普世性（cosmopolitanism）建立起对应关系，这正是陈寅恪所反对的。

然而，像陈寅恪这样的学者还是谨慎地指出，拒绝用英语中的模板分析汉语并不意味着拒绝两者间的比较。陈氏认为，有成效的比较分析需要具有比较的实质基础。因此，汉语与汉藏语系其他语言之间的比较语言学
40 研究，肯定比汉英之间拙劣的比较更能得到有意义的成果。陈寅恪所反对的甚至都不是西方文化的影响，让他愤慨的只是通商口岸中国人支持全盘西化时表现出的“奴性态度”。

17 世纪以来的朴学研究产生了众多描述汉语历史演变的概念和语汇。陈第（亡于 1620 年或 1617 年）的理论假说认为音韵和语言的变化具有时间和空间尺度，所谓“时有古今，地有南北，字有变更，音有转移”，从而为顾炎武之后的清代语言学奠定了基础。[110] 到 18 世纪，朴学家普遍认同，在造字的过程中，字音的成分先于字形与字义的成分，后二者由字音所决定并从中衍生而来。[111] 的确，18 世纪的众多著名学者，如戴震与段玉裁（1735—1815），都把大量的精力耗费在对古代汉语音韵图表的重建上。[112] 这个悠久学术传统的集大成者是黄侃，他一方面综合了前人成果，一方面也提供了更多实证研究。借用黄侃的对手王力的一句话，“他是从原则出发，先有了一个结论，然后企图以材料去证明他的结论。”[113]

为了给汉语演进提供更完整的解释，并增强其理论构架的说服力，黄侃侧重于一个字音韵结构中声母和韵母随着时间变化的内在延续性。根据他的分析：“古音逐渐地让步给中古音，同理，这样的变化以类似的方式发生在最近的语音之中。”[114] 然而，王力认为这样的论述在本质上是一种推理，缺乏实证的支持。在这个意义上，黄侃的学说体现出他对历史上的语言学与音韵学演变模式和原则缺乏全面的理解。这同样也概括了清代
41 学术传统的主要缺点。按照王力的观点，清代音韵学建立在一个未曾言明的假设基础之上，假定完美的标准存在于过去而非当下，原始的简朴语言经历时间的推移变得复杂，失去其美感和合理性。因而，清代朴学认为任何对古典理想标准的背离都是腐朽和庸俗的表现，其研究便依循此偏见而发展下去。因而，后世的语言发展便不再受到关注。俚语和方言研究只是

为了弄清先秦时期的古汉语规则。清代朴学传统仅仅关注传统典籍，因此，这一学派的后继者就无法运用包括甲骨文在内的新近得到的语言资料。[115]

胡适对清代传统推崇有加，而王力的批评意见也针对胡适。[116]王力接受西方的语言学理论，尤其是索绪尔的理论。[117]但那并不妨碍他支持清代语言学的某些研究成果。在王力看来，“段（玉裁）、王（念孙）之学在中国语言学史上永放光辉。他们发明的科学方法，直到今天还是通用的”。[118]尽管他批评清代学者的学术缺乏系统性，但他对照搬英语的语法和语言学范式更为反感。王力用他的语言发展理论攻击清代研究传统，他的理论基于一种信念，即每一种文化和社会形态都有自己的历史演进模式。语言作为这种文化发展的核心表达，参与这个社会与众不同的文化特性的构建。虽然用比较方法来研究文化问题可以让学者更多地意识到这种进步的历史发展（progressive historical development）具有普遍性，但认识到每种文化在这普世背景中都有其独特的主导规范也很重要。自称在音韵学方面有较高成就的清代朴学传统，可能会被认为不足以对汉语结构作出令人满意的分析。然而，借用英语的标准与规则也无法解决问题，那不过是默默接受西方文化帝国主义而已。

八、清华大学1933年国文入学考试公案 42

国学家日益提升的文化自觉无疑是1933年清华大学国文入学考试争议的关键。那年夏天，陈寅恪为清华大学出了一份国文入学试题，以考查学生对中文语言结构的掌握程度。[119]考题共分两部分。其一是作文，以《梦游清华园记》为题，考察学生的“史才”和“诗笔”，乃至“议论”的能力。其二则是一副对子，上半句是“孙行者”，《西游记》的主人公。下半句所设想的标准答案是“胡适之”，这是新文化核心人物胡适的字。试题隐含了对国文中数个难点的微妙考察。两句的头两个字“孙”与“胡”，加上反犬旁，再组合起来，则是同音异义的复合词“猢狲”，意即猴子。中间两个字“行”与“适”，均为动词，而且都含有“运动”之意。最后两个字“者”和“之”，文法上称做“虚词”，没有实意。而且，

“行者”和“适之”不仅在字面意思还是在音韵上都对仗工整。这副对子同时又暗含典故，衍自苏轼的联句“前生恐是卢行者，后生过呼韩退之”。[120]总之，陈先生所出的试题亦庄亦谐，寥寥几字包含了典故和章法，精简地体现了中国文字的特色。

因为考生对这份试卷完全没有准备，所以陈寅恪的考题引起许多争
43 议。若干年后，陈寅恪反思这桩轶事时，仍然坚持己见：“凡考试国文，必考其文理之通与否，必以文法为标准，此不待论者。”[121]这一立场的论辩性质只有置于当时的背景下才能够理解，当时国学家对将英文文法应用于国文颇有异议。“今于印欧系之语言中，将其规则之属于世界语言公律者，除去不论，”陈先生写道，“其他属于某种语言之特性者，若亦同视为天经地义，金科玉律，按条逐句，一一施诸不同系之汉文，有不合者，即指为不通，呜呼！文通，何其不通如是耶。”[122]

陈寅恪深信，只有在同一语系中做比较语言分析才是有意义的。他谴责那些不同意这一观点的人背叛了自己的文化。他写到，荷马与屈原、歌德与孔子之间没有可比性，因为可供进行有意义比较的基础太薄弱了。要做有意义的比较，重要的是分析必须从历史观念出发，明确遵循语言发展的源流。“源流”的比喻使陈寅恪进一步提出文化意义上的“孝”。他认为，“剖别其源流”将有助于澄清语言在演化和传承中产生的混乱，“必不能认贼作父，自乱其宗统也”。最重要的是，任何比较研究的尝试都要建立在充分尊重该语言系统完整性的前提上。如果在不同语系的语言之间进行比较，要强调的是“系统异同”，这样才能呈现出语言在发展和分化中的重要区别。换言之，比较的目的在于突出差异而非共性，在于强调特性而非提出超越文化的整合。[123]

44 因此，陈寅恪于1933年夏草拟的国文试题，不仅考查学生对于汉语文法结构的掌握，而且也是挑衅性地考验应试者，让他们展示作为这一知识传统（intellectual lineage）继承人的文化忠诚。陈寅恪拟题时充分意识到，他在为捍卫国学的最后阵地而战斗，在正规教育体系中国学正日渐式微。除了普遍使用诸如《马氏文通》的语法课本之外，中学阅读还过于重视近代作品和政治宣传。中学的古典文学教育完全忽视文字学、音韵学和文法知识的传授，因此中学毕业生在经史方面修养不够，无法欣赏母语

的美感与合理性。陈寅恪质问其同事：“今日大学、高中学生，其本国语言文学之普通程度如此。诸公之殚精竭虑，高谈博引，岂不徒劳耶？”这种情形无疑刺激了清代人文传统的近代继承者，他们目睹学生因为追求用英语讲授的实用课程而对中国文史变得兴味索然，乏味的政治口号动员也使学生对文史的兴趣变得空洞。陈寅恪多少有点气恼地评论：“清华考试英文，有不能分别动词、名词者，必不录取。”但若学生不能掌握国语的基本结构，又怎么有资格被清华这所顶尖大学录取呢（“而国文则不可论”）？[124]

陈寅恪猛烈抨击“流俗”的大多数不能欣赏国学的价值。正如陈寅恪、王力、黄侃等学者所表现的，国学家毫不讳言自己的精英主义立场。例如，为了充分展示宋代文化的辉煌，陈寅恪认为“宋代之史事”乃今日史家“亟应致力者”。他认为有心治宋史者，应“补其缺遗，正其伪 45
误”，要先精研《宋史》的原文，“然后始有增订工事之可言”。《宋史》是正史中篇幅最长的之一，陈寅恪自信地声称：“数百年来，真能熟读之者，实无几人。”[125]

正是这种因满腹经纶而产生的优越感，使国学家反对利用文化来搞政治，鄙夷帝王和将帅“没教养”，因而无权插嘴文化和知识问题。历史学家吴晗，因其作品《海瑞罢官》在“文化大革命”初期遭到批判而闻名于世，他推断部分《大诰》原文必然为明太祖（1368—1398年在位）手订，因为“从文理不通，思想混乱，词语粗鄙，语气狂暴，态度蛮横几点看来，绝非儒生所能代笔”[126]。令历史学家陈寅恪大惑不解的是，为何乾隆时《四库全书》的总纂纪晓岚（1724—1805）常在所过目的诗集的天头地脚上批满“不通”字样呢？[127]直到他偶然看到一份《清高宗御制诗稿》的副本才恍然大悟。纪晓岚真正想要表达的是对御制诗的不敢苟同。由于公开表达这种观点必将触怒乾隆皇帝，作为替代，纪晓岚只好去批评达官贵人编辑刊行的诗集，他们不知羞耻地仿效皇帝的诗风，不自觉地犯下格律错误。[128]吴晗、陈寅恪发表上述观感之后半个世纪，音韵学家王力先生在20世纪80年代回忆说，在1973—1974年“批孔”运动 46
期间，某位政治理论家错解了《韩非子》中的一句话，在王力先生看来，这位理论家没资格在知识文化问题上发表权威意见。[129]

但是，民国年间的国学成就伴随着一种明显的对社会和政治的疏离感。陈寅恪笔下曾描写清华同事杨树达，无疑也包含着夫子自道的成分：“独先生讲授于南北诸学校，寂寞勤苦，逾三十年，不少间辍。持短笔，照孤灯……自致于立言不朽之域。”[130]陈寅恪尤其同情王国维自杀的决心，将其视做为了古典传统没落与学者世界覆灭而殉道的姿态。从这个意义上讲，国学家的偶然自杀戏剧化地表现了对于文化失落迫在眉睫的悲怆无力感。[131]

民国时期北方大学中博学之士从事的这种国学研究，在当时更大的学术环境中，明显是少数人的追求。尽管他们锲而不舍，积极奉献，但其学脉传承的观念及其对中国文化前途的忧心，并没有在上海、天津等西化城市的公私教育机构中产生重大影响力。国学家对实证研究的强调及其学术趣味也与国民党主办的南方大学中政治化的规定形成了鲜明对比。甚至在北方大学的学生圈子里，从事国学研究的也多是素来有志于此之人，而不是一般的学生。20 世纪 30 年代，钱穆在北京师范大学教授中国古代史时的经历就表明了这一点。学生强烈要求对秦汉时期是处于“封建制度”
47 早期还是晚期给出明确说法，而钱穆则坚持认为他们应该先通过史料熟悉基本史实。[132]

然而，身为精英学人的国学家并不急于扩大学术传人的队伍。崇高的国学传统的存在的确是不需要理由的。高等学校的设立既非为了改变信仰，亦非为了灌输思想。延续光辉的传统、寻求文化的意义才是其存在的理由。国学研究圈内的争议有增无减，丝毫不为大环境下的弱势地位所影响。促使近代国学家持之以恒、献身学术的，不只是历代大师的光辉成就、其未竟的事业和历史悠久的方法论。对中国文化、历史、哲学、语言的研究本身就诞生于生机勃勃的知识传统，它是为了扭转中国文化政治命运、使其摆脱可悲现状所做不懈努力的一种重要媒介。

陈寅恪写到，音韵学知识很重要，因为它可以增进我们对古典诗词和韵文的鉴赏。[133]王力附议到，训诂学训练可以加强我们对文本的韵律和结构的理解。只有不加歪曲与亵渎地把语言复原到原本的历史情境下，语言在语音和意象上的形式美，包括对称、节奏、循环，才能完全为我们所欣赏。[134]人文研究既提供了智力满足，又提供了审美喜悦。经典是形成文化价值的媒介，同时也是喜悦和情感寄托的对象。

国学大师身处精英主义的绝对高度俯视群伦，贬低通商口岸和党办学校的文化，视之为低劣庸俗。从其唯美主义角度来看，寻求价值和对传统文化的情感寄托未必产生不可调和的张力。当通商口岸的学校声望鹊起，其努力的重要性变得更为明显。比如，上海的圣约翰大学就是以英语为主 48
要授课语言的学校，提供“商业与科学的基督教育”。它的崛起受上海那些从事金融业和专门职业（financial and professional）的精英推动，而这些精英的影响力正是建立在他们所拥有的近代西方知识之上。

第二章　圣约翰大学与上海资产阶级文化

49　上海在第一次鸦片战争之后的一个世纪里上升为中国最重要的城市。自1842年到1949年，它从一个不到40万人口、以农业为主的县城迅速发展成为拥有540万人口，集国家金融、工业和商业中心为一体的大都市，这一惊人发展与它作为一个通商口岸的开发密不可分。十倍以上的人口增长、无法计算的财富增加，彻底改变了这一地区的社会和经济性质。就是在这儿，西方商人遇到了中国同行。通过他们共生的活动，内陆贸易与世界丝、茶、银器、鸦片和棉花贸易系统连接起来。19世纪末，商业财富的增长造就了新的社会阶层。进入20世纪，在两次大战之间(1919—1937)，社会张力明显地随着轻工业的发展而提高。棉纺厂、烟草厂、火柴厂和面粉厂在城市各处涌现，这些工厂雇佣了大量合同工和从城郊迁来的农民。20世纪20、30年代，工人罢工和劳资纠纷不时打断这个城市的工业生活，就像投机战争债券和股票的企业家那样，他们给这个城市多变的经济气氛增加了热度。[1]

51　上海的迅速发展产生了重大的社会和文化影响。民国时期的上海是一个失去了重心的社会。一方面，精英阶层由于他们浓厚西方风格的世界主义观而与大众渐行疏远。就像约瑟夫·列文森曾观察到的，由于城市精英在文化上疏离于中国内地和传统，西化削弱了中产阶级在国家舞台上的政治力量。[2]同时，这些城市精英又面临着反对资本主义的社会主义思潮，这些思潮由被地方军阀驱逐离乡的激进知识分子领导。另一方面，上海的政治史显示，尽管社会呈现分裂状况，在20世纪20、30年代，从五四运动总罢工到各种反日运动，最后导致抗日战争，精英阶层、中产阶级和城市的下层民众一次又一次地联合起来。[3]上海的中国人在革命的民族主义口号

图2　**1921—1922年**的圣约翰大学足球队

资料来源:《约翰年刊，1922》，234页。

圣约翰大学这支球队曾在南京以10：0轻取国立东南大学队，并在大学校级足球联赛中与南洋公学（即后来的交通大学）、沪江大学并列第一，这足以让它引以自豪。

下聚集，他们的抗议矛头指向帝国主义的特权和保守的中国政治当局。

尽管在社会和文化上处于分裂，但民国时期的上海在政治上却高度活跃。在这一背景下，各式各样的高等教育机构发展起来。它们具有不同的价值观、办学目标、文化风格、社会基础和政治倾向。

一、上海：社会景观

1843 年 11 月 17 日，上海正式开埠。当第一批英国商人到达时，他们看到了未来的公共租界——中国上海县城外的一块长条形河滩，黄浦江在这里与苏州河交汇，然后流入海——“充满了杂乱的芦苇丛、沼泽、蚊蝇，瘴气弥漫”。[4]很快，一大批西方商人和传教士加入到这些英国人中来，而且人数一直增加，其中多是法国人和美国人。世纪之交后，很多其他国家的人到来了——日本人、白俄人、印度人、越南人、普鲁士人、葡
52 萄牙人、意大利人、西班牙人、波兰人、希腊人等等。上海的外国人群体在全盛时期号称代表了不少于 58 个国家。但是这个外国人群体的总人数似乎从未超过 15 万人。[5]

1842 年到 1949 年间上海人口翻了十倍以上，很大程度上是中国人从农村向城市移民的结果，特别是进入公共租界和法租界。从 19 世纪 50 年代开始，内地每一场新的社会动乱的发生都使成千上万难民进入上海，在英国或法国国旗下寻求庇护。19 世纪 50 年代末，在 14 年（1850—1864）中席卷了 18 个省的太平天国运动遍及长江下游地区，占领了像南京、苏州和杭州这样的大城市。太平军没有占领上海，但是上海华界县城一度被小刀会所控制，其成员为广东和福建的码头工人及船员。在 1855 年到 1865 年之间，公共租界的人口从大约 2 万人猛增至 9 万人；与此同时，法租界增加了大约 4 万人。外国领事和居民惊恐地注视着中国人的大量涌入，1854 年 7 月 22 日他们建立了公共租界第一个工部局，以处理紧急事件并控制事态发展。拥挤、恶劣的居住条件显然引起了霍乱和其他传染病的流行。[6]

19 世纪 60 年代进入上海的新移民，包括很多从江南重要城市来的士绅，如苏州、南京、松江和杭州这些被太平军占领的城市。当这些人逃入

上海时，他们带来了财富和他们的品位。新式文化生活开始在上海租界出现，到太平天国运动被镇压时，很多人已经开始把上海作为新家。像这样的人口流动，伴随着运输和贸易方式的改变，是造成江南地区地理长期变化的主要原因。到 19 世纪过去四分之三的时候，上海已经成为长江下游最重要的大都市。此时，随着商贩他迁，工匠流走，士绅阶级被国际化的 53
新上海所吸引，传统江南城市的光彩渐渐褪色。

在世纪之交的上海，商业扩大，轻工业发展。早期，许多南京路上的商号和杨树浦的棉纱厂由外国资本开办。虽然第一家中国人利用机器制造面粉的公司早在 1863 年就已建立，但是本土的工业资本主义发展总是被投资环境结构上的弱点所阻碍，这些弱点曾导致大规模的经济萧条，比如 1883 年信贷危机引起的萧条。[7] 然而在 1915 年到 1919 年之间，当欧洲各国忙于世界大战时，上海的轻工业获得了一次重要经济增长，日本和中国投资者分享了这次繁荣期的利润。在随后几十年里，面粉厂、造船厂、棉纺厂、缫丝厂、造纸厂、采煤公司以及制造与买卖烟草、火柴、水泥、灯泡等的设备都以倍数增加。[8] 南京政府十年中，富有的企业家和股东积累的财富十分惊人。以资产阶级中的重要人物荣氏兄弟为例，他们在 1902 年到 1932 年之间开设了 9 家棉纺厂和 12 家面粉厂，积累了达 2 913 000 元的资金。[9] 城市资产阶级的数量还很小，但民国时期他们控制的财力和其数量完全不成比例。[10]

轻工业和贸易的发展，引发第二种类型的移民。成千上万来自江南、苏北、安徽和浙江的农村劳动力为寻找就业机会而来到城市。妇女和儿童作为合同工、佣人、学徒和妓女被带到这里，她们很多是在男性亲属或同乡的帮助下进城来的。依靠这类关系深深地影响了新来劳动者的招聘方式。[11] 在工作场所，劳动力廉价，工作几乎没有保障，工资很低，生活条件很差。战争、通货膨胀和经济萧条使普通人的生活更加悲惨。新政权 1949 年的人口调查显示，除 37 万名店员和学徒外，上海还雇佣了 84 万名手 54
工业者和工业、建筑、运输工人，专家指出，另有 40 万成年男子失业。[12]

因为很多人不堪承受城市消费，单身男工往往回到家乡娶媳妇，大多数人把妻子留在生活水平较低的地方。有关上海人口这方面构成情况的调查反映了移民的这种生活方式。在南京政府执政十年中，上海人口中只有不到百分之三十是本地人。20 世纪 30 年代初，男女的平均比例是 142∶100。因为只有少数不熟练的劳工由家人陪伴，所以上海在 1949 年前的人口中 14 岁以下的少年儿童不到四分之一。[13] 在遍布弄堂小巷的城市里，许多居民区仍旧保存着居民家乡的村庄习惯与特征。

上海第三次也是最快速的人口增长发生在 1937 年到 1941 年，也即抗日战争爆发，日本军队占领中国沿海地区的时候。外国租界成了日本侵略势力海洋中的“孤岛”，被中国抵抗者用来狙击敌人和汉奸。当战争期间租界以外的人口下降时，外国租界人口总数达到 243 万，比 1937 年增加了 78 万。[14] 在第一次鸦片战争之后的一个世纪里，社会动乱的逼压和经济机遇的拉动相结合，改变了上海的社会地理和人口的概貌。19 世纪 40 年代，上海人口中有不到百分之一居住在县城及其周边以外的地区，到了 20 世纪 40 年代，多达百分之六十五的人在两个外国租界中谋生、寻求庇护，而这两个租界共占上海城市总面积不到百分之六。

上海在 1842 年到 1949 年经历的人口和财富奇迹般的增长，使之成为一座人口构成极为复杂的城市，往往要按文化、国籍、阶级来划分。不断发展和扩大的租界几乎取代了以前的中国官衙所在地（即租界英语中所说
55 的“县城”［native city］）而成为城市的中心。1945 年以前，中国的行政机构和武装力量完全被外国人根据条约享有的治外法权阻挡在租界之外。[15] 1927 年国民党掌权以后，试图复兴华界，将其建设成一个与外国租界竞争的市政中心，这被视为攸关民族自豪。但是自相矛盾的是，“市政中心”（civic center）这个提法本身来自西方。市政厅、法院、大礼堂、图书馆、广场、博物馆、医院和其他公共建筑明显都是西式的。被认为与旧式地方长官的“衙门”相对立的近代市政府的模式，实际上恰恰来自英国。[16]

在社会和经济方面，外国人和中国人一样，一小部分金融家和企业家控制着不成比例的大部分资源，并引导着流行的生活方式，这些生活方式与城市贫民区的状况形成鲜明对照。这种悬殊引起社会批评家和知识分子的愤怒。在电影、戏剧和小说中，20 世纪 30 年代被大量地描述为充满社会紧张、剥削和不公平的十年。对全盛时期的上海资本主义和私有制最令人感动的描写，可能是作家兼新闻记者夏衍的经典报告文学，他对城市中

棉纺厂使用十几岁女包身工的制度进行了报道。夏衍写道，上海是“一座建筑在二十四层地狱上的四十八层摩天大楼的城市”——西方式的物质建构耸立在民众无边苦海和违背人性之上，唯有佛祖的慈悲才能普度与宽恕。[17]

二、上海：文化环境

在上海，文化是一个高度政治化的问题和具有社会争论的议题，这是因为文化范式不确定，各阶层互相渗透，语言多种多样，民族主义者的诉求不断与殖民特权对抗。几乎上海生活的所有层面——社会的、文化的和政治的——都显得分歧多于共识。一方面，随着新的社会群体的上升，新 56
的文化形式不断产生。另一方面，由于既得利益阶层力图保持自己的优势，旧的文化范式被有意再三强调。当在典礼、游行、节日、抗议、罢工、教堂礼拜、公园音乐会等公共场合和集体活动中的交流割裂了民族的、阶级的、文化的分界时，各种不同的策略就会被采用来操控这些混合在一起的象征符号（a mixture of symbols）。文化的分裂既被利用来表明身份，也用于政治动员。

英国“模范租界”的存在有助于生活于其中的中国人产生一种混合型文化。民国时期的上海有着一幅奇特的城市中产阶级的文化场景。一方面是用户至上的百货公司、咖啡馆、夜总会、赌场、电影院、娱乐厅、跑马场、慈善舞会和其他一些由西方传入的活动形式，另一方面是脱胎于传统模式的大众电影、戏剧、小说、报纸和杂志。[18]上海景象的自由特性使保守的批评家讥之为“海派”，以与“京派”相区别。北京代表着经过士绅—官员—文人（gentry-official-literati）提炼的精致的雅文化，上海则是时髦、华丽、有意炫耀、引人注目的商业中心，是新兴资产阶级的城市。不像中华帝国后期的富商——比如 18 世纪扬州的盐商，上海资产阶级不求与拥有土地的文人生活风格攀比，也不试图进入官僚政府。[19]这个城市的中上阶层以他们的商业财富和西化的世界为荣。正是在这个意义上，上海才真正成为北京的文化对手。

1902 年，英文《文汇报》（*Shanghai Mercury*）出版了一本文集来庆

祝英国人进入上海60周年，它描绘了英帝国从芦苇和沼泽中赢得模范租
57 界的图景。这些文章提到已有两代英国人，他们在公园里的法国梧桐树下初恋，他们结婚生子，他们现在埋葬在浦东2 000座英国人的墓园中，“土归土，尘归尘”，作者若有所思地指出：“……如果有任何国家在中国事务上有发言权，那就是英国，她最大程度地、毫不吝啬地为世界的利益献出了她的儿女们。”[20]

上海的模范租界被看做那些回不了大不列颠联合王国故土的英国人的家。报道不禁让人联想起一个由世俗和宗教机构组成的文明秩序：选举产生的工部局、英国教会圣三一大教堂、基础广泛的伦敦传教团体的联合教会、消防队、法院、改良监狱、市政供水系统、路面平整、有路灯照明的街道、公园、公众共享的免费音乐会、身份显赫的上流社会圈子——和家乡英国没什么两样。剧烈的英国运动像赛马、板球和马球比网球之类更受人偏爱，网球中“球的柔性”让人觉得好像缺了点什么。事实上，“吸引喜爱运动的英国人离开家乡，面对各种风雨，投入各种危险、困难和气候的是其运动天性，这种天性本质上就是竞争性的”。[21]能够打断对这些运动的热切追求的，只有像1870年天津教案和1900年义和团运动一类的事件。在这些情况下，外国军队在中国赢得的漂亮胜利构成了一种集体记忆，这个记忆不断促使上海万国商团（the Volunteer Corps）更加倍操练。[22]

英文《文汇报》的报道毫无顾忌地表现出对不同国籍人高下不等的观念。法国人因为在很多时候不能保持房间整洁而受到嘲笑。[23]美国人让人皱眉头的是其粗鄙的沙文主义和污言秽语。[24]中国人似乎不是贫民窟的居民、不诚实的仆人、见风使舵的阿谀奉承者、怯懦的将军手下的胆小士兵，就是引起骚乱的暴民。然而，至少在板球比赛中，上海社会的这些其他因素都隐而不显了，因为公共租界队要和来自其他大英帝国属地的
58 板球队一决雌雄。租界板球队名为“上海队”，来访的其他球队分别是“英格兰”、“苏格兰”和“爱尔兰”队以及来自其殖民统治下的“香港”队和日本“神户”队。[25]

虽然通过贸易使中国人和西方人在共同的事业中成为合伙人[26]，然而，英文《文汇报》的报道几乎忽略了英国商人和经纪人的影响，只强

调了英国传教士和官员留在这个模范租界的文化影响。世纪之交的中国还没有从义和团运动中恢复元气，这块半殖民地上自信的外国人[27]，笔下带着明显的优越感，他们更愿意——至少是表面上——通过传播基督教而不是贸易来影响中国人，并把希望寄托在通过教育使中国儿童皈依。然而过去劝人入教的努力的结果却很不令人乐观。从 19 世纪晚期开始，教会已开办了几十所学校。但是根据一位有经验的传教士的说法，"狡猾的本地人"似乎已经找到了既从教会学校的世俗教育中受惠，又能保护学生原有的信仰不会被颠覆的方法。租界民众都同意这种说法，但他们仍盼望西方文化最终能获得主导地位：

> 无疑是这种情形，并且相当自然。教会学校仍对传教事业有所促进。它清理道路、准备基础，在有些情形下是播下了种子。一个在教会学校受过教育的男孩很可能不会在他以后的生命中成为狂热的排外、反基督教的人。他所受的更好的教育使他的智力稍微高于他的伙伴，并促使他站在正确的一面。小的影响可以关乎整体，有很多新闻界和公众两方面的迹象表明，西方教育已经造成了足以保证它在近期更迅速地发展的印迹。[28]

但是对于在学校里受教育的中国人来说，结果充其量只是造成了矛盾情感。就像我们可以在上海美国圣公会圣约翰大学的历史中看到的那样，教会教育的目的和中国刚萌芽的民族主义相遇，极大地考验了上海那些精 59
通中西两种文化的精英对整个中华民族的忠诚。

三、圣约翰大学的成立：宗教的还是世俗的？

圣约翰大学由施约瑟（S. I. J. Schereschewsky）主教在 1879 年创立，生于立陶宛的犹太人施约瑟是作为美国圣公会成员来到中国的。圣约翰大学由美国教会筹集一小笔捐助组建的，用这笔钱圣约翰大学在上海西郊的极司菲尔路购买了 14 英亩土地作为校园。第一批 39 名学生全都来自长江下游地区贫穷的基督教家庭。为了让他们准备好接受带有强烈宗教色彩的教育，这些男孩子的衣服、食品、课本、钢笔和笔记本都是免费的。这所学校的目的是在中国传播基督教。[29]

圣约翰直到1906年才在美国作为一所大学注册登记，但它仍是中国最早的西式高等教育机构之一。它所在的这个变化中的城市和为其提供资金的传教士社群，都在它身上留下了痕迹。就像上海和上海租界的崛起代表了一种与旧帝国首都北京形成鲜明反差的新兴城市类型，圣约翰大学的建立标志着一种与中国教育传统断裂的高等教育机构新类型的诞生。

在19世纪最后25年里，圣约翰大学主要从中国社会的下层招收学生。造就圣约翰大学的争论几乎不涉及当时中国的主要问题。它诞生在关于传教策略的激烈辩论中：为了宣扬“上帝的福音”，究竟是通过宣讲教义还是通过教育更好？是用中文还是英文更好？因此，圣约翰成立的意义
60 与同文馆的创办形成鲜明反差。后者表明清政府有兴趣学习西方语言、科学技术知识以维护其至高无上的地位，前者代表宗教团体决心进入中国世界所做的努力。

如何使异教的中国基督化，是所有在中国的基督徒共同的目的。19世纪60、70年代，就已经在争论怎样才能最有效地取得这个结果。早期沿海港口的福音传教士——宁波的长老会教友、通州的公理会教友、北京的卫理公会教友——坚持直接在大大小小集会上布道的原则，并以皈依者数量的多少来衡量他们的成就。1876年《芝罘协定》后，中国内地向传教士开放。新组建的中国内地会（China Inland Mission）很快成为最大的单一传教机构，它怀着拯救内地淳朴民众灵魂的热望。[30]然而经过多年忘我的努力之后，中国的基督教群体仍令人尴尬地保持着很小的规模，并且皈依者多来自社会较低阶层。19世纪60年代，美国海外传教工作理事会（the American Board of Commissioners of Foreign Missions，ABCFM）华北分会（公理会）在北京、通州和张家口开办了一批小型学校。“每所学校仅有数量很少的乞儿，很多工作仍是暂时应付，偶尔为之，也没规律，教课内容是最初级的，并很大程度上限于宗教和基本汉语。”[31]通州美国海外传教工作理事会的首席福音传教士谢卫楼（Devello Z. Sheffield）教士1877年向纽约的董事会报告说，虽然每一天他都在通州“广大的听众”中布道，但是他的努力几乎没有效果，就像“把种子撒在水里一样”。[32]

同时，北京长老会的丁韪良（W. A. P. Martin，1827—1916）和稍后

上海卫理会的林乐知（J. Allen）建议，对中国的改造应该从与中国上层
社会对话开始，才可能产生效应。[33]丁韪良看到，传授世俗西学科目，
尤其是在符合中国国情需要的领域，就有希望保证外国传教士在士绅改良
派中赢得体面的听众。对他而言，就像以前的耶稣会士利玛窦一样，传播 61
基督教努力的最初舞台是朝廷，而不是大街小巷。丁韪良曾成功担任过北
京清朝当局开办的外语学校同文馆的教习，后来成了总教习。到19世纪
70年代，这所学校开设了全方位的课目，从英语、国际法、政治经济学
到数学、物理、化学、生理学、医学和天文学[34]，培养了很多出身士绅
家庭的学生，以担当新产生的政府职位，如翻译、领事、工程师等。[35]

就在筹备圣约翰大学的那一年，即1877年的5月，于上海举行的在华新教传教士大会上，在中国传教的目的和方法又成为激烈争论的话题。一位资深传教士杨格非（Griffith John）这样阐明他的保守立场：

> 我们传教的目的是规训（discipline）这个伟大的民族，或者说，为了让他们成为基督徒。不管别人怎么做，这是我们的工作。我们在这儿，不是为了开发这个国家的资源，不是为了发展商业，也不仅仅是为了促进文明进步；而是与黑暗势力作斗争，把人们从罪恶中拯救出来，并为基督赢得中国。[36]

杨格非不考虑商业和科学怎样才可能在中国发展出新的、更高阶段的文明形式，他认为："只有福音书体现上帝拯救的力量，把人从罪恶和邪恶的支配下拯救出来……这是中国人非常需要的。"[37]这就是西方与中国的碰撞，是光明与黑暗、善良与邪恶的碰撞。杨格非反对采取有功利好处的世俗手段，他坚持异教徒绝不能通过诱惑或物质奖励的劝说而进入基督的王国。他们必须在精神上被天父遍布世界的光辉所征服。

很多人持与杨格非同样的观点，比如美国海外传教工作理事会的谢卫
楼教士，他警告说，在中国的传教士教授世俗科目，就会冒着将其中的宗
教性质大大淡化的危险。[38]因此，19世纪70年代，由美国海外传教工作
理事会提供支持的学校，只为从事传教工作的青少年助手提供基本的教义 62
问答训练，使其有能力满足在中国宣传教义的目的。[39]

与此相反，圣约翰很快就超出了对中国皈依者进行纯教义训练的范畴。它不但成立了一个基督教学院，而且提供了用英语讲授的自然科学和人文课程，吸引了一大批非基督教背景的学生。[40]在最初的几年里，它开设基础性的化学、物理、天文学、地质学、中国古典文学课程和完备的英语课程。[41]建校伊始提出的目标是把圣约翰建成一所“名副其实”的大学，可以与耶鲁大学媲美的重要的“学习中心”，成为“中国光明与真理的灯塔”。[42]“光明与真理”在大学部正式成立四年之后的1894年就成为该校的校训。[43]

圣约翰大学的学术取向反映在它用来为其学术正名的话语中。虽然谢卫楼教士和其他人说要带来信仰的明灯以照亮中国广大内地的黑暗角落，替圣约翰的课程安排辩护的其实是功利主义、普世主义和人类实际利益这类修辞话语。谢卫楼教士强调上帝的旨意，圣约翰的卜舫济（Francis Lister Hawk Pott）教士则认为，人类智慧的扩展就是它本身很有意义的目的。他满怀信心地展望拥有共同价值和真理的大同世界前景。[44]学习英语和英国文学“会有助于拓展我们学生的精神视野”，卜舫济博士写道，“通过传授英语，我们在做训练中国人思维的事，这就像教欧洲男孩希腊语和拉丁语一样”[45]。传授科学“不仅因为它们有实用价值，还因为像所有真理一样，科学的真理来自上帝，学习这些真理必将有助于人类发展”[46]。

基督教应该在教育课程中占有一席之地，这种说法更多的是在道德
63 上，而不是在宗教意义上被加以讨论。讨论的重点在于基督教对人格塑造的有利影响，而不是在中国发展教会的工具性价值。“基督教产生出了全世界都已经看到的最高尚的人格”，卜舫济博士在一篇关于圣约翰建校宗旨的官方报告中写道。圣约翰已成为一所真正的人文和科学的基督教人文主义大学，它所要达到的目的是通过扎实的文化——而不是宗教——课程把基督教传入中国。其策略是通过把基督徒传授的英语与学识相联系，从而“为英语赢得较高的地位”[47]。这些愿景，卜舫济认为，不亚于在中国掀起一场欧洲式的文艺复兴。卜舫济教士相信，圣约翰不仅能使基督教信仰在中国人灵魂中扎根，还会引入足够的外国元素以刺激中国文化的新生。[48]

四、英语压倒汉语："商业和科学的基督教文明"

卜舫济希望在中国土地上成功建立起基督教文明的人本主义，这一世界主义的计划在付诸实施时，社会现实很快让卜舫济的希望变得不切实际。圣约翰的惊人发展更多的是出于对精通英语技能重要性的功利性期待，而不是基督教精神主导的文化复兴的吸引力。英语课程的世俗化特征在 19 世纪末不是没有引起传教团体的注意。[49] 尽管自 1877 年在华新教传教士第一次大会之后，对传教教育事业的支持已经有很可观的增长，但英语是否应当被采纳为授课主要媒介的问题 1890 年在华新教传教士第二次大会上仍引起了不少讨论。谢卫楼教士警告说，英语课程只是那些对世俗商务职业感兴趣的学生们的铺路石而已。[50] 在忠实的福音传教士看来，这种课程对大量非基督徒有巨大吸引力的全部好处，还不够补偿为此而来的年青人思想世俗化所带来的消极影响。

在谢卫楼教士担任校长期间，北京附近美国海外传教工作理事会创办 64
的学校中，通州潞河书院（North China College）在教学上很多方面与圣约翰形成对比。这所 1893 年成立的公理会书院几乎不教英语，只提供基础水平的自然科学课目，以汉语为教学语言，并且很重视基督教在校园生活中的角色。这所学校的主要目的是为传教工作培养实地传道者，因此课程的重点是讲授《圣经》。[51] 毕业生被鼓励以各种方式献身于宗教，或在教会学校做老师，或继续进入神学院深造，或学医为本地教堂服务。[52] 圣约翰不断用诸如"有益"（benefits）和"实用"（utility）的词来形容自己，而潞河书院则自诩"尽职"、"感恩"和"充满基督教热情"。

在谢卫楼教士的严格指导下，潞河书院学生的校园生活以"与基督教教义相一致"为重点进行管理。[53] 学校每天早上 8 点以朗读《圣经》片断、唱诗和祈祷开始。晚上的祈祷在 7 点进行。所有学生必须参加周日上午定期的讲道和下午的主日学校，"除非基督教青年会对其在城市或农村进行的基督教工作还另有具体安排"。[54] 基督教青年会是校园里一个非常活跃的组织。"它为祈祷、讨论以及课外学习《圣经》组织各种聚会，向到教堂来做礼拜的人传播福音，安排成员在通州街上的小礼拜堂和市郊村庄劝说人们信奉基督教。”[55]

虽然祈祷、礼拜、唱诗班和基督教青年会是圣约翰校园生活的重要特色，出去布道的学生即使有，却也很少。[56]像潞河书院和山东基督教共和大学（Shandong Christian College）这样位于华北的大学，强调宗教教育并使用汉语，发展成为有坚实乡村基础的教育机构，圣约翰的发展则依靠上海向上流动的商人和专业人士，在富裕社会中建构。上帝的福音回响在华北乡下街边小礼拜堂和村庄大路口，圣约翰的基督教人文主义理想，则不可避免地被都市资产阶级及商业西化环境所淡化。懂得科学和信仰基督教在很大程度上是作为世界主义和启蒙的标志而受到重视。基督教人文主
65 义的文艺复兴理想继续被援用，但实际上圣约翰崛起为华中最难进、最有声望的学术机构之一，其核心原因就在于，它提供了“商业和科学的基督教文明”课程——这一精辟的概括是杨格非在圣约翰成立前后说的。20 世纪 20 年代，随着许多圣约翰大学的毕业生获得上海金融和实业圈的领导地位，这一基督教文明的象征、风格和价值观所得到的社会声望又达到了新的高度。

五、圣约翰大学的社会成分

圣约翰一开始只是从江南地区基督教家庭中不经筛选地收取预科学生，但在 20 世纪 20 年代它成为中国最重要的教会大学，1925 年春天，大学部共有学生 449 人（文理科 419 人，神学科 4 人，医学科 26 人），这是 1937 年学校进行注册前人数最多的一年。[57]1916 年，预科学生人数第一次少于大学部的，那一年大学部的人数超过预科 24 人。[58]学生人数的增长开始于 20 世纪头几年，此后二十年保持强劲的增长势头。在 1900—1909 这十年中，共有 561 名学生曾在这所学校学习。在以后的十年中，这个数字增长了近三倍，达到 1 836 人，然后又在 1919—1929 年明显增长，达到 2 863 人。就如最后这个数字所反映的，20 世纪 20 年代的发展尤为惊人，因为它发生在圣约翰与中国民族主义高涨的两次冲撞时刻。
66 1925 年秋天，注册人数有一个急速的下降（从 449 人降到 265 人），当时有很多学生在五卅运动之后断绝了和圣约翰的关系，建立了他们自己的分

校。因为预料到伴随北伐而来的骚动，1927—1928 年圣约翰整年暂时关闭。[59]南京政府十年期间，这所大学的学生群体已经基本上选择不再积极关心民族问题。

在入学人数增长的同时，伴随着的是学生群体结构的变化。虽然学生群体的世俗化在提供有广泛吸引力的综合课程的城市教会学校中，是一个普遍趋势，但圣约翰无论是在时间上还是在深度上，都比其他主要的教会学校领先。燕京大学学生中基督徒的比例从 1924 年的 72. 7% 下降到 1934 年的 32%；岭南大学从 1924 年的 71. 6% 下降到 1934 年的 26%；杭州大学从 1924 年的 86. 3% 下降到 1936 年的 27%。[60]在圣约翰，早在 1920 年就有大约 50% 的学生来自富裕商人家庭，而不是来自典型的贫穷基督徒家庭。到 1920 年，即世俗化运动在其他学校发生的十年前，只有 20% ~ 25% 的圣约翰学生是基督徒或有基督教背景。[61]

尽管大多数学生仍然来自上海地区，但民国时期圣约翰有 40% 的学生是从别的省份招收，特别是华南和华中。[62]除了江南附近的同乡联谊会，像宁波、无锡和浦东的，圣约翰校园里还有从中国南部和中部来的学生同省联谊会，像广东、安徽、福建和四川。[63]这种地域上的扩展，与早年圣约翰的吸引力仅限于来自吴语地区学生的情况形成对比。然而，随着学校社会—地域的基础的扩大，圣约翰新生所受预科教育的相似度也在增加。在 1914 年至 1919 年之间，随着报考者的增加，也为了保证学生精 67
通英语，圣约翰及其中学部和同样以英语为教学语言的其他一些知名学校建立了特殊关系。毕业于这些受认可学校的学生——圣约翰的基督教青年会中学、上海基督教青年会中学、上海民利中学、圣彼得教区学校、马汉学校的学生，圣玛丽亚堂、中西女中这两所学校的女生——与圣约翰中学的毕业生一起，可以不经考试进入新生班。[64]圣约翰在民国时期赢得了声望，同时它的学业课程更加成熟，每年的入学竞争越来越激烈。为了在大学本科拥有一席之地，一名学生最晚也须从初中开始进入这些与圣约翰有联系的学校学习。

别的教会教育机构大体如此。大多数使用英语的教会大学，有很大比例的新生来自也以英语为教学语言的教会中学。[65]是英语教学而不是基督教教育促成了从低到高教育经历的同一性，也造成了圣约翰学生群体的整体世俗化。

在通商口岸上海，英语是工部局、会审公堂、金融机构、买办资产阶级和租界上层社会的语言，对于租界有钱人家的青年人来说，英语也是显现其地位和教育的语言。圣约翰为它的学生奠定了“商界的地位”，卜舫济博士这样写道。[66]圣约翰也为它的学生打通了“和外国人交往”的渠道，并促使他们“在团体中过有益的生活”[67]。圣约翰训练中国学生学习英美殖民者的语言、价值观和行为习惯，并把毕业生安置到联结“东方”和“西方”的网络中去。这所大学在财政上本身就得益于通商口岸网的支持。由圣公会董事会提供的资金每年只有略微增长，而来自学生学
68 费与私人捐助（既有美国的也有中国的）的收入则猛增。[68]20世纪20年代早期，在其形象因为20世纪20年代中期与中国民族主义势力直接对抗而受损之前，捐助收入占圣约翰总收入的四分之三以上。[69]

追溯起来，这种后来被证明对圣约翰具有决定性的重要作用的网络，其实是一张以校友会为核心的社会关系网——它使圣约翰在民国时期的本埠名人和国家要人中一直保持着影响力，南京政府十年中圣约翰能公然对抗国民党的势力也要归功于它。圣约翰的校友会成立于1900年，是中国最早成立的同类组织之一。它很快发展成为一个相当规模的组织，不但在天津、北京、南京、汉口、杭州、宁波，而且在英国、西欧和美国都有分会。[70]这个严密的组织通过由“一群忠实的积极分子”组成的校友顾问会与学校保持着密切联系。校友会协调各分会的活动，并与圣约翰校方保持经常而密切的联系。在开始的几年里，校友会主要在中国为学校招徕资金支持，并以资助兴建新校舍和运动场地的形式为母校作出贡献。[71]像其他学校的校友一样，这些圣约翰的校友也通过对校际运动的热情支持来表达他们对母校的忠诚。

正如为其成员准备的一套资料所反映的，这个校友会的社会组成表明了校友们在哪些领域里联系更紧密。[72]1929年的粗略统计显示，在780名圣约翰校友中，有200人从事教育工作，200人从事商业活动，20人从事实业[73]，100人在政府供职[74]，80人从事医务工作[75]，另外80人在国内或国外继续深造，30人从事宗教和社会服务工作，还有70人职业
69 不明。[76]这一分布情况说明，首先，绝大多数圣约翰毕业生的工作去向

是在掌握英语和了解西方有着特殊重要性的领域，如外交机构、商界，工业企业中的人数略少。其次，上面的数据显示了圣约翰在华中地区率先推进高等职业教育的巨大贡献，特别是在医学领域，另外是在土木工程、新闻学和商务管理等方面。最后，它显示了圣约翰校友在创办超出基督教传教工作以外的新型社会组织方面起到多么重要的作用——如基督教青年会和其他慈善组织。[77]

虽然这些数字远远不能完全勾画出圣约翰学生的就业情况，但仍具启发意义。它强调了圣约翰教学侧重金融、商业、都市化的和西方化的倾向，也成为衡量圣约翰世俗化的标尺。校友会积极分子的职业构成也反映了在中国支持这所学校的主要社会基础。圣约翰使其学生进入 20 世纪 20、30 年代上海财政、商务、工业和专业精英梯队最高层的社会关系网。最重要的是，这个在社会和教育背景上有相当程度相似性的人际关系网被大学校园里的共同文化风格加强了。

六、“团队精神”：上海资产阶级的文化风格

圣约翰的学校生活以产生独一无二的大学精神为重点，每个班的学生毕业时都具有“团队精神”。卜舫济博士认为，这种被认为是美国大学特色的班级制度（23 级、35 级等等）有明显的优点，尽管受到喜爱英国和德国教育方式的人批评。“学生与他班里的成员联系更加紧密，感觉到他们是他特殊意义上的最好朋友。他会终身记住他们，并以他们的成就为骄 70
傲。如果班里有人将来出了名，他会感到是班级的光荣。”[78]圣约翰通过各种课外活动培养这种“精神”，这些活动把美籍教职员和中国学生联系得更加紧密。[79]这类活动有几个特定组成部分：音乐、戏剧、运动、慈善和社会活动。

从教堂唱诗班的赞美诗开始，很多圣约翰的课外活动包括介绍和欣赏各种形式的音乐。圣约翰的军乐队和合唱团都是中国最早的这类组织，成立于 1900 年之前。音乐——声乐和器乐，中国和西方的五弦琴、小提琴、竖琴、钢琴、长笛、横笛，交响乐队和小乐队——不管在学校社会活动中还是在庆典上、学生宿舍的日常生活中都很重要。[80]

圣约翰的学生中有很多中西音乐的鉴赏家和演奏者。邱培珣，政治学学士，22 级的班长，浙江人，“具有正确政治天赋”的人，也是沉浸于音乐之中的“伟大音乐家”，尤其擅长长笛和横笛。俞鸿润，22 级经济学学士，“一个伟大的演讲者，一个‘游手好闲的人’、‘空想家’”，“平时晚睡晚起，考试时早睡晚起”，虽然“从不专心于学习”，但他不可思议地通过了考试，他的心永远被周六和周日的日场招待会的音乐和歌声所吸引。顾森柏（音译），22 级理科学士，是一位“强健而快乐的绅士，唱歌像云雀一样动听”。当他在舞台上用假声唱歌的时候，为他填写毕业纪念册的传记作者惊呼，“你一定会被他的独唱迷住！”“我们通过 1921 年 12 月 20 日和 21 日晚上在奥林匹克剧院的一系列演出活动展现了我们对圣约
71 翰的爱。”这个班的文艺委员王君理记录道。这晚的活动是成功的，“我们重建了圣约翰学生演出活动的昔日荣名”。由 22 级的 18 名成员组成的大学民乐团（The University Chinese Orchestra）更是锦上添花。他们的同学非常高兴，因为演出不仅反映了学生们怎样“认识到音乐的价值是生活之美的基本保证之一”，还“为学校场地扩大”募集了资金。[81]

因为曾有在国外的留学经历，一些圣约翰社团成员在把西方音乐传统的某些方面介绍到中国来的过程中，发挥了重要作用。当圣约翰的建立者之一颜永京（1898 年去世）的儿子从凯尼恩学院回国时，他带回一把吉他、一辆自行车以及与未婚妻在月光下长久散步的习惯。[82]乐器激起了许多人的好奇心，散步习惯也令校园周围的村民感到惊奇。当牛尚周结婚时（牛是后来圣约翰校友、内科医生牛惠霖和牛惠生的父亲，也是宋子文（1894—1971）的姨父，是在美国受教育的工程师），基督教典礼之后是兰心大戏院的招待会和演出活动。牛的一群朋友组织了一个四人合唱队在会上演唱他们从美国学到的英语歌曲以表示庆贺。[83]

圣约翰的演出促进了其他教会学校音乐欣赏的普及化。1927 年，圣约翰的五弦琴乐队访问了上海浸会大学（沪江大学）并载誉而归。因为这次有纪念意义的访问，沪江大学里也成立了类似的乐队。在南京政府十年间，沪江大学发展出很多课外音乐活动、必修音乐课程，其合唱队还定期在华东巡回演出——就像圣约翰一样。[84]

教会大学提供了比中国的公立和私立学校更有利于欣赏西方音乐的

校园环境。燕京大学的音乐课由范天祥（Bliss Wiant）博士指导时，每年都上演亨德尔（George Frederick Handel）的《弥赛亚》。但是也有其他公开演出。上海毕竟是诸如拉赫玛尼诺夫（Sergei Rachmaninoff）、雅克·蒂博（Jacques Thibaut）、约夏·海费茨（Jascha Heifetz）和弗里茨·克莱斯勒（Fritz Kreisler）这些人经常办音乐会的城市。上海也有上海工部局交 72
响乐团作周日常规演出，富华（Arrigo Foa）是指挥和音乐会的主要负责人。可以确定的是，几乎没有中国人观赏严肃的音乐会；交响乐和协奏曲太深奥了，很难获得跨文化大众的欣赏。但是也有少数人出席这种场合。在兰心大戏院，坐在后排的往往是在欧洲和美国受过教育的有上流社会背景的人。坐在楼厅里少付一些入场费的，则多是像圣约翰和沪江这类教会学校的学生。[85]

圣约翰的体育协会成立于19世纪90年代末。它开展广泛的运动和比赛：网球、游泳、田径、足球、篮球等等，都是源自西方。很多学生加入这个协会来参加运动并赢得群众的喝彩和奖牌。24级常引以为豪的是他们的成员拥有两种才能——音乐和体育。有若干名“杰出的赛跑选手和足球运动员”（“足球”指英式足球）涌现，包括钟某某（Y. L. Tsung）、何某某（H. L. Ho）和连某某（K. V. Lien）。“钟先生在整个学校以长跑闻名”，这个班的书记员写道，并且钟和何都在足球队。23级在学校的运动史上“占有独一无二的位置”，因为它在比常规英式足球人数更少、规则更简单的“小足球”比赛中很受欢迎，而且保持常胜。这个班的毕业纪念册如此写道：“我们对运动非常感兴趣，因为我们充分意识到罗斯福关于男生必须努力学习、刻苦运动的建议是十分有道理的。”25级的同学录提到他们在每天午餐之后聚在一起进行一场“小足球”比赛。林泉辉（音译），22级理科学士，“学校有史以来最伟大的小提琴手”，是一位 73
“平时虽文静，但嗓音极为迷人的男高音”。尽管他的学习从来不是很好，总是在各种集会中最后“亮相”，但仍然是“校队最好的游泳选手”和足球队、篮球队的队员。徐腾辉（音译），22级文科学士，广东人，是“一个充满热情的社会工作者”，“一位满怀宗教热忱的神学家”，又是圣约翰田径队的队长。[86]

最重要的社会活动之一是由华东大学体育联合会主办的每年一度的

校际足球赛。连续十几年——直到1925年五卅运动之后圣约翰被联合会禁赛——足球冠军的争夺战总是发生在圣约翰和南洋公学之间。胜出的球队有时到北京和香港参加为夺取全国大奖而举办的巡回比赛——当这些地区已经建立起一支可以与华中地区的队伍进行比赛的球队时。有“东亚哈佛和耶鲁的比赛”之称的圣约翰和南洋之间的比赛，总伴随着很多社交活动。圣约翰的姊妹学校圣玛丽堂的女生们会在比赛中为圣约翰的胜利喝彩——这使来自中国其他学校的对手们非常嫉妒。[87]

戏剧和辩论会也是通过圣约翰介绍到中国校园来的西式活动。西塞罗论坛每年都组织“以个人演讲和团队辩论为形式的英语公开演说”。[88]莎士比亚研究会在1900年前后成立，成员每周六晚上聚会，阅读一部莎士比亚剧本。[89]1896年7月毕业典礼前夕，《威尼斯商人》审判一场由毕业班学生上演。演出莎士比亚戏剧的片段成为学校的传统。[90]在日渐增长的资金和颇具影响力的校友团体支持下，这项活动也在上海报纸的社会版上得到广泛报道。学生、校友的朋友和家人积极观看演出，他们坐着由私人司机驾驶的车子而来，穿着时髦，每人都花几块钱作为入场费和捐赠。

当上海上层资产阶级财富日增，而且对掌握西方社交礼节与习惯也信
74 心日增时，这类社交场合就刺激了炫耀式消费。没有其他地方像在顶尖教会女校里那样，会有人投入如此多的注意力去追求时尚和社交规则的细节，例如圣约翰的附属中学之一卫理公会的中西女中，宋美龄就在其著名毕业生名单上。除音乐、美术、文学、家政课程外，中西女中学生学习怎样改善个人仪表、美化家庭环境、掌握社交礼节知识以及成为一名合格的中上层阶级家庭主妇所需的其他相关技能。中西女中的高年级学生把她们的大量时间花费在舞台服装上，以为毕业典礼前夕的英语戏剧演出作准备。为了典礼本身，一位毕业生可能要为校园里各种告别聚会准备7套新衣服——以避免在不同场合穿戴同样衣服和首饰的尴尬。[91]

民国时期圣约翰的社交生活把上海中上层阶级的身份象征与西方的礼仪风格联系起来，西方文化的影响已经渗入圣约翰影响范围内许多中国家庭的日常生活之中。圣约翰的数学和自然哲学教授颜永京教士曾任学校主管，也是学校创立者之一，他的家庭生活节奏就是按照基督教仪式，而且表现为美式风格。[92]颜永京曾在上海的教会学校中接受教育，然后进

入凯尼恩学院（在俄亥俄州的甘比尔）。他 1861 年回国，在贸易界干了一段时间后，在上海工部局当职员，然后成为一名讲道者并被任命为牧师。他虽然非常自觉地意识到自己是个中国人，但还是表现出对西方风格的偏爱，并保留他在凯尼恩学院所养成的习惯。他在自己的英文神学藏书中得到精神上的慰藉和智慧。每个周日，颜永京都坐着一辆敞篷马车从他在圣约翰的住所赶到虹口的讲坛去，在美国中西部这种马车比在中国更常见。

颜家住在校园里一座西式风格的房子里。颜永京的儿子颜惠庆在教职员宿舍区和别的孩子一起玩——几乎都是美国孩子。假期，父亲会带儿子 75
参观停靠在上海港口的美国战舰，游览美国造纸厂，或观看业余英语剧团和杂技团的表演。颜的孩子们穿着中式长衫，却学习西式习俗。颜太太，也就是颜惠庆的母亲，在香港教会学校学过英语，她为自己引导仆人转信基督教而感到骄傲。她带领全家在晚餐桌上做祷告，教孩子们西餐礼节，并指导仆人做西餐。他们用蜡烛、礼物、贺卡、讲道和祷告庆祝圣诞节。他们庆祝所有主要基督教节假日以及 7 月 4 日 * 。[93]

在圣约翰校园里，大多数中国学生群体明显地带有受外国生活习俗影响的气质。1890 年创刊的学生报纸《约翰声》（St. John's Echo）第一期宣称："这份报纸是亚洲第一份由中国学生创办的外文报纸，只有经过多年刻苦学习才能做到这一点。"[94] 从这个意义上说，圣约翰的教育不是为了培养学生成为中国社会文化的中心人物。它的希望必须用世界主义的术语来表达："增进东西方同情之了解。"[95] 在 20 世纪 20、30 年代上海资产阶级崛起的大背景中，圣约翰的巨大成功因而成为表现通商口岸上层阶级与中国其他地方间文化差距的重要标志。

在上海半殖民地的混合环境中，圣约翰成功地为出身于金融业、商业、工业和有专业背景的中国年轻人理直气壮地提供西式教育，这种教育成为通商口岸精英自我定位的一部分。但是，"商业和科学的基督教文明"的馈赠不是没有代价的。学校许可的汉语教学的主要形式是翻译：把弥尔顿和莎士比亚译成中文，或反过来。不过，22 级组织的中国文学研究会要求其成员练习中国书法，背诵中国经典散文并用汉语写作。有些 76

---

* 7 月 4 日为美国独立日。——译者注

学生“感觉到保护和发展我们自己的语言和文学的需要，这是学校经常忽视的”[96]。尽管有人似乎已经具有文化折中主义的能力，比如既跟美国教授学习经济课又同时参加算盘协会[97]，但也有人发现，在动荡的20世纪20年代，中国学生也必然为接受圣约翰提供的教育付出了一定代价。

22级班中也有代表作为一年级新生参加上海学生联合会以支持1919年的五四运动。刘祖辉，22级政治学学士，《约翰声》的主编。为了华北急需救助的灾荒，“他夜以继日地努力工作，使上海学生联合会的募捐表演获得成功”。这个班有四个人为此亲自去了一趟北方。[98]校方允许学生自发组织活动，只要他们不在校园里引发冲突。

民国时期圣约翰的大学教育逐渐被上海中上层资产阶级所垄断。不管一个家庭是否仍然认为其祖籍是宁波、广东还是别的地方，绝大多数学生都是上海商业界精英的孩子。1919年校际比赛的第一名陈守模被誉为“一名足球场上的明星、西方音乐的爱好者、经济学家和一个莎士比亚通！”[99]像这样的圣约翰学生生活确实与北京学者及城市革命分子的关注点有很大距离，更不用说中国广阔内地的精英和农村群众了。然而，圣约翰立足于享有特权、相对封闭的上海，基于阶级的批评几乎不影响其总体发展。但是，从民族主义角度出发的攻击就是另外一回事了。在五卅运动的高潮，也就是1925年夏天，学校因为民族主义问题分裂了。预料到胜
77 利的北伐军将乘着高涨的民族主义情绪之潮进入上海，可能会伴随着“骚乱”，于是圣约翰在1927—1928年整个学年关闭。来自内部和外部的激烈批评持续指向圣约翰。从外部攻击的人指责圣约翰的教职员和管理机构带有明显的文化帝国主义色彩。那些选择仍留在学校的——特别是中国学生——也未尝没有文化上的矛盾感情。

七、民族主义的挑战

当卜舫济首先主张用英语作为主要教学语言时，他提出的理由包括相信英语会有助于教授更高水平的自然科学。[100]卜舫济在19世纪90年代末指出，在自然科学方面缺少合适的中文参考资料。学生对英语的掌握有限，会迫使教师只能以中文为媒介教授初级水平的化学、物理、天文学和

地质学。卜舫济认为，可以先让学生把英语学好，然后再提高自然科学教学水平。他还相信英语教学不会影响学生用本土语言学习中国历史和文学。[101]

后来的发展证明，卜舫济博士对后一点的乐观是没有根据的。圣约翰没有因为其自然科学课程的优长而享有特殊声望。它的毕业生占据了上海金融界和医学界的重要职位，后者则是医学院的功劳。不论富裕的上海资产阶级将其混合文化风格在城里人中的受尊重程度抬到怎样的新高度，这
些西化的精英也不能避免别人批评他们对自己语言和文化的“无 78
知”。[102]这些批评与圣约翰的中文课程有关。

教会学校的中文课程通常比较薄弱。直到燕京大学成功地邀请了著名的中国学者，例如顾颉刚、容庚和洪业（洪煨莲），加入由陈垣领导的哈佛燕京学社，教会学校才开始把杰出的中国古典学者吸引到自己的教师队伍中来。[103]在20世纪最初的十年，当严复、马良、梁启超和其他改良派在复旦公学做演讲时，圣约翰的中文系仍由仅在科举中获得低级功名的旧式人物管理，开设传统风格的课程。[104]在这一点上，圣约翰中文系的弱小是由于脱离了如北大、清华、复旦和中山等大学中文系的主流文化和思想潮流：后者关注文化的自我再生能力，并寻找中国的政治前途。

再者，在圣约翰内部，作为英语系的竞争对手和没有能力与理科部门及其他专业院系互相交流，中文系势单力薄。它的发展障碍是文化、教育、宗教和语言学各个层面。圣约翰的教授会议是从19世纪90年代英语系的系级会议中发展出来的，因此总是用英语作为会议语言。中文教师因为其语言劣势而不能充分参与这些聚会。[105]此外，中文教师与理科和专科教师在风格、外表、社会背景和学术训练各方面几乎没有共同点，后者中占相当比例的人曾在西方受过教育。虽然教会学校中的中国教师人数不少，但是他们往往被当做二等雇员来对待。那些教英语、自然科学和专科的中国人所获报酬比他们的美国同事要低得多。教汉语的工资甚至比教西
学课目的中国同事的更低。中国教职工在住房、晋级、教职工会上的发言 79
权和雇佣期等方面都受到歧视。[106]

从圣约翰对待中国教职员的态度上，基本看不出美国人占绝大多数的

学校管理层为提高中文课在课业中的地位做出过什么努力。然而也有人指出，是中国人占绝大多数的学生群体所持的功利主义导致了中文课程的衰落。“看起来使多数年轻人真正对学习中国文学和哲学感兴趣实际上是不可能的，”学校的官方记载中写道，“因为他们看到西学有更大的直接利益。”[107]民国时期圣约翰的中文课程缩减到仅为象征性的点缀，要求所有学生每周花两个小时把英语译成汉语，或反过来把汉语译成英语。所有其他的中文课程都为选修课。带有传统意味的国学院作为大学的一个系，在 1917 年被取消了。[108]

对圣约翰中文课程进行根本改革的压力最终来临，可以料想，这压力源于学校之外。1919 年的五四运动开启了十年高涨的民族主义情绪。在越来越甚的排外和反基督教气氛中，针对圣约翰学生对本土文化和语言无知的批评也更激烈了。1923 年从圣约翰获得荣誉博士学位的江苏省教育会会长黄炎培（1878—1965），也是一位在上海工业和金融界有广泛人脉的杰出士绅领袖，是这类批评的代表人物之一。[109]

在描述民国时期的上海社会时，中国的马克思主义史学往往将“民族资产阶级”和“买办资产阶级”区分开。这两个概念可以追溯到陈独秀和瞿秋白写的文章，他们是第一任和第二任中共中央总书记。在紧接
80 1925 年五卅运动之后，瞿和陈用这两个概念大致勾画出在继之而起的罢工和谈判期间，上海商界内部对于公共租界英国当局的不同政治态度。根据共产党的早期说法，与上海商会的头面人物相比，当地小商人组织更不易与英国人妥协，在支持集会和罢工方面也更积极，因为在这些小生意人看来，他们的民族利益和阶级利益之间几乎没有冲突。另一方面，富商作为买办资产阶级的成员，不可避免地会通过牺牲国家利益来保护自己阶层的利益。[110]因此，“民族资产阶级”和“买办资产阶级”的二分法，是试图将对帝国主义势力不同的政治态度与从阶级利益角度进行的分析连接起来。

然而，字典中“买办”这个词，指的是为外国贸易和银行业务担任代理人的中国人。在广州十三行垄断对外贸易期间，十三行的成员是外商法律上的担保人。在 19 世纪晚期贸易扩张的几十年里，通常由买办来处理在内地的采购和销售，应付中国的钱庄和官僚，他们既是外国公司雇佣

的代理人，也是为自己牟利的商人。在民国时期的上海，一家公司的首席买办往往本身就是富商和总管，处理涉及中外公司的业务，他自己雇有一套由秘书、会计和其他职员组成的班子。[111]同时，买办阶层也包括社会出身并不显赫的中国人，他们能够上升到上海资产阶级的中上层，主要是因为长期受雇于外国公司。比如虞洽卿，他可能是民国时期最知名的买办，他本是一个贫穷的宁波少年，19 世纪 70 年代左右来到上海，在一家外国公司做学徒。他后来成为四家外国银行的首席代理，通过海运业积累了大量私人财富，并成为拥有强大商业和政治人脉的独立投资者。[112]作 81
为上海总商会的会长，虞也是 1925 年五卅运动期间与英国交涉的首要人物，并被看做损害中国民族利益的买办，受到了激进民族主义者的公开指责。[113]

中国人拥有近代企业始于 19 世纪最后 25 年中。因为早期投资者与土地财产、官僚政治的关系，它们常常被中国史学家描述为“官僚资本主义”。最初一批投资者来自不同的社会背景。实际上，有的来自富裕买办行列。但是，这些私营企业主受到上海 1883 年金融危机的沉重打击。随后引起的经济危机是标志着官僚资本主义崛起的转折点。[114]在“官督商办”的指导方针之下，19 世纪后期，官僚和上层阶级的资金进入工业和运输业，如蒸汽轮船、铁路、矿山等等，士绅商人和士绅实业家在官僚的庇护下崛起。这个意义上的“民族资产阶级”因其士绅身份、与官僚的联系、作为地主的财富来源以及在实业和金融业上的投入，在风格、利益取向和地位上都不同于 1925 年当地商人（neighborhood merchants）那类的“民族资产阶级”。在 20 世纪，随着轻工业的发展和商业活动的扩展，机会向勤奋而有创业精神的人开放，包括海外华侨，让出身卑微者发财致富——就像南京路上永安百货的创办者一样。[115]

虽然通常对“买办”和“官僚资本主义”的区别意味着其社会来源的某些明显特征，但民国时期这两种人在社会成分上越来越难区分了。把资产阶级简单二分为“买办”和“民族”，以作为描述不同政治倾向和阶级利益的模式，没有考虑“官僚资本家”的存在，也没有充分描述上海 82
社会极大的复杂性。人们完全可以认为，在文化上，是整个商业环境促进了混合文化的发展，在这种文化中，受传统制约的文化民族主义所具有的狭隘性是没有一个群体能够承受的。

然而，尽管人们已经普遍认识到了世界主义态度的必要，但在社会和文化优先权上却有重要区别。当我们比较重要的教育机构如圣约翰大学和江苏省教育会时，这些不同就显得特别突出。就像我们已经看到的，圣约翰的成功建立在“增进东西方同情之了解”的世界主义努力上，这种课程广泛地吸引着中上阶层。[116]相形之下，江苏省教育会——江苏近代教育改革和江南地区职业教育的主要推动者——在士绅精英的努力和指导下想促成中国的近代化。江苏省教育会成立于1906年，是总督的士绅顾问机构，主要负责整顿当地风俗和促进省内学校的发展。[117]这个组织是民国时期推广实用知识和职业教育的佼佼者。它促进了簿记、会计、英语商业通讯、工业技术等方面的教育。圣约翰以更高的学费和更重的西化印迹，把入学学生限制在少数富家子弟，这些学生中的大多数在文化上更接近“买办”，即使在社会出身或政治倾向上并非“买办”。而江苏省教育会设计的课程则门槛较低，向大批中下层“民族资产阶级”敞开大门，让他们准备好跻身于上海商业界和工业界的中下层。

当1919年上海出现支援北京五四运动的活动时，江苏省教育会的领
83 导人黄炎培积极参与这一运动。上海的爱国运动得到了总商会的有力支持。同时，成千上万的店员、学徒和雇佣工人加入大学生和中学生的游行队伍和爱国集会，他们使抗议者人数大增。不像北京的运动，上海的爱国抗议发展成为使全市瘫痪的总罢工。黄炎培在整个5月和6月都是集会和罢工的积极参与者。他主持国民大会，鼓励上海商界和教育界采取联合行动。他指出中国缺少团结，并强调组织和协调的重要性。[118]黄不但响应上海当时的政治情绪，还成为中下层民族资产阶级的代言人。

黄炎培对圣约翰的批评反映了这所学校是怎样被普遍看待的。在黄炎培坚持不懈的敦促下，在国学院废除两年以后，圣约翰以更高的工资任命了一位大学研究主任（Director of University Studies）和一批新教员。圣约翰中文课程的新负责人是孟宪承（1893—1967），他是圣约翰18级的学生。孟在美国学过教育，经常给《教育杂志》投稿。《教育杂志》在江苏省教育会士绅领导的支持下创办于1909年，是一份以上海为基础、面向专业教育者和中学老师的杂志，它以五四启蒙精神大力支持课程改

革。[119]在孟的指导下，中文课程的改革和新教育法的引进在五四运动到五卅运动之间的六年中持续进行，同时伴随着全国大学生政治积极性的普遍提高及文化觉醒、民族自觉。由于上海学生在北京五四运动之后发起的运动，圣约翰被迫在1919—1920年三次关闭。[120]最重要的，中文系的改 84
革，再次为圣约翰学生带来对民族利益的关注，这后来被证明给圣约翰带来了严重的分裂后果。

加强圣约翰学生汲取其本土雅文化的所有努力，都使西方人对上海未来自我感觉良好的设想和中国民族主义者的正当呼吁"中国迟早要还给中国人"之间的裂痕越来越明显。随着"反军阀、反帝国主义"运动进入20世纪20年代，圣约翰校方日益被当做攻击文化帝国主义罪状的靶子，校方和学生之间在纯粹民族忠诚问题上出现了紧张的对立状态。使这一对立状态达到顶点的，是学生和卜舫济校长在五卅运动抗议高潮中关于中国国旗事件的公开冲突。[121]学生们被校长和某些教职员的专横和对中国的不友好态度激怒了。262名大学生（总数的58%）、290名中学生（大约75%）和几乎整个中文系选择了与学校断绝关系。这一核心群体得到上海实业民族资产阶级的财务支持，成立了光华大学——光华这个名字在字面上的意思是"光大中华"。[122]

在民族主义者的眼里，光华大学的成立破坏了圣约翰校方和教员的声望。在后来的"收回教权运动"中，圣约翰被描述为"文化帝国主义"的典型产物：既是外国传教士开办的帝国主义渗透先锋，又是阻碍中国学生发展固有民族意识的文化诱惑。面对日益增长的敌意，圣约翰付出了被大学同行排斥的代价。例如1925年秋天，圣约翰被迫放弃华东大学体育联合会的成员资格，让给了从其中分离出来的对手——光华大学。更而甚 85
之，当1928年秋天民族主义者的热潮最终平息时，学校——用文理学院院长沈嗣良的话来说——仍然"觉得有必要把我们的体育活动限制在学校之内，避免任何正式的对外比赛"[123]。南京政府十年中，只要光华继续被上海的其他大学接受为和他们同等的学校，圣约翰学生就只能在校内运动会上与自己人比赛。

五卅运动记忆犹新，圣约翰预期在国民革命军胜利之后难免岁月艰难，于是在1927—1928年关闭了超过一年。北伐战争迅速横扫长江流域。

1926年9月，战争在江西、福建和浙江爆发。12月，北伐军穿过湖南，占领了汉口。军事冲突动摇了中国很多地区的教会文化圈。在中国西部，重庆以外的所有美国人都被他们的领事劝告离开。南京大学的约翰·威廉姆斯（John Williams）博士被抢劫的士兵们乱枪打死，这一事件震动了中国所有的教会学校。[124]当国民政府在南京建立，秩序得到重建时，大多数公立同私立学校和大学一样，发现自己在新政府的不断施压下，面临着一个不确定的未来。

《字林西报》（*North China Daily News*）在1928年6月报道说："圣约翰大学的敌对者正在努力阻止它的复课，事实上，他们想说服国民党大学院（the Nationalist University Council）接管它。"[125]这一报道纯粹是谣言。然而，这种谣言的流传反映了普遍的氛围。在不安全感和孤立之下，校方强调对学校的忠诚，并加强既有的联系。当1928年秋天圣约翰重新开学时，注册的学员只限于以前的学生、获得认证的学校、附属学校的学
86 生以及由校友推荐的"有良好品质的年轻人"。[126]在民族主义的猛烈攻击下，学校转而向内，他们在20世纪最初几十年中培养的社会关系网中寻求支持，这一关系网经受住了民族主义问题引起的分裂。教职员的聘任，圣约翰也求助于以前的毕业生，希望学校师生的整体取向和教育经历有更高程度的同质性。结果，学生人数比光华分离出去之后的1925—1927年更少了，只有194人，但这些学生都是"精挑细选的"，肯定忠于这所学校，在社会背景和文化品位上有许多相似之处。圣约翰就这样在注册学生大大减少的情况下进入20世纪30年代，最初几年学生总数甚至少于300人。后来它才逐渐恢复了20世纪20年代中期的学生人数。[127]

在这一四面楚歌的情况下，学校又意外地受到来自南京政府的压力，要求它向教育部注册登记。表面上看，这个问题牵涉到大学是否具有不受中国政府干涉的自由，因为当时中国政府要禁止圣约翰校园里的基督教活动。新的南京国民政府禁止让基督教信仰仪式——和任何宗教教育——成为中国学院和大学的必修课。在南京登记注册以成为新的中国政府法律上承认的大学，必须把参加宗教课程和教堂礼拜定为自愿活动而不是必修。虽然学生对宗教事务的自发兴趣在1910—1920年就已经锐减，圣约翰校长卜舫济博士仍确信学校能够在新的环境下"保持它的基督教特性并在

自愿的基础上继续基督教的工作”。[128]但是在主教和在中国的美国圣公会的美籍教士中，与卜舫济持同样立场的人是少数。[129]1928 年 5 月 27 日，咨询委员会（the Council of Advice）宣布，圣约翰的董事会拒绝在政府的规定下登记。相反，委员会请求中国政府予其更“自由”的管理，使圣约翰有不受政府这些规定限制的特权。它打算通过学校理事会中华籍 87
成员的影响做到这一点。[130]

与南京政府的谈判在之后两年中继续进行，由代表圣约翰的知名华人，如上海实业家刘鸿生、基督教青年会全国委员会秘书长余日章和财政部长宋子文领导，他们都是校友、现在的理事会成员。[131]1930 年 10 月 7 日，美国圣公会的全国委员会正式通过了一项决议，断然拒绝在这些规定下注册登记，因为这些规定会“禁止公开宣传学校的基督教特性和目的”，“损害教会传播基督教信仰和为学校的学生提供宗教服务的权利”，最重要的是，“牵扯到所有权和财产控制的放弃”。作为对它所藐视的中国政府当局更进一步的侮辱，这个委员会还表达了对国民政府保持政治稳定和维持政权能力的怀疑态度，提醒他们注意“这个国家各个不同地区情况的不断变化”。[132]因此，在 1931 年勉强做了一个表示要注册的姿态后，圣约翰无视所有上海市教育局发来的通知，在 1948 年之前从未登记过。[133]

信仰的自由看上去得以保全，中国政府的权力和要求被挡在了学校以外。然而，主教们的胜利是政治上的而不是宗教上的。使圣约翰迅速发展和扩大的课程中固有的世俗化倾向已经如此明显，以致在与国民政府争执之后的几年里，圣约翰校内的教堂礼拜就改为自愿了，宗教课程成为选修的，最后神学院也因为招不到足够学生而在 1934 年关闭了。

主教们所抵制的，与其说是使高等教育政治化的企图，倒不如说是体现于国民政府新规定中中国人的民族主义要求。通过拒绝在政府规定下注册登记，圣约翰把自己置于中国政府认为可以在中国领土上接受的高等教 88
育体系之外。因此，拒绝登记注册是对帝国主义特权赤裸裸的维护，这些特权受到外国教会势力支持，由买办精英促成。南京政府十年中圣约翰的继续存在，不仅显示出了国民党对主权有效要求的边界所在，也显示了民国高等教育中民族主义的局限。

圣约翰不只在轻视中国民族主义的正当要求的情况下繁荣发展。即使在南京政府十年的反对环境中，它的规模和声望都逐年增长。它仍然是上海租界上层资产阶级的母校，他们将影响逐步渗入沿海市区中心和省会。上层资产阶级将其社会认同归功于中西混合的社会形象和与西方的文化联系。西式教育认证了这个阶层所受的训练，提高其社会声望，并随着上海在全国经济生活中地位的提高，将其从中国社会边缘推到核心位置。圣约翰大学的历史对于新的精英阶层的形成做出了不可或缺的贡献，但是圣约翰在宗教和政治上的自治理想与中国民族主义诉求之间的碰撞也在对这些资产阶级精英强烈的责难中反映出来，这种责难响彻整个 20 世纪，指责他们失去了自己的文化身份，放弃了社会责任。

第三章　从地方士绅书院到中产阶级大学

在朝廷的支持下，又受到中国几次大败的刺激，中国学校课程内容的改革在 19 世纪末提升为国家教育制度的全面改革。科举考试过去一直都是读书人求取功名、进入国家官僚体系最重要的制度，同时也是中国社会形成的中坚。1905 年，清廷下令永久废除科举考试。另外，清初以来，由官方与各省地方士绅共同捐办的公立学堂，过去培育了许多成功考取功名的学生，并通过不断重演儒家礼仪，建构民间共同体（civil community）。现在这些公立学堂也被西式公立中小学制度所取代。朝廷亦将资源倾注于像上海的南洋公学与河北的唐山工业专门学校等技术专门学校的兴办上。尽管朝廷尚未完全舍弃传统经典里的理念，但国家已强调科技和管理的培养为中国生死存亡与复兴的关键。 89

清廷准奏的这些变革释放了城市士绅精英分子的改革干劲。这些改良派早自 19 世纪 90 年代起就对越来越深重的民族危机感到忧心，鼓吹要求体制改革。这股势力于 20 世纪最初的十年里最终凝聚为要求进行君主立宪体制改革的力量。[1]这些改良派士绅对于在 19 世纪末 20 世纪初所进行 91 的全面教育改革大体上回应十分积极。譬如，南京、镇江、九江、芜湖、长沙、武汉、成都、重庆、杭州、福州、厦门、广州等位于华中与华南的许多城市，便由当地士绅改良派带头兴办了教授数学、科学、外语、法律、政治学和体育等新课程的中小学和专业学校。

同时，在 20 世纪最初的十年里，设立高等教育机构的非官方成果集中体现于上海，而上海独特的社会文化环境也有助于这方面发展。首先，上海已有如圣约翰大学和法国耶稣会创办的震旦大学等外国学校。尽管中国知识分子对于教会学校仍持保留的态度，但它们在某种程度上刺激了中

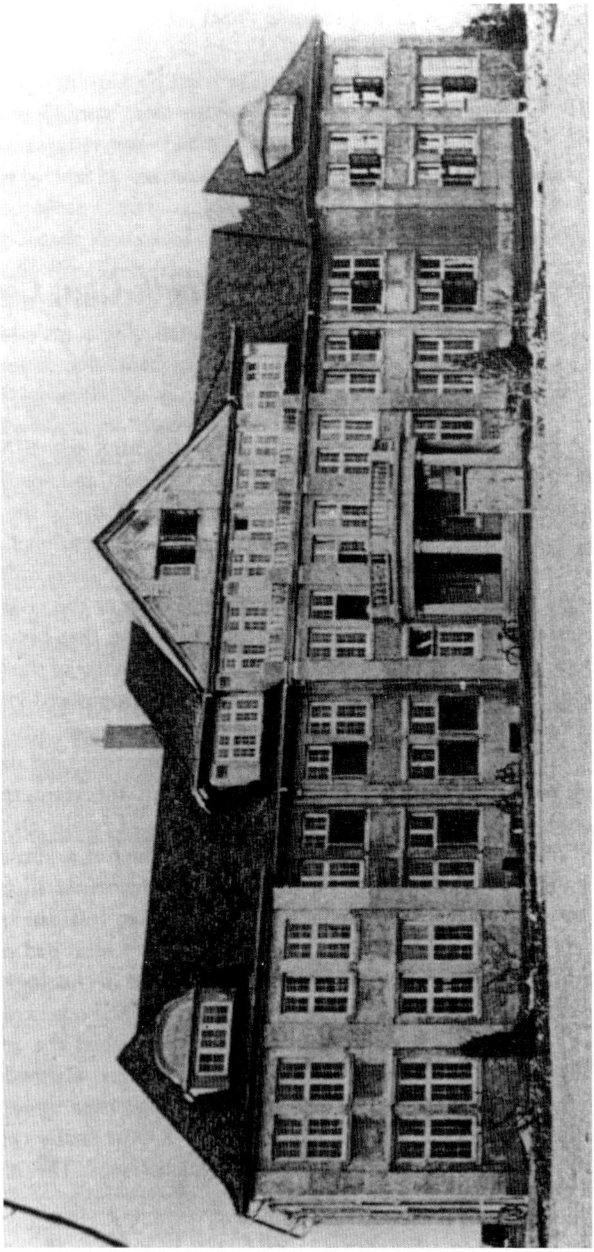

图3 上海复旦大学主教学楼（1926年）

资料来源：《复旦大学丙寅年鉴，1926》。

国人去兴办自己的大专院校。譬如，私立复旦公学的第一批行政人员、教师与学生，许多都是以前与震旦大学有渊源的中国人。[2]

自19世纪60年代起，上海就在总督李鸿章的支持下成立了诸如江南机械制造总局与上海广方言馆等西学教育机构，早具西学教育经验。但更重要的是，20世纪初，上海这个城市拥有许多人才与学校。这些学校则汇集了富庶的江南核心地带的资源。此外，上海有外国银行、洋行、中英文报刊、印刷厂、轮船公司，以及江苏与浙江间贸易与学术环环相扣的网络，它们是政治活跃的士绅精英阶层网络的重要枢纽。这些士绅精英早已通过管理当地慈善救济事业拓展了其在省一级的活动范围。[3]这些江南士绅名流在上海找到了一个重要活动舞台，把他们从局限的地方性中抽离出来，使他们接触到国家事务。

与此同时，上海也是个权力网的中心。这里囊括了候补官员、通商口岸知识分子、幕僚、买办、政治顾问与外交事务专家等等。这些人在当权 92
的总督李鸿章的幕府里，在“官督商办”政策下，负责掌理大量出现的近代化事业机关。省一级的活跃士绅与江南地区的士大夫（scholar-official）这两股势力于19世纪末结合了起来。20世纪最初的十年里，南洋、复旦和中国公学这三所在上海具领导地位的本国高等教育机构各自以不同的方式体现了以江南地区官绅网络为基础，以中国教育近代化为抱负的努力。

这些由官绅合资的学校从其校名上便可看出端倪。南洋、复旦和中国公学全都被称之为“公学”，既不是单纯地由地方士绅所开办的私塾，也不是由官方正式兴设的官学。[4]就社会出身与文化观点来说，这些官绅皆非正统资产阶级，不过，他们自19世纪70年代起便越来越多地参与到金融业与工商业中，从而与买办商人发展出诸多相结的利害关系。[5]民国年间，由官绅共同兴办的这些新式学堂蜕化成为注重商业、法律、新闻、教育和其他专业学科的中产阶级大学。

上海有钱有势的圈子有着多元的社会组成，所以这些由他们所创设的学校，便反映出相当广的社会构成。这三所在上海具领导地位的本国大学都创办于20世纪最初的十年里。南洋公学是总督李鸿章麾下负责上海近代化企业的盛宣怀所创办。因为有着官方稳定的官款补助，所以，相较于复旦公学与中国公学来说，南洋公学更具“官方色彩”。民国时期，南洋公学最终成为教授科学与实学课程的国立大学，政治立场保守。

另一方面，复旦公学和中国公学的成立与19世纪90年代的城市改良
93 派精英及此后十年的立宪派有着直接关系，带头者包括严复、梁启超、马良和蔡元培等。在20世纪最初的十年里，这两所公学不仅提供了诸如西方政治思想、社会达尔文主义和欧洲宪政史等课程，同时也是当时时事与社会问题等高度政治化议题的公开讨论场所。如果说，南洋公学反映了保守的洋务派官僚的抱负，那么早期的复旦公学与中国公学则体现了进步的城市士绅改良派的远见。这些士绅知识分子虽然在推翻清朝的政治革命期望上持有较改革派官僚激进的观点，但是在其他的改革议题上，他们还是能共同努力的。

一、交通大学与技术官僚精英的崛起

民国年间，圣约翰大学在长江下游三角洲地带极具声望，在很多方面只有后来更名为交通大学的南洋公学足以与之匹敌。1896年，清廷在盛宣怀的奏请下兴办南洋公学。南洋公学正是体现19世纪末“中学为体，西学为用”论点的重要学校。南洋公学首先被认为是一所技术学校，在早年里提供了诸如“铁道工程”、“机械工程”、“船政”之类的专业课程。[6]该校为官方资助的学校，其经费起初来自上海轮船招商局与电报局(是为办新政而新成立的官方机构)，民国年间则来自于交通部。以当时的标准来说，充裕的经费让南洋公学有能力兴建新式教室、办公室、图书馆、实验室和学生宿舍等，校园占地面积超过100亩。民国时期，当几乎
94 所有由教育部划拨经费的国立大学都为财务不稳所苦之时，南洋公学却无须担忧财务问题。同时，南洋公学也不像民国时期大多数的公立大学那样，有不满现状的教员、学潮和学习中断等等不断困扰学校的情况发生，因而享有几十年的稳定成长。1930年，这所学校已改名为交通大学，那时的学生总注册人数是1 074人，其实验室的器材与设备总价值是316 627元，就学校资产来说列全国排名第三位。[7]

交通大学与圣约翰大学尽管一所由中国政府资助，另一所是由美国教会赞助，但这两所大学在某些方面却颇为相似，特别是在两校的语言课程

与课外活动形态上。因为几乎没有任何工程学科发源于中国，所以交通大学的课程教授主要都是以英文进行。很多早期的教员，包括因创设该校工程学科课程而深具影响力的公学监院约翰·福格森（John C. Ferguson）等都是美国人。很多的中国籍教员也都拥有美国学历。如同 20 世纪 20 年代早期，和北京清华学堂学生一样，南洋公学学生毕业后就可以到交通部辖下的近代企业就职，除此之外，还可以争取政府公费前往美国深造。因此，南洋公学的学生很早就开始为到海外求学而作准备，包括练习使用刀叉和参与橄榄球与足球比赛等。[8]

交通大学除了国文科以外的其他所有入学考试科目，全部都用英文命题。虽然国民政府强调普遍使用本国语言的重要性，且交通大学的人事任命又须听命于国民政府，但交通大学在 1931 年的入学考试中，除了“国文”与“党义”两科之外，其他科目完全用英文命题。国文科试题与自 20 世纪以来的学校传统一致，包含了一大部分的“国学常识”。历史科的试题如下*：“Ⅰ. Distinguish between the three stages of savagery, barbarism, and civilization, and give instances of existing peoples in each stage.（区别蛮荒时期、未开化时期与文明时期的异同，并列举每一时期存在的人 95
种。）Ⅱ. Why is feudalism called a decentralized system of government?（为什么封建制度被认为是政府的分权制度?）Ⅲ. Describe briefly the intellectual and commercial results of the Crusades.（简述十字军东征在知识上与商业上的结果。）Ⅳ. Mention the leading causes of European wars during the last century.（描述上世纪欧洲战争的主因。）Ⅴ. Explain the present organization and functions of the League of Nations.（解释国联现有的组织与功能。）”地理科考试共有 5 道试题，但只在第一道考题中提及有关中国问题：“Locate the Chinese Eastern and the South Manchurian Railways and point out their connections with other lines.（标明中东铁路和南满铁路的位置，并指出这两条铁路与其他铁路的关系。）”[9] 在这些考试中，罗马帝国的衰亡和苏伊士运河开通等世界史地的试题相当受重视，中国国家兴亡反倒变成仅具地方意义的边缘性事务而已。

---

* 原题目即为英文，中文为译者所译。下同。——译者注

交通大学的考题与国立武汉大学等党校的形成了强烈对比。比方说，武汉大学1930年的入学考试，除了英文科以外的其他考试科目全都用中文。民族主义思想的弦外之音表露无遗。历史与地理试题均分中国和世界两部分。在中国史考试上，1930年的试题如下：“（一）宋、明、清三朝何种学派最盛？试略述各派的学说内容及其中之主要学者。（二）欧西科学输入中国，始于何时？传自何人？输入后影响中国思想界者若何？（三）鸦片战争在中外通商关系上发生何种变化？试就战争前后比较说明之。”至于中国地理考试，学生所需要应答的试题如下：“（一）试作东三省山川形势及其铁路敷布简要图。（二）试举我国自鸦片战争以来失去之领土，及给予外人之租界地与租界。租界地与租界已有收回者否？（三）中国何处为高原？为盆地？试述其中一个高原或盆地之气候、民族、经济等概况。”[10]武汉大学就像在杭州、南京、广州和成都等其他各省中枢地带所创办的党校一样，在历史地理科目的考试上展现了民族主义情怀。

96 在交通大学，对专业技术知识与管理效率的强调，是超越国界和文化界线的，这就如同圣约翰大学全神贯注于商业与实用性，因而对这些分界有相似的漠视态度。在1925年爆发重大冲突（五卅运动）后仍然留在圣约翰大学的，都是些自愿选择对帝国主义问题漠不关心的学生，而南洋公学的学生自1911年辛亥革命之后不再积极参与政治，他们转而全神贯注投身于以科学技术解决中国各种大问题的研究上。[11]南洋公学这批未来的工程师和技术管理人员都是些会花很长时间待在图书馆、实验室与研究室里努力学习的认真学生。他们为准备参加大学入学考试的家境富裕考生补习英文与数学，广受考生欢迎，这同时也是他们学业优异的明证。此外，南洋公学采取频繁小考、大考的办法以保证所有学生专心于学业。那些受不了南洋公学高强度课业压力的学生绝大多数都会转到圣约翰大学。南洋公学的这些未来技术官僚精英不同于圣约翰大学的那些未来的金融家与实业家，他们必须借在校成绩展现他们的努力与能力。相较于圣约翰大学里那些买办资产阶级子弟有家庭与社会人脉为靠山，南洋公学“为国储才”的兴学宗旨就为家境较不富裕的孩子提供了一个出人头地的机会。

交通大学与圣约翰大学在20世纪30年代都享有盛名，尽管与北大声望的性质截然不同。北大作为中国最古老的学术殿堂而备受尊崇，可追溯到汉代的太学。北大同时也作为五四运动与新文化运动发源地而受颂扬，并以其学者的宽宏胸襟、渊博学识与学生的热情、无畏、爱国心、社会奉献、打破传统和革命意识而驰名。相较之下，交通大学和圣约翰大学的地位则来自于其庞大校产、稳定的财务状况、严格的行政体系和清晰明确的目标，而最重要的还来自于其稳固的经济来源与英美势力的密切联系。这 97
两所学校的声誉因非政治精英的兴起而看涨，而这些非政治精英在职场上则因学习这些实用技术性课程而获得提升。在20世纪30年代的时代背景下，交通大学和圣约翰大学这两所学校就其严格的入学标准和学生社会组成这两方面来说，都是属于精英阶层的。圣约翰大学的学生以富裕的上海工商业界为主要来源，而唯才是举的交通大学则以交通大学附属中学的学生为其主要生源——这所附属中学也是上海少数精英中学之一。交通大学很多学生来自上海及其邻近地区；有些则来自各省私立中学中最精英的学生，这些学生都必须符合交通大学对英文与数学的高标准要求。[12] 交通大学的教育赋予这些国家未来的技术官僚精英的文化风格和英文能力，与汇集教会学校圣约翰大学的买办资产阶级的风格特点一样，是属于少数社会精英的。

二、工科学校中国学的地位

当关注焦点转移到办校理念时，圣约翰大学和交通大学的相似之处就不存在了。尽管将教育与宗教分离已是不可逆转的趋势，但圣约翰大学兴办的初衷仍是希望该校能成为基督教学校。尽管打破传统已是控制不住的潮流，但交通大学仍想要继承清代程朱学派的正统，弘扬理学。校长唐蔚芝长期掌理南洋公学，在跨越旧帝国到新民国（1907—1921）的十数年间，对塑造南洋公学起了关键作用。他不仅是翰林，还在清光绪年间（1875—1908）以农工商部左侍郎署理尚书，同时也是传统宋明理学中以研究《易经》闻名的学者。他决心要将南洋公学建设成为名副其实的 98
“东南表率”。[13]

以正统的孔教观念来说，一所学校若想要成为“表率”，道德教育是不容忽视的。唐蔚芝要求所有南洋公学学生每天都要上一小时有关伦理道德思想的课程。这些课程的大部分教材取自宋明理学大师有关伦理道德的古文名篇，而非训诂考据经学家的著作。这些道德思想家的学说从前是官绅共同捐助的传统书院中重要的正式课程。例如，关于“正心诚意”的讲究“天理人欲”的区别。这些主题和操守长久以来已与清代钦定理学相结合。这些课程的标准模式到了20世纪，就是让这些讲师照着一本准备好的讲义大声逐字朗读。就像20世纪30年代国民政府的批评者所抨击的“党八股”（政党信条的八股文）一样，这些道德训诫往往从古圣先贤格言语录经典中取一行或两行开始漫谈，最后无一例外地引至发人深省的勉励性结论。和基督教星期天的布道没什么两样，讲师也可以自由插入些与主题相关的闲话和评论。唐蔚芝更常常借由授课的机会对近代政治人物的道德品格提出评判。为了了解学生上这些道德训诫课的领会情形，测试的方法就是要求学生写一篇论说文。尽管最后的成绩也许更真实地反映了学生写公式化论说文的能力，而非其品德情操，但对学生来说要是不理会这门伦理道德课就会付出巨大代价。是否能免交学费完全根据伦理课教员的推荐，这些教员通常也是国文教授。交通大学尽管强调英文的绝对重要
99 性，且对学生的培育也以向西方学习为标杆，但还是会强迫学生关注与该校所安排课程不相称的国文科目，这也是行政力量介入所致。[14]

为了赋予这所新兴技术学校过去只有国立学校才拥有的光环和声望，唐蔚芝保留了儒家礼仪规范，以前这些礼仪规范让传统课程具有神圣感，并将学者与国家紧密联系。在圣约翰大学，一学年的高潮往往在毕业典礼的前一天，那天学生们会演出莎士比亚戏剧；而在南洋公学，一年的高潮则是孔子诞辰纪念日，校长唐蔚芝会亲领全体教职员与学生举行正式的祭孔大典。[15]在受到五四运动猛烈抨击前，这些仪式让全校教职员与学生至少在形式上（即便不是在精神上）体会到身处共同体的感觉。

清朝科举考试的殿试大都在秋季举行。唐蔚芝为重申这是所国立学校而调用传统符号，与殿试差不多同一时间，每年秋季他都会举行全校国文会考。考试的仪式性特质也许才是其最重要的意义所在。在这个一年一度的考试中，唐蔚芝召集全校学生到大礼堂，并亲自监考，严格执行传统科举考试的考场规则。考试结果也和古代放榜的模式一样，清楚地依照排名顺序公布。[16]

交通大学勉强演出的孔教戏剧也许反倒是提醒了我们列文森曾提出的观点：传统象征的近代政治价值确实已成为可笑的文化表述。[17] 但是摆在中国技术学校中执牛耳地位的南洋公学校长面前的，无疑是个真正存在的问题，即如何运用传统政治文化已确立的象征和词汇赋予这些科技课程意义——除了技术有用论以外的意义。唐校长因为采用这样的策略而被指责为传统派老古板。但无论如何，对于传统思想运用的手法，唐蔚芝与大总统袁世凯是不相同的。套用列文森的话说，大总统袁世凯在 1916 年 100
试图取代民国，虽然民国也许是一个失败，但肯定不是错误。[18] 因此，古老象征召唤起来维护传统政治秩序的不是真正的普世价值（authentic values），而只是历史情感的依恋。然而，科技课程的理学包装具有不那么反动的意图。儒家的伦理道德课程与庄重的考试典礼表明两点：一是将西方的科学技术纳入传统国家文化领域的主动意愿，二是驾驭此种追求并为其指引方向的努力。因此，在功利主义赤裸裸成为唯一目的之前，唐蔚芝试图操纵文化正统性的传统象征以服务于新目标的做法还是深具意义的，即便这些象征本身与此同时正在逐渐失去其实质性。

但是，受西学影响的技术课程内涵并不能够轻易地被理学的辞令和礼仪所涵盖。当交通大学的校园文化越来越西化时，儒教仪式提供了表达民族主义情绪的载体。在 1916 年的一次考试中，国文作文题目是典出《庄子》的成语“邯郸学步”。“邯郸学步”是个寓言故事，说的是有位寿陵的年轻人离开家乡去赵国首都邯郸学习赵国人的走路方式。在那一年获得首奖的学生后来回忆道：“典出《庄子》，我并不熟悉，但知阅卷者为李颂韩，是唐校长的大弟子，也是我级的国文教师。他在上课时，常常痛骂留学生抛弃国学为忘本，学习西学皮毛为镀金，并劝告我们不必出洋。我揣摩其意，就把‘寿陵余子’比作留学生，邯郸暗射美国，大意写他如何不屑读孔孟之书，如何背井离乡到邯郸追求新学，以遂富贵之愿，后来如何失望懊丧，流落他乡，沦为乞丐，造成‘一失足，千古恨’的下场。榜发，居然名列前茅，并得唐校长的评语：‘文有寓意，嘻笑怒骂，皆成 101
文章，用笔奇幻不测，隽才也。’”[19]

民族主义情绪的表达并不需要仰赖过去的语言文字和礼教。相传校长唐蔚芝便将南洋公学与圣约翰大学的足球赛转变成国家民族荣耀的保卫战。

在1914年到1925年间，这两校的校足球队几乎每年都会交锋，争夺华东大学体育联合会冠军宝座。当球员在球场上交战时，唐蔚芝因为觉得穿着学者长袍在球场上观看球赛有失他的身份，而将总部设在他自己的校长办公室，并透过电话亲自监控整场球赛进行。当南洋公学得分时，唐蔚芝会疯狂地欢呼并鼓掌喝彩；但当圣约翰大学赢球时，他又会痛哭流涕并诅咒圣约翰大学。南洋公学的球员在比赛之后是受奖或是挨骂就全凭球赛的结果了。[20]

当理学的道德哲学和传统礼教被当成正统象征和民族主义情感的凝聚点来使用时，其生命力也就相应地丧失了。因为理学道德哲学课程的初始设想是为提醒这批新技术精英分子应该忠于传统中国文化，这些课程就变得尤其容易受到近代知识分子的挑战。卜舫济博士原本希望能在中国发动基督教的文艺复兴，没想到这如意算盘却被圣约翰大学的现实打破了；而唐蔚芝所倡导的西方科技知识与儒家道德哲学的融合，虽没有被民族主义思潮的挑战所撼动，却为五四运动分子打破传统文化、抛弃理学空洞说教和礼规的诉求所粉碎。

1920年，当五四新文化运动高喊打破传统的胆大妄为诉求紧紧地吸引了南洋公学全体学生注意时，唐蔚芝愤辞校长职务。[21]这群反对旧传统的年轻人抨击唐蔚芝坚持每周在学校大礼堂中讲授《孟子》和《易经》所想表达的道德宗旨。然而，这群学生尽管在校内激进反对旧道德，但在
102 校外的政治活动上并没有非常活跃。左翼评论家观察到，在20世纪20年代激进学生运动的高峰期，交通大学与圣约翰大学的学生总都是最后才投入社会抗议运动。警方记录显示，上海这些抗议运动的领导地位都稳稳地掌握在如复旦大学、中国公学、大夏大学、光华大学、持志公学、上海大学等中国私立大学院校以及许多其他学术声望更低的学校学生手上。在民国社会里，这些由国家培育的技术精英并不比买办出身的商业精英要求更多的政治势力。后者因其与西方帝国主义的文化联系而妥协，而前者则为栽培他们的威权主义国家所束缚。

三、上海的本国私立大学之起源

不同于国立技术学校，对士绅学者而言，创办于19世纪末20世纪初

的本国私立高等院校是士绅学者（gentry-scholar）政治异议与不满观念的产物。最早的两所学校——1905—1906 年兴办于上海的中国公学和复旦公学——就是大批学生抗议的直接结果。1904—1905 年日俄战争期间，日本战胜前夕众多留学日本的中国学生创办了中国公学。那时，他们正积极参与流亡海外的中国政治改良派与革命派的政治论战。1905 年冬，留日学生为抗议日本文部省颁布最新的中国留学生管理规则，超过 1 000 名学生放弃日本学业回到上海。在郑孝胥的提议下，这些学生捐资 1 000 元，在 1906 年春用这笔钱租了房子，在征得王敬芳同意担任校长后，就对外宣布中国公学的诞生。[22] 同样，1905 年一群原本在天主教震旦大学就读的学生，意识到该校计划进行的行政改组其实是耶稣会教徒企图夺取震旦大学主导权的举措，因此，为抗议这样的行政改组，他们便成立了复 103
旦公学。他们断绝与震旦大学的关系，筹办了复旦公学，并选出自己的校长。[23]

19 世纪早期，士绅学者带头创办的书院包括 1801 年杭州的诂经书院和 1802 年的学海堂。在总督阮元的支持下，汉学家与经世学者汇集在这些书院从事学术研究；其研究背离官方书院所遵循的由朝廷钦定的程朱理学道德思想。这些由地方捐助设立的书院，其办学宗旨使其自外于科举考试。就此意义来说，地方官绅在学术内容上的创举代表着某种程度上脱离国家限制的自主性。[24]

19 世纪末 20 世纪初的这些士绅学者在教育事业改革中起了带头作用，因而带动了民国时期本国私立大学的创建。但是，他们的创举在许多方面不同于清代早期创办私学的先例。首先，集体抗议是这些学校兴办的明确成因，且这种模式还持续到 20 世纪 20 年代。1924 年大夏大学的创建就是福建厦门大学校长与一群抗议的教员学生引发争端的结果。创始于 1925 年秋的光华大学是圣约翰大学校长卜舫济和气愤的中国学生对于美国校长是否足够尊重中国国旗争执不休的结果。[25] 同样，1922 年成立的激进的上海大学起因于东南师范学校的行政人员与学生在课程内容上的争执。[26]

虽然上述的抗议活动没有一个是针对国家执政当局，但学生的不安于现状反映了深刻的不满思想。不满源于对当权者某些主张或要求的反抗：日本文部省或对震旦大学、圣约翰大学教会行政人员的威权，或是厦门大 104

学和东南师范学校等学校的传统威权与偏私不公。同时，国家和读书人的关系发生了重要变化，士绅阶层也越来越乐意积极自治。

这些创办私立学校的士绅们与18世纪的先辈们不同，他们在传统学问之外寻求科学知识和政治洞见。中国公学和复旦公学相当重视西方语言课程，特别是英语。有关西方文明、世界地理、科学、法律和西方哲学思想等等课程，全都是用英文教科书上课。严复在1906年到1907年间担任复旦公学校长时，对于学校课程规划具有决定性的影响力，他相信只有以西方的语言为媒介才能掌握西学。在严复看来，“西学”尤其是指启蒙运动以来的英国社会政治思想。严复是他那个年代里最具影响力的政治思想家与评论家。到1910年止，他已经翻译了大量重要著作，包括赫胥黎的《天演论》，亚当·斯密的《原富》(《国富论》)，约翰·斯图亚特·穆勒的《群己权界论》和《名学》，孟德斯鸠的《法意》，甄克思的《社会通诠》(《政治史》)，斯宾塞的《群学肄言》。严复考虑到翻译可能无法充分表达作者原意，也必然对原义有曲解，而且他把人类知识看做不断扩张的整体，只有那些能直接运用西方语言的人才有能力进入这一知识体。[27]

这些由士绅们在19世纪末20世纪初所创办的私立学校积极参与各种思想活动，例如严复的“名学研究会”。他们也都直接参与政治改革与革命运动的热潮，这些政治与革命的热潮在1911年的辛亥革命中达到最高点。在20世纪最初的十年期间，立宪政府、时事和中国工业化都是复旦公学学生每周国文作文练习时最重要的议题。有别于教会学校强调英文学
105 科而牺牲国文学科的情况，复旦公学警诫学生，若是“贬低国学”将被记过，“立即开除”。[28]复旦公学也不同于国立南洋公学，其对“国学”的理解并非保存正统理学道德思想，而是用中文阐述与中国有关的紧要问题，帮助中国的社会与政治改革。复旦公学许多学生的作文刊登在鼓吹革命的私人报纸社论上，如《民呼报》、《神州日报》、《民吁报》和《民立报》等。其中，《民立报》由于右任（1879—1964）主编，他是以东京为基地的同盟会成员，同时也是复旦公学的学生。[29]复旦公学培养学生成为未来参与立宪政府与地方自治的人才，给他们充分机会在政治辩论中提高表达能力。复旦还鼓励学生参与学校行政事务，因为校领导预计日后国家政治进程会有大量士绅参与。[30]

同样，中国公学最初几年的管理也有学生的非正式参与。中国公学第一年甚至没有设校长办公室，且校长职务完全只是为了应付江苏省政府要求而设的虚职。因为这是江苏省政府同意补助官款的附带条件。中国公学负责“斋务”、“教务”与“庶务”（即“学生住宿”、“教学”与“财务”）的干事全从学生中推举出来。学生担任学校行政重要职务的情况一直持续到1932年学校关闭为止。[31]

在20世纪最初的十年间，胡适是中国公学最著名的毕业生之一。胡适的回忆生动地描绘了当时校园内的思想氛围。当时在学生中受到热议的是梁启超的立宪政治观点和严复的社会达尔文主义。教员与学生都直接参与了导致1911年辛亥革命爆发的政治活动。胡适回忆道：

> 中国公学是革命运动的机关。……同学之中死于革命的，我所能 106
> 记忆的，有廖德播死于端方之手；饶可权死于辛亥三月广州之役，为黄花岗七十二人之一。……教员之中宋耀如先生为孙中山最早同志之一，马君武、沈翔云、于右任、彭施涤诸先生皆是老革命党。中国公学的寄宿舍常常是革命党的旅馆。章炳麟先生出狱后，即住在这里。戴天仇先生也曾住过。陈其美先生也时时往来这里。有时候忽然班上少了一个同学，后来才知道是干革命或暗杀去了。如任鸿隽忽然往日本学工业化学去了，后来才知去学制造炸弹去了。但懋辛也忽然不见了，后来才知道他同黄复生、汪精卫到北平谋刺摄政王去了。[32]

在早期圣约翰大学，外国传教士把受教会恩典的孩子带进学校，训练他们的实务技能，并将其置于商业群体网络中；与此不同，早期复旦公学和中国公学是具社会地位的资深士绅学者的聚合地，这些学者专心致力于扩大中国人的知识视野并拓宽其参政渠道。很多早期教职员是全国知名的学者和士绅领袖。复旦公学早期的校长中有马良、严复、夏静观和高凤谦，教员则有李登辉、袁观澜、周贻春和赵国材。例如，袁观澜是江苏省教育会领袖之一，相当有影响力；而江苏省教育会则是一个由士绅组成的民间团体，在1927年国民党到来以前，主导着江苏省的教育事务。

上海这些私立学校的兴办是意义深远的国家大事。1906年10月，中国公学负责筹措学校经费的姚宏业为抗议工商界不愿伸出援手，愤而自

沉，当时社会大为震动，所以在接下来的几个月中，来自士绅与官方的捐
107 助不断。[33] 1905 年，复旦公学首届入学考试，就有超过 500 名的学生报名参加。但入学门槛很高，尤其是国文科。经过马良和严复亲自详加考查，500 名应试者只录取了 50 人。[34] 在 1905 年到 1911 年这 7 年之间，也只有 57 名学生顺利毕业。这些顺利毕业的学生包括胡敦复、于右任、邵力子、李兆谦、李谦若和竺可桢，这些人后来都成为民国时期知名政治领袖、教育家、科学家和工程师。[35]

虽然目前没有足够的史料足以说明，但仍有证据显示，复旦公学和清末位于长江下游各省的一些著名地方书院之间有着牢不可破的关系——这些书院的设立，都是为了追求经世致用的学问与知识，而非为在科举考试中求取功名。江苏省江阴的南菁书院是黄体芳（1832—1899）担任江苏学政期间于 1884 年兴办的。南菁书院因王先谦主编出版的《皇朝经世文编续编》而闻名。《皇朝经世文编续编》是一部有关经世致用的文集，同时也是贺长龄与魏源主编的《皇朝经世文编》的续编。* 1888 年，南菁书院在院长缪荃孙的主持下，出版了包括 41 位清代学者著作在内的《南菁书院丛书》。[36] 在 19 世纪末 20 世纪初传统教育制度全面改革之时，南菁书院改制为江阴公立南菁中学。学校教职员全都来自地方士绅阶级，学生同样也都有士绅家庭背景。在关键的 1911 年、1919 年与 1925 年，这所学校对当地政治局势有重大影响力。南菁书院与复旦公学的关系很深，南菁书院中的几个重要人物，包括南菁书院校长董伯豪、教授英文的钱镐
108 城与教授西史的吴姓老师，全都毕业于复旦。民国时期，在上海的本国私立大学与各省中枢由士绅资助的知名公立学校，就是以这种双向交流的方式连接起来的。南菁中学把最优秀的毕业生源源不断地送到复旦大学，也欢迎复旦毕业生回来任教或任职。[37]

19 世纪末 20 世纪初，不满思想与政治抗议的精神，启发了士绅精英，而正是秉持这种精神，复旦公学和中国公学的学生成为 1919 年、1925 年和 1927 年上海政治社会运动中的主力。“学术独立”、“思想自由”

---

* 此句原文有误。王先谦在南菁书院刊刻的是《皇清经解续编》，而非《皇朝经世文编续编》。《皇清经解续编》是一部较为丰富的清代经学论著资料。——译者注

和“反抗政治与教条限制”是复旦学生贯穿整个时期的口号。20世纪20年代，马克思主义、无政府主义和极端国家主义（ultra-nationalism，即公开拥护强有力的国家领导，狂热追求民族主义目标）等政治主张，在复旦大学课堂上呈现百家争鸣的情况。[38]复旦大学的传统就是超越中国传统知识领域，去寻求切近于政治的价值和知识，这些主张的倡议，正好与复旦的传统相一致。[39]

民国时期的本国私立大学起源于地方精英阶层改良派对现状的不满，以及他们对政治改革的鼓吹。因此，这些大学自然也就随着士绅阶层支持力度的强弱而起落。一旦旧式文人精英阶层由于社会变迁而开始在民国时期消失，20世纪30年代的私立大学也就相应地转变成中产阶级学校。

四、中国公学和私立学校的商业化

上海的本国私立大学支持革命运动，这场革命在1911年成功推翻了清政府；但清王朝一灭亡，他们在财务上便立即出现困难。复旦公学与中国公学的财务状况自1905年创立以来一直都处于不稳定的情况。这两所学校从来没有积累起足够的基金（endowment）来提供稳定的经费来源，学校开销都是仰赖官款补助及学生学费。1907年，总督端方拨给中国公学靠近吴淞炮台的官地100亩为校产，并允诺每年从省库划拨补助经费 109
12 000元；接着大清银行又扩大了借贷额度，提供100 000两以兴建校舍。[40]

1911年，所有来自省库的官款补助全部停发。原有的20 000元储备金很快就花用殆尽。这笔储备金是早些年由湖北、浙江、四川和江西省政府所捐助的扩校基金。[41]在1911年辛亥革命后不久，1913年反对袁世凯的二次革命期间，军队两度进驻校园并霸占校舍。学生被驱离校园，其中大部分是住校生。当时民国临时政府任命蔡元培为教育总长，还拨给中国公学面额400 000元的元年整理公债，但是这种公债在市面上几乎一文不值。[42]因此，中国公学在1917年暂时关闭，直到1919年梁启超出面解围才恢复。梁启超是20世纪君主立宪派的领导人，也是民国政坛上进步党的领袖。这位前立宪派人物希望通过在教育机构中形成的师生关系扩大其政治支持基础，为其党派吸收新成员，这也是科举考试传统中历史悠久的做法。通过进步党的居间牵线，河南福中公司（以前是个英国矿产公司，现在由地方士绅合资经营）同意每年捐助经费20 000元。[43]

稍早，在沉重的财务压力下，也因为新任命的校董孙中山与黄兴的力促，中国公学在1912年开始教授商业、法律与政治学课程，希望吸引愿意负担学杂费开销的城市富家子弟前往就读。[44]当这些主修“商科”的
110 城市学生形成规模时，中国公学由学生自治的非正式结构很快就败坏到杂乱无章的情况。来访者评论到，学生将学生宿舍变成赌场和烟窟。校舍则因年久失修呈现出墙壁剥蚀、家具损坏的凄凉景象。[45]

1919年，梁启超任命的教职员企图主导学校行政工作，这些新进教职员（大多刚自北京高等师范学校毕业）也想改革学校课程，把五四运动的社会文化内容介绍给学生。这时便引发了冲突。这些教职员遭到来自商学系的强烈抵制。支持新、旧教职员的对立学生派系之间发生了校园骚乱。随着学生罢课，学校整个失去秩序。最后，整个课程改革计划只好取消。[46]

虽然中国公学名义上有哲学系、商学系、政治学和经济学4个系，但1926年教育部督察员前往视察时却发现商学系有140名学生，经济学系和政治学系学生有170名，哲学系却连一名学生也没有。[47]随着进步党资助的拖延，中国公学1930年90 792元的经费预算中，有22 000元的赤字。为了开源以弥补财务赤字，中国公学降低入学标准扩大招生，紧缩教职员编制，采取必要措施节省开支，使之不超过学杂费收入。于是，教室变得十分拥挤。有些校舍还被出租了。学校的实验器材设施老旧且不足。全校教员数为64名，其中大多数为客座性质，以时薪计算。其间，注册学生人数由1928年的448名，跃升到1930年的1 002名。[48]

即使中国公学的忠诚支持者坚持认为，中国公学强调商业与法律课程
111 的宗旨，表现了其严谨地奉英国伦敦政治经济学院为典范。但是，由于中国公学教育质量低下，当地人嘲讽其为“文凭工厂”或“野鸡大学”。屈服于财务压力，中国公学努力迎合学生对会计、簿记、商业书信和商用英文等商业课程的热切需求，而任由该校当年的创校精神自内部逐渐消失。[49]

1928年4月，当胡适回母校就任校长时，首要面对的迫切问题，就

是对办学宗旨再定位。胡适全面检讨了学校课程。他试图借由聘请五四运动的知名人物担任教师来强化学校的通识教育（liberal arts）课程。[50]然而，他很难完全改变这样的事实：中国公学一直以“社会学、政治学、经济学和商学”等“社会科学”学科为核心，这些“社会科学”降低入学标准以招徕学生，还在上海报纸上大登夸大教员资历的广告。[51]

1929 年，胡适写了有关中国公学早年历史的回忆，强调了中国公学由士绅创办的过去，以及它对 1911 年辛亥革命的贡献。胡适在这个时候写这样的回忆，意义重大。[52]在当时人的印象中，中国公学是为当地富家子弟服务的商业化“文凭工厂”，而通过唤起 19 世纪末 20 世纪初那个思想活跃、政治激进的时代，胡适企图转变中国公学的这一形象。在 20 世纪 20 年代末的那几年里，胡适自己因公开批评专制威权统治的官方教条——三民主义和孙中山思想——而饱受国民党意识形态理论家的攻击。[53]由于国民党人士正积极争取完全掌控高等教育，而且还声称其政权的合法性来自于 1911 年成功的辛亥革命，所以胡适将中国公学与 1911 年辛亥革命联结在一起的回忆，暗含着一种政治声明。他以历史语言的表达方式与国民党进行政治对话。这表现了国民政府时期（1927—1949） 112
学术环境的政治化性质，也强调了学校若没有比商业功利性更高的办学目标，是多么脆弱。

结果，中国公学仍撑不过 1932 年的春天。1930 年胡适因南京政府教育部一再拒绝立案中国公学的大学资格而被迫辞职。此时，所有高等教育院校都必须获得教育部认证。事实上，胡适的辞职是教育部批准中国公学申请认证的条件之一。[54]1932 年 1 月，紧接着前一年 9 月“九一八事变”，中国与日本军队在上海爆发战役，中国公学校园在日军猛烈的炮火摧毁下成为废墟。中国公学失去了财源，处于南京国民党的敌对压力下，又被剥夺了领导权，缺乏明确的办学目标，于是在 1932 年 4 月宣布永远关闭。国民党企图再度重申国家对教育事务监督权，而中国公学的停办，是该企图的全面实施中最初的受害者之一。

五、复旦公学

复旦公学和中国公学一样，1912 年清朝被推翻后，财务即陷入困境。

民国时期，对其而言，意味着一段时期的财务压力、政局动荡、结构转变以及对学校重新定位以应对大环境转变。[55]

就像中国公学一样，复旦公学在 1911 年和 1913 年这两年也都饱受校园为军队所占之苦。复旦见证了在 20 世纪 20 年代混乱的十年中学生的动荡不安，包括 1919 年五四运动的文化社会运动、1925 年反帝国主义的抗
113 议活动与 1927 年北伐战争。复旦公学通过争取新兴国民党的支持（国民党中央在 1927 年以前一直都设在广东）而得以在民国初期的动荡政局中幸存。该校以严格的成本控制来应对财务危机：削减开支、扩大招生、广泛提供符合实用需求的课程，同时也力求在上海和东南亚的民族资产阶级成员中寻求支持和捐助。

早在 1917 年，复旦便增加了商科课程。1924 年全校超过三分之二的学生是银行学系、企业管理系、会计系和国际贸易系等四系的学生。20 世纪 20 年代，复旦成立了法律系、新闻系、城市规划系和土木工程系。由于所有的课程都是面向“实用科学”，复旦得到了上海商界的经费补助以开办课程，教授科学方法的实用知识，例如，如何烘培茶叶、管理银行分行等。[56]

在上海的主要本国私立大学中，复旦可以说是最受“民族资产阶级”上层那些华人实业家和金融家的喜爱。复旦大学校长李登辉（1873—1947）是马来西亚的华侨富商后裔。他多次到南洋侨界募款，为复旦大学带来了更大的校园，更多的校舍。[57] 1918 年，李登辉将从南洋侨界募得的 150 000 元购买江湾 70 亩的新校地。第一栋名为简公堂的校舍完工于 1921 年，为一栋二层楼高的砖结构教学楼，兴建费用由南洋烟草公司创建者和大股东简照南（1870—1922）捐赠。[58] 一栋四层楼高的钢筋水泥教学楼在 1925 年建造完成，内设有实验室，供土木工程系、化学系、物理系、心理学系和生物系等使用，这栋楼由另一位校董郭子彬捐赠。学校图书馆的主体建筑由校董黄奕柱捐赠，他同时也是上海中南银行的总裁和
114 大股东。1931 年占地 10 亩的运动场由复旦大学的校董杜月笙捐赠，他在商界人脉广泛，不过他更为人知的身份是上海青帮头子。[59]

复旦大学在 20 世纪 20 年代加强与上海华人商界关系的同时，对华中地区省级城市中的公立中学毕业生亦具相当吸引力。从浙江和江苏等沿海省份，到湖南等长江中游省份，这些地区原府衙所在地的公立中学毕业生

都面临高等教育学校极为有限的问题。虽然有些城市已拥有高等师范学校和专科学校，但20世纪20年代的上海实际上是华中地区唯一拥有知名大学院校的城市。中国公学逐渐衰落，而20世纪20年代中期以前，大夏大学和光华大学又尚未兴办，复旦几乎是来自各省学生的唯一选择。这些学生偏爱复旦是因为复旦（相对于北京的大学）离家更近，（相对于交通大学）入学考试又不那么竞争激烈，（相对于在长江下游的圣约翰大学和其他教会学校）对英文能力的要求标准较低，该校的课程既实用又不太偏重技术。因此，复旦的方针是吸引中文写作能力强于英文会话和高等微积分的学生——它有一套不同于圣约翰大学和交通大学的特色。很多复旦毕业的学生都受雇于上海的华人银行界、实业界和新闻界。在这个意义上，复旦的实用教育是培养各省富裕阶层子弟晋身城市中产阶级的渠道。[60]

20世纪20年代早期复旦大学校园里的主流生活方式反映了其学生群体的外省出身。传统读书人的蓝色长衫是最普遍的穿着。事实上，有些学生甚至养成一套清朝不羁文人不修边幅的习惯。[61]学生课余最常做的休闲娱乐是下棋、打乒乓球和散步。虽然西方影响已进入校园，但足球和其他田径项目的运动仍只是侨生最爱的运动，他们也是学生中最可能做西装 115
革履打扮的人。对大多数复旦学生而言，住校生活宁静安适，偶尔晚上到城里听戏，或到公共租界区的中国饭馆打打牙祭。复旦大学的本科学生也热衷于后五四时期隐含着社会信息的中国戏剧，例如洪深与田汉的戏剧创作，他们对历史与社会的普遍兴趣也带有不少积极参与政治的意味。[62]

复旦在整个五四运动期间一直都是政治激进派学生的运动中心。复旦学生为学校附近的成人和小孩成立了夜校和识字班。他们走访上海的工厂、报馆和印刷厂。他们还出席各种公开演说，比如1918年在上海江苏省教育会大礼堂举办的由约翰·杜威主讲、胡适翻译的讲演。就像1911年的那代学生，他们继续针对无政府主义与社会主义观点进行辩论，并以这种方式来增进自己的政治观点。他们发起并主导组织活动，例如上海各界联合会和上海学生联合会等，而这两个组织带头发起了上海的五四运动。[63]

五四期间，国民党正与共产党联合组成第一次统一战线。这段期间的学生运动获得了国民党的特别支援。回顾整个过程，直到五卅运动爆发，上海大学的激进学生成为工人与小店员组织的领导，复旦作为学生运动领导中心的地位才被取代。显示20世纪20年代早期复旦激进风气的证明之一，是陈道望1920年被聘为国文教师。他草译了《共产党宣言》的第一份中译本，此前不久，军阀统治当局因为他敌对的政治立场而撤除了他在杭州的教职，不久，他便到复旦担任国文教师。

在1925年与20世纪30年代初经济大萧条之间，复旦的学生文化和
116 办学方针出现了微妙的转变。在那几年里，复旦在实用性较强的科系如法律、商学、教育和新闻等科系中扩大了招生，那时较高的学费与开支也慢慢使有上海商界背景的学生更容易被学校录取。[64]随着复旦大学的办学宗旨日益顺应城市生活对实用知识的需要——首先是工商业知识，其次是新闻学、公共管理和其他中产阶级专业科系，复旦已渐渐地不再是来自各省的学生发动政治运动的中心了。

根据已出版的官方统计数据，20世纪30年代复旦大学的经费平均超过80%来自学生学杂费。[65]复旦行政部门的报告指出，注册学生人数越来越多，但每位学生的平均支出额度越来越少。图书馆藏书太少，实验室器材设备不足，为节省开支，教职员额缩编。与此同时，复旦的校园越来越西化。因此，越来越多城市资产阶级出身的学生慕名而来，而越来越多的复旦学生也正准备着成为自给自足的中产阶级新成员。20世纪30年代，复旦已成为专门培养都市中产阶级的学校，足球竞赛、好莱坞电影和西装革履已经取代了传统戏院和身着蓝衫的外省学者所热衷的进步政治活动。复旦大学迎合上海小康阶层的需求和利益，它在20世纪30年代的成长正是仰赖这种迎合能力；而这些小康阶层，与其说是那些想进圣约翰大学的有钱买办和经济独立的富人，倒不如说是那些想在上海的新兴行业、市政机构和社会文化事业中寻求要职的人。这些谋得稳固工作的大学生在上海都市中立稳脚跟，从而取代了其士绅前辈，复旦大学也同样背离了抗争和文化反思的宗旨，尽管正是这一宗旨促使第一代士绅改良派创建了这所学校。

117 六、南京与高等教育的政治气候

20世纪20年代的财务困境与治校宗旨的再定位，虽已耗费了本国私立大学许多思想与政治上的活力，但它们在20世纪30年代还是很难完全

回避政治纷扰。1927 年南京国民政府的成立，开创了高等教育政治环境的新时代。自 1911 年清王朝垮台瓦解后，1927 年首次出现了全中国的合法政权。国民政府的存续力，尽管出乎圣约翰大学的美国新教圣公会主教的意料之外，但在南京的国民政府还是站稳了脚跟。

但国民党政权能充分掌控的范围只有华中地区，国民党还得不断应付来自各方的政治挑战：华北地区残余的军阀，华南地区国民党的敌对派系，中国共产党在江西和苏北山区苏维埃的不断扩张，云南和四川地方军阀的阴谋叛变，来自通商口岸西方势力的压力，此外，还有日本军国主义者对东北与华北的强烈兴趣等等。让学者和政治评论家一直争论不休的是，应该如何看待这个新政权：它只是另一个厚颜无耻的军阀政权，靠着强大军力和日益扩张的特务组织支持，还是一个名副其实拥有合法统治权的民族国家？从时间的角度来看，我们现在的争论似乎是太简单了。在南京十年（1927—1937）的前几年间，不管这个新政权的直接军事控制多有限，它都试图扮演开明政府与革命政府的历史化身。当国民政府就文化与教育事务发布宣言时，它号称自己是辛亥革命和孙中山三民主义的继承人。孙中山的三民主义包含了中国民族主义的教条，民主宪政的远景，还计划使国家在社会福利与经济发展中起积极作用。三民主义让人想起兼具国家意识形态和个人道德哲学功能的传统理学体系，它在社会规范和政治 118
思想以外，还对个人价值与文化形态都提出了指导。

国民党在国民生活各方面都提出全盘指导，直到后来共产党提出了类似的全盘指导时，才受到挑战。在 1925—1927 年间，在广东的统一战线阵营内，右翼革命军创办者和左翼革命群众运动组织者开始争夺领导权。[66]正当拥有军队与群众运动的革命党人在对抗反动的北方军阀之争中获得最后胜利时，右翼分子接着就针对左翼分子采取了一场血腥杀戮整肃行动。这标志着 20 世纪政治史上的一个转捩点。1927 年 7 月以后，各自沿着列宁路线成型的国民党与共产党，要求其党员无条件接受党义教条。右翼和左翼之间的斗争使知识分子的选择呈现两极化。与此同时，自由主义者和中产阶级那些通常表现为特定价值观和诉求的政治抱负，被这些争论所遮蔽：是以法律保障人权和言论自由，还是以武力抵抗日本侵略？在受右翼与左翼意识形态斗争支配的政治对话框架中，以解决问题为导向的自由主义政治理念和抱负却被当成自私的知识分子群体的政治伎俩和工具，遭到嗤之以鼻。在这样的时代背景下，20 世纪 30 年代的本国私立大学与圣约翰大学、交通大学有所不同，的确还是表达政治意见的公开讨论场所，但其社会理想主义已被城市财富所损害，其政治愿景的宏大也被文化民族主义的正当辞令所遮蔽。在南京十年的最后阶段，上海的中产阶级大学已丧失许多社会自主权和大部分政治自信，留下的只有在 20 世纪交替之际其创校者热烈追寻独立自主的回忆而已。

119 **七、知识分子圈的政治**

1927 年，许多与新国民政府没有稳固关系的知识分子聚集在上海的私立大学寻求庇护，以免于国民党的直接控制，面对动荡不安的未来时局，也获得某种程度的保护。这些人中有很多以前是以文化政治观点闻名全国的知名人物。之前提到的胡适，他在 1928 年担任中国公学校长时，一起带来了一大批新文化运动中重要的诗人、小说家和政治评论家。还有张东荪，他曾任上海报纸《时事新报》主编，并在 1929 年 1 月梁启超去世后担任进步党领导人，此时他成了光华大学的文科学长（相当于文学院院长）。[67] 另一些人的重要社会地位则可以回溯到晚清时期。他们的存在正好不断提醒国民党其只是江南社会政治舞台的新人而已。留学英国并在光华大学讲授“英国文官制度”课程的费巩教授本身就是世家子弟，其家族在 19 世纪时出了好几位翰林，好几代都与其他全国闻名的望族联姻。费巩自己就是大总统袁世凯的孙女婿。[68] 这些人很多都以错综复杂的社会关系与这个地域的传统士绅群体联系在一起。事实上，光华大学的兴办从一开始就获得江苏省教育会的关照与协助。江苏省教育会是 20 世纪初一个士绅组织，几十年来一直是江苏省近代学校制度的主要推动者。

张謇和袁观澜等赞成政治经济改革的杰出地方领袖，在 20 世纪初成立了江苏省教育会。该会成立之后，立即成为江苏省组织得最好、最具影响力的士绅团体之一。该会提倡教育近代化，将其看成工业化和经济改革
120 的职责之一。该会的影响力在中等学校中特别明显。由浙江省教育会的经子渊所提倡的“职业教育”概念——相对于传统“道德教育”观念——

在各中等学校得到强有力的推行。中华职业教育社 1913 年在江苏省教育会的支持下成立。该社出版自学小册子，并提供簿记和农产品再加工等课程。* 20 世纪 20 年代中期，江苏省教育会由知名职业教育家黄炎培主持，促成该会与上海当地工商业界的广泛接触。就如其对手所指责的，江苏省教育会的影响如此之大，声望如此之高，它实际上已掌控了南京东南大学所有教职员的任命权，而东南大学其实是靠江苏省政府官费运作的国立大学。东南大学前身为晚清的两江师范，在民国初年改制为南京高等师范学校。这所高等师范学校在 1923 年经特许升格为大学，江苏省政府为其经费的主要来源。当时的人相信，江苏省教育会企图将这所新大学建成足以与北大匹敌的学术中心——与其说是要追求学术卓越，不如说是要成为文化保守主义的堡垒。江苏省教育会后来被认为与“研究系”及梁启超的进步党往来甚密。就如同之前在中国公学一样，梁启超的进步党也在东南大学校园内有着重要的政治影响力。[69]

1927 年国民党进驻南京时，短暂地关闭了国立东南大学，而后又在国民党的直接领导下复校，更名为国立中央大学。与此同时，国民党人在上海禁止了江苏省教育会的一切活动。很多前东南大学的教员和学生突然间就被光华大学接收了，当时几乎所有具有政治敏感度的人都领会到了这 121
件事的重要性。这时候光华大学校长为张寿镛，他曾于 20 世纪 20 年代和江苏省教育会前会长黄炎培同在北洋政府内阁为官。廖世承在 20 世纪 30 年代早期为光华大学教育系主任，曾任东南大学教授和东南大学附中的校长。卢前在东南大学读的本科，那时著名的宋词学者吴梅是他的老师。张寿镛还曾任负责监督管理东南大学学校经费预算的江苏省政府财政厅厅长。

如此，那些界定模糊但广为人知的所谓“小圈子”与“派系”便与特定私立大学相联系了，但人际网络与教育机构间的关系其实往往并不稳定牢固。社会关系趋向混杂多元，个人职责涵盖各个方面，且人际关系的性质也随着环境改变而变化。在某一层面上，可以说有一个关心共同议题的知识界，但与其说是这个知识界是由共识而团结在一起的，倒不如说是因拒绝效忠国民党的共同意愿而团结起来的。很多上海私立大学的教员都

---

* 此处表述有误。中华职业教育社成立于 1917 年。

不只在一所学校里任教，学者的名气越响就有越多学校要聘其任教。而且，这些教员之间，可能因为诸如亲戚、同乡、朋友、隶属同一政党等等先前的联系而彼此早已认识。共同的过去可能产生敌意，也可能产生同志交情。这些人有共同关心的事务，有纠葛在一起的过去经历，但他们的交情到底在何种程度上能动员其社会联系，为一致的政治目的服务，毫无疑问还是一个具争议性的问题。

事实上，政治分歧正深深地分化着这个公然反对国民党威权的上海知
122 识分子圈。《中国青年》杂志为中国共产党青年团的机关刊物，它在20世纪20年代中期激烈抨击大夏大学受到曾琦（1892—1951）领导下的极端国家主义者的影响。这些人过去是少年中国学会中的右翼成员。少年中国学会1918年成立于北京，因右翼分子和信奉共产主义的左翼分子间的论战而分裂。[70]在五卅惨案期间，左翼分子谴责大夏大学教职员的“可耻行为”。因为左翼坚信，是学校教职员中追随曾琦的极端国家主义者禁止学生积极参加公开的抗议活动和集会，后来还把左翼学生开除出校。左翼分子也指控学校行政部门再三召唤公共租界的警力到校园压制可能发生的学生运动。在左翼分子眼中，大夏大学的行政部门长期为“极端国家主义者”所把持。这些国家主义者坚信要有一个强有力但民主的政治中心，要有一个统一的民族，还要驱逐外国势力，他们是中国青年党成员，视自己为“爱国者”。[71]

虽然极端国家主义者的核心群体最后终于组成了中国青年党，但是20世纪30年代在上海学术圈中“爱国者”和“国家主义者”并未在组织上联合起来。[72]当时有闻一多（1899—1946）、罗隆基（1896—1965）和梁实秋（1902—1987）等人的“大江社”，将一些在美国受教育的热情的民族主义者聚集在一起。[73]闻一多于1946年在昆明被国民党暗杀身亡后，被共产党颂扬为爱国者、进步人士、烈士。[74]另外，还有曾琦、李璜、余家菊和陈启天等人组成的“醒狮社”，他们是同乡好友，还曾在北京、上海和法国共同求学。[75]虽然这两个群体间都对民族主义充满热情，
123 并热烈拥护强有力、集中央权的政治权力，但他们之间的关系充其量只是一个松散的结盟。前者的成员都在美国受教育，且热衷于文学与艺术；而后者的国外经验则多在日本和法国，专业上的关注焦点在教育方面。两者

在社会组成上格格不入。因此，是社会身份上的亲近，而非政治上的不合，使这些在美国受教育的国家主义者与“新月社”成员如胡适、徐志摩和叶公超等交往甚密。这些新月社成员也在美国受过教育，政治上倾向自由主义，他们在西方养成对艺术与文学的品位，并因新文化运动而声名大噪，还都鄙视中产阶级的功利主义。[76]

八、对抗南京：中产阶级学校和自由主义政治

在南京政府看来，这些知识分子的基本政治立场到底是自由主义、共产主义、托洛茨基主义还是国家主义，都是次要问题。他们与国民党的交情很浅。因而，他们对国民党利益（也即对民族）表现出的忠诚是可疑的。毕竟，20 世纪 30 年代，人们还普遍相信“党外无党，党内无派”之类的指导方针会严格落实。[77] 国民党公开推行“党化教育”也是在那几年。而“党化教育”意味着南京政府越来越多地直接干涉大学的教授任命。

随着胜利的国民党对上海私立大学的控制逐渐严密，这些学校的非国民党知识分子发现，在此诡谲多变的政局中，他们正处于合法性的边缘。这些不满现状的大学教授不仅仅只是在学校讲堂上陈述个人的社会观点，而且常常在其主编或是出版的刊物中刊登自己的政治评论。王造时（1903—1971）在威斯康星大学取得政治学博士，1930 年回到中国后就一
直在光华大学和中国公学任教，并定期在《新月》月刊发表文章。[78] 他 124
在文章里大力鼓吹抗日立场。1932 年 11 月，他创办了自己的政论半月刊《主张与评论》。但这份刊物只发行了三期就被当局查禁，同时王造时被迫辞去教职。[79]

王造时的遭遇并非是特例。罗隆基是当初推荐他担任教职的朋友，如今也被迫辞去在光华大学的教职。罗隆基虽是“大江社”的成员，但他也常常在《新月》上发表文章，于是引起当局的注意。然而，王造时与罗隆基并不打算屈服。罗隆基搬到天津的租界区担任《益世报》社论主撰，持续不断地批评南京政府对日不抵抗政策，这让国民政府十分恼怒。[80] 因为罗隆基避入不属国民党警察管辖的外国租界，他被列入暗杀名单，险些死于秘密警察的子弹下。事实上，南京政府时期，对政治直言

不讳的中国人在上海和天津外国租界区，被国民党秘密警察绑架或暗杀，都是很平常的事。[81]

尽管这些挑战与抗议行动引起全国广泛关注，由教授个人发动的抗议活动也激起政治反响，但很少影响他们任职的私立大学的学术课程。在一些特定议题上，在上海中产阶级大学教书的异见知识分子，如王造时、罗隆基、闻一多、张东荪和曾琦等，往往提出获中产阶级同情的政治立场。王造时和罗隆基武力抗日的倡议也许就是此类情形的最佳例子。但是同时也必须注意到，知识分子绝不会在任何特定争论上同心一致，比如在对日政策问题上，胡适就一直希望通过谈判达成和平。[82]也应该注意到，虽
125 然异见知识分子在那些看起来对其政治活动相当宽容的中产阶级学校任教，但严格来说，他们并不是中产阶级价值观的代言人。一方面因为中产阶级利益本身就是多元的，另一方面也因为知识分子对于资产阶级的庸俗与功利主义的根本鄙视。结果，大部分知识分子将其政治上的不满都发表在私人出资出版的刊物上，这些刊物大多是在其位于租界的私人住宅里编辑出来的。然而，学校刊物则图文并茂地用大量篇幅赞颂事业成就，描绘时髦都市生活。在20世纪30年代那种危险的政治环境中，正是在大学校园里，新兴都市中产阶级和自由主义知识分子聚在了一起，时不时地就某个议题合力对抗国民党。但是，知识分子往往冒着生命危险提出异议，而他们的雇主则忙于巴结党政要员，讨好学校董事会里的地方权贵和校董。

九、中产阶级大学的两难困境

20世纪20年代中期这些私立大学的大幅度成长是一件好坏参半之事。一旦这些学校的生存都成问题时，其政治立场的选择范围就有了全然不同的限制。就某种意义来说，上海私立大学的发展历史突出了一种无法调解的冲突：一方面是这些学校推动社会进步的抱负，这一抱负赋予这些学校的早期历史以重要意义；另一方面是在20世纪30年代的环境中，培养与权贵富豪友好关系的需要。当这些学校日臻成熟，却在财务与政治压力下变得越来越顺从，使20世纪10、20年代中改变社会政治的进步动力日益丧失。世纪之交进步士绅的后人，在民国时期变成了

上海中产阶级成员，于是中产阶级的支持就使学校的办学宗旨转向现实性和应用性。

就社会身份而言，中产阶级与知识分子都会自称源于世纪之交的士绅 126
精英阶层。这些人包括那些拥护西方科技和中国工业化的洋务派官僚，回应新型金融和公共事务挑战的地方士绅出身的管理型精英以及大力鼓吹社会政治变革急迫性的通商口岸知识分子。工商业的发展与世纪之交社会政治变化的潮流交织在一起，这一潮流席卷以上所有群体，群体间还往往相互交叠。因此，士绅学者在洋务派官员同意下兴办新式高等教育机构，这些院校的毕业生在民国时期成为银行家、金融家、实业家、股市大亨、商业经理人、会计师（上述这些都是真正的民族资产阶级）、政府行政官员、新闻记者与教育家。

士绅—商人、官僚—企业家、精英—管理者、学者、知识分子，从19世纪末那种无法将他们区分的社会氛围中走出来，正处于日后几十年社会变迁的初始阶段，那些投身工商业界的人和那些自命为知识分子的人在20世纪30年代已经分道扬镳了。工商界资本的经费捐助让上海私立中产阶级大学不必再仰赖国家官款补助，从而给予这些学校在一定程度上免于政府控制的自治权。这个自治权不管怎么地成效不彰，然而都使中产阶级学校成为自由主义知识分子与其政治异议的政治天堂。然而，中产阶级内部的社会区隔已经变得如此显著，以至于城市专业教育的旨趣和自由主义的政治抱负在20世纪30年代已截然分开。中产阶级所关心的东西，表现为功利性、技术性、城市就业与西化生活方式等方面。而自由主义知识分子大部分基于对人类理性的坚定信仰，仍然继续鼓吹五四运动中的科学与民主。

当左翼与右翼把持了政治辩论的主题和走向时，第一代学生用以唤醒
社会大众的高调言论转而指向私立大学本身。在20世纪最初十年里，批 127
判传统的改良派士绅学者已经全面拥抱西方，把各种西方模式作为中国的榜样——从资本结构、工业发展、宪政到相信人类理性的启蒙思潮和社会达尔文主义，以使中国社会和政治恢复活力。在20世纪30年代，这些学校的学者，不论是老师或是学生都一样，被新生活运动的理论家批评其城市生活方式的西化特征，又被左翼激进分子攻击，说他们身为新兴中产阶级成员又未能深入大众。

20 世纪 30 年代的政治批评既是针对文化的，又是针对阶级的。因其物质享受与对外国影响的欣然接受，中产阶级大学受到责难。国民党人把中产阶级对西方的开放态度视为文化背叛，共产党人谴责上海财富来自阶级剥削。讽刺的是，多变、复杂、多元的上海中产阶级，竟然被当做一个阶级受到攻击。20 世纪 30 年代上海那些富裕、具影响力、有教养、受尊重的人，有各种各样社会成分，从高度西化的到刚刚进城的，从大资本家到受薪雇员。同时，受雇于资产阶级学校的自由主义知识分子的政治抱负，关注的是一般意义上人的价值，而非某个特定社会群体的利益。这些知识分子与在北京的国学家志趣相投，鄙视为他们提供庇护的商业环境中的务实功利主义。上海的中产阶级不仅仅处于左翼与右翼的攻击之下，他们自己也是一个松散的同盟，缺乏有力、明晰的核心价值与定位。

本国私立中产阶级大学所特有的政治紧张与困境，基本上不存在于圣约翰大学和交通大学的历史中。与其他教育机构相比，这些规模较小的本国私立大学在财务紧张和政治压力下独力奋斗。民族资产阶级与开明知识
128 分子间松散且短暂的结盟，对国家权力只具有微弱的制衡作用。至少在上海，这些本国私立大学的发展沿革显示了，它们从清廷权力衰亡的那些年里勃兴的社会主导力量（societal initiatives）中，是如何成长起来的。那些起而取代旧帝国士绅的人，从一开始就处于内部分化状态。南京政府一旦宣告成为新的权力中心，他们就很快沦落为无甚作为的政治反对派。

尽管中国公学于 1932 年停办了，但大部分上海地区的本国私立大学在南京政府十年的前期都得以维持下去。不过，维持生存的代价就是某种制度脆弱性。这些学校面向城市，又渐渐认同于商业和财务的实用价值观，它们只有将自己限制在城市之中，疏远边远内地，才能获得成功。尽管有自由主义知识分子教员的存在，功利主义还是主宰了这些学校，这深深地切断了其社会和文化根源，以至于几乎所有这些学校在 1937 年抗日战争爆发后，就被政府权力轻易俘获，它们与这座新兴城市阶级的联系也就此被切断。大夏和复旦 1945 年后重回上海，但都已改制为由政府控制的国立大学。城市中产阶级所保持的独立自主的私立教育领域从此一去不复返了。

第四章　上海大学和革命理想

1915 年至 1919 年之间，欧洲发生战争，上海的殖民历史也随之经历 129
了转折。在欧战之前，西方帝国主义 19 世纪以来在中国的影响力达到顶峰。在欧战期间，由于列强在本土卷入战争，在东亚的势力逐渐衰弱。尽管这种变化十分隐微，但在当时的局势中仍然发生了作用。其中最重要的是，日本人在上海的人数稳步增加，他们的活动能力也日益加大，逐渐取代了欧洲国家在中国沿海通商口岸的优势地位。这个趋势，在第一次世界大战之后的十余年间日益显著，直到 1941 年太平洋战争爆发，日本独步东亚，算是势力达到巅峰。与此同时，由于西方国家专注于欧洲的第一次世界大战，从而给予上海的华资工商业更大的发展空间。华资企业空前繁荣，中国的金融以及制造业开始与日本在上海的工商企业相互抗衡竞争。

新的经济繁荣带来了相应的社会代价。轻工业的发展吸引了大量农村移民进入城市。农村移民数量的大幅升高增加了城市社会里的张力。20 世纪 20 年代被认为是上海社会史上最动荡不安的时期之一。五四之后、南京政府成立之前，上海出现了各种规模的罢工和抗议运动，劳资纠纷不断。

在学校中，第一次世界大战的结束标志着中国学生政治运动新纪元的
开始。[1]北京的五四事件引发了一场全国范围的学生抗议运动。[2]当北京 132
五四运动爆发的消息传开以后，其他城市的大学生和中学生纷起仿效。在北京，学生们沿街游行并高呼爱国口号，抗议的对象不仅是日本，而且更针对所谓丧权辱国的北洋官吏。学生中的积极分子在全国许多省会城市的街头散发传单，发表演讲，长江下游地区的学生还组织了抵制日货和查抄不合作商店的活动。在上海，从北京来的学生代表联合当地学生、上海

130

图4　流行观念一：上海大学生和资产阶级的颓废

资料来源：《中国学生》，1931 年 4 月第 3 卷第 4 期，16 页。

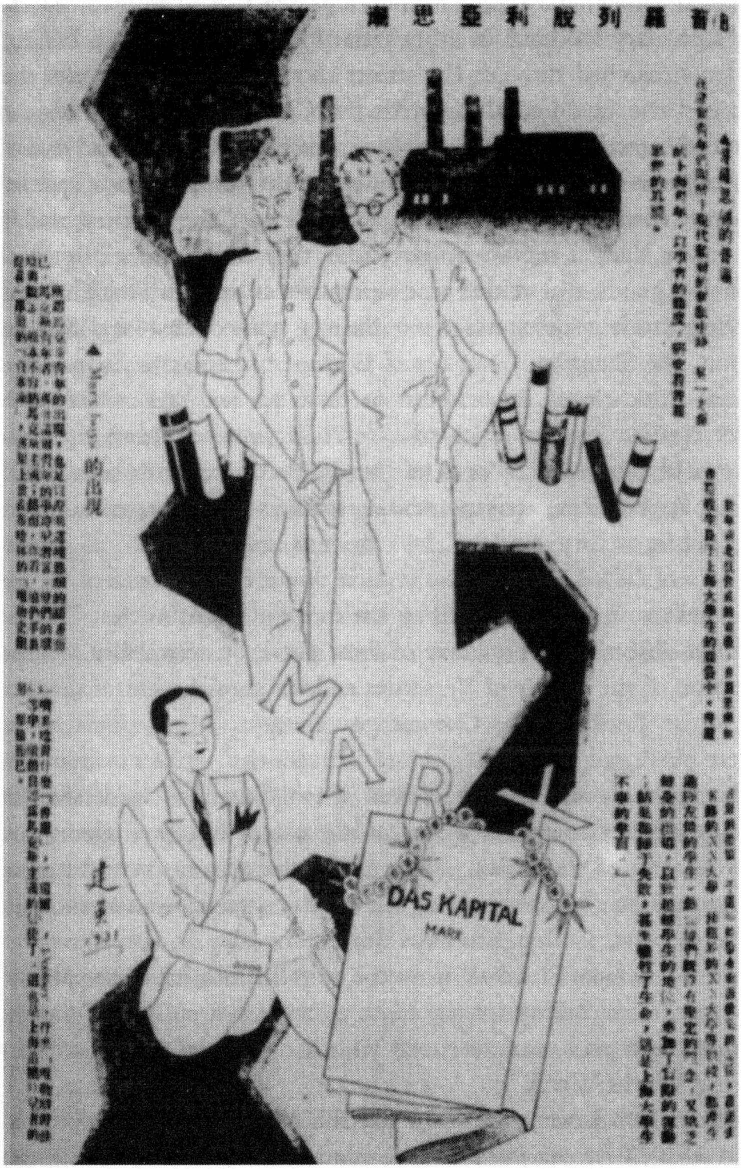

图5　流行观念二：20世纪30年代上海大学生成为马克思主义青年

资料来源：《中国学生》，1931 年 4 月第 3 卷第 4 期，17 页。

总商会以及江苏省教育会，组成了一个学界联合会，负责联系其他各界市民团体，共同进行抗议活动。他们举办了大型集会，参加集会的有成千上万的学生、商人、小职员、学徒、工匠、纺织工人、印刷工、脑力劳动者、公务员、公共汽车司机等。他们还号召进行全市总罢工，除了外国侨民拥有和经营的部门外，整个城市几乎完全停工。各地爱国集会的直接要求是中国政府拒签《凡尔赛和约》，并惩罚参与《凡尔赛和约》的外交官。当时许多城市没有大学，那里的学生运动，就由中学和高等师范学校的学生领导。那些更偏僻的连师范也没有的乡镇地，就由初等学校的高年级学生领导集会。北大和复旦的学生派出了代表，分赴各省，游说联络各地学生的抗议运动。在大城市里，那些在第一次世界大战期间新起的华资新式企业，往往同情或支持他们的爱国运动。[3]

1919 年的政治事件增强了学生对自己作为民族先锋和政治力量来源
133 的自我认识。毕竟，在上海这样一个拥有 150 万人口的城市，13 000 学生在几个小时之内就能快速地召集一次罢市，这不是一个小成就。[4] 早先，由北大的教师和学生提倡的新文化运动，已相当程度地将针对中国社会和文化中许多方面的反传统能量释放出来。现在，五四运动的集会和示威活动再一次把学生置于全国公众瞩目的焦点，并因为他们与当局的对抗行动，学生们赢得许多开明者的同情和支持。学运领导者方面，有人尝到了权力的滋味，对现存框架中的束缚更加不耐烦。受到五四运动经验的激励，许多学校，特别是各省县城的中学，平时风气保守，此时纪律松散，各校学生群情耸动，跃跃欲试，准备将事态控制在自己手中，挑战学校当局和纪律规范。

1921 年至 1922 年，长江下游地区发生了上百起校园动荡事件。这些事件大多数发生在中学，且往往发生在两个高峰期，即新学年刚刚开始之后的 9 月至 10 月，期末考试之前的 5 月至 6 月。逢此两个时期，校园中氛围不安，针对课程设置和考试要求的问题，学生们往往罢课，闹学潮，挑战教员与校长的权威。[5]

在五四运动中大学生充当公众政治良知，这是有重大意义的历史事件。但在接下来的十几年里，由于校园政治化，校内思想纷争，所发生的事件表明，即使低俗的动机，也能使学生行动起来。20 世纪 20 年代，党派政治的利益之争渗透到校园之中。而学生因易于情绪化和轻信人言，往往成为校园权力之中被利用的斗争工具。他们常被煽动，卷进学校人事问题。相互对立的两个营垒之间往往会发生打架斗殴，在这些对抗中，使用木棍和绳索是常见现象。地理学家胡敦复从美国留学回国，受命接掌南京东南大学。1925 年秋，他到校就任，学生中支持者和反对者分裂为两派，相互斗殴，包围校长办公室，并且殴打企图就职的新校长。这个事件的
背后，是胡敦复拥有广东国民党革命政府的支持，并因此获得任命，而他 134
的前任，也曾留学美国的经济学家郭秉文，却拥有江苏省教育会的支持，不愿去任。[6]在 1925 年至 1926 年发生在北京女子师范大学的另一起争端中，学生们围住校长杨荫榆，不让她进自己的办公室，还强烈要求解除她的职务。杨女士得到教育部的支持，而学生们则有大多数教职员的支持。经过几个月的激烈对抗后，教育部命令解散学校，学生则拒绝听命。于是政府召来了军队，把女学生们从寝室里粗暴地赶出了校园。冲突继续扩大升高，教学停止，课业荒废，学生们整天忙于开会运动，各处奔走联系，募集签名，起草抗议声明。[7]

校园纪律的破坏和党派利益的渗透，使学生们逐渐失去了五四时期在公众问题上的道德立场，影响了公众对他们的支持。与此同时，一小部分精英学校的师生在思想上继续激进，寻求有效手段，改变中国。这些北方大学里的学院知识分子（academic intellectuals）开始为城市劳工说话，并公开拥护社会性革命手段，他们的思想，因为新颖大胆，往往使得他们跟一般普通人更形隔阂，需要相互交流，才能彼此沟通。[8]

北洋政府对学生的抗议运动实行武力镇压。在 1926 年 3 月 18 日的那起臭名昭著的事件中，皖系军阀、国务总理段祺瑞的卫队在北洋政府大楼前的台阶上向一群请愿抗议的大学生开枪。这群大学生由李大钊带领，李是著名新文化知识分子领袖，也是中国共产党华北区的负责人。[9]

这些知识精英的激进政治思想与城市产业工人运动的结合，后来被证明是抗议运动中最强有力的组合。北京、上海出现了马克思主义学习会，1921 年，中国共产党在这个基础上召开了第一次全国代表大会，宣布成
立。共产党积极组织城市劳工运动。后来的研究显示，具有知识的技术工 135
人，特别是那些出身于江南手艺人家庭，在上海的兵工厂、船厂、电车公

司、烟草公司和印刷厂里操作机械的工人，还有那些需要高度熟练技能的劳工，如木工和丝织工人，都是最能接受这些激进主张的青年。[10]以1925年的五卅运动为例，当时的参与者所动员的正是产业工人的生活斗争与知识青年的爱国主义政治斗争的结合，上海大学的师生在其中起了重大作用，而这时的上海大学，正受到孙中山所领导的广东国民党的支持。[11]20世纪20年代中期的城市抗议运动结合了“打倒帝国主义”与“打倒北洋军阀”的口号。当国民革命军在1926年发动北伐时，革命军及其政治干部们，挟着城市抗争运动的浪潮，在这“反帝、反军阀”的双重战斗口号中，高歌猛进。[12]

在社会矛盾和政治动荡日益加剧的背景下，上海大学在国民党的支持下于1922年成立了。上海大学的诞生，与19世纪70年代圣约翰大学的建立，以及19世纪末20世纪初士绅学校的创立，形成了鲜明的对比。在上海大学任教和学习的大部分是来自各省城市中因参加五四运动而被迫离开家乡的激进分子。上海大学创立者宣布的办学目标是“根据三民主义原则培养重建国家的人才”，而“三民主义”本身是一种反对（而非拥护）上海殖民统治者和商业领袖利益的革命意识形态。[13]由杨之华（瞿秋白的学生和妻子，瞿秋白1927—1928年时任中国共产党中央总书记）领导的上海大学的浙江学生联合会在五卅运动中显得尤为突出，它是上海工人运动中最为活跃的学生社团之一，特别是在英美烟草公司女工中。[14]一些学生在五卅事件中死去，另一些（包括瞿秋白的弟弟瞿景白等）则被逮捕，这都证明了上海大学在五卅运动中的积极参与作用。[15]
136 与其他学校不同，上海大学体现了激进分子利用高等教育作为社会政治变革先锋的尝试。尽管上海大学只存在了短短几年——从1922年至1927年，但它还是在上海高等教育史上占据了一个特别重要的位置。

一、上海大学：神话与现实

在上海高等教育领域，上海大学与圣约翰大学形成了鲜明的对比。两者的不同在其各自的历史记录中得到明显体现。圣约翰大学的校史年鉴上充满了关于校园日常课业和社交生活平凡细节的可靠信息，而上海大学的校史年鉴上则满是历史性戏剧，部分是神话，部分是现实，部分是回忆，部分是文学创作。歪曲和夸张大量充斥在有关上海大学的记录中。但是，对这一后来被视为革命教育史上独特而辉煌时刻的热情描述，绝不会因为缺乏事实根据而失去意义。相反，它们代表了激进主义者对其理想中大学的愿景。

圣约翰大学的形象，以照片的形式保存在许多印制精美的年鉴、学生杂志和周年纪念专辑中，而上海大学的形象更可能零星出现于公共租界的警方报告里，出现在报纸上预告最近活动的广告里，出现在新闻记者对抗议和搜捕的报道中，出现在描绘知识青年在半殖民地社会里发挥作用的激进文学作品中。圣约翰大学坐落在“有平整草坪和林荫树的伊甸园中”，受到保护而免于外面混乱世界的干扰。[16]上海大学全是混凝土和砖结构，它深嵌于这个城市中，从未远离上海的大街小巷。圣约翰大学毕业生在对往日学生生活的回忆里充满了怀旧情结。他们描绘着年轻岁月的梦想和希 137
望，描绘点缀着消遣、聚会和运动的有计划的学习生活。然而，我们今天检索上海大学所留下来的文献档案以及回忆文字，我们所得到的印象是，当时的参与者充满历史使命感，却全然忽视每日生活中的点点滴滴。我们前文说过，圣约翰大学的文献材料，大量描述学生生活的内涵与个人经历。相形之下，上海大学所留下的文字，引导我们从社会实践的角度来重构大学生活的意义。上海大学的学生不仅仅是上大学，在他们的回忆中，他们好像有意识地在历史舞台上崭露头角。

这种差异，一部分应归因于文献载体的不同。因为上海大学总是不断给政府当局制造麻烦，所以每一轮新的官方弹压总会使其资料和记录散乱，甚至被销毁。五卅事件后，上海大学两次遭到上海工部局巡捕房的搜检和美国海军陆战队的袭击。北伐胜利后，上海大学被白崇禧的军队关闭[17]，大学大部分行政档案被锁进律师楼的库房。20 世纪 30 年代中期，当国民党中央执行委员会追认上海大学国立大学的资格时，许多人花费了一番工夫才使这些档案重新开放。[18]尤其受关注的是学籍档案，因为国民党一旦追认上海大学为国立大学，有学籍证明的上海大学毕业生作为国立大学毕业生，就可以享有所有国立大学毕业生的特权，包括优先进入政府机关工作。1937 年 7 月，抗日战争爆发，随后上海沦陷，这迫使中央政府迁移到中国内地。在这关键时刻，上海大学的档案和文件被装入七个大木箱中，由校友会收藏起来。为了躲避日本的空袭，这些木箱后来被运到安徽当涂的乡间。1937 年 11 月，眼看南京即将沦陷，这些文献又被运到安徽宣城，并希望通过浙赣铁路运到内地。在宣城火车站，由于难民的疯狂拥挤，七箱文献没能全部运上车，只有三箱装上了。剩下的四箱改送
138 江边，等候装船，于第二天早晨，即 1937 年 11 月 26 日，遇到日本飞机的空袭，在轰炸中化为灰烬。幸存的三箱文献最终由船先运到江西，然后经过湖南和武汉，最后到达四川。战争就这样毁灭了上海大学的大部分文件，也因此毁灭了依据档案史料重构上海大学完整历史的可能性。[19]

档案的遗失象征着上海大学在中国的战争、国内冲突和革命的旋涡中为时十五年的稚嫩存在。在部分教师和学生的憧憬及意识形态热情的驱动下，20 世纪 20 年代中期的上海大学成为马克思主义知识分子的重要据点，这些知识分子领导并启发了整整一代进步青年。如果说一所大学体现了那些支持它的人的集体热情和信念，那么上海大学就是一所为推翻通商口岸体系、掀起社会革命而建的大学。不过，作为推进激进观念的先锋，在与其追求抱负相冲突的环境下，上海大学也寻求庇护和财政支持。因此，上海大学再次开启了我们对 20 世纪 20 年代高等教育和革命政治间关系的思考。正是在这十年时间里，先前为辛亥革命做出贡献的士绅学堂经历了转变，成为中产阶级子弟的院校。一所大学在激进政治给其带来灭顶之灾前能走多远？那些赋予大学使命感和方向的人具有坚定信念，但制度上的考虑是否会不可避免地使其在意识形态信念方面做出妥协？来自各省的激进青年齐聚上海大学，他们已经做了最大限度的试验。上海大学历史上这种神话与现实、事实与说法的交织表明，上海大学似乎在其创立伊始就存在着理想与现实的固有矛盾。

139 二、激进大学的诞生

上海大学一开始是一所以营利为目的的私立学校，几乎无甚思想主张。尽管 1922 年 10 月 23 日被当成建校纪念日，但实际上它的创立要追溯到 20 世纪第二个十年后期的东南高等师范专科学校。[20] 东南高师是五

四运动前由三个安徽人建立的，它默默无闻地位于上海闸北工业区的文化荒漠中，占用了青云路上几座租来后重新装修的民宅。有超过一半的学生来自安徽。东南高师的经营者要考虑的最大问题莫过于如何筹集供学生住宿和吃的各项费用，并开办一些中文、英文及绘画课程。[21]

1920 年至 1921 年期间，五四运动后，许多激进中学生因为参加了当地的学生运动而被迫离开了家乡。这些学生中的大多数先前都就读于位于南方和长江中下游地区的公立中学或师范学校。他们来到上海，有些通过同乡关系，有些则是被上海报纸上宣扬的广告——入学容易，课程新潮——所吸引，最后他们汇聚在类似东南高等师范专科学校这样的学校里。[22]

在这一特殊情况下，当 1921 年秋季新学期开始时，学生们就发现报纸上许多关于东南高等师范专科学校的广告都是夸大其词。学生们尤其被学校当局保守、顽固的立场所激怒，这种立场似乎与这些离乡进城、带有寻求反传统新知情绪的青年完全格格不入。这群学生五四运动期间在家乡富有组织抗议活动的经验，他们决定自己来掌控学校。学生会建立起来 140
了，并强制接管了学校的教学楼，扣押了学校的管理人员，包括出纳。在接下来的几个月当中，当学校校长和校董向警察局和法律机构求助，试图重新控制其产业时，学生们则在当地报纸的广告页上与校方互相指责辱骂。学生们也开始积极地寻找新校长，并希望获得外界的支持以重新组织学校。[23]

1922 年发生在东南高等师范专科学校的争端在上海引起了广泛关注，吸引了国民党上海支部的注意，但直到整整十个月之后，国民党的著名党员于右任才最终屈服于学生们的请求，同意监督学校的重组。除了于右任在全国的地位和声望外，他与国民党的关系无疑是他被推荐给抗议学生的一个重要因素。在与学生最初接触期间，于右任在国民党内的同志曾极力主张他代表闹事学生介入。叶楚伧（1887—1946）和邵力子（1882—1967），上海国民党机关报《民国日报》的两位主编，将此看做扩大学生对国民革命支持的好机会。[24] 后来，于右任作为上海大学的校长，说服了在广东的国民党中央委员会资助上海大学的运作经费。[25]

后来的文献对上海大学与国民党的关系有大量描绘，包括声称上海大学是由孙中山亲自创立的，并准备把它作为孙的革命前哨据点，但广东的国民党中央委员会是否承认上海大学是其主要教育机构之一仍是个疑问。这一荣誉留给了黄埔军校和广东大学，两者都是在国民党直接监督下于一年后在广东创立的。后来的发展证明，是广东大学而不是上海大学，成为
141 了南京国民政府统治十年期间高等教育下党办大学的样板。[26]

另一方面，共产党人似乎从上海大学创立之初就表现出了极大的兴趣。曾在上海大学中文系短暂任教的茅盾，在1950年后写的关于上海大学早期历史的回忆中指出，当学生开始反抗学校当局时，学生代表就立即前往中国共产党上海支部寻求指导和支持。这时的国民党执行孙中山联俄联共的策略。根据茅盾的回忆，正是中国共产党推荐了于右任出任上海大学校长。共产党的这一选择据称是基于以下理由：如果以上海大学的名义发起募款运动，那么，与联系共产党相比，由国民党公开发起会获得更大成功。[27]

自从于右任出任校长后，许多左翼知识分子进入上海大学的教学管理层。尽管共产党宣称在大学里从未有过支部组织的存在，但共产党人似乎通过个人推荐的关系网络团结在了一起。以李大钊为例，通过他的关系，上海大学聘用了一大批倾向马克思主义的知识分子。通过李大钊的推荐，刚从北京大学文学院毕业的中国共产党上海劳工部骨干邓中夏（1894—1933）成了上海大学的教师。[28]任命瞿秋白（1899—1935）为上海大学社会学系的教师，李大钊也起了些作用。[29]其他进入上海大学各院系的著名马克思主义者还包括蔡和森（1895—1931）、恽代英（1895—1931）、张太雷（1898—1927）、彭述之（1895—1983）、李季、李达、高尔松和高尔柏。这些左翼教师大部分也在《新青年》和《向导》编辑部任职。[30]然而，并不是所有这些人都加入了中国共产党。而且，在共产党早期的曲
142 折历史中，其中相当一部分马克思主义知识分子后来被共产党宣布为托派分子。另一些人在1949年后共产党的名人榜上获得了一席之地，部分是因为他们在年轻时就去世了（蔡和森和邓中夏是最明显的例子），或是壮烈牺牲了（如恽代英、张太雷和李大钊）。

激进知识分子对上海大学的影响，在五卅运动期间达到了顶峰，当时马克思主义理想家设计了学校的课程，并深深影响了学生的政治态度。但

是，在此之前，在从东南高等师范专科学校向上海大学的制度转型期间，上海大学的新领导们最关注的还是些平凡而务实的事情。是经费，而不是意识形态，才能解释于右任为何一开始不愿意担任上海大学校长一职。而且，正是因为这位国民党资深骨干能通过党内关系为学校赢得国民党资助的可能性，才使推荐于右任担任校长这一提议获得激进青年的认真考虑。

三、大革命前革命实践活动的经费筹措

1949年后，中国大陆出版的大多数关于上海大学的回忆录，都分外强调其社会学系的革命意识形态以及上海大学学生在反帝斗争中的殉难牺牲，而来自20世纪20年代的资料和留存在台北“教育部”的档案却表明：在上海大学的短暂存在中，学校教职员的许多精力一直都耗费在处理长期的财务困难上。尽管左翼知识分子不屑于采取开源节流的措施，尽管学生先前反对东南高师时期以营利为目的的运作方式，但上海大学校方不得不屈服于这样的现实：上海大学开办在一个商业化资本主义社会里，它从未成功摆脱其散漫无序的形象，被当地人讥为“野鸡大学”。除了其存在的最后几年，上海大学一直是当地人眼中的“弄堂大学”，一所远离主 143
干道蜷缩在工厂区暗地运作的学校，也是租用房舍、没有校园的大学。

毕竟，上海大学没有学生宿舍、大礼堂、图书馆、实验室、教学大楼、运动场、体育馆等教学设施。像其他缺乏经费来源的私立学校一样，上海大学向学生征收名目繁多的各项费用，严格按时向学生收取学杂费。它登出广告，提供受欢迎并具有商业吸引力的课程，还组织筹款活动。总之，在金钱方面，上海大学与其提供激进社会知识的理想形象完全不一致。学校这方面的历史一直被后来对上海大学英勇革命经历的夸大颂扬遮蔽了。

在高等教育自由发展的十年期间，缺乏足够资金的问题困扰着在上海涌现的所有私立学校。而且，对高等教育而言，20世纪20年代是财源尤其紧张的一段时期。即使享有盛名的北京大学，它的代理校长在政府拖欠了半年经费的情况下也不知道如何面对北大600名饥饿的教职员工和3 000名躁动不安的学生。[31]因而我们也就很能理解，1922年初，当东南高师的学生来请求于右任将其学校转变成“一所真正充满国民革命精神

的大学”，以便把他们从“丧失了指导和教诲、虚度青春年华的状态”中解救出来时，于右任为何表现得很不情愿，不敢贸然答应。最后，在他担任上海大学校长一职后不久，于右任就将职位转给了张继（1882—1947）。张继作为革命元老，素来以善于为孙中山的几次起义筹集经费而享有盛名。[32]张继对上海大学经费的正常运转到底有何贡献，我们并不清楚，但是，不久以后位于广州的国民党中央委员会承诺每月拨给上海大学 2 000 大洋作为学校的经费，张继和其他一些人的支持肯定还是起了一定作用。

即使有拨款，上海大学还是得靠学生的学杂费才能维持生存。尽管缺
144 乏坚实的学术基础，仅能提供较差的教学设施，上海大学仍然收取与那些条件较好的知名大学（如圣约翰大学和北大）差不多的学杂费，而燕京大学、大夏大学和光华大学要到几年以后才达到类似的收费水准。[33]学校规定，学生必须在注册那天按时缴纳所有费用才可以入学，只有在出示了财务部门的交费凭证后才可以进入课堂。[34]在这方面，上海大学的做法与那些真正的公立学校，如北大，形成了鲜明的对比，后者的教室和课程一般都是对公众和旁听生全开放的。

上海大学的各种费用名目繁多。尽管学校没有给学生提供宿舍，但仍然向学生收取房屋维修费和伙食费。在体育方面尽管没有正式设施和课程讲授，学生每学期还是得为体育活动交纳 1 元钱。为了有权阅读阅览室里为数不多的书籍和报刊，学生得在学杂费之外再交 2 元。课程的讲义费每学期都要单独收，且每门课收费都不同。办理所有大学常规事务都需要另外收费：如申请换专业交 10 元，参加模拟考试交 5 元。这样交给学校的学杂费每年总共不少于 180 元。而且，因损坏学校的财产、违反学校的纪律而征收的不固定的费用和罚金，以及逾期付款的罚单，更进一步加重了学生的经济负担。[35]

既然学生学杂费的收入对上海大学的经费预算是如此重要，那么入学人数的增加必然可以在短期内改善上海大学的财务状况。在其短暂生命中，上海大学采取灵活随意的招生方式，使学生总体人数得到较快增长，
145 但这却过度消耗了大学的课程资源，甚至到了损害其声誉的地步。1923 年秋季，也就是上海大学正式成立一年以后，学生人数翻了一番，总数达

到了 312 人。在接下来的半年里学生人数又有了更大增长。到 1924 年 2 月，学生总数达到了近 400 人。[36] 这种大幅度增长与其说是因为学校正式教育计划的扩展，不如说是由于允许大量学生以“零售”或非学位方式加入上海大学所导致的。例如，学生被允许选修最少 10 门课程，每门 2 元。有些学生只要答应在若干年内修满学位所要求的全部课程并缴纳全额学费，就可以被允许入学。[37]

为了迎合社会的需要，上海大学在 1924 年开设了大量职业课程，目的为了帮助学生能够在法律部门、公共机构、商业公司和中等学校等行业找到工作。[38] 这些课程中有一部分由社会学系开设，而社会学系作为上海大学激进思想的堡垒，本身便享有反这类职业的名声。[39] 社会学的课程分为两大分支领域。对于那些对贸易和金融感兴趣的人来说，课程有银行系统、簿记、货币理论以及社会、经济政策等；对于那些对法律和政府机构感兴趣的人来说，课程有“时事”、“政治党派”、“民法和刑法”、“社会经济政策”等。[40] 社会学系当然也开设如“近代中国外交史”、“科学社会主义”、“社会主义革命史”等课程。这些课程为上海大学的学生介绍了马克思、恩格斯、阶级斗争、阶级意识、资本主义、帝国主义、社会主义、十月革命、共产党和第三国际。因此，社会学系似乎既是商学院，又是革命观念的传播者。[41]

英语系的实用主义倾向甚至更加明显。尽管他们谈了很多训练学生阅读英文社会主义著作的重要性，而实际上强调的却是训练学生在商业事务方面使用英语的能力。高年级学生除了从大学二年级就必须学习会计学和 146
簿记外，还要学习“公文程式”、“新闻学入门”和“教育学”等课程。[42]

尽管后来的左翼和共产党人试图宣称学校为他们所独有，但似乎有两股相互对立的趋势同时作用于上海大学。毕竟，它是在大革命前所进行的一种激进社会实验。虽然学校的许多教职员号召推翻当时的社会秩序，但为了维持其本身的生存，学校还得吸引社会上的财政援助。在对当时教育体制的批评中，激进知识分子经常公开谴责中产阶级学校的收费举措，并抨击渗透在高等教育招生程序中的社会偏见。[43] 尽管其高调言论声称不管学生财力多寡都要实现教育的真正平等，但上海大学其实也和其他学校一样，仍然最大限度地从学生身上获取经费。

当然，我们可以这样认为，这些实际措施仅仅是作为策略手段被采用，它不会损害激进分子为革命所做的牺牲。而且，很可能这两种不同课程设置实际上是由学校内意见相左的两派人士各自提倡的。[44] 在上海大学，职业教育这一派最终没有成功地在城市资产阶层中建构信誉。上海大学的教育没有沉浸在单纯的革命理想中，但人们仍然普遍认为它提供了激进政治课程，以至于许多城市中产阶级选择对它保持距离。

不管激进知识分子出于策略性考虑，还是仅仅与校内的实用主义者相妥协，他们都还一直坚持不懈地努力改善学校办学的物质条件。尽管后来关于上海大学的文学作品往往用引以为豪的口吻谈到当年在工厂区陋巷里学生的艰苦生活，但 20 世纪 20 年代学校的一贯目标还是像上海其他知
147 名学校那样有一个正常的校园。五卅事件后，美国海军陆战队派员占领了上海大学在闸北青云路的房舍和财产，作为打击共产主义在中国流布的防患措施。于是上海大学开始了一个新计划，想在江湾地区取得 22 亩空地作为新校园。那时，广东的国民党捐赠了 20 000 元。师生和校方共同努力，投入了筹集资金的行动之中。

那年暑假，学生们自己组织了募集资金小组。代理校长邵力子和他的两个助手高语罕、侯绍裘协调三个各自独立的募款委员会。高因宣扬无政府主义而成名，而邵和侯都是国民党中的左翼，但这三人似乎都积极致力于充当学校的建设者。[45] 1925 年秋天，新的校园完工了，拥有一栋西式风格的两层宿舍楼、两栋教学楼、礼堂、餐厅、厨房以及其他十三座平房。在教师中，与两个建筑公司协商贷款并对工程顺利完工提供较大帮助的是陈望道，他是学校中文系的教授，也是《共产党宣言》第一个中文译本的翻译者。[46]

四、连接教室与街头

正是因为在理想社会的目的和物质经济的手段上存在分歧，即使是在新校园投入使用后，上海大学仍然在制度上保持着双轨模式。激进教授们帮助上海大学建起了核心主体，但他们只有从学校正规组织结构和课程中

退出来，才能推进其革命目标。正是那些非学历社区课程（extension program），而非常规学历课程，使上海大学在最大程度上在高等教育领域中实现其激进主义理想。1924 年，当上海大学增开了两个附属部门后，学生总数大大增加了，学生的社会构成（或至少在概念意义上的构成）也极大地改变了。上海大学平民学校和上海大学附设英文夜校都吸引了大量 148 熟练工人、商店职员、商号学徒、书店和印刷厂的雇工、报纸校对员、小学教师、下层党务工作者等。来自上海大学的学生志愿者教授他们英语，向他们灌输“革命思想以及阶级意识”。这些附属学校不收学费，并免费提供书籍、钢笔和铅笔。这两所学校的入学人数很快就超过了 600 名，而上海大学的常规学生人数仍然固定在 400 名。[47]

这些新开设的普及教育课程，由学生自愿参加，工厂工人和大学生在一起学习。白天的大学教室到了晚上就成了工人和学徒的集会场所。[48]学生们在这里热情地讨论当前时事，积极参与社会运动。在 1925 年充满张力的夏季，正是这些普及教育和上海大学附属中学一起，使上海大学领导下的抗议者队伍壮大起来。[49]

上海大学还主办公开讲座，高调宣传北京新文化运动和广东国民党人提出的主张，这也使上海大学格外引人注目。讲演者来自各处，有新文化运动的领导者李大钊和胡适，有国学大师章太炎，也有无政府主义者、辛亥革命元老吴稚晖。国民党和共产党的领袖人物，激进主义者和保守主义者，就这样结成了第一次国共统一战线，双方都有代表。讲演者中最值得注意的有恽代英——社会主义青年团宣传机关刊物的主编；胡汉民（1879—1936），他在国民党内的资历超过蒋介石；还有戴季陶（1891—1949），在 20 世纪 20 年代他是社会主义者，1925 年后他成了蒋介石“清党运动”后国民党最著名的理论家。[50]

上海大学在 1923 年至 1925 年间的公开讲座都是免费的。这些讲座的 149 主题包括“进化与进步”、“史学要论”（由李大钊用马克思主义的框架加以阐释）、“中国语言的结构”（章太炎讲授）、“东亚与世界”（戴季陶讲授）以及“科学与人生观”（这也是胡适一篇有名的论文题目）。[51]如此，这一系列讲座提升了上海大学作为思想界中心的形象，这里网罗了当时最著名的进步知识分子，他们在这里及时阐述公众关注的社会及政治问题。

上海大学就这样由两个相当分隔的领域组成。一个是有正式编制的学校，它的教学楼和课程都是为了满足全球最大贸易中心之一上海的城市商业社会需要。另一个是相对不那么正式的（或者说，很难准确定义的）空间，通过暑期学校、社区补习业余课程和公共讲座等，将教室与街头联系起来。后者使上海大学凸显为散布激进社会思想的引领潮流的中心，又在穿插于学术活动的游行示威中，把社会理论和实践结合在了一起。这两个领域有相互重叠之处，但它们对教育在整个社会中的地位和作用，本质上观点非常不同。正是在这个非正式领域中，一些来自政治世界的问题，如军阀、资本家、帝国主义者、城市无产阶级、革命等，冲击着学生的心灵，而且往往不是通过学生自己的选择。正是在这里，学生简化了复杂观念以适用于社会和政治行动的实用公式。正是在这里，他们热切地把“理论”和“实践”结合起来。正是在这里，当上海大学的学生扮演激进者和革命者的角色时，他们的道德热情受到激发。当茅盾（1896—1981）带着怀旧之情回忆自己在上海大学的学习生活时，给他印象最深的是发行激进出版物、自由讨论文化热点和政治问题、对工人和农民艰苦处境的深刻体认。他所用的“学问”（learning）概念是如此趋向于政治激进主义
150 （political activism），以至于几乎无法包容在学校正式教学活动的制度框架内。[52]

五、对学问的激进批评

传说上海大学教学风格的特点之一，同时也是激进教育观念中特别受关注的一个主题，是认为学习是一个为自我提高而奋斗的过程，而这一过程表现在直接的社会参与中。真正的学习必然需要社会行动，进而最终导向对社会本身的重新改造。这一观念伴随着对学校机构、成绩、作业、考试和学位的轻视，这些制度设计都被看做强行规定学业优秀的标准，而这些标准则源于偏颇的阶级利益。恽代英，社会主义青年团的周刊《中国青年》的主编，告诉他的社会学系学生，现在的学校仅仅向学生教授英语、数学、物理、化学等无用的学科，而不能向学生传授关于社会政治实际情况的真正知识。按照恽代英的看法，现在的教育机构还用考试将学生

置于消极的服从地位，用强制手段迫使学生把他们的精力用在背诵讲义内容和参考资料上。考试阻碍了学生对真正学问的探索，而真正的学问只存在于直接参与社会的经历中。[53]

与轻视学校常规同时存在的，是把这些进步教授理想化为对学生和蔼可亲的热情导师。对正式学位课程中常见的师道尊严和自命不凡，学生也往往嗤之以鼻。老师反而因其对学生思想上的指导和与学生的革命情谊而大受欢迎。执教辩证唯物主义的哲学教授萧朴，总在上课前与学生聊天，跟他们说笑话，因而广受学生怀念。他的教学风格被描绘为“精心组织”，“讲授条理清晰”，能将深奥的概念予以浅显易懂的解说，并与现实
中的生动实例相结合。萧朴十分注意他的学生是否能毫无困难地听懂他的 151
课：他总是把讲课的要点写在黑板上，这些要点他会在讲课过程中反复讲述。无论何时何地，萧朴都愿意回答学生的问题，非常热心教学，且毫不倨傲。[54]

蔡和森讲授“社会进化史”的特点是活泼浅显，穿插着现实生活中的生动实例，并且易于领会。[55]他的教学热忱以及带给学生的洞察力，并没有随着课程本身的结束而结束。早在 1923 年，上海大学的学生就写文章赞颂他们学校“独特的”师生关系，认为其超出了教室的范围，囊括了学校生活的其他方面。[56]他们心中理想教师的形象，有力地表现了他们对知识的偏好：他们希望知识以简单清晰的术语来表述，免除华丽的修饰和辞藻以及概念上的模棱两可，要准确，还要在科学上有效，要有系统，也要能转换成直接的社会行动。思想不能被当成超然思考的对象来衡量，学问也不能按照某种社会价值来评判。思想必须不仅表现社会现实，更重要的是，还必须成为帮助改造社会现实的工具。

“学问”的这一概念背后，隐含着对中国大多数西式大学所提供的学习经历的激烈批评：一种好像完全缺乏道德和政治内容的学习经历。所有这些学校似乎只是盲目地忙于生产大量学位证书持有者，这些人在传统经典和引进的西方课程方面都受过书呆子式的训练，这使他们远离了对其所处的文化和社会来说真正重要的问题。这些体面院校里的大学教育，割断了知识和实践、自我修养和公共责任之间的联系。这些学校培养的知识精英发展了自己的事业，却牺牲了公众福祉。

而且，西化的院校还使师生关系变得非人性化。这些有着高大教学楼
152 和昂贵教学设施的近代学校，被看做一个有着严格等级的没有感情的地方，既不提供归属感，也不提供指导——那种激励并启发人的指引和支持，将道德意义融于知识传授，而在这里完全没有。[57]

在上海大学的激进成员看来，认真对待常规学术制度是不必要的。上海大学在巩固制度基础方面的失败是一件幸事而非不幸，因为学校意识形态上的漂浮不定和它在财力上的困窘相结合，上海大学的课程往往可以大幅变动。一些课程，特别是社会学系的课程，经常是开设后被取消，然后又恢复。在中文、英文和社会科学三个主要学科领域中，教师的任期往往偏短，因此很多人只是上海大学的匆匆过客，每当个人命运和国民革命的变迁把他们带到上海时，他们就暂时在此栖身。激进分子往往声称，在上海大学，在某种自发的即兴状态中，他们对学问的理想找到了最好的制度表现。上海大学多变不定的课程，还真让此话不虚。上海大学在物质条件上的艰苦，教学课程上的易变，与其他知名大学在教学实践各方面的区别，都被大书特书，以至于上海大学的短暂存在本身，反倒成了一种优势而非劣势，使其成为高等教育领域中反制度的理想典范。

六、革命的学业规划

然而，真正的问题是，现实在何处终结，神话从哪里开始。换句话说，这种自诩反制度的立场，在多大程度上是因为别无选择，又在多大程度上是有意识的设计？瞿秋白指出，制定上海大学课程大纲者，声称想在
153 南方建立一个新文化中心，这就意味着以国立北京大学作为他们仿效的榜样。[58]在1922年10月颁布的上海大学章程中，上海大学的目标是“依据三民主义原则为建设国家培养人才，提高文化生活的水准”[59]。对国民革命运动和新文化发展需要何种人才的激进理解，影响了这份由瞿秋白起草、被教授评议会所采纳的课程规划，但它仍然绕开了直接参与革命活动的问题。瞿秋白将大学的教学目标分为两个方面：“在社会科学的研究方面建立起牢固的基础”，“在文学、艺术领域形成新的系统”。在这两个方面，书籍和思想都扮演了重要的角色，即使学生们在行动上需要应对的

是以军阀、资本家和帝国主义为对象的社会民族危机。

瞿秋白直接将研习社会科学与民族解放的任务联系在一起。他指出，研习社会科学是自晚清以来就开始的学习西方军事科技以自强的自然延伸。他认为，当中国人掌握了西方知识时，知识分子的注意力就集中到政治和社会价值上——在西方本土环境中，正是这些价值支持了科技增长。发现科技与价值之间的普遍关系，导致了中国人思想上的一场革命，并表现为五四时期的新文化运动。但是，现在已经达到了一个新的阶段。在这一阶段，中国的主要压迫者，亦即世界资本主义体系，对那些没有社会科学知识的人而言，已经成为一种复杂到无法理解的现象，更不要说去抵抗了。因此瞿秋白把社会科学看做一种描述和揭露当前社会现实的工具。他设计的社会科学课程强调两个方面。一方面，学生们要学习一般西方社会科学理论和社会运动史。在这类学习中，特别强调最高层的西方科学社会
主义，它承诺可以准确地预测历史进化的未来进程。另一方面，学生必须 154
调查当前社会问题，并学习中国社会史。因为西方社会科学的理论训练有助于揭示中国过去和现在的社会、经济和政治结构以及中国与外部世界的关系，从而产生对形成革命行动纲领来说至关重要的洞察力。

瞿秋白对普适性社会科学原理的热情伴随着他对语言和文化问题的热切兴趣。他的某些主张肯定会招致他那个时代一些著名国学家的愤怒。瞿指出，西方资本主义的腐蚀性影响已使中国的语言文字受到了破坏，外来用语和母题已经扭曲了中国文学和艺术的表达方式。与国学家一样，他强调研究中国语言的所有方面：字形、语法、训诂、音韵、句法等等。然而，与国学家不同的是，瞿无意继承晚清的考据和学术传统。国学研究的领头人，如陈寅恪和王力，要求对作为一个独特系统的中国语言和文化整体抱有深厚敬意——这个系统只有用它自己的术语才能理解，而瞿秋白却提出要根据最新的西方语言学理论来解析中国语言的结构。[60]既然语言是文化价值的体现，那么语言学研究就是打下基础，在此基础上对作为世界文化一员的中国文化进行全面批评，用一种普遍适用的科学语言来描述和分析它。

瞿秋白鼓励他的学生探索新的艺术和文学表达方式，借鉴西方文学批评理论，努力以批判态度重估传统士大夫的文化遗产。他所制定的课程一

方面强调重视中国传统的诗歌、散文、戏剧和小说，另一方面也同样重视
155 西方语言学、美学和文学的理论。[61]总的来看，瞿秋白对中国古代文学的态度与五四知识分子的反传统倾向相当吻合。他相信，高雅文化的真正价值只有将其置于历史发展的普遍模式中考虑、通过批判性的评估才能明了。但是这种对过去的批判性重估仅仅只是第一步。瞿秋白真正的兴趣在于，在近代资本主义之力将文化从其根源上切断之时，如何在近代中国形成新的艺术和文学形式，使失语者发出声音（give voice to the voiceless），为盲目而混乱的经验赋予意义。[62]

从理想的层面来说，上海大学知识分子的使命既要指导政治行动的进程，又要创造新的文化价值。换句话说，瞿秋白希望他的学生从内心深处把革命当做一项思想事业，而不仅仅是政治事业。上海大学不应像圣约翰大学那样成为一所传授博雅教育和科学知识的西式大学，也不应像交通大学那样成为一所工程技术学院；而应像北大那样重视对中国文化和语言的学习，应像早期的华人私立大学那样为整个国家的前途规划蓝图。然而，尽管要学习西方的社会科学和文学批评，但立足点仍然应当是中国文化和社会的内在变化机制。尽管教授古典名著，但要按照当前的关注点来研究过去，并将其作为创造新价值的基础。换句话说，研究近代西方和传统中国仅仅是为了超越它们。

瞿秋白认识到，即使大家完全同意学习的真正目的是为了进行社会革命，但在革命阵营内部，塑造革命意识和领导实际行动的人之间也有必要分工。为了把上海大学建成革命事业的中心，瞿秋白制定了雄心勃勃的课程计划，设立了要求严格的课业标准。在这一课程计划中，学生们被要求
156 学习内容广泛的课程，而且上海大学的规章制度包括了一系列关于考试和奖惩的详尽规定。这是为了保证学生入学的质量，保证学生不断勤奋用功，使学业出众者脱颖而出。[63]成绩用学分制和班级排名来计算。荣誉、奖励和奖品不是授给那些领导街头抗议的学生，而是授给那些考试成绩优异的学生。不管这种考试制度是否完全获得执行，仅其存在就表明，除了那些在后来回忆录中常被提及的上海大学的政治活动以外，上海大学的教师和学校当局认为上海大学在革命斗争中应充当宽泛得多的角色，绝非仅仅是集体性激进活动。[64]

七、通俗社会主义及其激进追随者

上海大学得以从广大地域范围内吸引激进青年，正是由于它在政治上的激进声誉。在上海大学的学生中，来自与上海不相邻的省份如四川、山西、安徽、广东和湖南的学生比例，比上海其他任何一所高校的都要高。还有少量学生来自中国东北、山东、西北及东南亚和朝鲜。[65]上海大学不同于上海地区的大多数学院和大学，与其说它是地区性高校，不如说它是一所全国性高校。这些学生都是大都市中的异乡客。许多学生背井离乡，因其激进政见和反传统观点而疏离于他们的乡土社会。在 20 世纪 20 年代中期广东的中学生中，上海大学被认为不仅不要求考试，而且还教人制造炸弹的化学原理。[66]对这些学生来说，上海大学的吸引力不仅在于其革命观念，而且还在于其自由风格。

上海大学开设的许多社会学方面的课程展现了社会主义和共产主义的决定性影响。阐释这些理论的教师是中国早期马克思主义知识分子，他们已经意识到马克思主义对公众的吸引力。这些知识分子视普及科学社会主义为当务之急，而且在一段时间内，上海大学是这项事业的中心。讲授 157
政治经济学的李季，最早将经典著作如《资本论》和《反杜林论》等翻译成中文。他是《资本论》删节评注本《通俗资本论》的编者，他把该书作为他执教班级的指定教材。他还写了《资本论浅说》，并编辑了《马克思传》一书。[67]施存统，曾是杭州浙江省立第一高级师范学校的学生，他写了《非孝》一文，并因此得到了毛泽东主编的《湘江评论》的呼应。他在上海大学执教"社会科学史"和"国际共产主义的兴起"。李俊讲授一门叫做"社会革命史"的课程，采用的指定教材是由蔡和森写的《社会进化史》（从五四时期在长沙开始，蔡就是毛泽东的密友）。[68]大量关于社会主义的著作，包括安体诚的《社会科学十讲》、李达的《新社会学》（李达，1890—1966，曾是 1921 年上海共产主义小组的七个成员之一）[69]、漆树芬的《帝国主义铁蹄下的中国》，还有熊德善的《科学社会主义》，所有这些著作在学生中都销路甚广。而且，上海书店作为左翼知识分子出版物的一个销售渠道，还在上海大学校内设立了一个门市部，因此一些报刊，如中国共产党的机关报《向导》，由著名左翼知识分子编辑的《新青年》，还有社会主义青年团的机关刊物《中国青年》等，也能随时提供给学生。[70]

学生、工人和小职员对社会科学和社会理论有着极大的兴趣，以至于出版商抢着出版这些读物。这一市场也不仅仅局限于上海。这些印刷品大都通过邮寄方式发往内地省份。20 世纪 20 年代中期和 30 年代早期是出
158 版这类社会科学读物特别狂热的时期。上海的许多小型出版社满足了对这类出版物的大量需要。例如，施存统的《社会科学的研究》一书就不是因为作者想写，而是因为出版商约稿。早在 1930 年 4 月，耀华书店的出版商就给过去曾在上海大学教过书的郭真送去了预付款，要求他写一本针对“普通读者”的关于社会科学的书。郭接受了这笔钱，由于没有时间写作，他把这一任务转交给了他的朋友施存统，施在一个月时间内完成了这本书的主体部分。郭真在 1930 年 3 月 4 日给这部书稿写了序言，并在原稿基础上增加了一点内容。同年 4 月 10 日，这本书的第一版以每本四角五分的零售价出现在书摊上，在该书稿交付后仅仅两个月就出版了。[71]

20 世纪 20 年代后期，各出版社重复彼此的招数，竞相出版一套又一套书名夸张的社会科学书籍。例如，上海平凡书店的书目广告上就有诸如《社会科学大纲》、《社会问题大纲》、《社会主义大纲》、《唯物史观大纲》、《世界社会史纲》、《社会运动全史》、《社会思想全史》、《中国社会思想史》、《社会进化铁则》、《社会主义的基础》、《社会主义伦理学》、《社会主义社会学》、《社会主义中国史》等，以及大量的其他书籍——内容范围从苏联状况到中国农民，应有尽有。由上海华兴书店出版，被上海市警察局查禁的 37 种书中，三分之一是有关苏联、列宁和托洛茨基的；
159 另三分之一是关于殖民地革命运动的，如印度和朝鲜的，以及军事暴动的策略和战争；剩下的三分之一是关于劳动、农村经济和社会科学入门的。[72]复制这些书的主题内容，但仅在标题上做微小的改动，是常见的现象。当辩证唯物主义流行的时候，一个书店出版《辩证唯物法概论》，另一个书店出版《唯物史观简说》，第三个则出版《唯物史观 ABC》。[73]

这类出版物都号称是研究科学社会主义的严肃学术作品，其受欢迎程度可以从以下事例中看到。出版商与像高希圣和郭真这样的作者约定

“编辑和翻译”多卷本读物。这些读物的主题涉及社会运动、社会问题、社会主义、社会思想、新经济、新政治科学、新社会学、第一国际运动史和社会进步史。高和郭的出版商为他们的著作打广告，称其是大学教材的理想选择。这些书的广告词多为“便宜”和“通俗”，“已被许多教授指定为课本和权威的参考资料”，“很快售尽”，“自第一版后已重印了好几次”等。出版商夸张的广告还声称，这些书籍提供了对人类全部社会经验的阐释。简而言之，这些书为那些急于想了解最新社会思想的读者提供了权威解说，而且还用读者所期望的浅显语言和小巧装帧。这类出版物与上海大学之间的联系，至少在出版商的眼里被看做图书市场上的一笔财富，即使在上海大学 1927 年被新政府关闭的情况下也还是如此。在广告中，郭真那套《社会问题大纲》的第三卷据称是以郭 1925 年春在上海大学任教时的备课笔记为基础的。广告还保证，只要读了这本由老资格的激进知识分子撰写的 60 万字著作，读者就能学到一个近代进步青年必须知道的关于劳动、农民、妇女、民族主义、社会政策和社会主义等问题的一切知识。

一些出版商的广告的确与作者本人的信念相一致。例如，施存统就认 160
为唯物论的科学社会主义的任务就是为一切社会现象和人类经验提供明确的解释。施写到，社会学就是研究社会过程和社会基本原理的学科。社会学知识为社会进步和社会改革指明道路。[74] 当他抬高社会学研究的地位并认为有必要学习经济学的同时，他还摒弃了政治学和法学，认为它们显然是属于美式“资产阶级”的学科。施指出，政治的本质是强制力（coercion）和阶层组织（hierarchical organization）。权力是罪恶的，当社会主义乌托邦降临并将平等带给所有的人时，就不再容许有政府了。[75] 同时，法律不仅体现了剥削的阶级关系，而且是政治压迫的工具。施指出，立法只是在资本主义社会才需要，因为在资本主义制度下，一个人的社会地位依赖于他的财富地位，因此统治阶级需要采用强制性的国家权力来保证私人的利益。[76] 施存统并不认为犯罪和贫困反映了作为个人的失败，相反，他直接将此归咎于社会财产分配的不均和阶级剥削的社会制度。在一个真正无阶级的社会里，既不需要道德说教，也不需要宗教教义来调节人们之间的关系。在那里人们有着完全的自由，也没有贫富之间的对立。[77]

施存统对贫困的讨论和对现存社会秩序缺乏道德合理性的看法，对那些与他有着相同背景的人有着强烈的吸引力。他们是一大批来自各省乡镇的新来者，都在上海资产阶级的辉煌和殖民权力的阴影下在生存边缘勉强维持；这些心怀不满的知识分子，住在工厂区的小弄堂里，过着不稳定的生活。这种风格的社会科学迥异于20世纪20年代中国各大教会大学里知名社会学系所教授的社会学。在受洛克菲勒基金会支持的燕京大学社会学系，他们的研究集中在具体社会问题，并受到服务社会的观念指导；而在上海，追求社会科学知识的驱动力却来自对政治激进主义的热情以及按照
161 社会主义乌托邦的想象重新改造社会的愿望。[78] 对知识要与社会政治相联系的要求，伴随着对行动的急切向往。结果，瞿秋白为了智慧上的卓越而试图建立的课业标准，就这样被学生实现其所学教义的热切行动破坏了。

八、事后追忆与历史过程的比较

早在1923年，上海大学的学生就有意识地谈起他们的同学有志于拯救国家和参与社会行动的独特性。[79] 五卅运动中，这些学生有的流血，有的牺牲了。1927年的春天，当白崇禧的军队关闭了整个大学，并在学校清除被疑为同情激进主义的学生们时，有更多学生遇难。这些事件在学生的集体记忆中留下了难以磨灭的痕迹。早先在民族解放和社会革命中充当先锋角色时，学生们已培养起了自信心，如今身处逆境，受难之余和英雄主义的形象结合在一起，这个形象在后来的作品中受到高度赞扬，从而成为上海大学备受称颂的传统。

到了20世纪30年代中期，上海大学的形象逐渐定型，为牺牲学生作传记的作者美化了这些记忆，描述上海大学的精神如何激发起令人敬畏的激昂情感。“上海大学”这个名字在人们脑海中唤起的形象是充满着革命热情的青年；它唤起的场景是被强烈的情感所触动而准备爆发行动的大批群众，是传单在空中“如雪花般”飘散的情景，是煽动性演说和震耳欲聋的口号声，还有机关枪、监禁、死亡、苦难以及坚持斗争到底的不屈的意志。上海大学的学习生活就是这样一种“在教室里热烈地讨论时事达

到详尽彻底的程度”的生活，是“在街头从心底里向外倾诉，含着血和泪地表达热爱国家的激情的演讲”的生活，是“在印刷厂忙碌地工作以 162
向外传送信息来凝聚民心”的生活。[80]

受难学生的传记作者用文字保存并强化了上海大学的形象，这一形象使某种经历理想化了，与瞿秋白对上海大学的期望有很大的不同。青年学生参与行动的冲动，代替了对塑造未来社会的冷静、深沉的反省。热情被浪漫化到如此强烈的程度，以至于条理性濒临崩溃。一方面，学生的政治激进使上海大学在学校本身被关闭之后，仍在校园之外的社会历史舞台上发挥其作用。另一方面，也正是这类激进活动给大学带来了政治和军事上的镇压，从而使瞿秋白偏于理智的努力归于失败——他试图在创造真正的社会主义新文化的过程中，将大学和革命结合起来。

因此，主要与上海大学的历史相联系的传统，仅有部分源于有意识的制度性安排。像复旦、中国、大夏和光华四所大学一样，上海大学产生于学生的反叛，而且在很大程度上是由它早期学生的抱负塑造定型的。当其他的学校被驯服成中产阶级的学校后，上海大学依然保持不羁——在富人和有名望的人的眼中，它永远是“野鸡大学”。学生生活的特征与其说是被学校规划的，倒不如说是由它周围事物的发生、发展所决定的。因此，最充分表达上海大学学术文化的激进特征的领域，可想而知，是在寄读与旁听生的个人生活中。半个世纪以后，著名的女作家丁玲回忆了她在1924年至1925年在上海大学作为一个旁听生的生活经历。

丁玲（1904—1986）到达上海后，与她的家庭和家乡的大环境都疏远了。[81]由于受到名师的吸引，她在上海大学旁听了文学课程。[82]在她
的回忆中，学生生活围绕着创作、听课和半集体化的活动，所有这一切都 163
发生在长期财政拮据的情况下，在上海拥挤的弄堂中。在日常生活中，学生们不时辩论时事和文学理论问题。朋友和同志之间在知识和个人关系上都十分热情。这里有着太多的激情和理想主义。然而，在他们的关系中也有紧张、不和谐和不稳定。这是一种献身于公共事务、献身于攸关国家命运的观念和行动的生活。这也是一种封闭的、几个同志结成小团体的生活，他们十分在意自己政治上的少数派立场，并在内部相互寻求支持。浪漫、革命、个性解放和寻求社会公正等等交织在一起，成为上海大学学生

生活方式里一个令人难以索解的主题，并被私人回忆和传记不断描述着。[83]

当然，现存台北，过去曾保存在南京教育部空房间里的档案材料提醒我们，上海大学的实际情况可能并不那么理想化。上海大学无法（不一定是不想）建立一个稳固的制度基础。虽然上海大学顺应上海通商口岸环境下的职业发展需要，开设了相关课程，甚至为筹集资金也做出了相当努力，但它仍然不能像上海其他知名私立学校那样获得私人捐赠。20世纪20年代，一些其他大学也发源于学生与当时学校管理部门的对抗，如光华和大夏，但这些学校在开办时却得到了慷慨的私人捐赠，而且直到20世纪30年代一直享受着大量捐赠。这些代表商业财富的捐赠者，或来自上海，或来自长江下游，或来自东南亚，这样拥有巨资的人显然是上海大学校董事会所缺乏的。丁玲等激进知识分子盛赞学校在管理方面的无序和无政府状况，并将其归因于其建校时的有意设计，而档案材料所显示的上海大学，则一直试图施行有力的行政管理和课程指导，但屡试屡败。

164 上海大学这两个版本的历史都有其重要性。官方文件记载了当时确实发生的事，而私人回忆则表明了对所发生事件建构出的信念。[84]当上海大学消亡时，这两种形式的证据必然合而为一。教育部档案材料里对上海大学最后阶段的记载，语气压抑，简明扼要，等于含蓄地承认了激进主张的合理性。尽管国民党与上海大学有联系，激进分子和革命者已经在学生中赢得了一大批追随者，而且他们的社会理想和教育理念已经对所有这些学生发生了重要影响。

九、暴力的结局

1927年春，上海大学在上海东北部的农村地区江湾镇西侧的开阔地买了一块永久性地产。当建设初步完工后，400名学生搬到了新校园的住宿区。那时，通往学校的路还没有修好，学生们只好在春雨后的泥浆里艰难地跋涉通过。宿舍不够用，那些后到的学生被迫到附近的村子里寻找住处。[85]

接着，在1927年4月中旬的一个下午，新校园刚投入使用几周之后，薛尚实，一个从广东来的高年级学生，从二楼会议室的窗户向外瞥了一眼，看见一队身着灰色制服的士兵从江湾火车站方向快速向学校进发。消息迅速传开，几分钟之内，大多数老师和学生都四散逃到学校教学楼后面的空地里去了。这群士兵属于北伐军东路军前敌总指挥白崇禧将军的指挥部，他们从福建通过邻近的浙江省到达上海，在那个4月天里逮捕了少数几个留下来的人，并封闭了学校。[86]他们继续搜寻共产党员和在政治上支持共产党的人。青年们被带到了设于松林桥的淞沪卫戍司令部草草受 165
审，许多人被处死。北伐中国民党清除共产党员的“清党运动”从此开始。[87]

第五章　党化教育

167 1927 年 4 月上海大学在北伐军占领之下关闭，宣告了民国以来中国高等教育一个新的纪元的到来。在此之前，国民革命军誓师北伐，从广东向北开进时，中外报章每日追随报道，全国各方紧张观望。[1]南京政府一旦成立，全国大学几乎无不受新政权兴起的影响。对教会大学来说，北伐军进入南京金陵大学校园，一颗子弹在校园内打死了约翰·威廉姆斯博士，所有教会大学校园都因此惊慌骚动。上海圣约翰大学校方决定停办一年，以避风头。国民革命军进入上海后，不久就解散了江苏省教育会，并禁止其此后一切活动。在南京，与江苏省教育会和梁启超的研究系有密切联系的国立东南大学也同时被解散。政治压力上升，各方控制加紧。针对这种情况，自由主义者、极端国家主义者、共产党人和研究系中梁启超的追随者都纷纷涌进租界，把上海的外国治理区当做政治避难所。中国公学的自由派校长胡适，因为曾经对孙中山学说的某些方面进行批评，受到了国民党出版物长篇累牍的猛烈攻击。国家主义者曾琦被当做共产党员而被
168 捕。实际上曾琦在政治上的立场比许多反对他的国民党人更保守。自从“清党运动”开始后，共产主义就被宣布为一项危害民国的罪行，许多人被指控为共产党人，被冠上了一项严重、笼统的罪名。

与此同时，国民党人忙于在他们武力所及的范围内到处设立中山大学。1927 年，原先在广东的中山大学被改名为第一中山大学，同时杭州和南京出现了第二和第三中山大学。[2]这个时期的教育体制由同盟会元老蔡元培、吴稚晖和李石曾主导。他们在国民党内成立了一个领导小组，推行法国式的大学区制度，1927 年至 1928 年间，在浙江、江苏以及北京都成立了大学区。大学区的组织，是把各级教育包括中小学及社会教育都置于地方上的最高

大学府之下，由大学取代教育厅、局等各级机关的主管权限。为了建构这一制度，在北京地区（自 1927 年至 1949 年称为北平）北京大学跟其他 9 所职业、技术和商业学院合并组成了国立北平大学，北平大学的校长也就是河北大学区的最高主管。蔡元培大学区制度的构想在大学资源和人员的调度上引起混乱，结果学潮汹涌，课业停顿，北平大学的计划最后没有成功。我们可以想见，北伐之后各种派系对大学资源与控制进行争夺，必然引起激烈的斗争和风暴。在清华，曾经是五四学运健将、1927 年为蒋介石私人顾问的罗家伦——所谓“九载清华，三赶校长”——顺利接掌了校长位置。在北平大学，同样是国民党所任命的李书华就遇上许多挑战，争持数月，以北平大学的解散以及大学区制度的废弃作为终结。

同时，原先在广州中山大学的主要行政管理人员也进入了南京政府的重要部门，开始对国家高等教育制度作全盘系统性的修订。戴季陶（1891—1949）自 1925 年开始担任中山大学校长，逐渐成为国民党右翼理 169
论家，并对教育政策的制定有重要发言权。[3] 戴季陶的副手，中山大学副校长朱家骅（1893—1963），在 1930 年担任中山大学校长，并于 1932 年成为教育部部长。他在全国各大学里建立了政治训练部，该部的职位都由南京国立中央政治学校的毕业生来担任。[4] 在中央和南方各省，国民党在各个城市改造了教育。南京国民政府十年时期的各省主要大学——南京的中央大学、杭州的浙江大学、武汉的武汉大学以及成都的四川大学，加上原先在广东的中山大学——都被改组，与各地的省立高等师范学校和其他专科学校重新组合，派任新校长，依据 1927 年国民党定下的方针治校。开始的时候，几乎所有大学都陷入相当程度的混乱（正如中国古语所说的“鸡飞狗跳”），但此后在南京政府的治下，中部各省以省会为中心，形成了一个以党化为中心思想的教育体系。这个体系以国家的资源推进“党化教育”，在风格与内容上，与上海、北京鼎足而立。

上海和北京具有丰厚的文化与经济资源，并且跟中国以外的世界有紧密联系。内地省城的面向与辐射力比起京、沪，则都有所不同。民国时期以南京为核心的高等教育体系，可以看做党国文化的产品，与北京的悠久传统以及上海的新锐专业知识对比交错，共同形成民国时期大学校园文化的图谱。

一、自由放任、欣欣向荣：国民党统治前的上海

20 世纪 20 年代，中国高等教育经历了相当的成长。在为时将近十年的高等院校扩张之后，南京国民政府成立，开始企图以国家力量控制高等
170 教育。1927 之前，上海的私立教育机构在自由放任的环境中经历了好几年欣欣向荣的发展。1930 年，中国大学的总数达到了 59 所，而在 1920 年还只有区区 11 所。最快速的增长发生在 1923 年至 1925 年间，这一时期其数量从 24 所增加到了 50 所。[5] 民国初年的学校，往往只有单项学程，比如培训、法律、医学、农学、工业技术、商业、外语等等。20 世纪 20 年代的成长，包括这些学校在学程上的多元化，从单科走向多科，成为具有一个以上学系或学院的学校。1912 年，总共有 111 所专科学校向教育部注册。在接下来的二十年里，这一数字大幅度下降，到 1920 年有 76 所，1925 年有 58 所，1930 年只剩下 27 所。[6] 同时，伴随着大学本身规模的扩大，其他各方面的投入也有所增长，比如在基础建设上的总投入、图书馆藏书、实验设备、学生入学人数、教职员数量以及课堂上的总教学时间等，都可以看出来 20 世纪 20 年代的成长趋势。根据教育部的统计，民国初期的二十年之内，大学注册学生数量跃升了 10 倍，从 1910 年的少于 500 人到 1925 年的超过 25 000 人，到 1930 年达到 34 000 人。[7]

大学教育的成长，主要集中在北京和上海这两个大城市。截至 1930 年，北京有 7 所知名大学，而上海有 12 所，这两个城市各有 10 000 名左右的学生。[8] 北京和上海的学生总数几乎占全国学生总数的 60%，而剩下的 40% 的学生则散布在全国各地近 12 个省会城市中。

我们比较这两个城市的教育情况，可以看出上海要比北京更有活力。20 世纪 20 年代，北京的公立大学主要依靠政府拨款，而北洋时期中央财政混乱，教育经费短缺，公立大学难以有所发展。另一方面，上海的私立大学则因为城市财富的累积，而经历了一个茁壮发展的时期，学生来源充裕，并且能够承担相当学费。从 1912 年到 1921 年，上海年年都有新的
171 私立学校创办。大同大学和神州大学都在 1912 年创办，南洋路矿学校开办于 1913 年，民国法政大学开办于 1914 年，东吴大学法科和中华铁路学

校开办于 1915 年，江东法律专门学校开办于 1916 年，中医专门学校开办于 1917 年，同德医学院和上海博爱医院附设医学校开办于 1918 年，中华工业专门学校开办于 1919 年，上海艺术师范大学开办于 1920 年，通惠工商学校开办于 1921 年。1921 年由教育部创办的商科大学是这一时期唯一的一所公立新学校。[9]北京固然是公立大学的重镇，但是 20 世纪 20 年代，上海已开始成为私立工商业学校的中心。到 1933 年，上海大约有 744 所初等学校，125 所中等学校和 33 所高等教育院校（包括学院、大学和专门学校）。初步统计表明，上海公立和私立初等学校的比例是 2∶7，公立和私立中等学校的比例是 1∶9，公立和私立大学的比例是 2∶7。[10]

在上海的这些私立学校中，不乏许多声名卓著者。但是，其他许多新办的学校，不外是利用城市企业对大学教育急速增长的需要，把上海看成教育市场。文凭的市场价值很高，因为人们相信大学文凭能提高社会地位，提供更好的工作前景。上海不仅是引领中国私营教育事业的中心，也孕育了众多主要依靠收取学杂费来获取运行资金和利润的“野鸡大学”。自 1902 年清政府关于新式学堂的组织章程公布起，直到 1934 年国民政府加紧控制时，共有不少于 89 所各类上海高等院校在短暂经营之后倒闭关门。[11]在这些自称为学院、大学和专科的学校之中，绝大多数（74 所）是由私人创办的。[12]几乎每所学校的倒闭都主要因为创办者内部意见分 172
歧，资金来源枯竭，学生入学人数锐减。[13]

二、控制和调配：国民政府在高等教育中的角色

1927 年，国民政府成立，颁布了一系列管理高等教育的规章制度。其中一些措施是受政治因素驱动而制订的。在 1927 年至 1929 年间采取的另一些措施，主要目的是使以往不受任何国家计划指导而发展的教育系统走上国家管理和标准化的轨道。[14]新政府要求所有学校在获准招收新生入学以前，必须申请通过资格认证。同时，它规定了数套财务、学术和组织方面的标准，以便对不同类型的学校进行资格认证。资格认证的目的和要求主要有两方面：使教育部能够调查国内所有审查合格的大学的运作情况，因而从中影响或控制这些学校的行政组织和学术规划。同时，也给这

些学校规定一个必须达到的最低限度的财务和学术质量标准，以便通过立法使那些“野鸡大学”不复存在。[15]

高等教育的自由发展，从晚清就开始，造成了一个现象，就是教育资源高度集中在人文、法政学科上。这些科目在国民政府的眼中是既无用处又危险，因为文、法学科常常鼓励思想自由，容易让学生接触到异端邪说。而且，这也导致对科学技术以及近代社会急需的其他专门学科的投入不足。兴办科学教育远比兴办文科和商科学校的障碍多得多，因为合格的
173 师资更短缺，而且还必须有昂贵的实验设备。国民政府在20世纪20年代后期下令在不同地区、不同学校的学科之间重新分配学术资源和人员，以期调整在人文社会学科和科学技术研究之间的不平衡。许多资源不足的学校被迫转移，或与其他学校合并。自然，这个政策在执行上避免不了一些政治性的运作。上海大学1927年被关闭之后，重组成为国立劳动大学。1932年，教育部部长朱家骅下令，把劳动大学跟西安新成立的西北农业专科学校“合并”。该校是朱家骅在政治上的支持者戴季陶倾力打造的新学校。[16]劳动大学与其说是跟西北农专合并，不如说又一次被关闭，资产被流放。

三、党化和中山大学模式

国民政府对高等教育的质量管理与系统调控不仅出于公众监督的考虑。透过革命武力方才取得政权的国民党，更把高等教育看做建构三民主义党化国家的通盘计划之一部分。“党化教育”的口号，在20世纪20年代中期首先出现在广州。五卅运动的开展，让广州国民党中央执行委员会进一步意识到学校和学生可以是一股革命力量。然而就像国民党当时采用的许多其他概念（包括三民主义）一样，“党化教育”的内涵可以有多种阐释，当国民党从革命统一战线转向1927年的“清党运动”时，“党化教育”的意图更引起了无休止的争论。1928年中有一段时间，国民政府废止使用“党化教育”一词，坚持用“三民主义教育”来代替它。[17]这
174 个文字策略，目的无疑在于想要转移大众的注意力。当时的自由主义知识分子尤其大力抨击国民政府“党化教育”的企图。他们认为国民党的整个

教育政策只有一个特点，就是以党来控制大学，透过对校长、教授的职务任命来整治思想，压制学术自由。[18]

自由主义者肯定已经完全意识到，国民党力图通过党化运动灌输某种信仰。对学校办学资格的认证程序，对师资条件的严格审查以及由政府监督校产资金等，这些规定都为国家提供了重要工具，使其能直接并且有系统地干涉全国大学的内部事务。但是，高等教育的党化并不仅仅是一个加强控制的问题。在理论上，三民主义是一个非常复杂的系统，它包含着独特的教育理念。在实践中，当时则有广东中山大学的经验可供国民党借鉴。因此在 1927 年的“清党运动”之后、“党化教育”的制度与规章逐渐成形的时期，中山大学经验就成为为重塑中国高等教育的重要参考。

在朱家骅管理下的中山大学，最大的特点就是在校内设了一个政治教育办公室，负责学生思想训练，并直接上报国民党中央委员会。这个办公室负责在大学里开设三民主义课程。并且监督学生的课外活动，监督范围从学生报纸《国立中山大学日报》的编辑方针到学生细微的行为举止及学生宿舍的衣物式样等，无所不包。[19]

中山大学一方面高度注意意识形态的正确性，一方面讲究科学、农学和医学课程的开展。1926 年，中山大学建成了南方第一座国人自营的天文台，成为学校的骄傲。这座天文台在中国杰出的天文学家何衍睿和张云（两人都曾在法国留学）的领导下，提供从事计算天文学研究所需的信息。中山大学生物系组织了一个研究小组，他们考察了广西和海南，收集了近 175
6 000 种动植物标本。中山大学农学院在广东组织了对土壤状况的调查和农业实践活动，使贫瘠的山区可以耕植。他们还组织了对改良水稻品种的研究，其目标是通过利用优良的杂交水稻品种来增加水稻产量，以期最终能“提高耕作者的生活水准，使乡村地区富足起来，以便能提高文化水准”。类似的研究也包括桑蚕业，他们以教会主办的金陵大学农学院为参考，办了学习班，以便把大学的研究成果传递给农民，成为农业实践上的新知识。[20]

朱家骅做过中山大学的校长、教育部部长和中央研究院院长，在长期的教育行政工作中，他成功地不断建设博物馆、图书馆、展览馆、档案馆、天文台、气象站和实验农场等大规模文化科学方面的公共工程，并因此而知名。1927 年，朱家骅亲自拟定了中山大学图书馆的设计方案，并将它上呈国民党中央执行委员会，向后者申请并获得了建设资金。这是朱家骅担任教育主管的典型办事风格。根据他的设计指导思想，中山大学图书馆将着重收藏广东省政府和各级区政府的各类档案和出版物，收藏家谱、契约、法律簿册和地方宗族档案，收藏外国领事报告和东南亚华侨的其他档案文献，收藏有关国民革命的历史资料。[21]

朱家骅治下的中山大学模式所体现的理想，刚好包含了国民政府关于高等教育理念的三个关键层面：灌输意识形态，建构物质文明，把握并发挥所在地的实用性。有关意识形态，这是孙中山国民革命以来一贯所强调的。北伐成功、南京政府成立以后，意识形态的建构与政权维护
176 之间，更获得了实质上相互表里的作用。强调科学并主要从物质层面理解文化则是中山大学与交通大学等晚清学堂互通之处。政府希望看到通过科技创新推动经济成长，这个成长将会有利于巩固现有的社会政治秩序。因此，科技进步的目的不是为了满足研究者的好奇或创新冲动，而是为大学所在地的社会福祉作出贡献。在如何“使最大多数的人受益”、“打破学校和社会之间的壁垒”、“将革命精神和学术生涯结合起来”这些方面，中山大学的物理学家、天文学家和农学家都能为他们的研究辩护。[22] 和交通大学的技术精英有所不同的是，中山大学的农学家、蚕学家、图书馆员、历史学家、生物学家和地质学家面向本地本省，而不是万方交汇的通都大邑或者国际社会。他们更多地深入内地中国社会内部，而不是停留在表面上。他们从事天文地理、农事物矿研究，必须深入到山区和乡村社会去获取有价值的资料，上海交通大学的技术精英则专攻新式科技，不能不把欧美实验室的最新结果考虑在内。但是，中山大学把服务社会理想化，并将之引申为某种意识形态，最终使大学远离了革命，这是戴季陶对“民生主义”的诠释。它主要关注的是提高普通民众的物质福利，而不是重构社会关系。它不能回答社会规范和正义的问题，也不质疑政府的合法性。与上海大学的激进知识分子不同，1927 年以后“国民革命”的指导者完全相信，通过逐步改善经济状况会带来他们所承诺的社会福祉。

四、党化和政府对大学的渗透

使高等教育党化并按照中山大学的模式重塑中国大学的努力，牵涉面很广。对于教会大学，国民政府要求各校把三民主义作为唯一指导思想来 177
尊崇，这个要求与教会大学的基督教信仰相冲突。教育部以审查不合格相威胁，禁止教会大学在校内开设宗教课程，禁止在教室里布道，禁止强迫学生参加礼拜，禁止在大学图书馆里散发有关宗教的小册子或陈列宗教肖像及图画。教育部还关闭了所有的基督教神学院和相关院系。[23]除了圣约翰大学以外，几乎所有的教会大学都屈服了。由于教育部规定，所有在中国开设的大学都必须由中国人当校长，这些教会大学纷纷任命华人基督徒担任校长，在名义上或实际上负责大学的行政。

“党化教育”改变了大学校园的风貌，重构了大学教育与国家的关系。国民政府制定的规章和条例非常之多。根据这些规章，大学生需要熟读“三民主义”。许多社会科学学门的课程之所以设立，只有一个宗旨，就是证明“三民主义”理论的正确无误。校园里大家唱国歌和党歌，礼堂和办公室里展示了国旗、党旗和孙中山的肖像。革命标语贴遍了校园围墙和黑板。国民党的出版物，如国民党中央委员会的《中央半月刊》和国民党上海市特别党部的《向前进》等，遍布各学校图书馆和阅览室的书架。军训是所有学生的必修课。女生军训的重点在实习护理。中山装成为大学生的制服。[24]只要在国民政府势力所及的范围之内，都有各种行政命令和组织手段以国家力量来灌输“三民主义文化”。

“党化教育”的影响力深植于各省的主要大学。党化的理想教育在各个地方大学得到实践。比方说，杭州的浙江大学就充分做到把思想教育和地方资源结合起来，开办了许多有地方意义的天文、地理、生物实践课 178
程。位于南京的中央大学，作为教育部规划中的另一支柱，正如校长朱家骅所期望的，积极建设文史课程，意在与北京大学分庭抗礼，争夺知识界的领袖地位。1931 年“九一八事变”之后，中大学生跟全国许多大学一同进退，请愿要求立即武装抵抗日本侵略。这个要求跟当时国民政府的外交策略有所不同。国民政府教育部在几番折冲之后，决定解散中央大学，并组织了一个“整理”委员会来管理该校事务。该校直到校园秩序重新恢复才重新开学。[25]

国民政府主政时期，中国的高校校园在外观和内涵上逐渐呈现了一致的风貌。这反映了党与国家力量深入渗透到大学行政管理和学生生活之中。通过政治训练部门的运作，国民党干部在大学里得到一席之地。党与政府通过这些干部对大学生活施加各种影响力。国民党组织在校园里公然活动，把学生们吸收进国民党各种基层组织之中。这些组织包括力行社（1932—1938，通常被称为蓝衣社）的外围组织——革命青年同志会以及三民主义青年团。[26]国民党奖励积极分子。这些人通过党务，取得进入权力结构的另一途径。值得一提的是，在大学校园内建立了这些机构和部门的朱家骅，也是浙江警官学校（1928 年）的创办者。这两者之间绝不仅仅是偶然的巧合。而朱家骅本人也是后来国民党中央调查统计局（或称“中统”，是一个情报机关）的局长，他也负责在战争期间训练和补充国民党干部。[27]通过这些政治训练机构，20 世纪 30 年代的中国
179 大学暴露在国民党教条的全力规训中，同时他们还处在国民党设置的监视网之下。

五、南京与省城文化

国民党的意识形态推崇爱国主义，要求强化国家权力，服从党的纪律和领袖的领导。在国民政府的文化想象之中，理想的空间是各省的省城与乡镇，也就是介于沿海通都大邑与内地穷乡僻壤之间的典型中国城镇。国民党文化意象的元素并不都是本土的。蒋介石所仰慕的社区形象与道德标准，实际上是以 19 世纪晚期普鲁士和日本经验为基础而塑造的。蒋介石提出以普鲁士和日本的小学老师作为教育的典范。这些勤恳的老师谆谆教导他们的学生，把他们培养成国家的公民，培养他们深切的爱国心、纪律性、荣誉感和秩序感。在蒋介石看来，正是这些品质使普鲁士赢得了 1870 年对法国的战争，使日本在 1905 年打败了俄国。[28]

这些国民党认为值得效法的外国经验，跟近代中国的上层社会奢华作风大有不同，而跟传统理学教诲却结合起来。1935 年夏，蒋介石在四川大

学学生和教师的集会上曾经这样说道："我自己来自于小康家庭，尽管我们自给自足，但是在我的青少年时期，我帮助家里洗衣服、扫地、做饭，每天做几个小时的家务。我母亲监督我并相信我每天都完成了自己的责任。"那时候，家里并不需要年轻人来工作，那些家教和节俭却是"为我们长大成人最重要的训练……我们必须从童年时期就养成这种服务和体力劳动的习惯与态度，这是一个合格国民的立身基础"[29]。

蒋介石可以轻易在宋代理学大师朱熹的教诲中找到对勤俭的称颂。他 180
认为，朱熹曾教导他家族的年轻人从黎明即起床、洒扫庭院着手，开始一天的道德纪律训练。一个年轻人怎样扫地实际上和他怎样回应长者的召唤几乎同样重要；合乎礼仪的洒扫应对，奠定了自律和尊重等级制度的基础。[30]国民党的意识形态极端赞美忠诚和自我制约。与五四时期的反传统文化、提倡社会主义革命相反，国民党的领袖强调孝道和公共责任。蒋介石相信，中国内地省城社会既是传统价值观念的体现者（这些传统价值构成了国家的基础），又是导向集体纪律的近代美德的现成渠道。教育的功能就是慢慢地灌输纪律观念，激发忠诚信念，提高知识阶层对中国文化的独特力量的认识，"使知识阶层沉浸在民族精神的沐浴之中"[31]。只有实现这些任务，教育才能够充当民族复兴的工具。

有鉴于对传统社群价值和近代集体纪律的双重强调，国民党对高等教育的态度实质上是反对个人的自我实现，并怀疑开放性的知识探究。蒋介石公开谴责自世纪之交以来的整个教育界，认为其"无目标"且"混乱"，因而注定要带来"国家的衰落"和"种族的灭亡"[32]。他谴责自律精神的缺乏，也谴责民族精神的丧失，他同时把攻击的目标对准了自我中心的文人和西化的城市精英。

蒋介石写道：

> 东方固有文明最注重的地方在于教导衣食住行、进退洒扫……这亦就是现在所谓衣食住行实际的生活。今天的学校教育，却绝对不注重这些道理。……大家要知道穿衣服戴帽子，虽很小很平常的事但是有很大的意义，自可测验这个地方文化的高低与民族的盛衰。…… 181
> 任你到［日本］那一个学校去考察，各位可以留心看，那一个学校

> 寄宿舍，地板洗得干干净净的，书本被服叠得整整齐齐，上课时候静默严肃，那一个学校的学生出去，衣服穿得正正直直，头发剪得端端齐齐……而要看现在国内一般青年……帽子戴得歪斜，衣服扣子不扣，走也走不像样。也不晓得什么叫做国家，他与国家民族有什么关系。

简而言之，中国的知识精英对纪律和秩序毫无认识。“青年为国家的基础”，蒋介石继续道，“如果青年是这样的时候，国家还有什么希望呢，当然要濒于灭亡了！”[33]

蒋介石谴责中国自19、20世纪之交以来的教育，因为在这一教育系统下培养出来的只是那些“有着外国的观念，自我感觉像外国人那样去行事，行为举止按照外国的标准，他们的头脑里充满了各类混合的既非中国也非西方的观念”。这些人只是肤浅意义上的中国人，“他们已经在精神上变成了那些知道什么是文化的人的奴隶，而他们自己却对此一无所知！”这些知识精英是愚蠢、狂妄、浅薄和不负责任的人。他们抛弃了对民族的社会责任，抛弃了中国优越的文化遗产，于是也就腐蚀了民族的道德基础。蒋介石告诉中央训练团的团员，正是像这样的一批拥有高等学位的知识精英投向了敌人的怀抱，成为汉奸，把国家带到了灭亡的边缘。[34]

在南京和南昌（蒋介石的政治和军事总指挥部，这里仍然保持着19世纪末20世纪初外省城镇的风貌），国民党发起了新生活运动。以内地省会和城镇的理想化生活为理想，国民政府试图挑战中国两个大都会中已经形成的生活方式。这个挑战的对象一方面是古都北京（现在仅仅是北平），
182 一方面是上海。蒋介石亲自身兼中国大学生军训团总司令。他敦促中国大学生们尊重传统文化价值观念，每天参加体力劳动，过有节制的生活，早晨用冷水洗脸，饮食节制，工作努力，服饰简单，为人慈孝，敦亲睦邻，爱乡爱国。[35]国民政府对教育的理想不仅是在国内维护国民党的政权，而且是想建构某种文化典范——让中国传统文化价值在近代化的过程中重新体现。

我们可以这样说，1927年以后，中国高等教育领域中出现了三种不同的学术文化范式。在五四反传统的高潮退却之后，北京仍然是中国传统

官绅文化的中心，体现了国学的最高境界。上海则调和本土和西方的文化风格，伴随着城市中产阶级的兴起，成为新式都会专业精英文化的所在地。在南京，教育理想的推动者既非传统的文人，也非新式的商人，而是以国民革命为己任的技术官僚和政治干部。国民政府成立之后，南京的影响力辐射全国。国民政府的存在，通过国旗和国歌，在全国显现。

我们可以把南京政府成立以后中国教育的分割形象地描述为北京、上海与南京的“三城记”。在当时人眼里，这三者在学生的衣着上可以找到显明标记。有人身着飘逸蓝袍，是北大的新文人。有人西装革履，是圣约翰大学的资产阶级子弟。有人穿着笔挺的中山装，是中山大学和中央大学的未来国民党干部。对当时的青年人来说，无论选择其中的任何一种风范，都可以有所传承，也都有所缺失。我们将在后面的章节中评估这些不同选择所引出的代价与补偿。

第六章　大学生活之代价

183 20世纪30年代，新式高等教育在国民政府的压力之下被进行了改造。高校当局对这个发展固然十分不安，然而一般社会舆论对大学当局却也未必全然赋予大量的同情。20世纪30年代适逢经济不景气，大学毕业生就业困难，拿到文凭而找不到工作的人比比皆是。报刊对教育体制弊病的检讨盈篇累牍。据1934年的《第一次中国教育年鉴》所载，在1933届毕业生中，近21.8%的人文和法律专业的学生，9.4%的教育学专业的学生以及3.2%的工程技术专业的学生无法找到工作。[1] 1933年，文、法和教育学学士几乎占了当年毕业生总数的一半。我们根据这个比例估算，大专毕业生无业可就的总计达到4 500人，占毕业生总数的15%。如此惊人的数字引起舆论对高等教育状况的抨击。但是这些批评者所着眼的范围往往更广，超过对大学毕业生失业问题的关注。

国民政府所试图控制的只不过是高等教育行政。公众舆论所攻击的却是高等教育入学机会的结构性分配以及校园文化的社会意义。这些问题不仅出在学杂费的收取超出了一般家庭的负荷能力，而且更出
186 在校园生活具有某些特殊风格，这个风格引导学生消费，牵引了家庭资源的分配。从北京到上海，再到南京，从传统大学堂到美式教会大学，再到南京政府的公家教育机构，每所学校的收费和生活风格都有所不同。但是在每一形态中，高等教育的费用都包含了生活风格的因素。20世纪30年代的高失业率引起了大众对高等教育与其大环境之间关系的关注。内地不景气的萧条更引导舆论特别瞩目城市里大学校园的生活风格，质疑这样的大学教育对现实环境究竟有些什么样的助益。

图6　清华大学俗文学社成员（1931年）

资料来源：《国立清华大学年刊，1933》。

185

图7 清华大学基督教青年会会员（1933年）

资料来源：《国立清华大学年刊，1933》。

一、大萧条后的失业及大学生缺乏就业能力

20世纪30年代初期，大学毕业生找不到工作成为一个日益严重的问题。1931年，伊卡——一个以笔名发表文章的撰稿人——在一本流行的学生杂志上发表了一篇讨论中学毕业之后该作什么事的文章。这篇文章指出："现在嘲弄学校的不只是一般公众。学生们对大学的热情消退，他们对近代教育能够提供什么价值失去了信心。……大学生们本身的恐慌和焦虑是同世界性经济萧条一样严重的社会问题。"[2]20世纪30年代初期，关于近代中国大学生及其失业问题的讨论充斥于各种专业期刊、学生杂志和报纸社论。对大学生们来说，失业的可能对他们的自尊造成沉重打击。管怀琮，国立劳动大学的一名本科生，1930年春这样写道：

> 很长一段时间以来，人人都在说，一个国家的富强及其文化成就的水平首先取决于其教育水平和国民受教育的机会。……大学生在一个国家的文化知识生活中占据着重要位置。大学生是"家庭的支柱"，"社会的支柱"，"国家的生命线"，"人类社会的精英分子"。……现代社会的大学生应该拥有优越的社会地位，能够为国家 187
> 和人民的福祉做出巨大贡献，并能够给他们的家庭以充足的经济支持。这是我们一直确信不疑的。然而，现在的事实却恰恰与此相反。[3]

早些年，中国高等教育体制在20世纪20年代大幅成长，需要招聘教授职员，新兴的国民党也刚在南京成立政权，需要填补许多政府公职。那个时代的大学毕业生躬逢其盛，在高等教育体制及政府中找到了工作。还有人受惠于1927年以后国民政府党务系统的扩充。[4]进入20世纪30年代，情况就大为不同。管怀琮忧虑地写道："今天大部分的中国大学毕业生都没有工作。这到底是发生了什么问题？……坦白地说，现在我们这些还在大学里读书的人一想到即将来临的失业就感到恐慌！"[5]

像管怀琮这样的学生所表达的痛苦和迷茫，被各执一词的理论家抓在手里，各自予以政治化，阐发出不同的观点。有一派批评者把失业看做社

会制度普遍崩溃的征兆。他们认为现存的中国高等教育体制是没有前途的，因为这种从西方资产阶级输入的制度模式所包含的特征，与中国社会的实际需要全不相干。这类批评者通常把教育的失败归因于大的环境因素，归根究底，一切都肇源于西方帝国主义对中国社会侵略性的打击以及封建官僚军阀政权对一般老百姓的阶级剥削。帝国主义和封建剥削使中国农村经济破产。根据同样的道理，帝国主义和封建剥削也使中国的大学生失业。古楳有个两卷本著作《现代中国及其教育》，在当时很受瞩目，可以算是这类通俗唯物论批评性作品中涉及最为全面的一个。它把中国高校的可怕现状放在中国经济的总体衰退这个广阔的背景中来论述。作者认为大学生的失业与本国棉花、烟草、面粉、火柴、茶叶和缫丝产业中工人的
188 失业相类似。学校的拮据是因为军事开支挪用了教育经费，军阀政治和经济剥削又使得私立学校及文化机构财源枯竭。大学生和小学教师因而同属被压迫阶层，与中国的城市失业工人和破产农民有着共同的命运。

这一派带有唯物论及马克思主义色彩的批评者着力描绘社会制度在经济剥削之下扭曲，使得作为个体的学生在沉重的负担之下苦苦挣扎。帝国主义和封建官僚的利益释放了如此毫无人情味而且不可预估的力量，以至于青年学生在求学的每个阶段中都极易遭遇到完全无法预见的危险和困苦。上大学的费用如此之高，而收费的机制又如此严苛，以至于一旦某名学生的家庭经济状况恶化，无论他的学业处于哪个阶段，他都可能失去继续受教育的机会。由于政府经费经常被挪作军费，使得国家对文化教育事业的投入极不稳定，因而在有的学校，学生甚至在交足学杂费之后也不一定能得到完整的教育，因为学校可能因为经费不敷而被迫停课。最后，一名大学毕业生即使已经拿到文凭，要不是他碰巧有门路，也大有可能找不到工作。即使找到工作，那些谋得小学教员职位的人发现，他们地位低下，收入微薄，工作环境枯燥乏味，而且长期遭受失业的威胁。在这些批评者看来，近代教育并没有促进向上的社会流动，它实际上反而令知识界的精英社会地位下滑。高等教育体制一方面坚持启蒙与进步的许诺，同时又使得大批学生饱尝焦虑与挫折。高等教育中金钱的重要性使得青年学生的求知欲受到挫折。这些大学不均衡的地域分布，首先使得学生不得不离乡求学，从土生土长的环境中连根拔起，然后又在他们毕业后把他们置于

无法立足生根的社会境遇中。[6]

以上归纳的批评观点强调，失业的大学毕业生们是受害者，他们受害 189
于无情而不公的社会制度，而这一制度正是由外国帝国主义和国内封建阶级的利益所共同支配的。与此并存的还有一种批评观点，这个观点将批判重点稍稍转向，把箭头指向西化的资产阶级，强调近代教育体制是如何为统治精英的利益服务的，接受高等教育的机会又是如何被富家子弟垄断成为特权。这第二种批评的重点，旨在攻击高等教育的“资产阶级”和“商业化”特征，而不是整个社会制度如何全盘为外国势力所笼罩。在这里，由于财力不足而不能上大学的挫折，比大学毕业生无法找到工作的状况更能激起批评者的愤怒。他们认为，目前依照西方制度模式建立起来的近代中国高等教育体制，包含着盲目崇拜金钱这样的特点，这正是资本主义社会一切制度的特征。当这种外国教育体制被移植到中国之后，它使得中国的学校商品化，并把受教育的权利变成只有少数具有资产与特权的人才能拥有的商品。在这种资产阶级的教育体制中，上学的费用大到惊人地步，使大众望门却步，以至于令一般人家完全丧失了受教育的机会。

20世纪30年代的中国知识分子普遍认为，近代中国的高校主要是为提升富人和特权者的社会地位而服务的。古楳，广东中山大学教育学院的一位教授，这样认为：

> 中国的新教育，本来是西洋资本主义社会里的产物……在资本主义的社会里，事事都讲金钱，因此受资本主义的教育，也必须以金钱为标准。换句话说，就是教育权跟着所有权走。从而有产阶级成为有识阶级，无产阶级变为无识阶级。这样的教育，根本是少数资产阶级的专利品，而非无产大众所能享受的。……因此教育愈发成为资产阶级的独占。而一般工人阶级、无产大众，既无资产，只有坐观其独占。[7]

对于近代中国教育的阶级性质与古楳有着同样看法的人，并不必然是马克思主义的知识分子。陶希圣也同样注意到财富与受教育机会的关系。陶希 190
圣在20世纪30年代曾任南京国立中央大学社会学教授，后来成为蒋介石的侍从秘书之一，抗战期间曾经负责主持国民党重庆《中央日报》。他在

20世纪30年代曾这样分析近代中国教育体制的社会性质：

> 从小学到大学的几层等级，逐渐把贫苦子弟剔除下来。最贫苦的农工子弟们没有受初级小学教育的机会。……其中升入中学的少数青年，大抵出于中资或富裕的工商业、地主、官僚家族。……更就能够升大学的来说，大抵是中资以上的富裕人家。大学则是所谓“上层社会”，即大地主，金融商业资本、工业资本阶级的领域。他们的子弟是最能住进大学的。[8]

这些谴责表明，民国时期教育制度的弊端，在于教育被用来巩固基于财富分配的社会等级，而不是被用来辅助社会阶层上下之间的流动。新式学位与教育不能以知识为基础，帮助人们在经济或权力分配之外找到在社会上升的机会。在新教育体制中，如果没有钱就一定上不了学。相形之下，传统中国的科举制度，至少在其理想形式及民间遐想中，牧童有朝一日也可以参加金殿会试，成为状元宰相。教育在旧制度中可以挑战财富的分配，在新学制中，知识与财富的关系却被彻底改变，教育成为财富的附庸。教育体制没能为贫穷但有才能的个人创造向上流动的渠道。反之，近代学校制度的作用是把知识分子的尊荣授予资产阶层上级，它没有为智性建构出对经济和政治影响力有效的抗衡基础。[9]

尽管这两种批评立场都表现了对当时高等教育社会特质的深切不满，但两者之间仍有不少差异，这差异主要表现在两说对近代中国大学生社会背景的不同建构。当舆论聚焦在大学生的失业问题上时，大学毕业生被看做清寒子弟，需要工作来养家活口。但是当舆论聚焦在教育机会的结构性不公时，大学生又被描绘成资产阶级的富家子弟。20世纪30年代，随着
191 党化主张的兴起，大学生的负面形象又多增加了第三个层面。从国民党右翼人士的眼光来看，新式高等教育弊端重重，因为许多大学处在十里洋场或“八大胡同”，沾染了城市的恶习与放荡。这种浮泛与奢华是个人操守不佳的表现，而不是新式高等教育制度性整体缺失的结果，更不是社会结构逻辑性的问题。

从这个角度出发，当新生活运动的理论家把目光转向高等教育时，他们一眼认定城市环境的污染是所有学校问题的根源。上海市教育局局长潘

公展在1934年写到，学校生活只有表象，缺乏内涵。[10]国民政府教育部在1933年的一份报告中强调指出，上海（不少于全国三分之一的高等教育机构和三分之一的大学生集中于此）大部分大学校园的生活方式过于奢侈、轻佻。

> 这些大学生们从不关心任何严肃的事情。他们过着娱乐休闲的生活。他们的衣着昂贵，饮食考究。他们消费进口商品。他们经常出入影院和舞厅。他们出门坐着雪佛莱汽车。他们既不关心国家大事，也不关心他们的学业。[11]

教会大学的学生是大家公认的富家子女。他们上学，一年总共花费数百元。他们花父母的钱，不是为了学习上的需要，而是为了追求时髦的生活方式。根据潘公展的说法，这些学生上大学的目的，仅仅是为了拿到文凭，作为一种身份与地位的象征，而不是为求学识。

新生活运动的理论家刻意攻击在他们看来构成城市环境中腐化堕落的一面。其中具体而微的腐化表现是好莱坞电影的大大流行。在保守的右翼（和激进的左翼）看来，赢利丰厚、刺激感官的美国大片代表了城市 192
生活方式中最为人不齿的方面。这些影片的消费体现了商业文化的败坏及资产阶级社会道德的堕落。教育部部长陈立夫写道："好莱坞电影是让人颓废的陷阱！"[12]潘公展十分泄气地指出，大学生之所以最容易受到这样的腐蚀性影响，无疑是因为他们有很好的英语程度。电影对青年学子头脑的毒害尤其令人悲哀，因为看电影所费颇多，而"大学生们把他们的父母辛辛苦苦挣来的钱——间接的也是中国工人和农民用血汗创造的财富——花费在了美国商业文化的宣传品上！"[13]"进口电影是导致青年道德堕落和社会风纪败坏的一切邪恶的根源，它把我们的民族精神引入可悲的境地。美国和法国电影是把西方社会低俗趣味和恶劣风尚输入中国的工具。我们的人民每天被如此邪恶的影响污染着心智和灵魂而竟不自觉！"[14]

根据这套思路，新生活运动的理论家把新式教育的弊端归咎于大都市中大学生堕落奢侈的生活方式。他们并不认为近代中国高等教育依循西方模式在根本上有什么问题。大学生一旦被西方（或西方低层社会）的精神所污染，就会放弃对社会的责任。这就消解了他们作为中国经济和社会支柱的地位，并使他们变成纯粹的消费者和社会寄生虫。[15]大学生的教育经验如果充满问题，这主要是因为他们沾染了校园的不良风气——无论是奢侈、浅薄、懒惰、贪图享乐，还是政治冲动——的缘故。[16]

国民党理论家把重点放在校园生活风气，从而把大学生的失业问题重新定义为大学生缺乏就业的能力。这些批评者认为大学生的失业，是自取
193 其咎。文、法和商科学生的高失业率，并不反映国民党统治下的社会有些什么问题。国民党官员认为，严肃认真的学生本来就应该攻读工程技术和自然科学专业，有了这些硬知识才能为国家物质建设直接做出贡献，而不该把精力放在人文之类的“软”专业。此外，大学毕业生大可通过在农村就业而避免失业。因为大学生拒绝放弃城市生活方式，这才导致了他们的失业。新生活运动的理论家明确认为，国民党政府及其教育部的作用，在于把大学生从他们的软弱和愚蠢中解救出来，引导他们把兴趣从文科专业转向应用科学以及其他具有“职业性”和“生产性”的领域。同时，他们发起了一场宣传运动以改革校园生活，敦促学生专注踏实的学问，远离抗议运动的政治空谈。[17]

这些对当时高等教育的批评清楚地标明了左翼和右翼在意识形态上的区分。那些赞成根本、全面变革的人，他们以大学毕业生所经历的挫折大做文章，谴责整个社会制度和政治环境。那些政府的理论家则怪罪学生的个人操守风气，认为教育体制失灵是因为学生的个人道德实践出了问题。左翼的论证强调，革命性的社会政治变革是改善高等教育的先决条件。右翼的论证则把责任推给大学生自身，责备他们行为不检点，辜负了社会与国家对他们的期望。

但是从意识形态出发所作的评论，往往不可避免地歪曲事实，并且包含自相矛盾的成分。精英大学的学费高昂，显然把中上阶层以外的家庭摒除在大学门外。既然事实如此，就难怪一般舆论批评高等教育的靡费以及大学之门为权贵所独霸。然而失业问题受到严重关注，这一事实同时表
194 明，大学生里还是有不少人来自中人之家，怀报期望，希冀以文凭作为出身，通过教育上升，而不仅仅是在原地踏步。尽管高等教育的内容被攻击为徒有其表，高等教育的社会功用和道德立场处处受到批评，但是显然人

们对上大学的要求还是非常强烈，以至于如果得不到这个机会，就把这种失落当做一种重大的挫折与悲哀。最后，尽管激进的批评者把大学生的大量失业同中国本土工业基础的结构性缺陷联系起来，同时把后者归罪于西方帝国主义的经济侵略，但是统计表明，20 世纪 30 年代青年学子的失业，明显地出现在与中国经济的近代部门无关的文、法教育领域，而不是出现在工商行业。事实上，学有所专的工程技术和医科毕业生很少遇上供大于求的失业问题。面临失业的多半是那些学习传统文、法专业的学生——也就是新生活运动的倡导者所批评的那些“自以为是”、“自我中心”、浅薄且易冲动，而且把精力和金钱挥霍在城市生活里的那些人。[18]

高等教育的问题固然需要检讨，但是意识形态论争的介入使得问题变得更加复杂，无论对社会问题的描述，或对价值的判断和对症结的解析，都与意识形态的争辩纠缠在一块儿。另一方面，正是因为没有任何单一原因的分析能够平息来自各方的牢骚，才会出现这种众说纷纭、聚讼不休的局面。在学杂费问题上，我们自然可以找到真实的数字，以显示高等教育所需费用究有多少。然而这些数字往往并不能显示高等教育实际上所需要的所有资源投入。20 世纪 30 年代值得注意的是，舆论不仅把高等教育描绘成富人的特权，而且为大学经历冠上“资本主义”或“西化”之类的形容词。当然，早在传统科举制度中，经济资源与文化资源的取得，就已经相互表里。到了 20 世纪 30 年代，由于公众对新式学校制度十分不满，所以转 195
过头来，把传统的书院教育大大地理想化一番。书院被描述成具有多种优点，比如重视社会责任感以及道德教育，收费通融，绩优的学生还有膏火费等等。[19] 换句话说，西式高校受到批评并不仅仅是因为它们收取学杂费。公众对高等教育“商业化”的愤怒不仅反映了一般人对学校费用收取方式的反感，而且反映了他们担心那种基于学费的买卖式关系会侵蚀教育过程中的人伦精神。20 世纪 30 年代对传统书院的颂扬，其实是用反面例证来批评新式学校，对近代中国所引进的西式高校表示普遍的不满。

二、学杂费

资料显示，民国时期的大学学费，相对于一般收入而言，是十分昂贵的。能上得起大学的只有少数人。这些人从小学、中学一路上来，得连续多年承受相当可观的学费。在20世纪20年代，大学生每年的开支从220～400元不等。这个数字在20世纪30年代一直稳步上升。某些学校在抗战前夕已达到600元。以那个时候的水平，数百元在家庭收入中是相当大的一笔款项。甘博（Sidney Gamble）在1926年对283个北京家庭的收入进行了研究，他的发现表明，北京大部分工薪家庭的收入每个月在20元以下。[20]李景汉在1928年所做的关于体力劳动者和手工业者的独立研究在很多方面证实了甘博的结论。[21]虽然这些数字主要针对的是北京地
196 区的情况，但对更大范围的情况也有参照意义。甘博指出，工薪是当时第一重要的收入来源，占家庭总收入的73%。当时中国城市一个中等规模的家庭平均有四口人。一般家庭的平均人口则是4.6人。[22]这些工薪阶层的家庭——其人口接近北京城总人口的三分之二——每年的总收入少于300元。而同时，在北京近郊燕京大学注册的学生，单是住校10个月，一个人的费用就在350～400元之间。

如人们所料，学杂费构成大学费用中很主要的一部分。讨论民国时期高等教育的学杂费，不但要考虑20世纪20年代与30年代的区别，还要考虑不同类型学校之间的差异。民国时期，除了高等师范学校（国立北京师范大学和国立北京女子师范大学），其他所有高等教育机构都要收取学费。在20世纪20年代，由国家资助的公立教育机构每个学年的学费是40～60元。国立北京大学，这个从清朝京师大学堂演变而来的最重要的公立教育机构，是公立学校里收费最昂贵的。北大学费1917年是60元，20世纪20年代一直保持在这个水平。[23]清华在1927年的学费是40元。清华在1927年由庚款留美预备学堂改组成为大学。[24]南京的东南大学是长江下游唯一不以工科为主的公立高校。东南大学在1923年的学费是40元，并且为了回报江苏省财政厅对学校的支持，对江苏学生只收取一半的费用。[25]上海的南洋公学取法美国麻省理工学院的建制，以工程技术管理学科为主，学费只收30元。[26]

私立高校大约有二十几所，包括本国学校和教会学校，它们收费比公
197 立大学高得多。20世纪20年代，私立高校的学费在70～100元之间。周恩来的母校——天津的南开大学以及上海的复旦大学，学费都是100

元。[27] 福建的厦门大学，由在东南亚致富的海外华人陈嘉庚捐资创建，学费 70 元。[28] 上海的同济大学是一所有德国背景的医学与工程技术大学，学费极高，每学年为 210 元。[29]

南京国民政府十年间，主要公立教育机构的学费没有明显的增长。[30] 实际上，无论名义上的学费是多少，北大和清华学生在 1928 年之后如果不交学费或交不出学费，也没有什么严重后果。学生们强调，民国作为一个共和国，国民们应当有免费接受高等教育的权力。公立大学应该是开放的，并且是属于公众的。两校的校方在这个问题上跟学生们的看法一致。当时学者对晚清书院作了研究，往往强调在科举制度下，教育社会精英是国家的责任，而官办的各种教育机构又曾经如何慷慨地免去聪敏勤奋的学生一切学费以作为奖励。[31] 因此，北方各主要公立大学的注册处在收取学生学杂费这件事上显得游移不定。[32]

与此同时，国民党人在各省会城市新建的公立大学，如杭州的浙江大学，武汉的武汉大学，广州的中山大学，其学费之低也十分引人注目（每学年 20 元）。[33] 在南京政府时期，这些教育机构迅速在生活费用较低的省城招收了相当数量的学生。国民党所创立的一些党校——如用以训练高层党政干部的国立中央政治学校——不但不收学费，并且还免费提供食宿和制服。[34]

另一方面，私立大学的收费在 20 世纪 30 年代上涨。[35] 当北京和各 198
省城的主要公立大学减低并放松收费规章的时候，上海和天津的私立学校却提高了学费，并加紧了收费工作。同时，当公立大学对交不出学杂费的学生采取一种宽大态度的时候，上海的私立大学却逐渐形成了一种惯例：给学生送措辞严厉的付款通知单，要求他们按时交费，威胁他们如有拖欠会加上罚款，有时甚至不允许注册上课。[36]

除了收学费，私立大学还特别规定了针对学生们各种行为的不同的杂费或罚款额度。注册迟到要加费，更改选课单也要加费。补考或大考请假等等更要另外加费。[37] 有的学校还收取一些特别的附加费用。上海沪江大学的一年级新生要交 10 元的“入学费”。复旦的新生要交 5 元的入学考试费以及 10 元的“建筑建设费”。同大夏大学相比，复旦的建筑费还不算昂贵，因为大夏的“建筑建设费”是每名学生每学年 10 元。[38]

在那个学潮不断、社会动荡的时代，公立和私立学校都有一个惯常的做法：在学生入学时收取 25 元的“破坏保证金”。如果一名学生从大一入学到大学毕业，在校期间从来没有打碎过教室的玻璃，也没有破坏过学校的设备，能平安无事地离校，那么这笔保证金在毕业时就会退还。[39]实验室设备、乐器、体育器材、医疗、校园报纸以及学校年鉴都要收费。这些费用总计每学年 10 元左右，实际收费视情况而定。私立学校还收取图书馆使用费。复旦大学的“图书馆费”是每学年 6 元，厦门大学 4 元，沪江大学 10 元。而公立大学的图书馆则是向公众开放的。[40]

因此，民国时期关于高校收费的一些特别恼人问题，通常与私立大学
199 有关，与公立大学无关。是厦门大学和燕京大学这样的私立大学，在 20 世纪 30 年代领头带动大学收很高学费的风气。这些私立大学还以各种借口加收杂费，并且收费的时候毫不手软。我们分析在南京政府时期学生所受不同收费方式的影响，有三分之一的学生受益于国民政府在首都以及南方城市——如杭州、武汉、成都和广州——所设立的低学费、低生活费的大学，另有三分之一受益于北方公立大学行政机构的弹性收费，剩下的三分之一学生集中在上海和天津这两个大都会的私立大学里，一方面要按时缴纳昂贵的学费，一方面还得对付这两个城市生活上的高消费。

三、缴费和收费

在 20 世纪 30 年代，南北方公私立大学收费尺度手续差距加大，除了学校财政来源以外，自然还有别的原因。[41]北方的公立大学到了 20 世纪 20 年代晚期不收学杂费，部分原因在于北洋军阀统治后期，公立高等教育体系的全面崩溃以及 1927 之后向南京政府过渡时期的动荡局势。北洋政府教育部对北方公立大学——包括北京大学、北京师范大学、北京女子师范大学以及后来在 1927 年合并成为国立北平大学的国立医学院、工程学院、农学院、商学院、法学院和外语学院——的投入，由于接连几届军阀政府一直忙于派系争战，从 20 世纪 20 年代初期就中断了。如果我们仅仅着眼学杂费，这种无序的状况可能给学生带来了一些减免负担的好处，但是资金的匮乏到底严重影响了大学的运作。北洋政府对高等教育的

财政支持在1925—1927年之间跌到最低点。当时北方军阀混战，北京的控制权在段祺瑞、吴佩孚和张作霖军队的争夺中几易其手。北京9所主要 200
高校愤怒的教职员工几度涌到教育部，抗议拖欠工资，教育部部长虽然同情，也只有束手。北京大学曾经因为交不出电费，拖欠太久，被电力公司威胁断电。同时北大的游泳池也因为没钱维修而弃置不用。[42]

南京政府成立后的头几年，国民党人依然主要关注于军事问题，并且将教育预算挪作军事开支，所以这些大学的财政状况并无明显好转。1933年，抗日学潮高涨，在大规模的教员罢课和学生抗议之后，国民政府改变方针，大大致力于稳定对高等教育的投入。资金被迅速投入高校，特别是那些直接由教育部掌握的大学，以扭转校园里的消沉士气以及不满情绪。值得注意的是，在政府的第一轮财政资助中，由于国民党分裂为广东和南京两派，广东的国立中山大学比其他在国民党影响之下的教育机构获得的资助要少得多。因为四川仍然在军阀控制之下，所以国立四川大学完全被忽略了。对国立北平大学的拨款超过了给北京大学的。国家款项的最大部分给予了国民党主导的两所大学——中央大学和浙江大学，它们均位于南京政府直接控制的地区。[43]

南京政府时期国立大学的校长们经常出没于中央政府教育部和其他部门中，忙于为各自的大学争取更多的预算。20世纪20年代后期，教育当局关于如何使用美、英、日和苏联政府退还的庚子赔款进行过旷日持久的争论，庚款的去向能够决定一所学校相对于另一所学校在规格和声望上的升降。[44]公费的慷慨投入推动了国立中央大学的发展，使之成为在许多学术领域都有杰出成就的一流大学。同时，当一些学校的声望上升时，另一 201
些的则在下降。上海国立劳动大学无论与其激进的历史有着怎样的切割，最后还是被停办。[45]劳动大学的停办其实跟校长易培基的离职关系密切。易培基在兼任农矿部部长时，能够直接把农矿部的资金调拨给劳动大学——如此便绕过了教育部的监督，尽管因此他与财政部的摩擦不断。[46]

对公立和私立大学的领导者来说，筹款都是当务之急，但是他们各自的关注点和结果却是不同的。在20世纪30年代，公立大学的校长们并不寻求以增加收费的方式来解决财务之急，因为他们认识到公立高等学校的资源取决于各校的政治背景。另一方面，私立大学的校长们因为绝少有幸能获得国家的资助，所以他们的策略是向市场寻求资金。

20世纪20年代私立教育机构的基建和运营经费主要依靠三个来源：永久基金，私人捐助以及收取的学杂费。1933年经济大萧条之后，燕京大学因为在美国的投资受损，导致基金收入锐减，燕大校长司徒雷登此时甚至提出主张，要把燕京大学重组为一个中学。[47]其他学术成就不太突出（或者，以一种更世故的说法来描述，与洛克菲勒基金和中华教育文化基金会这样的财团未能建立良好联系）的私立高校，包括许多集中于上海的高校，这时发现他们的私人捐助收入正在减少。结果他们不得不依靠增加学杂费来弥补开支。1931年到1935年间，像复旦和光华这样的本国私立教育机构，有80%的经费是靠来自学杂费的收入支持，同时一大
202 批其他同类的高校（比如大夏大学、东吴大学、沪江大学、大同大学等等）有50%的经费来自学生缴纳的费用。从学生身上增加的收入主要来自于各种杂费的增加以及招生规模的明显扩大。由此，上海大部分私立大学对学杂费收入的严重依赖，与反对高等教育商业化的呼声以及对“文凭工厂”的愤怒批评，正是一事之两面。

四、文凭工厂

那些永久性资金较多的教会学校，课程设置比较合理，学生校园活动组织得完善，因此得以表现出足够的教育使命感，使它们多少可以避免被人讽刺为纯然金钱崇拜。而国人自办的私立大学，则常常因为“唯利是图”和专注于财务问题而备受非议。这些“学店”是人们对高等教育“商业化”指控的主要攻击对象。我们以万迪鹤的小说《中国大学生日记》来看当时公众对上海私立大学的拜金倾向如何进行讽刺。

万迪鹤的日记以第一人称的口吻记述了一个来自外省的大学生的经历。他在缴完学费和杂款之后，在到校的第二天就已经身无分文。书籍、戏票和各种文化活动都不是他的财力所能负担的。第一个月的食宿费用掉了他的最后一分钱。他不得不向家里写信要钱。秋天叶落时节，家中来了信，带来了收成不好和粮价下跌的消息，他把他的校服一件接一件地送进了当铺。期中考试的时候，他向一位高年级学长打听行情，听说不用为期

中考试担心，但要注意期末考试。他对此的解释把考试成绩与大学当局从 203
学生那里搜刮金钱的渴望联系了起来：

> "你要明白，这是我们校董会的'应用经济学'在起作用，"他解释道，"期中考试在期末成绩中不占多少分量，因此这些考试不值得让忙碌的主管花费珍贵的时间和注意力。期中成绩是指导员给定的。这些指导员都是按小时付费的兼职职员；他们知道把成绩给得太低对自己没什么好处。所以，期中考试时我们用各种方式作弊：抄旁边同学的，或者抄书，诸如此类。没人管你。期末考试就大不一样了。考题很难，而且校长亲自监考。只要往旁边溜一眼，就会马上被赶出考场。如果没有期末成绩，你就只好在第二年补考。""怎样补考？""每门课交两块钱。""如果我在毕业班呢？""那你得重修这门课，收费 30 元。去年有 40 个学生重修了课程。"[48]

《中国大学生日记》激烈地批评了教育体制最糟糕的一面。大学的校董事会和管理者被鄙视为胸无大志的街头小贩，只会制售文凭，经营"学店"主要是为了获利。教授们被描绘成兼职挣工资的人，他们为了课时费而讲课，同时他们还是对学生的疾苦全无同情心的麻木不仁的反动分子。大学生们不是被描绘为头脑空虚、贪图享乐、不负责任（所以要对他们自己的困境负责），就是被描述为受到不可控制的环境的侵害而心情焦虑。

私立大学所受到的批评还不止于此。"学店"要不断创造利润，就得作些不实的广告或者有意的欺骗。学校大力宣扬办学有方，想尽方法不断吸引大量申请者来填充教室里的座位。每学年开始之前，私立高校都会在上海的报纸上自我吹嘘，以引人注目。中山大学的教育学院的教授古楳注意到，这些广告都遵循某种格式，以显示学校在学术上的地位。董事和学
校管理者——那些规划学校财务的人——无一例外地被称颂为献身于公 204
共事务和高等教育的奉献者。教师名单上全是知识界和文化界的名人。广告还总会提到学校宿舍提供的近代化设施、建筑的宏伟和校园的优雅。古楳这样写道：

> 初来上海的朋友们，不免要带着诧异；看看报纸上的广告，没有一个学校不是顶括括的；待仔细去一调查，大多数的学校都是一塌糊

> 涂。……学校吸引学生入校而登广告，与商店为推广商品销路而登广告，其意义是相同的。[49]

虽然私立学校的校董事会和行政当局采取某些做法的原因是可以理解的，但在老百姓看来，这还是因为掌握钱袋的“那些人”道德堕落。是“那些人”，那些拜金的学术企业家，出于贪婪和私欲，把学术机构变成了“文凭工厂”，把对学问的神圣诉求变得滑稽可笑。在经济危机的那些年里，许多私立大学显然一直优先考虑财务问题，却以牺牲学术诚信和尊严为代价。在通俗作品中，这些私立大学的校董事会和行政当局被描绘成恶棍，他们允许金钱势力侵蚀学校，他们的虚假广告误导了青年学生，他们把知识的传授变成了商品交易。

在现实生活中，学生们愤世嫉俗的态度破坏了学校纪律。1926 年春天，天津的南开大学经历了一次严重的罢教事件，起因是《南开周刊》——一份校园学生报纸——上发表了一篇题为《拜金主义》的文章。这篇文章的匿名作者，一名南开的学生，讽刺南开校长张伯苓热衷于筹款
205 及其他与金钱有关的事务，并暗示张对金钱的兴趣是为了自己获利。张伯苓震怒了。他在全校的周会上大大抱怨，结果教职员们认可张校长对学校的财政所做的是无私的贡献，对他受到学生的侮辱和伤害给予同情。南开大学的全体教师决定，为支持校长而罢教，只有在学生做出正式道歉之后才结束罢教。[50]

总之，当涉及拜金问题时，民国时期的高校可以分成两类：一类是由国家和国民党支持的公立学校，一类是靠来自学生的收入维持的私立学校，包括教会的学校和本国的学校。这不仅仅是一个实际开支水平的问题。南京政府时期，我们可以看到公立和私立高校是以不同的原则在运作的。私立教育机构被攻击为“资产阶级的”和“商业化的”，被称为“文凭工厂”，在很大程度上不是单纯因为收取学费，而是因为收取各项杂费及罚款，并且严格强制缴纳期限、催逼债务的手段看上去十分贪婪。与此“资产阶级的贪婪”截然相反的是，公立教育机构正逐步走上另一条路，也即由国家提供的免费教育。在这条路上，1937 年抗战爆发后，公立教育向前迈进了一大步，公立大学的学生由国家负担全部学杂费（与国家

支付军费是一个思路），同时因为日本的占领，高等学校迁移内地，学校被从沿海城市连根拔起，大学生们在某种意义上成为依附国家的难民。然而，即使在此之前，在南京国民政府的十年间，公立教育机构还是为学生们提供了不少的补助，包括免费的宿舍、校服和讲义，以延续以往国家养士的传统，学业优秀的学生每月还可以领取“膏火费”作为奖励。

五、作为文化和政治问题的生活风格

大学生上学的费用不仅限于缴纳学杂费。许多学生在校期间大部分的开支用在服装、书籍、旅行以及课外活动。学生在这些方面的开支经常会超过单纯的食宿费用，这种选择性的消费往往反映了他们对文化价值的取 206
舍和对生活内涵的营构。

20 世纪 30 年代大学生活的一个主要特点，就是校园生活方式丰富多样，没有一种全国性的学生文化。民国时期高等教育理念的多元化最具体地表现在校园生活的实际差异之中。有些项目，比如宗教仪式、唱诗班演唱、音乐团体、体育团队、英语戏剧表演、社交聚会和舞会、学校年鉴、圣诞庆祝、新年及其他基督教节日，全部源于教会大学，然后传播到上海国人自办的私立高校。另一方面，其他如文人式的消遣、听京戏、读古典小说和泡茶馆等，则盛行于北京以及各省城，高校校园并不例外。一般而言，教会大学的管理者在组织学生的日常生活方面扮演了积极的角色，有意识地激发团队精神，把学生看成成长中的青少年，以大家长心态保护学生免受有害的外部影响。与此相反，本国的大学当局则对学生的生活采取一种放任态度，基本上继承了传统观念，认为高等学府是成熟而独立的学者的聚集地。这两种不同的风格建构了不同的校园文化，其中的不同无论在穿着或者在住宿方式上都有所表现。

民国时期几乎所有的高校都为学生提供住宿。这些住宿安排既决定价位，又决定品味，往往是构建校园文化的主要决定因素。一般说来，公立高校都为学生提供宿舍，只象征性收些费用。与此相反，私立高校在 20 世纪 20 年代中期平均每学年收取 20 元的住宿费，十年后这项费用上涨到 40～60 元不等。[51] 宿舍基本上都提供家具。[52] 然而，各学校的宿舍条件

207 各有不同。上海的私立高校为了俭省，经常在一个房间里安置 4 ~ 6 名学生，而不是 2 名或 3 名。晚上很早就断电，每天热水供应只有几个小时。[53]这些私立学校的学生手册上充斥各类提醒和规定，目的都是要学生减少浪费。[54]手册对各种细节非常注意，比如严格规定学生书桌上的电灯泡至多不可超过若干瓦。[55]

与燕京和圣约翰大学的生活相比，复旦、光华、大夏、沪江这些上海私立高校的宿舍生活十分逼仄郁闷。燕京的宿舍是两个人一间，其宿舍楼被誉为结构美观、先进舒适、实用方便的典范。另外有浴缸、淋浴、不间断供应冷热水，还有饮水器、电话、报纸阅览室、洗衣设备，每层都有小厨房，还有学校雇用的仆役供学生使唤。燕京大学占地 200 亩，校园风景如画，位于其中心地带的是未名湖，这些宿舍楼晚上灯火通明，在湖面上映出闪烁的倒影，象征着南京时期那些拥有特权的西化都市精英所享有的安逸宁静生活。[56]

大学校园建筑设计和外观的差异突显了各学校之间的风格反差。燕京和圣约翰这类经费充足的教会大学，校园里有图书馆、实验室、社交大厅、大会堂、运动场、游泳池、体育馆、宿舍楼、办公楼和教学楼。由美国庚子赔款保证财政支持的清华大学，有以花岗岩装饰、铺设木材地板、造价 50 万美元的图书馆，新古典风格的大礼堂里有钢琴和小提琴，体育馆、实验室、天文台里都配备有进口仪器设备，这些令人羡慕。这些建筑里的所有建筑材料都是直接从美国运来的。[57]

与此同时，大部分的本国大学则勉强将就，把从前的庙宇和王公府邸
208 改造成办公室和教室。北大就是如此。复旦的校舍则是以前的祠堂和衙门。很多地方的高校则利用科举考场和清朝的学堂。许多城市私立高校使用整修过的居民住宅，按需改造，因陋就简。本国公立和私立高校多半杂乱不整。与此形成鲜明对比的，是教会大学建筑风格的统一整饬，比如燕京和圣约翰，都是由美籍建筑师事务所墨菲与达纳（Murphy and Dana）专门设计的。[58]

硬件方面明显可见的差异常常伴随着校园生活方式的整体差异。在一些校园里，学生作息规范统一；但在另一些校园里，每个人都有自己的安排。有些高校坚决主张校园要与所处的城市或郊区的外在环境分离；另一

些则允许校园与街市打成一片。北大的生活展现了公立高校面对公众的开放性，而燕京的校园生活则在很多方面代表了完全以自身为中心来构建的学院。

六、封闭校园中有规律的生活：燕京与清华

燕京大学与其近邻清华大学坐落于相对孤立的北京西郊。学生按规定必须住校。20 世纪 30 年代，虽然每年申请燕京的人数不断增长，但它一直把一年级新生人数限制在 800 人以内，目的是为了在已有设施所允许的范围内保证校园生活的质量。[59]

由于全体学生都住校，燕京是一个封闭社区，学生社会生活的重心在校园以内。学生在校方的指导和支持下成立社团，这些社团发挥了积极作用，把整个学校联成一个共同体。学生社团的常务委员会由每年的全校选举产生，他们编辑出版校报、周刊和年鉴，组织社交活动和运动会，监督 209
宿舍楼的膳食服务，并且在学校周边的乡村从事慈善活动（办识字班，救济饥民，做社会调查）。[60] 燕京的学生有无数的交流机会，包括开舞会，举行野餐，听讲座，或者是做礼拜，在图书馆学习，在食堂用餐。平常上课期间，学生遵循着以学校为中心的统一时间表。周末，燕京的学生则成群结队地一块儿进城。

清华大学与北京城里的热闹市街有相当距离。这个距离可以用清华学生从学校到北京城西门这四十里路程所需要的时间来衡量。花一毛钱坐火车，据说只需十分钟，但实际上那时的火车很少准时。坐黄包车单程需要整整一小时（约花两毛五分钱）。如果想准时赴约，就得避免骑驴去（花五毛钱）。其他乘公共汽车需要四十五分钟，走路则要一个半小时。[61]

与燕京的学生一样，清华的学生也住校。由于远离城市，清华园的生活方式在后来的书写中被回忆成田园牧歌。[62] 校园专为漫步、吟诗和浪漫而设计。[63] 消遣时可以钓鱼，滑冰，野餐，看电影。周六下午是乘公共汽车进城的时候，在北京流连商店、剧院和饭馆，隔夜方归。[64] 校园餐饮有茶、咖啡、冰淇淋、巧克力、糕点和甜食。无论会朋友或情人，都不愁无处小坐。[65]

如果说燕京毕竟还对外开放的话，它其实只是向清华开放。由于两校
210 相距甚近，两校的学生之间有大量交流活动，他们一起印刷诗集，发行刊物，排演音乐会，表演戏剧，还一起参加政治活动。[66]有些教员曾在不同时期分别在两校任教。演讲、研讨会、戏剧、运动会都能吸引来自两校的大队人马。两校的大礼堂分别在不同的晚上播放外国电影，以免时间冲突。杨步伟是清华大学教授、著名语言学家、博学多才的赵元任的夫人[67]，她在一些教授夫人的协助下，在清华大门旁边开了一家叫小桥餐饮俱乐部的小餐馆，吸引了大批来自燕京和清华的食客。[68]

七、受监护：上海私立大学的学生生活

燕京、清华校园生活的自给自足，很大程度上要归因于所处位置和环境。相形之下，上海的高校如果想自成格局，就得在校园与城市之间营造界限。从上海一些私立高校的宿舍规章里，我们可以看出校方为了防止学生受到大都市环境诱惑所做的努力。这类细致的规章内容甚丰，包括系统地监督学生课后的去向以及建立各种校规来管理学生行为。[69]

复旦大学为了应对上海的城市诱惑，坚持由校方管理所有学生的住宿安排。学生们的宿舍分配根据他们的班级来安排：三、四年级的学生住在离主校园几个街区的两栋宿舍楼里，一、二年级学生和女生住在校园里。如果一名学生想自己安排住宿，必须经历漫长而复杂的申请过程。只有与父母或法定监护人同住的情况下，学生才被允许住在校外。[70]

宿舍的生活按照明清的保甲制度来安排。每间宿舍选出一个代表，由
211 他向学校负责保持宿舍周边的整洁，维持适当的安静和秩序，汇报学生患病和请假离开的情况，还有最主要的一点，就是担保宿舍中使用的学校家具和财产的完好无损。从这些代表们中再推选出一个宿舍楼代表，由他代表住宿学生与校方交涉。复旦的学生就这样组织起来，代替舍监和楼长，为宿舍区的秩序和环境集体负责。[71]

这些规章制度使复旦的学生相互约束，但并不阻碍他们发展出关注国家大事的校园文化。在20世纪最初的十年，士绅精英的改革运动曾在复

旦历史上写下光辉的一章。同样，复旦的学生也积极参加了 1919 年的五四运动和 1925 年的五卅运动。[72] 正是沪江和圣约翰这类教会大学才积极寻求在城市和校园之间建立屏障，在城市的纷扰之中创造出一种内视的学生文化，并把校方规定的价值和提倡的活动强加给学生。

沪江大学（浸会在上海的大学）严格规定该校学生在何种情况下才可以迈出学校。[73] 这些严密繁复的规则，既反映了学校当局严格管理的决心，也反映了学生在规避学校监控的时候，是如何富有创造及想象力。沪江的学生手册中还有大量的“必须”和“不许”，这些规则醒目地贴在校园各个显眼之处。[74]

沪江大学当局不仅制定行为守则，还通过使用积分（credit point）制度积极组织学生的课外活动。根据学生参与的活动类型及其参与程度，他们会获得一定的积分奖励。一方面，这一制度起到了鼓励甚至推动学生参加课外活动的作用。学生至少要积累 10 分才能获得学士学位。另一方面， 212
它也把学生的精力导向具有某些特定价值的活动。但是学校当局显然不希望看到学业被完全忽视。他们规定学生每学期在这样的课外活动上至多只能获得 15 分。

在积分制度下，课外活动被分为三部分。参与基督教青年会和基督教女青年会两个基督教组织、学生会以及体育协会的活动是最受鼓励的。[75] 学生还被鼓励参加各种俱乐部和组织：科学、教育、国际研究、商业、新闻、音乐、戏剧和艺术。[76] 担任班干部也奖励积分。[77] 在校际竞赛中为学校争得荣誉的人更会得到特别奖励。[78]

积分制度意在引导学生对社会活动与学术追求作均衡的关注，同时重视智力和体育的平衡发展。但是，既然社会活动和体育技能被看做与学术能力具有同等的重要性，沪江校园的积分制度实际上就造成了一种氛围，使体育和比赛比学业更吸引人。这引发了两个后果：首先，因为体育活动在大学生活中被放在重要位置，这个位置刺激了沪江学生在体育活动上的消耗。许多学生拥有网球拍和游泳衣。还有人购买全套棒球装备，包括球棒、手套和球。这些器材多半是进口货，价值不菲，都在 10 ~ 20 元之间。[79] 观看体育比赛要买门票。这些票平均一元一张，看完比赛要跟朋友聚会，这些场所需要穿戴得宜。这类的消费，表现的是生活方式的选择。这一类的开销虽然是灵活的，但因为牵涉到同辈之间的互动，往往更难避免。[80]

校际体育运动孕育了上海的大学校园中的学生文化，这种文化进而以体育明星和大学选美皇后这类人物为中心发展起来。像《中国青年》和
213 《良友》这样的上海流行杂志专门刊登穿着西装的浮华少年和用丝绸、珠宝装扮起来的微笑美女的照片，旁边是关于各大学运动队“虎将”的特别报道和每个季节新榜校花的显赫家世。[81]这些刊登新闻、闲言碎语、名人、风流韵事的刊物，在学生中与大众中一样广泛流传。这些故事把学生们带入一种自赏情绪，同样也引发大众对大学高墙内的魅力和光彩的浮想联翩。

八、体育运动

如同上海的一些教会大学一样，清华大学长期以来一直重视体育。在1910—1929年，清华是所留美预备学校，每年送100名由庚子赔款资助的学生去美国接受大学教育。从一开始，清华的教育就非常强调体育运动和锻炼身体，因为学校的主管不希望他们的学生到美国时还保持着一副虚弱“东亚病夫”的中国人的老形象。[82]清华的管理者决心向学生灌输对体育运动和锻炼身体的兴趣。学生被要求在每天下午4点放下书本到体育馆运动一个小时。[83]在这一段时间，校方关闭宿舍、图书馆、实验室和教室，这样学生就无别处可去，只有去体育馆和运动场。[84]为了确保学生努力锻炼体格，校方要求他们在毕业前夕必须通过游泳、100米和400米短跑、铅球、跳高等各项考试。还要求对足球和篮球有所了解，并具有一定的射箭术。[85]由于以上要求，国学家吴宓当初不得不推迟6个月去
214 哈佛留学，辛苦锻炼，以提高跳远成绩，因为从清华毕业前夕，吴宓的跳远成绩只有11英尺，比达标成绩少了整整1英尺。[86]

美国的影响主导了清华的体育课，虽然这本是受中国人的爱国心所鼓舞的。清华早期的大部分体育教师都是美国人。[87]中国人马约翰于1911年在上海的圣约翰大学获得生物学学士学位，他领导清华体育部将近四十年。[88]清华很多运动器材都从美国进口。训练理念和方法也主要是美国

式的。[89] 1919 年落成的清华“西奥多·罗斯福体育馆”所用的建筑材料，除了砖和瓦，都是从美国运来的。体育馆中心的花岗岩墙上镶嵌着罗斯福总统的镀铜侧影，上面还刻有致谢词。[90]

马约翰力图在清华显示，体育是如何成为学生文化的基石，这种文化虽然是西化的，但绝不轻浮。马约翰通过劝说学业优秀的学生参加运动队，改变了运动员的公众形象。例如，后来在 20 世纪 80 年代担任中华人民共和国教育部部长的蒋南翔就曾是清华足球队的队员。马约翰提倡运动家精神，进而强调胜负并不是最重要的，最重要的是“奋斗到底，永不放弃”的精神。不过，清华学业优秀的运动员证明他们同样可以是优秀的足球运动员：1937 年抗战爆发之前的十余年，清华足球队一直是华北各大学校队联赛的冠军。1925 年，清华甚至赢得了华北地区足球、篮球和棒球三项冠军。[91]

运动家精神和强健体魄为民国时期的中国学生文化开创了新的维度。冯友兰回忆说，在攻读哥伦比亚大学研究生的那几年中，他能一眼看出北大和清华的学生在精神面貌上的显著区别。冯友兰说，清华的研究生一般注意自己的身体形象以及个人外表。他们步履轻盈，习惯西式服装，而且朝气蓬勃，兴高采烈。与之相反，北大的研究生则行动迟缓，表情严肃，老成持重。20 世纪 30 年代在北大女生中广泛流传的这句话可以证实冯友兰的观察：“北大老，师大穷，惟有清华可通融。”[92]

215

不出所料，北大和师大的运动队从未在华北地区的校际比赛中取得过突出成绩。马约翰回忆说，最初，在清华树立的榜样还没产生影响前，“某些主要大学”的体育教师对他们的工作并不怎么热心。按马约翰的描述，这些教师都不认真。他们早上起得很晚，甚至不洗漱就跑到课堂上；他们在操场上抽烟，似乎对学生的课堂表现毫无兴趣。[93] 而学生则穿着长袍上运动场，一般都逃避团体运动和体育竞赛。[94]

部分原因在于中国公立大学的财政状况。学校没有充足的资金用于发展高标准的运动课程。但更重要的是，民国时期大学校园的体育活动与运动会明显受到美国影响，所以传统学者气质保留较多的学校对这一类活动不太有自发的热情。还有第三点，体育活动与运动会在连接校园共同体方面发挥重要作用的地方，似乎主要还是在条约口岸资产阶级的特殊文化风格中，而当本国公立高校对学生进行身体训练时，常常宁愿以军事操练取代运动。

九、北京大学和穿着中式长袍的穷学者

无论在风格上还是在精神气质上，北京大学的学生文化都与流行于大
216 部分民国大学校园的西化风格大相径庭。这栋1935年建造的混凝土结构4层宿舍楼是这一鲜明对比的典型缩影。建造如此不起眼的建筑——有8个独立入口和30间设备齐全的单间——若在燕京大学或圣约翰大学很可能根本不会为人注意，但在北大却引起了轰动，因为它是北大第一栋拥有近代化卫生设备并供应热水的宿舍楼。作为它在校内社会地位的隐喻，这栋近代建筑单独矗立在一片开阔地带，与其他建筑拉开了距离。[95]入住这栋楼的特权首先给了那一年的毕业生，他们受邀一体迁入。但是，这一邀请几乎在西斋引起了一场骚乱，毕业班学生在此集合起来，强烈抗议学校由于使用那些并非必要的近代化设备而打算向学生额外收费。[96]

在李季对这一事件的回忆中，渗透着一种鄙视西式舒适的安贫乐道心理。李季是1935届的学生，自命为“穷学者”，后来成为了知名的社会主义理论家。李季坚持说，新宿舍近代化设备需要的额外开支会彻底打乱他不稳定的个人经济预算。[97]北大的宿舍还是19世纪晚期清朝学堂的旧房子，冬冷夏热。盥洗间已经用了几十年，而且当然没有热水。如同当初读书人享受的待遇，人力资源的富余可以补偿物质方面的匮乏。学校雇用了很多仆役供学生使唤，尽管开水需要烧开后再提进房间，而且公厕臭气熏天。[98]

北大特有的住宿区有3个单元：东斋、西斋和三院，这里总共住着600名男生，占北大学生总人数的三分之一到二分之一。东斋和西斋是几
217 排小双人房间，这些房间对面是一片开阔地，周围是各种高低不等的草木。虽然房间相当小，但住宿者还是把房间一分为二，他们用书架和床单造出“两块只够上床睡觉的狭窄空间”[99]。

北大学生以喜欢私人空间而知名。只要有门和锁的地方，比如在1935年新建的宿舍里，学生们很快就会躲进他们自足的空间互不干扰地

生活。在三院那样没有门的地方（这里的大房间以前被用作教室），北大的学生们则热衷于用床单和书架划分出自己的空间。[100]床单和书不能阻隔噪音，所以像三院这种地方几乎没有私密性可言。但是外表的私密和空间的假相也是重要的，因为公共空间的私密化在空间上体现了个人自主和思想多元的理念。北大校长蔡元培就是采取了这样的原则，领导北大在新文化运动中达到了其声誉的顶点。

20 世纪 30 年代，当反对旧传统的热情平息下来，革命的激情也消散之后，北大的学生开始抱怨在没有集体感的校园之中充满冷寂。[101]20 世纪第二个十年年代后期和 20 年代早期，当新文化运动积聚力量的时候，校园共同规范的缺失允许个人以不同方式运用他们充沛的智力。1915 年到 1918 年间，新文化运动中杰出的学生领袖傅斯年住在西斋 4 号。傅斯年还有三个同屋，他们是顾颉刚、狄君武和周烈亚。傅斯年是当时最重要的反传统杂志的主要编辑，他的朋友及合作编辑罗家伦每天都来造访。这两个朋友在傅斯年宿舍的一角编辑《新潮》杂志。尽管《新潮》杂志正是如日中天，但傅斯年的三个同屋却都只关注各自的学业。顾颉刚当时正沉浸于古代历史文献的考据研究，后来随着多卷本《古史辨》在 20 世纪 20 年代出版，他成了中国古代史方面最重要的历史学家。[102]狄君武的兴 218
趣在戏剧和文学方面，一直沉迷于像昆曲这样的传统戏曲的诗化形象和抒情韵律。日后遁入空门、在浙江天目山出家为僧的周烈亚，眼下正全心投入于冥想和佛典研究，对他身边正在进行且不断升温的关于中国命运的辩论置若罔闻。[103]

从理想上来讲，北大的风格是自由散漫的中国传统书院和 19 世纪晚期高度学术化的德国大学的混合。[104]北大宿舍楼的生活没有共同的时间表。没人理会晚饭铃。如果需要，学生可以打发一个仆役去附近的饭馆买一份简单饭菜，在自己屋子里单独享用。有时候可以在宿舍待一整天。北大图书馆允许学生带走大量的资料，而且可以保留相当长的时间。在北京冬天的长夜里，有电灯和煤炉的宿舍是最适合学习的地方。北大不像其他地方，上课不是强制的。学生无须点名应卯，只要参加考试就行。[105]

学校很少规定“必须”和“不许”来支配学生的行为。几条仅有的规则，也常常是不遵守也不会受罚的。新生住的三院，理应在凌晨 1：00 锁门，但是看戏和吃夜宵的人晚归也通行无阻，因为看门人总能拿到小费。[106]

与教会大学不同，北大的宿舍楼没有舍监。对于学生的出入，也没有认真的监视措施。[107]在学校当局一方是自由放任，在学生一方是文人式的对规矩的轻蔑，所以各项规章制度经常是不起作用的。当一名学生离校
219 时，有时他会私自把房间转给外来的朋友。这样的情况很多都未向学校的宿舍管理办公室报告。因为这种“封建”制度通过私人关系网而持续下去，不久校方就无法掌握宿舍的租赁情况了。新生进校时如果没有一个四年级的朋友，那么他的校内住宿申请就会落空。实际上，一部分最好的宿舍被某些并非学生的人鸠占鹊巢，他们在这里住得安逸自如。[108]

“校园”是一个有着核心规划和统一风格的封闭空间，这种观念并不适用于北大。北大独特的“势力范围”东至汉花园，西到景山，北至三道桥，南到东安门。[109]城区建筑和大学建筑犬牙交错，学生们每天要穿越大街小巷才能从学校的这个区域走到那个区域。校园和城区从未划分清晰的界限。北大“势力范围”的外围更是星罗棋布的商业区，学生们在这里光顾饭馆，租赁房屋。

在这个市民与大学师生频繁接触的情境中，校园小说以及描述学生生活的学生作品往往对房东有浓墨重彩的描写。房东经常被描绘成心胸狭隘又吝啬的家伙，他们不懂得真正学问的价值。[110]这类小说的代表作之一是老舍的《赵子曰》，它生动地描写了“中国的拉丁区”的日常生活风情。房东太太警惕的眼睛永远在搜寻瓦数过高的电灯。傍晚很早就停电以节省电费。公寓仆役回应召唤的积极程度与其所收小费的准确数额紧密相关。而且总会有讨厌的邻居，他们整夜唱京剧，打麻将，喝酒，或者仅仅
220 是咳嗽。这些小市民完全不懂得真正学问的价值，他们向北大的“穷学者”强调了现实：舒适、尊敬、服务和忠诚永远贴着价格标签。[111]

虽然在校内的西斋和三院吃饭每月只需七元，但是大多数北大学生并不愿意接受这样的长期安排。[112]他们经常去公寓四周的小饭馆，那里有各种各样的饭菜：北方的、南方的，川菜、湘菜、粤菜，还有所谓的“西餐”。花两毛钱就可以在安静的饭馆里要两份时令菜和一份汤；花八毛钱可以要够六个人吃的全套筵席，包括饭后甜点。常客们可以指示厨师

按他们的特殊要求做菜，例如，“张教授豆腐”，再加汤和米饭，大约需要一毛五分。那些想体验社会的人会去汉花园的食摊上吃饭，在那里，几个铜板的大饼是北京黄包车夫和其他体力劳动者的主要食品。另一方面，对有些人来说，吃饭是提醒他们身为“穷学者”之艰辛的又一个场合。社会主义理论家、《资本论》的翻译者李季，在北大读书期间一直过着拮据的生活。他每天在一个很小的饭馆吃饭，总是要一小碗白菜豆腐汤和两块白面饼，总共不超过七个铜板。因为李季从来不要肉菜，饭馆的主人逐渐放肆到了公开羞辱他的地步，在厨房里故意用他听得到的声音对着跑堂和厨师嘲笑他。[113]

某些饭馆以位处全国学术中心的外围而骄傲。“海泉居”用以自夸的是一幅称赞这家饭馆的书法精美的卷轴，署名是胡适。事实上，这幅精美的书法出自北大学生的伪造，但饭馆主人珍之如真迹。这些饭馆各具特色。“一条龙”以其新鲜美味的面条而闻名，“悦来居”则以服务和品种繁多取胜。饭馆主人经常会向刚上大学的主顾介绍北大周围的饮食文化。 221
1937 年抗战爆发时，北大学生匆匆忙忙全体撤离，他们中的许多人还留下了未付的账单。[114]

北大校园的学生生活不时穿插着傍晚的闲聊、茶馆下象棋、传统戏剧、诗歌竞赛、时事讨论以及去郊区爬山的愉快旅行。1928 届的学生金士斌，那一年与几个同学在刘天华的家里过除夕。刘天华是著名的二胡演奏家，在北大设立的中国音乐促进会教授中国音乐。金和他的朋友们不是 20 世纪末美国意义上的音乐系专科学生。他们最多是鉴赏者。那个晚上，这些朋友们啜饮着甜酒，呼吸着空气中梅花的芬芳，谈论着一些旧书不同版本的优点，听着留声机播放的传统音乐（与单纯的“民歌”相对）。聚会到第二天凌晨 3：00 才结束，高潮是刘天华在客人们七嘴八舌的帮助下创作了一支二胡新曲。客人们当时就急切地用业余水平试着演奏这支二胡曲子。[115]

教会学校的学生团体是在学校当局的监控下组织起来的，而且主要关注与学生直接相关的事情。北大的社团则与之不同，它们是典型的自愿组织，成员有教职员也有学生，甚至还有一些与北大毫不相关的人。在 20 世纪 30 年代的这些自愿组织的社团中，有一些重要社团可以追溯到五四

时期，例如，中国音乐促进会的前身是蔡元培校长在1920年宣布成立的
222 北京大学音乐协会，参加者包括北京地区“所有的音乐爱好者”。《独立评论》是南京时期最有影响力的政治评论刊物之一，它的编辑部保留了此前二十年间一些重要刊物的核心成员，这些刊物包括《新青年》、《新潮》、《努力周报》、《星期评论》以及北京《晨报》的文学副刊。[116]申寿生是《独立评论》的一个经常投稿人，编辑胡适对他有很高的评价，但他既不是北大的教职员，也不是北大的学生。申寿生与北大的唯一关联是他曾长期住在北大附近的公寓里。[117]

这些团体的生命力突出了北大富有特色的开放式校园，反过来也说明了并不存在一个内聚的校园共同体。北大的典型形象是在斯巴达式的艰苦条件下坚忍工作的身穿中国长袍的“穷学者”。

十、长袍、西装和制服

民国时期的大学生有三种式样的服装可供选择：中式长袍、西装、党的制服。宽松的长袍通常用蓝棉布做成，是读书人的传统服装。西装革履，是通商口岸的金融和职业精英的打扮。制服，又称中山装，是南京时期教育部提倡的大学生制服。20世纪20年代中期，当国民革命高涨之时，党的制服在大学校园里流行起来。但是在20世纪20年代晚期，大多数校园里的风气发生了急剧变化。无论政治上的幻灭是否会与情感的泛滥同时出现，总之在20世纪20年代末期和整个30年代，卿卿我我代替了对社会的关怀。由于国共统一战线的破裂加上许多大学开始男女同校，学
223 校的抗议运动很快销声匿迹，校园恋情则日渐兴盛。典型的服装也随之改变。因为学者的长袍和党干部的制服都不适于求爱和浪漫，所以西装虽然价格不菲，但还是在大学校园里明显地流行起来。[118]

在民国时期，学者的长袍早就受到两面夹击。对于20世纪第二个十年末到20年代初的社会主义者和无政府主义者来说，长大宽松的长袍是悠闲、逃避体力劳动和缺乏社会责任感的象征。穿着紧身短衫的普通劳动者在挥汗劳作，穿着飘逸长袍的士绅学者则袖手旁观，沉溺于空洞的言辞和舒适的物质生活。[119]

随着国民党和黄埔军校在20世纪20年代的兴起，长袍因另一种原因受到冷落。军队制服令人联想起力量、纪律、意识形态活力和集体意志。学者长袍则代表着软弱和优柔寡断，象征着处于衰落中的旧文人，与正在崛起的军人及其力量相反。[120]

北大校长蔡元培在学校里创建了一支学生军，这既是对军事化社会大环境的回应，也反映了知识精英日益认识到身体强壮的重要性。学生军成立于1924年——这一年军阀各派系之间的武装冲突对华北地区的城市秩序造成了严重威胁。因此，北大的学生军在某种程度上就像由来已久的地方民兵组织一样，有自卫的意味。而且，蔡元培相信，通过强制学生走出课堂，参加军事操练，可以增强他们的体魄。从这个意义上说，学生军代替了美式体育课业，并且有更多的好处。这时因为美式体育课需要相当大的场地器材开支，并且让校园风气产生某种特定变化。[121]

蔡元培关于学生军的想法被证明大受欢迎。170名学生——接近北大学生总数的四分之一——报名参加。在20世纪20年代老舍的著名校园小
说《赵子曰》中，穿军服的李景纯被描绘成理想大学生的典型。李严于 224
律己，充满奉献精神，是一个孝顺的儿子、真诚的朋友。面对腐败，他是无畏的战士；面对不公正，他是永不妥协的抗争者。李有两位同学，一位是穿着学者长袍的赵子曰，另一位是穿着西装的武端，他们被描绘成正与之相反的颓废文人和随心所欲的势利眼，他们过着追求享乐、不负责任、没有目标的生活。赵和武通宵达旦地打麻将、唱京戏。当那些不知进取者还在睡懒觉的时候，李景纯却每天都起得很早，去公园里锻炼身体，复习英语，即使在北京寒冷的冬日也不例外。赵和武把时间和金钱都花在疯狂追求报纸娱乐版刊登的最新时尚上，并且落入了北京腐败军阀政治的陷阱。是李景纯教育了他们，并给他们指出一条通向光明未来的道路。[122]

老舍的小说所刻画的形象，简洁地向读者描绘了在准军事组织蔚然成风的20世纪20年代，长袍、西装和军装所具有的象征意义。其他高校很快就开始仿效北大的学生军，学生服装的风格也相应地发生了转变。早先，在五四运动期间，穿着长袍的北大学生喊着口号打着旗帜走上北京街头。[123]蓝色的棉布长袍和黑布鞋是北大讲堂和图书馆中最常见的打扮，偶尔也有穿丝绸、皮毛或者华达呢的。然而到20世纪20年代中期就有人指出，

至少有一半的北大学生改穿了墨绿色和浅米色的军装式样的制服。[124]

1927 年前后，当国民党掌握南京政权之时，这类学生军的训练和财政支持陷于停顿。那一年的“清党运动”给全国各高校带来一片混乱，学生产生了对革命政治的深深幻灭感。激情和积极行动的十年显然已经结束。在老舍的校园小说中，大学生的典范李景纯作为刺杀军阀未遂的烈士英勇牺牲了。他的两个朋友赵子曰和武端则深受打击、精神迷茫。

225 1931 年 9 月的“九一八事变”标志着民族革命主义的一个转折点。面对日本侵略，出于爱国情绪，大学生们要求在校园里进行军事训练，为中国的武装抵抗做准备。学生的要求源于早先自愿组织的经验，但新政权迅速接管了学生，将他们的爱国热情“国家化”。南京政府很快开始实施对大学生的强制军事教育，伴以国民党教义的政治教育。这些措施在蒋介石领导的军事委员会的指导下实施。在每周的操练时段，学生们必须穿上军装。于是，这种始于 20 世纪 20 年代中期的自我选择，变成了国民党治下的外在要求。[125]

当女生开始出现在男校的时候，她们被要求穿上夷平社会区别、抹杀个性的制服。20 世纪 20 年代，中国只有少数女子高校，其中包括北京女子师范大学——在 1926 年“三一八惨案”发生的那段黑暗时期，鲁迅曾在那里教授中国文学。虽然北大在 1920 年就开始试行男女同校，但只有到了 20 世纪 20 年代晚期，男校中才能明显地看得到女生。[126]清华大学在 1929 年秋季招收了第一批女生。[127]此后大多数高校都开始男女兼收。

20 世纪 30 年代早期，燕京被公认在三个方面占有“数量上的优势”：如云的美女，男生的西装以及校园里花样繁多的社交聚会。[128]在这些相互关联的方面，燕京大学所具有的“优势”显示了男女同校何等深刻地改变了校园的社会氛围。招收女生使校园生活变得更为活跃，学生们共同参与其中诸多场合——宗教仪式、运动会、公共演讲、社团集会、编辑刊物、音乐会、电影、戏剧表演等等。除了招待会和聚会，还有未名湖上夏日的划船，冬天的溜冰。[129]所有这些活动意味着要为此精心打扮，即使
226 你的经济力量已难以为继。据当时的一本指南说，进入大学时，西装是必须要有的装备。在这种氛围之下，一些人认为，哪怕只是晚饭后去图书馆消磨时间也一定要盛装打扮。[130]

在南京时期，挑选大学服装之风盛行。当制服被等同于党的纪律，而西装代表悠闲的城市富人的时候，长袍作为文化认同的象征在 20 世纪 30 年代回归了。清华是公立大学中西化程度最高的学校之一，为了证明清华是一所真正的中国高校，而不仅仅是一块美国文化的殖民地，清华学生把蓝色棉布长袍作为他们校园里的主流服装。为了符合军训要求，他们在相关场合及新生入学仪上才穿国家规定的制服。西装则在周末的社交场合穿着。[131]日常所穿则都是蓝布长袍。长袍成为中国大学男生生活中不可缺少的一部分。[132]

十一、各种形象的并置

地位与开支并不是绝对相关的。单以学费而论，燕京大学和圣约翰大学是民国高校中最贵的。但是，如果同时考虑到其他杂费和生活费用的话，在上海复旦、大夏、光华、沪江，天津南开以及福建厦门这些名望稍低的私立大学，学习开支其实更大。私立高校以各种名目收取大量杂费。公立高校的学费要低得多，而且提供很多免费服务，其中包括住宿。一般伙食费也高低不等。在上海的大学，伙食方面的开销一学年至少要 130 元，而北大和中央大学的食宿费是 60 ~ 90 元。在相对奢侈的清华，伙食费是 80 ~ 100 元。

大学教育的开支在任何学校里都因人而异，具有明显差别。1930 年南京的国立中央大学进行了一项调查，182 名学生回答的问卷显示，每人 227
每学年与上学相关的开支从 107 ~ 800 元不等。这项调查中的每学年平均开支是 426 元，大部分学生的开支在 300 ~ 450 元之间，至少有 103 名学生在此范围之内。[133]学费和杂费（用于医疗、体育、学生社团和讲义）以及付给校方的住宿费，全学年总计 70 元左右。校方认定的清寒绩优生可以减免学杂费。所以中央大学学生的主要开支项目是伙食费。一学年总开支在 200 元以下的学生的伙食费是 64 元，占总开支的三分之一；而每学年开支在 400 ~ 500 元的学生的伙食费是 104. 90 元，占总开支的 20% ~ 25% 。学生花在基本吃喝上的开销严格说来上下幅度有限。但是开支方面最大的区别在于以下各项的费用：服装、洗衣店、洗头理发、香烟、糖果、化妆品、文具、鞋、帽、饰品、交通、娱乐、旅行以及社会活动。那些将开支保持在200元以下的学生要缩减社交生活、旅行、娱乐和保持生活格调方面的费用，还得放弃下馆子、喝酒、吸烟等享受。那些开支可观的学生正是在社会活动、娱乐和交通方面花费不菲。[134]

为了供学生和家长参考，各高校定期公布校方估算的个人必要开支总数。这些数字比实际开支要低，因为校方没有把生活格调的要求、城市娱乐的诱惑以及同辈的压力考虑在内。另有一些估算是外界独立做出的。有些杂志的评论者夸大了学校管理者所忽视的那些因素的影响力，强调上海学生在西式服装、奢侈饮食、旅行、近代交通、运动、娱乐、社交活动和谈恋爱等方面的开支。[135]传记和个人回忆录显示，相当多的学生是承受着经济压力、在可贵的自律下完成大学教育的，特别是本国公立高校的学生。因此，这些关于大学开支的夸大说法所包含的敌意，不仅代表着对确实存在的奢侈浪费的攻击，也代表着对与特定生活方式相关的开支的攻击。自诩为“穷学者”的北大学生高声抱怨着那些俗人，抱怨他们的真才实学没有受到足够尊重。而那些在国民党创办的高校里学习、预备成为中层行政官员的穿制服的学生们，当然也招致了一部分公众批评。然而下课时候等在圣约翰大学门口的有的是私家汽车和马车。[136]沪江大学每年产生新的运动队和选美皇后。中西女中定期上演每场门票1元的莎士比亚
228 戏剧表演。[137]燕京大学有的是时髦西装和社交聚会。清华大学和交通大学的游泳池、体育馆和出国深造成为传统。其他本国私立大学对以上种种充满羡慕，极力模仿。在动荡的20世纪30年代，以上林林总总都进入公众想象的领域。这些想象取决了抗战前夕一班大众对大学教育和学生文化的看法。

第七章　“异乡”：后五四时期的校园思潮

扬子失羊，追赶到一个三岔路口，掩面而泣。人问因何而泣。他回答 229
道：亡羊尚且逢歧路，人生道上失羊之外尚不知有多少歧路！

——北京大学 1937 届学生胡绳复述的典故[1]

易社强著有一本研究 20 世纪 30 年代中国学生爱国主义的书，书里将这代学生与传统士大夫相互比较。他发现，近代中国知识人“在心理上和社会身份上几乎都是无所归属的游离人（displaced persons）”[2]。用这一观察描述抗战前夕的中国大学生，不失几分真确。与五四那一代人不同，这一代人怀疑自己改变现实的能力，对个人前途也没有信心。人际关系的各种矛盾令他们混乱，意识形态之间的争论也使他们迷惘。19 世纪 90 年代士绅改良派成竹在胸的自信在他们身上荡然无存。新文化运动的威权批判、国民革命运动中的暴力行为以及 20 世纪 30 年代初期的经济衰退也使他们中的许多人陷入困惑和沮丧。

这种不安情绪大多能追溯到 1919 年到 1937 年间的学生政治运动中的
经验。根据易社强的观点，在 20 世纪 20 年代中期，有三个事件至关重 230
要：1921 年中国共产党的诞生、1923 年国民党的改组以及 1925 年的“五卅运动”。[3] 每个事件都表现为对前一事件的进一步政治化，以至于到北伐战争前夕，示威运动在全国各大城市蔓延时，学生的政治运动反而失去了自主性，学生示威也日益成为“少数政治活动家的言论平台”[4]。

1927 年国民党夺得了政权，也继承了这一高度政治化的激进学生群体的遗产。但新政府内部分化严重，对待学生政治运动的政策也摇摆不定。声望卓著的教育家蔡元培领导的一派，倡导大学生只应该专注于学术和思想。与党组织关系密切的陈果夫领导另一派，主张在国民党控制下继续利用学生参与政治。同时，国民党还提出要强化对学生的政治训练，并在校园里设立政治教育机构以统一学生的政治意见。[5]

在政府的操纵和压制下，20 世纪 30 年代学生政治运动的自发参与程度明显下降。南京政府时期的学生运动与五四时期形成鲜明对比。20 世纪 30 年代的特点，是在相互对立的党派有技巧的操纵之下，学生们不定期的宣泄爱国主义情绪。这一时期，5 亿中国人口中，近 50 万的大中学生构成当时社会的知识精英，但“学生的政治运动完全成了一小群学生领袖策划的行动”。即使“一次空前的民族危机或者帝国主义挑衅能激发成千上万的青年学生走上街头进行示威游行”，学生们平时仍然大多端坐在书桌旁。易社强估计：“学校里大概有不到百分之十的学生积极参与政治活动。而市、省乃至全国的学生组织也许只是由不到百分之一的学生（通常是国民党或者共产党干部）控制着。”[6]

231 易社强指出，虽然 20 世纪 30 年代的学生运动无规律而且受限制，但“对中国历史的发展有着不成比例的巨大影响”。大学生对国民党的统治深感失望，同时对政府一味地对日本帝国主义持妥协的政策感到愤怒。[7]他们所受的西式自由主义教育塑造了他们的政治意识。这一政治意识让南京的铁腕军事政权失去了信用和民心。因此，学生爱国主义运动对国民党政府的合法性产生挑战。国民政府尽管以高压政策作为回应，但是 20 世纪 30 年代中期的中国大学生还是转向了与国民政府为敌的左翼。1935—1936 年的“一二·九”运动中，学生爱国主义运动对新一代中国共产党领导人的成长发生巨大影响。这次运动是由教会学校燕京大学的学生率先发起的。[8]爱国主义热情的爆发和社会主义理想的吸引力合流，通过学生政治文化中西式自由主义价值的中介，很快让蒋介石发现，如果不笼络学生争取其支持，国民政府就会像坐在一座即将爆发的火山口上，在这个形势下是绝对坐不住的[9]

20 世纪 30 年代的学运很快由激情转成幻灭。学生的政治幻灭所产生的文化效应，远远超出学生运动直接产生的政治效应。国民革命理想的幻灭使得大学校园里的气氛十分消沉。南京政府十年时期，悲观、消极、无助和无聊的气氛取代了五四时代的欢呼、积极和主动。易社强写到“青年学生心中的主导情绪绝非积极进取”，许多学生选择诸如“悲观”、“漂泊”和“罗曼蒂克”等形容词来描述他们的人生观。另一些学生则承认，他们感到“困惑和沮丧”。他们的种种问题包括：“为什么年轻人喜欢加入中国共产党?”“当一个年轻人找不到任何生活乐趣的时候，他应该自杀吗?”诸如此类。[10]

20 世纪 30 年代的大学生用通俗化的社会达尔文主义语汇写作，将自己描绘成在一个广袤、冷酷的世界中挣扎求生之人，在这样的世界里，人 232
的努力既无道德意义，也无世俗意义。五四时期，学生的幸福感主要来自于释放青春活力而产生的无限可能性，与之相比，南京政府十年的大学校园里，学生生活的整体情绪氛围明显陡然消沉。[11]20 世纪 20 年代后期的政治经历与革命暴力冷却了青年人对革命性转变的那种“罗曼蒂克式”的迷恋，随后十年的困惑和幻灭又不断消解着一度强劲的自由主义抗争的蓬勃生气。为逃避残酷的现实，有些青年选择向“左”转，而更多的青年则茫然彷徨。有些人试图寻找一种政治解决方案。更多人试图逃避，沉迷于个人兴趣（有些还是浪漫、轻浮的兴趣）。也有人试图从文化上为中国社会问题寻求答案。新生活运动和“左联”的十年期间，文化本身已被政治化。因此，我们评估南京时期政治幻灭感（disenchantment）的意义，不仅要考虑他们是如何寻求政治替代方案和文化解决方案。我们也必须审视这十年间政治和文化问题间整体关系的改变。

集体情绪，就其本质而言，往往是流动且抽象的，很难予以简单地描述和分析。但 20 世纪 30 年代的教育家、政治家、知识分子以及学生本身，都认为南京政府十年中，在平静的校园生活表面下存在着相当普遍的校园风气问题。上章已经阐述，舆论经常把对毕业生失业问题的讨论政治化。本章说明，舆论对校园风气的问题也常作政治化的讨论。学生不满情绪的本质往往不断被重塑和调整，以符合某个政治路线的需要。例如，左翼社会批评家认为，造成当时弥漫在大学校园里的沮丧和烦闷的情绪的根本原因是国民党治下制度性问题所造成的失业和政治上的没有出路。新生活运动的理论家则斥责大学生本身的散漫和忧郁，认为是西化生活方式和 233
资产阶级的自我放纵使大学生陷入抑郁与困境。

尽管这些批评和指责带有政治色彩，但是通过诉诸“抑郁”、“挫折”、“幻灭”以及“沮丧”之类的词汇，它们也确实赋予青年人的逃避情绪以形式和实质。茅盾、巴金、叶圣陶等20世纪30年代的著名作家不仅用文学手法清晰地描述出普遍的政治幻灭，而且如编年史般叙述了校园风气如何从20世纪20年代初期的高度理想主义和激进主义急转直下，滑入此后十年绝望深渊的过程。同时，20世纪30年代的大学生在他们的白话作品中也毫无保留地进行自我揭露和反省，用自己的声音揭露出想法。面对这些负面情绪，教育家和知识分子纷纷向大学生提出建议，对他们的幻灭表示同情，把学生的不满和知识界的不满结合起来，解释成时代问题。

一、绝望的深渊：文学视角

叶圣陶写于1936年、发表于1938年的短篇小说《英文教授》，是关于1919年到20世纪30年代中期中国知识分子精神历程大转折的最早作品之一。故事主人公董无垢的最初登场是20世纪20年代早期的上海。他是一个温文儒雅的青年学者，刚从哈佛归来，拥有西洋哲学硕士学位，他取得大学教席，待遇与生活都十分优厚。他给一群热心问学的学生教授西
234 方思想。他还有一群志同道合的朋友，与他分享思想、美酒、进口雪茄，一同去电影院、剧院和音乐厅。他与一位聪明贤淑的女子结了婚，古典音乐和浪漫诗歌小说编织成美满幸福的家庭生活。总之，在20世纪20年代早期，董对未来充满了憧憬，周旋于家庭、朋友和文人圈之间，过着与书籍和思想相伴的平静生活。

1925年5月30日，公共租界的巡捕在南京路上枪杀中国学生和工人，这一事件改变了他宁静的生活。凭着满腔的爱国热情，一夜之间董似乎变成了一位政治活动家和社会活动的组织者。他高呼口号，撰写评论，发起募款活动，访问工人，热切地阅读社会主义文学，还加入了反对帝国主义的秘密政治团体。他全心投入公共事务，对未来中国的新生满怀期望到炽热的烈度。不幸的是分裂与暴力在革命阵营内部发生了。他亲眼目睹同伴被革命士兵枪杀，耳闻同志为了躲避刽子手的迫害而纵身从阳台上跳下身亡。暴力的恐吓和思想上的困惑使董陷入绝望的深渊。随后几年，社会总体状况继续恶化，国民党政府加紧对大学的政治控制，董也因此失去大学

职位。20 世纪 30 年代初期经济的衰退，进一步使他的家庭经济状况恶化。1932 年中日军队在上海交战。董的寓所被炮火摧毁。在痛苦和悲伤中，他看着妻子在一连串惊吓、悲痛和和疾病的折磨下奄奄一息。然而，他只能顺从地接受死亡。在亡妻的床边他喃喃念诵，相信死后能与爱人重逢。

20 世纪 30 年代中期，董回到原来的大学做兼职英文教师。这次，他教书只是为了谋生，心里不抱有任何希望、信仰或热忱。回应当时人作品中遁入悲观美学的倾向，他将思想和学问视为镜中花水中月，看着固然教 235
人眼花缭乱，实际却空无所有。[12] 他极力回避现实，不再见朋友，也不再看报。他开始戒酒戒烟。他虔信佛教，并完全退入孤独的内心世界中，对现实毫无想法，也完全无视俗世的艰辛和不公。他每天早起，穿着布衣大褂，打坐冥想。他绝尘弃世，只求心中宁静。

叶圣陶的《英文教授》展现了抗日战争（1937—1945）爆发前夕，那些受过西方教育的上海知识精英退隐到个人内心世界的状况。叶圣陶指出，当爱国青年从权力和政治的现实中惊醒过来时，20 世纪 20 年代思想生活中那种公共事件和个人选择间的密切关系已经不复存在了。这些理想破灭的知识分子在惊恐之余，就只能小心谨慎地踯躅于半退隐的生活当中。“只有一棵冬青树从玻璃窗外窥看着他，熟悉他在房间里的活动。”窗外的世界不断变化远去，把这位英文教授及其同类人抛在后面。

二、幻灭与孤独的阶级性：一场争论

幻灭与孤独在中国近代文本中的表述至少可以从鲁迅说起。他的某些短篇小说，如《在酒楼上》和《孤独者》，表达了进步知识分子的孤独情绪。这些“独醒者”觉得自己四面楚歌。鲁迅的作品中常有青年人为实现一个更美好的社会而努力奋斗。他们受到挫折，总是遭遇失败，他们的徒劳无功感是如此深重，以至于他们最终变得沮丧和幻灭，屈服于世人的 236
冷漠和敌意，既是自身局限性的受害者，又是社会阻力的受害者。[13]

在郁达夫的系列作品中，从《沉沦》（1921 年）到《迷羊》（1928 年），我们也常看到焦虑、沮丧和抑郁的情绪。[14] 这些作品在后五四时期知识青年中相当流行。郁达夫所表达的抑郁和自我放纵虽然主要集中在贫困问题和爱情挫折上，但是郁达夫谴责了这个社会所造成的个人的失落和无力。

五四新文学出现之后，进步青年形象在文学作品中十分常见。他们有进步思想，却常常因为反对整个社会而成为孤独的个体。社会被赋予负面属性，被描述成严厉、生硬、残酷、敌视、冷漠、压制、愚弄、迫害、使人受骗或教人腐败的总体。个人对社会的投入总是徒劳，结果进步青年不得不承认失败，不是沉溺于自怜和声色犬马，就是走向可笑的孤立与无谓。鲁迅笔下有“无声的中国”，其中即使有人射出抗议之箭，也会被广袤无边的沉默之海所吞没。

20 世纪 20 年代中期，反军阀、反帝国主义的风潮一度激起全国青年学生的爱国热情。那一代青年的沮丧来自于对封闭保守和冷酷无情的传统秩序的愤怒，而 30 年代早期的青年在近代文学中的形象也被刻画成孤独和沮丧，原因则完全不同，他们的幻灭是因为经历了 20 年代末期曾经并肩作战的同志对革命理想的背叛。萦绕在前一代人心中的沮丧是对“无声的中国”（鲁迅语）的反应，因为在那时的中国，发出任何抗议的声音
237 都如同被淹没在广袤无边的大海里一样，连一道涟漪也没有；而 30 年代的青年人幻想破灭，却是因为亲身经历了政治和革命的过程，又目睹了革命阵营内部的惨痛的分裂和背叛。前一代知识分子可以自以为是，或自命不凡，将他们的愤怒向外部无情的社会组织发泄；而后一代人则是内心混乱，自我抑制，仍旧在旧社会的腐朽中煎熬。

20 世纪 30 年代的另一部巨作是茅盾的三部曲《蚀》。茅盾在一篇自传性散文里写到，1927 年大革命失败的创伤使他陷于痛心、悲观和沮丧。正是在这样的悲伤和幻灭中，他开始了创作。《蚀》的问世就是“想要以我的生命力的余烬从别方面在这迷乱灰色的人生内发一星微光”[15]。

茅盾也认为 1927 年的北伐与国共分裂是至关重要的转折点，标志着革命的 20 世纪 20 年代开始向幻灭的 30 年代过渡。“革命未到的时候，是多少渴望，将到的时候是如何的兴奋，仿佛明天就是黄金世界，可是明天来了，并且过去了，后天也过去了，大后天也过去了，一切理想中的幸福都成了废票，而新的痛苦却一点一点加上来了：那时候每个人心里都不禁叹一口气。”[16]叶圣陶认为这种幻灭是对政治失败的反应，而茅盾则认为

这是革命过程中感情变化无法摆脱的一部分。对于20世纪20年代中期立志打倒军阀和帝国主义的爱国青年而言，北伐誓师的一刻最是高潮。茅盾笔下，武昌誓师的时刻“军乐声、掌声、口号声、传令声、步伐声，错落地过去一阵又一阵”。突然，雷电当头炸开，倾盆大雨降下，“天上好 238
像开了大窟窿”。虽然集会者不为所动，写着革命标语的纸旗不久只剩得一根根光芦柴杆儿。但是“当演讲接近了尾声，呼喊口号时，成百上千支手臂高高地举起，有的人挥舞着竹竿。顿时，人群上空响起了震耳欲聋的口号声，似乎要用喊声来宣告他们万众一心的意志”[17]。随着狂热接踵而来的是疲乏。用茅盾的话说，没多久那些高呼口号的声音“听起来像是声嘶力竭了”[18]。

对于革命队伍中的青年人来说，革命另有含义，他们并不认为革命就是具有崇高原则和强烈使命感的抽象概念。茅盾笔下的人物坐在办公桌后面日复一日地履行着常规职责，在一场又一场宣传活动中无休止地重复着革命口号，他们的工作很快地变得枯燥乏味。对身穿制服的追随者来说，革命不是夸张的浪漫运动，而是一成不变的组织行动。[19]理想主义的热情在现实面前降温。即使在革命运动进行得有声有色的时候，这些年轻干 239
部们也不能保持在武昌誓师时所达到的高昂情绪。

论者称茅盾是“站在他自己的地位上，拿了客观写实主义的照相机，而对革命浪潮摄取了一断片”，于是“产生了一篇消沉、悲观、充满了灰色幻灭的作品”[20]。许多亲身经历过1927年革命的人成了茅盾的读者，他们纷纷写信来表达对作品的认可。[21]此外，知识青年对三部曲的反响也可以从人们发出的警告中可见一斑，他们提醒青年人不要感染上作品中所描述的情绪。三部曲公开出版后，茅盾发觉自己卷入了文学与革命的争论，并遭到左翼批评家的批判。其中一位就是用“阿英”作笔名的钱杏邨。

钱杏邨同意茅盾的说法，承认青年们投身革命事业，开始时存在着狂热的成分，到了20世纪30年代则普遍动摇和幻灭。[22]他承认，革命就是“心狱”，对青年追随者来说，就是一次感情的磨难过程。无可否认，真正地全心投入和大无畏的革命者只是一小部分人。但是，钱又认为，历史的进程是无法阻挡和不可逆转的，如果青年学生要掌握未来，就必须与

历史的进步力量一同前进。钱杏邨给动摇和幻灭的情绪贴上了阶级标签，
把这些悲观青年认定为没落中的小资产阶级知识分子。幻灭不是进步青年
240 对革命经历的普遍反应。幻灭只是特定社会阶级对革命的焦虑。[23]

茅盾批评有人用“历史的必然性”的信念来承诺未来的幸福，并以此怂恿青年参加革命运动。钱杏邨则批评有些人遇到点事儿就觉得备受创伤，理想幻灭，以至于几乎完全丧失行动力。无可否认，两人的论辩无论谁是谁非，20 世纪 30 年代大学校园里所普遍遭遇的是革命退潮以后的困惑与颓唐。

三、渴望爱情：巴金的《灭亡》

茅盾作品中的忧郁情绪不像巴金《灭亡》中的绝望情绪表现的那么
极端。在一个压迫的社会里，到处都是死亡、暴力、残酷和贫困的景象，
到处是社会不公和无可救药的腐败现象。并且在压迫制度下，人性往往表
现为社会的邪恶和痛苦，整个政治权柄看似无法撼动。《灭亡》向我们展
现了以下场景：老妇人痛打因饥饿而偷食的小男孩；警察向有权势的国民
241 党秘书长点头哈腰，虽则这位秘书长正身负一个无辜生命死去的血债；旁
观者麻木不仁地目睹暴力与死亡；革命者抛头颅，洒热血，却只是成为无
知者茶余饭后的谈资。与鲁迅作品中的早期人物奋起反抗社会时仍然表现
出镇静自若不同的是，《灭亡》中的主人公杜大心对社会不公正毫不留
情，但同时他又悲观地意识到他的行动终归无济于事。思想上的这种落
差，使他通过创作悲情诗歌来表达对上流社会和富人们的鄙视和怀疑。后
来，他赢得了一个女人的爱情。但他为了给一位牺牲的同志报仇，不惜参
加暗杀行动，结果牺牲了自己。毋庸讳言，他的行动未取得任何有意义的
成果，死后，他的头颅被悬梁示众，但他所痛恨的那个压迫和腐败的制度
依旧猖獗并大行其道。他本人及其英雄举动只是留存在深爱着他的女人的
回忆中。由此，巴金似乎想说，有意义的关系仅存于爱情和友情等私人领
域里，个人的政治行动除了对他个人生活造成影响以外，终归于无效。那
些出于对现实的绝望，不惜将暗杀视做理所当然的革命手段，实际上是毫
无建设性的破坏行动。《灭亡》中的青年革命者通过这种方式卷入政治，

最后总是面对死亡。[24]

《蚀》、《灭亡》等小说在20世纪30年代的知识界中十分流行，尤其是在国统区，其吸引力一直持续到40年代。[25]但是，左翼批评家如钱杏邨等人却认为，《蚀》很令人不快，因为它所描述的幻灭情绪很容易就会发展成《灭亡》中极端绝望的情绪，并暗示了城市知识精英要对政治激进主义进行反思。《蚀》和《灭亡》将经历过20年代革命的青年最深刻的感受锁定为幻灭和绝望，从而指出参与政治领域的活动毫无意义。在这种强烈的无意义感的影响下，政治活动家已不再是文学作品里的主角。直 242
到40年代，身着土布衣裳的八路军农民战士和共产党领袖的光辉形象纷纷涌现在延安的文学作品上时，这种情况才得以改观。简言之，在30年代城市知识分子读者面前，茅盾表现出革命青年心中摇摆不定的幻灭情绪，巴金指出只有在个人的爱情领域里才能寻找到真正的人生意义。他们对政治激进主义及其效验的怀疑和痛苦记忆确实冷却了整整一代青年学生政治参与的热情，为个人的退隐埋下了伏笔。

四、绝望感的剪影：两种观点

北伐之后国民党取得政权，建立南京政府。然而即使在国民政府的阵营中，继之1927年而来的，也不是欢呼与歌颂。戴季陶是国民党内最知名的理论家，同时也是蒋介石的亲信。1927年12月他担任中山大学校长，在一封致全国青年的公开信里指出中国正处于全面瓦解和彻底崩溃时刻，他完全同意当时流行的情绪，认为“我们这一代人已经没有希望了”[26]。他说国共之间的相互猜疑和杀戮导致了国民党的“清党运动”。暴力的创痛使得校园士气低落，由此产生了严重的政治信仰危机。[27]戴季陶认为中国青年已经偏离了对三民主义革命理想的信念，而国民党自身对孙中山主义的理解也有了分歧。[28]国民党的军事胜利不但没有恢复大学生的政治信心，反而遗留下了后果——一代士气低落的革命者，被他们自己的变革尝试弄得精疲力竭。

大学生们“苦闷着，彷徨着，不知往何处去”的情绪一直延续到抗 243
日战争全面爆发前。[29]针对这种情况，当时（1937年）还是北大哲学系一名四年级学生的胡绳（后来《红旗》杂志的主编，20 世纪 80 年代担任中国社会科学院院长）对其同学的人生观进行了全面的研究和分析。[30]

根据胡绳的观察，在他那一代人当中存在着四种人生观：虚无主义、享乐主义、宿命论和厌世主义。根据胡的定义，“虚无主义者”蔑视社会、政治和伦理的准则。[31]这一类青年人排斥这个充满了痛苦和虚伪的社会，转而守护他们内心的平静世界。由于他们对外部世界充满敌意，所以他们的社会思想强调破坏，而非建设性的介入。胡绳认为，这类青年多半出身于有激烈代沟和冲突的家庭，因此可推断说，他们的虚无倾向事实上是想断绝与旧的社会的关系，去过自己愿意过的自由生活。[32]

胡绳凭其新汲取的马克思主义方法，对这个问题做了颇为辩证的分析，他认为：“虚无主义纯粹是一种主观的、唯心主义的态度。因为虚无主义者试图发挥个人的意志来毁灭现实的一切，并且没有设计任何方案去应付现实环境。这种态度既不实用，也不实际，因而注定了它的奉行者走向幻灭和绝望。”[33]

另一方面，富裕家庭的子女往往很容易变成享乐主义者。[34]钱杏邨对《蚀》中描绘的资产阶级家庭出身的多愁善感的青年表示不敢苟同，与之相应和，胡绳也不赞成追求愉悦，他认为享乐主义者就是那些从感官刺激中寻求一时快感的“没落阶级”[35]。胡绳写到，造成这种享乐主义冲动的思想因素绝不是因为对感官愉悦的兴趣，而是思想上的混乱和沮丧。实际上，20 世纪 30 年代中期大学校园里的歌声和笑声不但不是情绪高涨的表现，反而是一种深切的忧郁的表现。[36]

按照胡绳的辩证分析，虚无主义者和享乐主义者都在主观上逃避外部
244 世界里令他们不满的方面。宿命论者和厌世主义者则相反，他们毫无斗志，任由环境摆布。[37]两者的错误其实差不多，他们都是对现实制度的压迫和个人努力的徒劳无功耿耿于怀。

胡绳对 20 世纪 30 年代大学校园精神的描述可以在同时代许多作品中找到共鸣。[38]许多不同种类出版物的内容都适时地反映了中国青年的不安情绪和大学校园里虚无主义、享乐主义、宿命论以及厌世主义的思想倾向。其中既有专家学者对学生心理健康问题的科学分析，也有那些专门面向城市小市民和中学生读者的流行刊物中的评论。胡绳的贡献就在于提出

用辩证法作为新的理论工具，他希望借此找到解决他同时代人困境的新办法。他指出，无论是“主观能动性”还是“唯物决定论”，都不能完全说明生活的多面性。“主体”和“客体”实际上是“相互转换的”，所以同学们应该辩证地看待“理想”和“现实”的关系。

戴季陶的建议和胡绳的分析从不同侧面反映了南京政府十年间学生的精神生活问题。尽管他们的解释不同，但都说明了即使在政治参与失去魅力和正当性之后，政治宣传依然是教育者的公众责任。身为中山大学校长的戴季陶，面对国民党在反共“清党运动”后青年人的极度思想混乱，屡屡发表演说。他希望通过对青年进行三民主义教育，帮助他们重建政治信仰，但显然这种“党化教育”没有达到理论家所期望的目标。而20世纪30年代中期的胡绳尽管还是一个大学生，他就大胆指出那些具有虚无主义、享乐主义、宿命论和厌世主义倾向的同学日益加深的无助感和绝望 245
情绪。胡绳发现，唯独他运用了马克思主义的唯物辩证法，才能够避开“理想”和“现实”、“主观性”和“客观性”之间令人生畏的差距。因此，他试图鼓励同学们相信“主观能动性”改变“客观现实”的力量。他直截了当地说，青年们除非主动采取行动，否则没有其他方法可以帮助他们从绝望中走出来。

五、道德共同体的缺失

胡绳对大学生孤独感和无助感的看法得到他的老师朱光潜教授的支持。朱教授认为，在20世纪30年代，大部分学生“心理单纯，对于复杂的社会不能了解”，富于感受性、理想主义和沉重的道德感。[39]但同时这些男女青年缺乏坚定的信念和“冷静的自信”，好言是非而却不真能辨别是非。所以，他们很容易随社会流俗转移，“就好像感染上了精神疟疾”[40]。

朱光潜进一步将当时校园精神问题与培养、教育青年的传统方式的瓦解联系起来。五四运动第一次公开批判数千年来的孝道，揭露中国社会向来存在的家庭冲突问题。城市高等教育赋予青年新的价值观和意趣，使知识青年与父祖辈亲属逐渐疏远开来。同时，那些接受了新的城市生活方式的青年不可避免地表露出他们对上一代人风俗习惯和价值观的蔑视。[41]

但是，朱光潜也不认为仅凭学校的教育就可以填补由于缺乏家庭伦理
246 实践而造成的空白。他认为学校教育往往重视灌输而非启发，重视知识覆盖面而非理解的深度，重视模仿而非创新。所以课堂上只求传授知识，却不讨论人生哲理。[42]不仅如此，在一般的大学里，重点都放在教授职业技能和实用性的课程，而忽视了从人文艺术学科中学习人文主义价值观的意义。学生在课堂上听到的知识与他正在求索的生活意义和目的毫无关联。朱指出："教师与学生相视如路人，同学彼此也相视如路人。世间大概没有比中国大学教授与学生更孤僻更寂寞的一群动物了。"[43]根据这种观点，20世纪30年代大学生的孤独感，不仅是他们对整个社会的政治理想幻灭的结果，而且也是他们相互之间感情疏远的结果，尤其是在那些与教会无关的学校里，普遍缺乏指导、关心、社交和核心文化价值观。

不论南京政府十年中国大学生是否一直都是在幻灭情绪的压抑之下，更重要的是，当时的人们似乎普遍认为他们"应该"是不快乐的。在中国文化里，从北宋范仲淹（989—1052）以来，中国的士大夫就以"先天下之忧而忧，后天下之乐而乐"作为自己的座右铭。一个人如果生在乱世，凡是士大夫就应该从道德层面上感受到沮丧和不安。[44]而且，在政治失序的时代，文人的忧郁本身也就是一种自古相沿的政治抗议。这其中最典型的例子就是屈原，在民国时期他得到了从民粹主义出发的诠释。[45]此外郭沫若等透过对西洋文学的翻译，也把少年人的烦恼书写成典范。[46]

许多当时的观察者，如茅盾、戴季陶、胡绳，还有朱光潜，都认为社
247 会的大动荡是造成青年心理疾病的根源。诸如革命失败、经济拮据、社会失序、思想骚动以及日本帝国主义的侵略等，都有可能造成青年人不时产生消极情绪。评论家同意，20世纪30年代男女学生有沮丧情绪是很正常的事情，因为他们正处于一个战争和革命的年代、一个曾拥有着辉煌历史的文明正在衰落的时代。即使有些青年大学生只是摆摆忧郁、沉思的姿态，但面对政治失序，大多数人心里仍然难免有一份悲伤与失落。

六、处在无情的宇宙中：大学生的人生观

长期以来，研究中国历史的西方学者一直在讨论，达尔文、马克思和弗洛伊德等人学说的输入对 20 世纪初期的中国思想界产生怎样的影响。[47]大致说来，马克思主义以及马列的各种流派对中国影响深远。而弗洛伊德则影响不彰。社会达尔文学派对民国时期中国知识分子的影响则无以复加。辛亥革命前夕，严复就以“物竞天择，适者生存”的论述横 248
扫知识界。[48]民国时期，达尔文学说编进中学、大学教材。[49]到了大学阶段，许多学生不仅把达尔文学说看做科学真理，而且进而以此为基础构建他们的人生观。

1934 年，大夏大学应届学生在蔡尚思教授的要求之下写出他们的人生观。蔡先生后来把这些文章整理发表。我们所读到的是几乎每名学生都把社会达尔文主义的宇宙观作为思考的出发点。人类只是漫长生物进化链上的一个物种或者一个过程。人类不知源起何时。人类也未知终结何时。物种尚且如此，个人的生存更是微不足道。有学生说人生“若沧海之一粟”[50]。也有学生说：“在一根无穷粗无穷长的铜质的电线里，个人就是其中一个铜的原子。”[51]犹如其他生物，人类服从自然法则，遵守生和死、求生和灭亡的循环规律。另一名学生写道：“什么万物之灵，得天独厚？什么丰功伟业的‘立德’、‘立功’、‘立言’的三不朽，都是妄自夸大、自欺欺人的表现。”[52]

许多人完全赞同吴稚晖在20 世纪20 年代初“科学与玄学”论战中提出的一个看法：“人便是外面只剩两支脚，却得到了两支手，内面有三斤二两脑髓，五千零四十八根脑筋，比较占有多额神经系质的动物。”[53]人
类同其他有机生物一样，不过是由细胞组成，而细胞又可以还原为化学元 249
素，都遵循自然规则。他们认为，细胞要不断进行必要的新陈代谢，在这个意义上，作为由细胞构建的整体，每个人体也每时每刻进行这新陈代谢。人的行动、思想、感觉和智能都被看成是自然反应，是这个有机化学实体对外界声、光、触觉等等刺激的反应。[54]根据这种观点，个体的存在不仅是毫无特殊意义的事，而且在新陈代谢的宇宙变化过程中也无特异

之处。个体生命除了对延续物种生命有用外，似乎没有更大更高的意义。另一方面，死亡同样是很平常的。它只是自然法则支配下的细胞更替。在死亡的同时，个体生命的元素重新进入物质不灭的宇宙循环中。因此，生命不值得庆贺，死亡也不值得悲哀。[55]

我们在中国传统哲学中自然可以找到类似的生死观。朱熹认为死亡意味着独立生命个体之“气”的消散，重新回到全体之“气”的宇宙循环中去。[56]20 世纪 30 年代学生思想中虽有类似的概念，却更强调每个人死亡时其个体性的消逝。就政治思想而言，晚清知识精英寻求国家富强，假借社会达尔文主义建构知识界对国家富强的关怀。到了 20 世纪 30 年代，从一些例子可以看出来，社会达尔文主义在不同的历史背景之下助长了对个人价值的贬抑、环境决定论的兴起以及对集体权力的崇拜。[57]社会达尔文主义不但没有释放出个人的政治参与活力，反而成为消极思想的科学基础。

七、忧郁美学的复兴

大夏学生在文章中强调人生奋斗的徒然。这点与道教和佛教的某些教义有相通之处。把达尔文进化论的理解搅和在里面，更强化了这个意念的
250 生物学基础。[58]达尔文学说被引用来说明人类的努力是徒劳无益的。[59]在科学主义思潮泛滥的民国时期，援用科学大大增强了这种忧郁哲学的说服力。[60]在 20 世纪 30 年代的中国，达尔文进化论的宇宙观削弱了个人本体性存在在哲学思想中的中心地位。

不少大夏学生在自己的文章里把生活比拟成“萍踪风絮”，“惟一任其风向与水力之如何宰制耳”。这种意象的不断出现凸显了顺从无助的宿命论。[61]

有些文字在唐诗里可以找到原典，没有什么创意。[62]也有学生写道：“天上无常圆之月，人间乏不谢之花。……迨夫白发苍苍，精衰神极，揽镜而照，不复自识，方悟已往之不是，怆然雨泣，已无及矣。”[63]还有学生引用《庄子》“庄周梦为蝴蝶”的故事来说明生命实际上是短暂而虚空的。[64]更有学生认为曹操的《短歌行》说得好：“对酒当歌，人生几何？譬如朝露，去日苦多。”[65]在对永恒宇宙中生存和死亡的悲伤感怀的心境

下，人类的抱负和世俗成就都化为虚幻意义的物质。第五名学生引用宋代诗人苏轼哀悼三国英雄的诗句，写道：“一世之雄，而今安在哉？一抔黄土，千古长埋，恰似一江春水向东流”[66]20 世纪 30 年代的大学生，虽然每日读科学书，对老庄意境却不生疏。

古代诗人吟唱这些诗歌时，是有意避开世俗社会中财富和权力的争夺和纠缠；而 30 年代的大学生引用这些诗歌，正是借助了这种令人肃然起敬的传统归隐姿态。但是在这些诗歌重新为人们引用和欣赏之前，也就是
在五四运动时期，恰恰是这些旧体诗遭到他们猛烈地攻击。陈独秀（中 251
国共产党的创立者之一，《新青年》杂志主编），主张反对那些赞美田园归隐、弃绝世俗的平和心态的古诗词。他的《文学革命论》[67]和胡适的《文学改良刍议》[68]吹响了新文化运动的号角。其他的新文学批评家和作家，如朱自清、叶圣陶、夏丏尊等，纷纷批评东晋（317—420）诗人陶渊明的田园诗歌是保守的、无补于世的。这些批评文章甚至已被收进了中学的教科书里。[69]例如，五四一代的老师会提醒学生说，陶渊明六首田园诗（合称《归园田居》）所表达的意境在现实世界中是找不到的。新文学的批评家青睐的是苏联 20 世纪 20 年代的作品，这批作品通常歌颂近代工厂的工作节奏以及赞美工业生产的机械化和高效率。在他们的眼里，合乎时代的好诗应该是庆贺人们生机勃勃的活力，应该赞美钢铁制造等。[70]

因此，20 世纪 30 年代学生对田园隐居和忧郁哲学的兴趣与五四一代的文学倾向形成鲜明的反差。这一时期陶渊明、苏轼诗词的重获认可似乎暗示了五四时代人们的自信心和被激发出的能量——李大钊称之为“青春”的创造力——已让步给忧郁和幻灭。陶渊明的《桃花源记》所描写
的人民殷勤好客、勤于劳作的小农社会，在十年以前曾被认为是“不现 252
实”或“无济于事”，但现在似乎成为学生心中的乌托邦世界，似乎可以帮助他们远离无情的历史进程和严厉的政治强权的控制。北宋（960—1127）诗人苏轼的词《赤壁怀古》也因其感怀人世的苍凉和人间如梦的惋惜，在 30 年代学生群中获得巨大的共鸣。

八、反传统主义

过去的文化精英通过政治隐退来表达他们的抗议精神。30 年代的大

学生则面对政治不满，迅速转变成怀疑论者或愤世嫉俗者。他们或以《狂人日记》之类的文学作品来谴责儒家传统；又或认为儒家经典不能经世致用，蔑视过去的儒家精英；又或视传统行为模式是令人窒息的压抑，所谓的传统美德和功名只不过是剥削阶级等级制度的假相。

1919 年浙江省立第一高级师范学校的学生施存统发表一篇有争议性的文章《非孝》——该文拉开了杭州五四运动的序幕——斥责传统道德伦理学说。但与其说他反对整个儒家道德价值观，不如说是他批评儒家思想中阻碍社会历史进化的僵化教义。[71] 施存统并不想谴责孝道，他主要指向那操纵人伦关系的道德说教。因此施存统的文化反传统主义就其灵感源泉来看，是非观念相当鲜明。他坚持要在尚未腐朽的形式上复兴道德文化。[72] 而要实现这个目的，只有将道德学说从以往被利用为窒息人们表达真实价值观的工具中解脱出来。

253 比较而言，30 年代学生的反传统主义似乎要比五四那一代人走得更远一些。虽然反传统主义仍然意味着是对传统秩序中的虚伪道德的批判，但是社会达尔文主义对 30 年代的伦理道德标准的影响更为普遍。生物学已使人们知道人类天生是平等的，每个人都只不过是有食欲、性欲等生理需要的有机体。在为了满足这些欲望而建立的社会秩序中，没有人是天生高贵和优雅的。因此，任何强者或掠夺者试图为不平等的社会分配制度所进行的道德说教，才是不道德和虚伪的。

在此意义上，30 年代大学生要比五四反传统的先驱们更怀疑传统。生物学认为人类行为除了生存本能外，别无解释，没有人能够真正地声称已摆脱了肉欲、自利等自私的生物本能。因此，道德说教必定是虚伪的。施存统激烈的反传统主义是受到他自身毫不妥协的道德性理念的激励，而 30 年代的大学生则完全不同，他们完全不信任人的基本道德范畴，故而心怀强烈的愤世嫉俗姿态。这种生物性的思考倾向使他们本能地质疑英雄主义，并且抹杀了伦理道德作为传统存在的正当性。

30 年代的学生并不只是排斥传统社会中的某些价值观，更确切地说，在思想抑郁、政治幻灭、文化反传统主义、科学唯物主义等多种因素的影响下，这一代人对几乎所有社会政治权威的态度达到了空前的厌倦程度，相伴而来的是对人类行为的效验持强烈的怀疑态度。五四的青年文化热情致力于社会价值观的新生，赞美革命斗争中的激进主义和所发挥出的能量；而30年代的学生文化则陷入了一种萎靡不振、怀疑主义以及消极淡出的泥坑，它已经没有任何信仰。学生的作品表明，五四运动之后十年 254
中，一股强劲的反时代思潮席卷了大学校园。20年代初期的青年对人类无限的可能性充满了乐观情绪，但随后即意识到人类行动的有限性，对人与自然的关系又进行了反省，早期对政治激进主义和公共事务的那份热情亦早已冷淡。

九、不幸福的家庭

大夏大学的三年级学生邱竹师写道：“世界本不是为人而存在，乃人偶然生长其中。”[73]四年级学生高列彭“为这个世界所迷惑和困扰”。他借用茅盾《动摇》中的话来说明他的困惑：“我不知道应该怎样做才算是对的，这世界变得太快，太复杂，太古怪，太矛盾，我真的迷失在里面了。”高列彭指出他那一代人凄凉的孤独感：“生活展示给我们的就像一个漆黑一团的人生的哑谜。”[74]

其他的例子还很多。[75]当时的报纸和杂志，就如胡绳一般，常将大学生归类为“虚无主义者”、“厌世主义者”、“享乐主义者”和“宿命论者”。文学作品常描绘青年知识分子的悲观。大学生们在文章中也毫无忌讳地谈论自杀和死亡。在大夏大学学生所写的30篇左右关于人生观的散文中，有8篇明显指向自杀和死亡。[76]其中2篇讲述自杀的实际经验。 255
1篇同情屈原的死[77]，还有2篇诚恳地请求他们的同学不要冲动地去死。[78]

后来的中国共产党理论家胡绳在那时写道：“青年人的挫折和绝望在大革命结束（1927年）时达到了极致。这种绝望肯定不同于浅薄的忧郁情绪。……体现了经济、思想、政治方面的社会意义。这种愤慨和无奈感在青年尤其是有产者和知识者中，极其普通。这是任何人都不可能忽视的社会现象。”[79]一方面，诸如胡绳之流的评论家将矛头指向民国时期激变的社会政治环境。另一方面，大学生们也通过自己的亲身经历发现在30年代动荡的社会里，火炉、房子、家庭和亲戚并不能提供一个和平安宁的栖息之所。事实上，文化反传统主义和政治革命瓦解了原有的社会共同体，使人们的性观念和伦理习俗发生了变化，同时还拉大了城市和乡村关于个人私生活观念的距离。虽说现在很难确定，在当时的现实环境中，是否大多数家庭中的关系如巴金小说《家》所描述的那么压抑。但是，根据当时的材料判断，只要不坚持个人自主性，父母亲的慈爱和家庭的联合仍可以维持着。在上海某大学读书的福建青年陈雪新在城市大学里生活了几年之后，获得了罗曼蒂克式的爱情新观念之后，坚决拒绝同父亲为他选择的新娘结婚。[80]他写道："我愈来愈认识到异性结合当有'爱'的观念与婚姻是应绝对自由。"他因此宣布解除已故去的父亲定下的婚约，却也因此使他的母亲感到极度痛苦，并遭到了他兄长的"愤怒的罪我"。对于许多人来说，家庭是通过约定俗成的规则将许多观点歧异的个体联系在一起，亦是紧张、自私和束缚延伸出来的复杂的社会网络[81]，常常只有争吵、风言风语以及乖戾的批评，而不是理解和支持。另一位大夏大学
256 1934 届学生姜志钝提出一个大胆的革命性的方案，认为家庭的人口数量应控制在 20 人左右。[82]

另一方面，尽管性观念和道德操守的变化已为城市学生文化所容忍，但实践上，这种变化又无法估量。在来源上，它是新近从国外传入的。因此，它不但没有将学生从传统家庭禁锢中解放出来，反而新获得的观念激化了人际关系中的尴尬和焦虑的因素。例如，受到相互冲突的社会习俗的困扰，求婚变成一个关系相当紧张的过程。许多人对罗曼蒂克式的爱情感兴趣，却不为社会所宽容。这个时期的小说读物、新闻报道以及个人传记等都充分证实了这种持久不去的焦虑的情绪。[83]这个时期性观念的演变史是一个可以独立研究的课题，足以说明在成文法规和社会风俗之间，在新知识分子思想和传统看法之间所存在的差异，推动着这个时代的婚姻和传统行为产生巨大变化。这种变化甚至催生了报刊专设咨询和建议之类的新栏目，而过去这类问题只是在家庭内部私下进行讨论。这个栏目在报刊中的兴起，很能说明家庭关系实质性的变化以及随之而产生的青年人的焦虑。

十、逃入爱和科学

20 世纪 30 年代的大学生们尽力寻求比过去文人隐士漫游山林间更为隐私的生活方式。钱同文和他的同班同学一样，盼望着居清溪之上，耕数亩之田，寒家瓦盆，儿女共温，夫耕妇织，此唱彼和，共享天伦之乐，或河中垂钓，或湖中泛舟，或林中漫步，或对月高歌。但是，这种景色优美、耕田丰裕以及和着诗歌的小农式理想生活的前提是将一切凡尘俗务 257
抛开。[84]

虽囿于城市，但从某种意义上说，30 年代大学生找到了一种比过去文人隐士漫游山林之间更为隐秘的生活方式。战国时期（前 475—前 221 年）的诗人屈原在登上小丘、投入汨罗江中的那一刻，想当然地认为他的思想仍可以与抛弃他的楚国人和楚王的幸福联系在一起。当 30 年代城市知识分子将他们的思考转向国家和人民时，发现他们处在由各个政党制造的理论、政策和宣传语言的包围中，他们的忧虑已无处申诉。30 年代大学生信奉诸如爱情、诚实劳动之类的价值观，很显然这些对私人生活的意义要比对公共生活的更多些。他们有一个共同的观点，设想通过共有财产和诚实劳动来实现所有人的幸福和平等的社会秩序。但是，他们又认为只有摆脱过去以及消除现实政治的影响，才能达到这个理想社会。

陶志眼中的理想社会并不是要实现理学家所强调的仁爱忠恕，而是科学知识和技术发明的进步。他坚信科学和技术可以解决历史上困扰人类社会的所有问题。他既不推崇历史，也不推崇道德。在他的理想社会中不存在任何法律的、社会的、礼教的约束机制。钱同文将自然、和谐、安宁的生存状态理想化，陶志则将忠贞爱情和诚实劳动理想化，还反对利用权力、虚伪、强迫和欺骗等手段。他的理想社会将没有领袖，没有追随者，没有社会竞争，没有政治干预。陶相信，在科技的支持下，人类最终能够创造出一个新社会，人们平等、安宁地生活在这个社会里，如同早期的自然状态那样。[85]

虽然对许多人而言，权力和虚伪曾使他们误入歧途，但他们仍然相信 258
爱和科学会是人类赎罪和重生的关键。人们对现实中人际关系的冲突和紧张愈感厌倦，对以爱为基础的理想社会的向往就愈强烈。对科学真理的坚定信仰也表现出人们在思想困惑和信仰缺失的年代里，仍不懈追寻着理想和道德的最终归宿。爱是建立一个真正人类共同体的希望，而科学代表了真正知识和社会利益。

学生设想的理想境界暗示了他们期盼在自然和社会上拥有一个开放的空间。这种期盼也反映了在意识形态控制、父母权威、社会干预及经济压力方面，他们感受到的是一个极度压抑的社会空间。在一张严实的人际关系网络和完全排斥私人空间、扼杀天赋的顽固社会里，个人毫无自由可言。在这样的社会里，可以将义务强加于他人，可以不告而侵入私人空间，却不能带来分享的快乐感和亲切感。叶鋆生写道：“人生过程……像画着铁制的预定圈儿；又为社会预觉的压迫希望和恐怕的惊扰，叠受空虚矛盾的暗示和个性盲目的烦闷。”[86]

爱被提升为社会的主要美德，并寄望它能够缓和人类交往时的紧张气氛。但是学生们所说的爱的信仰，似乎是指一种包容性极大的手足之情，而不是指专一、浪漫的爱恋之情。在为紧张、冲突所绷紧的社会里，与其说爱是一种亲密而深刻的私人事情，倒不如说爱是一种可以抚平和重新整合社会结构的工具。这种爱会给人们带来慰藉和支撑，能够为动摇不定的
259 感情提供一处休憩之所，从而消除人际关系中的不安和矛盾的因素。赖剑写道：“孔子的‘忠恕’，耶稣的‘博爱’，佛家的‘慈悲’，都是人生的真谛。”[87]在这个意义上，高尚的爱不是强调在个人关系上的热情投入，而是要求创造一个起着感情纽带作用的共同体，将人们从紧张和孤独中拯救出来。

爱可以创造一个真正的共同体，而科学知识则为人们提供了洞察宇宙表象的唯一可能性。尽管30年代学生并不都是实证主义（或者康德意义上的理想主义），但是他们中的大多数人对近代科学和技术的进步都投以赞赏的眼光。他们对科学的崇敬之情表现在许多方面。当他们瞧见铁路、飞机、蒸汽机、汽车以及近代大工程如水坝、桥梁等，他们都禁不住发出惊叹和欢呼，心中泛起对人类最终征服大自然的能力的希望。[88]有些人还认为，因为人类需要食物和居所，文明才得以诞生。科学发明和机械创造被等同于物质文化的进步，还被视为人类有能力在不断变化的时代里创

造出永恒东西的有形证据。[89]因此，科学发达可以忽略个体生命的短暂性，而把人类的现在、过去和将来联系起来。[90]个体只有参与到科学知识和技术进步的共同进程中，才能消除强烈的人生消极感。[91]

十一、自我和社会的对立

科学和技术是手段，物种的集体生存是目的。实际上，个人生存的无味感是那么的强烈，以致许多人仅仅在种群集体中找到值得努力的目标。[92]如同19世纪90年代的前辈知识分子，30年代的学生也不赞成将 260
个人主义本身当做目的，但是这种认识上的相似性掩饰不了两代人之间实质上的差异。梁启超那个时代的知识精英将个人潜力和能量的释放视做凝聚更大集体力量的关键，国家的力量是所有个体的总和，故而个体价值的增长有助于集体利益的增加。而对于30年代的学生来说，强大、全能的集体和卑微、弱小的个体之间是严重对立的，也就是说，原来的自我和社会之间的意义之链发生了根本性的变化。集体不再是个人意志的总和，而是体现为抽象、绝对和自发的权力和行动。它也是短暂的个体生命的意志和行动的目的与方向。另一方面，权力与爱情、胁迫与和平、非道德与道德之间的根本差异和尖锐对立，使人们对政治领域持将信将疑的态度，而认为尚未受到权力染指的私人领域是一块美丽可爱、道德完整的净土。

这些分歧的观点是在19个世纪末以来城市知识精英所处的社会和政治环境发生变化的背景下出现的。19世纪末的士绅阶层敢以社会领袖自居，自信地表达他们的政治观点；虽则维系这种感觉的社会基础已经开始腐化，但他们自觉地担当起民族文化和政治价值观的权威发言人。而30年代大学生对国家政治生活的基本原则的解释表现出无能为力。他们的文化观屡遭批评。由于文化观和社会背景巨大差异，他们或因囿于城市，或因西化，或因接受了实践课程的训练，或因熟练掌握英文，又或因失业的威胁，内部分歧十分严重。这些分歧确实构成了民国时期学生文化的特
点。但归根结底，社会剧变下的大学生该担任怎样的角色？如果他们既不 261
能以文化权威的姿态发言，也不能得到群众的支持，那么他们有什么资格认为自己是民族的精英呢？他们与国民党和国家的关系如何？他们是否要

抵制思想统一呢？由于新兴的军事右翼和组织性很强的革命左翼两面的挤压，原来那种的精英意识在30年代知识分子身上已不复存在。在此意义上说，青年的忧郁和沮丧情绪等于说是默认了这一代大学生毫无能力提出自己的社会政治理想。另一方面，左翼和右翼都在他们各自的政治方案中详尽地描述了城市知识分子应该扮演的角色。因而30年代大学生所面临的困境是失去了中间立场。在私人生活和公共利益之间的选择也变成了独立和屈服、道德价值和政治权力之间的选择。可以说，晚清知识精英曾经的设想——从个体发展到国家富强的平稳过渡——最终落空了。

十二、自我、社会、技术和近代化：国民党的解决方案

国民党理论家喜欢强调“个体发展”与“国家富强”之间的直接联系。共产党的宣传也强调个人应当为集体目标作出无私的奉献。第三种声音则来自诸如北大教授朱光潜等自由主义者和知识分子。他们强调追求个人生活的意义，认为教育的功能在培养学生的道德辨别能力和审美情趣。在当时的政治背景下，朱光潜培养内在自我的美学教育主张看似无效而其
262 实很有吸引力。1949年后，新政权在1956年到1958年之间发动了一场大规模的批判“唯心主义美学”运动，就是因为这种美学观“毒害”了1949年以前成千上万的青年人。[93]

国民党的教育政策把重点放在科学和技术，旨在培养专门人才，以实践孙中山国家建设蓝图。从国民党的观点来看，个人的自我发展包括两个方面的内容。其一，正确理解孙中山思想和三民主义；其二，努力学习从如何课税到如何使用农器等一切有用的知识。在这份国民党的建设方案中政府经常策划学生运动，但是学生自主的政治行动却没有实践的空间。

戴季陶在1928年出任广东中山大学的校长。有关南京政府高等教育制度，他是主要设计者之一，也是上述方案最重要的理论家。戴季陶将学生内心混乱、幻灭的状态与革命流产后外部社会动荡不安的现实联系起来。[94]他指出，解决个人和国家各自困难的办法必须联系在一起。他仍然坚持20世纪20年代以来一贯反对左翼的态度，认为将“革命”与“学习”对立起来的二分法是错误的思想。[95]国民党人未能推动20世纪

20年代革命走向胜利的原因并不是为革命献身的精神不足，而是对实际事务掌握不够充分。革命阵营里对于孙中山思想领悟太少，对实用知识诸如课税、金融、审判、农业经济、军务等等专业知识掌握也不多。[96]戴季陶认为，20世纪20年代大多数青年革命者缺乏管理国家的实际经验，他们不能领会一场成功革命的真正性质。正因为如此，所以一场伟大的国 263
民革命就在无休无止的争议中被消耗。大家不假思索地重复口号，肆意使用暴力打击敌人。最后只是造成了没有任何建设性成果的破坏。[97]

1927年国民党取得政权之后，以革命为指导思想，想要实现若干长远的社会目标。戴季陶写到，革命的最终目标是实现国家和全人类的和平、繁荣和进步。[98]在国民党领导下，实现这些目标意味着重视国家的物质建设和社会伦理的重建，优先发展近代国家的基础设施——电报、铁路、金融、管理、货币制度、银行、警察等等。他相信社会正义会随着物质建设的完成接踵而来。因此，大专院校将成为训练基地，培养在技术上有能力且在意识形态上正确的学生。

然而，国民党从民国初年提倡了十余年的革命，日夜宣传革命会带来迅速的成功。南京政府成立以后在宣传上改弦易辙，转而强调实用知识和专业技能，这其实是放慢了革命的步伐，相应调整了人们的期望。戴季陶认为，经济发展可以改善人们的生活条件，而暴力革命只会对国家造成破坏。只有物质增长才能改善民生，而要做到这一点，个人需要长期不懈地努力和奉献。所以，生命的目的不是不断企盼一个新时代的出现。反之，伟大的革命性转变所带来的利益可能根本就不能以个人的短暂一生来衡量。[99]

依据上述理由，戴季陶重新描述了个人该如何对革命做出贡献。他认为，这已不再取决于革命者有多高尚、多投入，而取决于个人能否保持对历史使命的自我牺牲和奉献精神。这也不取决于个人如何理解革命，而取 264
决于个人是否能尽职地承担起国民党建设蓝图赋予知识精英的责任。革命的重心从实现社会正义转变为实现全体国民的物质富裕。真正投身于革命的标志，甚至都不在于普遍意义上的政治觉醒，而在于拥有促进繁荣和平的个人工作伦理和道德态度。同时，党治国家也卸下重责，不必向同时代人展示会对变革的要求立刻作出反应，尽管国家最终还是要对后代子孙负责。

走专家治国（technocratic）路线以实现和平繁荣这一平淡无奇的观点，非常强调国民个体的公共纪律（communal discipline）和专业技术。戴季陶断然否定亟变臻治的可能性，说明他对个体存在的价值持模棱两可的判断。假如国家的未来依靠政府监督下稳定的物质进步，那么奉献精神和集体纪律就是对于公民的主要美德要求。这里既没有个人英雄主义的空间，也没有激进唯意志主义的空间。国民党的专家治国路线将近代国家的振兴转变为一个管理学问题，即如何建立一个高效且稳定的制度。它处理个体问题，只在满足人对食物、性、安全的需要的层面上。因此，在国民党制度下，中国人的历史命运是一个缺少魅力、不具戏剧性、由无名者逐渐实现的艰巨历程，一切都只是为了民众及子孙后代的物质利益。

十三、公与私的融合：革命者的观点

国民党为了实践它的教育方案，强调把大学党化，由党与国家监督教
265 育行政。革命的社会主义者则另辟蹊径，在学生中建立秘密组织来传播思想。国民政府通过设立在大专院校里的政治训练部对学生们进行思想灌输，而共产党革命者却靠学生自发学习理论和历史问题，所涉及的议题包括学生运动、女权运动、劳工组织、殖民主义、帝国主义、法西斯主义以及中国在世界上的地位等等。[100]在理想情况下，这些秘密学生社团的成员结合高尚的道德标准和坚定的信念，不管时局有多困难，他们立志为革命运动作无私的奉献，坚持社会主义理想和真理，毫不妥协地与非正义势力斗争。

20 世纪 30 年代中共地下党在校园里成立学习小组和秘密组织，在重大历史问题上执行共产党的路线。[101]绝大部分学生积极响应爱国主义的号召。但是，政治上的进步者除了爱国，对科学社会主义还要有更多的忠诚。[102]根据刘群的说法，在伟大的社会主义革命历史过程的“严峻考验”中，个人要有“为人类服务的献身精神”、“不避危难，不避艰险”以及“永远不自满和努力学习”，使个人的人格和那个光辉的事业结合在一起而崇高起来，伟大起来。[103]

革命殉道精神可以帮助个人克服其自身的一切卑微渺小，包括人格的

缺点和人生的不如意。刘群向青年们保证，假如一名青年献身于革命运动，就算他以前欠了人家钱不还或是揩了别人的油，他的荣誉和名声也丝毫不会受损。[104]甚至革命还能够抚慰因恋爱失败而陷入痛苦深渊的青年。刘认为，青年的诸多难题均是因社会压抑造成的，只有到革命胜利后 266
才能得到完全的解决。[105]同时，献身革命还有助于缓和性压抑和挫折感。[106]

刘群把解决青年在个人问题上（包括金钱、工作、爱情、婚姻、家庭生活等）的不幸与解决公共领域中的问题（拯救国家、人民、全人类，以及拯救真理和正义的运动）联系在一起。不仅个人是为集体福祉而活着，而且解决个人问题的方法也必须采用群众的、政治的行动。从严格意义上说，革命者的思维中不存在“个人”考虑。个人的不满只是社会行动的基础，社会行动才使个人的思想感情具有政治意义。

把个人的挫折看做社会问题的表征，也就是减免个人对自身境遇在眼前社会中的直接责任。20 世纪 30 年代中期，左翼作家批判现实社会中的剥削、不公、腐败及非人道现象，获得了极多的大众认可和思想威望。影响所及，城市进步青年短于责己，长于责人；勤于批判，懒于实物。这批青年在左翼刊物中取得一套话语以及逻辑，经常展示自己的超前社会觉悟，以作为人我之间的区划。他们实行“小圈圈”与“关门主义”，从党组织的发展角度来看，他们的唯物论调使得进步青年很难与城市中的主流爱国人群和谐共处。[107]

刘群作品中的革命青年形象并不令人激赏。这些青年毫无耐心又十分
自负，他们的空泛口号疏远了专业型的工作者，他们对金钱和性的随意引 267
起一般保守者的侧目，他们往往把自我的恣意粉饰成集体的解放。[108]实际上，这些自诩政治进步的青年也不受他们同学的欢迎，20 世纪 30 年代激进思想在大学校园中没有强大的组织基础，也缺乏追随者。根据刘群的调查，20 世纪 30 年代绝大部分在校大学生并没有参加学生运动组织。[109]学生组织可划分为三类，其中规模最大、动员力最强的是由执政的国民党指导的青年组织。其次则是基督教青年组织，主要集中在教会大学，组织完善，成员人数可观。进步青年组织相对发达的是京津地区。华北地区国民党统治力量薄弱，教会大学人数不如上海，20 世纪 30 年代日

本帝国主义力量扩充，华北继东北与内蒙古之后首当其冲，亲日与抗日阵营的角力渗透进每天的日常生活里面。这些地区的学生爱国主义热情于是达到了高潮。然而，即使在1935年著名的“一二·九”运动期间，北方大学里的进步分子仍然感觉到他们势单力薄。刘群认为，当时的实际情况是，进步学生南下到上海、南京等地参加抗议活动，等回到北平却遭遇同学们的排斥。有的同室甚至把他们的行李衣裳丢出房间，以表达对进步分子反政府立场的强烈不满。[110]

刘群的目的，不是谴责那些受政府所雇的学生对进步分子的排斥行为。他的论述出现在20世纪40年代，他的任务是在抗日的背景之下组织学生运动。他的分析首先是为了理解进步分子为什么在20世纪30年代的校园里不受欢迎。革命青年要想拓宽群众支持的基础或者获得更多的朋友，就有必要对那些持不同意见者保持克制和礼貌的态度，赢得他们的信任和声誉。他们也有必要对金钱和男女问题持审慎的态度，获得家庭和朋
268 友的支持，形成“统一战线”。出于战略的需要，进步分子有必要建构良好的品行和形象。他们的操守即使不是出于他们的社会思想信念，也得为实现社会主义革命这个更大目标而服务。

在20世纪30年代中期中国共产党的政治命运处于低谷时，刘群给“处于十字路口”的青年人提出了建议。1936年12月西安事变以前，蒋介石下定决心——也有能力——先彻底打败红军，然后转而抗日。国民党的秘密组织（戴笠领导的军事委员会调查统计局）在与城市里的共产党地下组织的斗争中，取得了决定性的胜利，制造了白色恐怖。[111]革命烈士在道义上虽然令人敬佩，但是随着而来的是共产党的城市组织急剧萎缩，党组织在大城市中站不住脚，随着中央苏区出发长征，组织上的联系也被迫中断。等到中共中央在陕北恢复，抗日战争爆发，共产党培养一般舆论对革命运动的支持和重建政治基础的工作就显得非常迫切。这样的形势说明了战略和战术的考虑必须要先于象征性成就的取得和参与者的个人满足感。

刘群并不是20世纪30年代激进青年唯一的左翼导师和精神顾问。同他一起加入20世纪30年代中期上海出版界的同志还有许多。比如，胡绳，北大毕业生，20世纪50、60年代成为中国共产党主要理论家；李达，当时杰出的马克思主义思想家；陈伯达，中国共产党在国际共运方面

的主要发言人和中共中央宣传工作领导；林默涵，后来的文化部副部长(1959—1966)；薛暮桥，经济学家，中国农村问题专家。[112]他们的出版活动并不限于传单和小册子。他们五人都是上海《自修大学》周刊的编 269
辑和定期撰稿人。该周刊面向的读者群是渴望进步的中下层阶级和学生，它倡导自拟学习计划，反对学校制定的课程。

在给青年学生的建议中，刘群总结出了政治行动主义和社会主义革命方案中存在的某些主要困境。正如戴季陶在论专家治国的文章中所说的，刘也认为革命者活着不是为现在而是为了将来，不是为了自己而是为了集体，但革命者心目中的理想未来，不是通过点滴的建设性努力去实现，而是通过全盘否定和破坏现在的一切来实现。在前革命时代的现实中，一个革命者为了追寻对未来人类问题全面的解决之道，不得不将他的思想和生活割裂开来。从思想上说，所有的努力都是为了致力于建设一个未来的新秩序，体现超高道德和真正公平。然而，在革命斗争过程中，作为战略上的权宜之计，革命者必须与对手达成一定程度的妥协。虽然革命的最终目标是实现全人类的自由和尊严，但在策略上，革命者必须利用阶级敌人和封建地主，即社会上各个阶层和各种人际关系。虽然革命者在理论宣传中有能力区别以下情况——对待敌人要无情打击，对待同志要温暖如春，但在现实中他们必须努力地形成统一战线，无论是与爱国者，或与土豪劣绅，还是与城市里的中产阶级，都必须结成暂时的联盟，目的是在共同的关注点和利益基础上制造最基本的共识，以争取尽可能多的政治支持。所以，专家治国论与革命论均声称为人类谋幸福，但是在革命实践过程中，两者对个人现世存在的基本价值，都没有赋予超工具性的尊重。

十四、审美主义的道德观 270

自由主义者将政治问题视为文化问题。政治问题也是人类价值的问题。在南京政府统治的十年中，大学里自由主义取向是主流，其中领军人物都是北方著名大学里的文科教授。朱光潜的美学著作在1929年首度面世，在短短时间内一版再版。其中，《给青年的十二封信》到1936年，已销售出5万册，成为开明书店（上海著名出版社之一）有史以来最畅销的书籍。不少文章还编入中学生和大学生教科书或课外读物。朱光潜在青年学生当中很有影响力，但也遭到左翼批评家的攻击。胡绳贬斥朱的美学观是“浅薄的温情主义”、“庸俗的市侩主义”和“廉价的避世主义”[113]。但是朱的影响力仍继续存在。20 世纪 50 年代新政权发动了一场长达两年的大规模批判运动。这场批判之所以有必要，正因为朱光潜在那一代人心目中作为精神导师具有深厚的影响。

对于朱光潜及其人文主义同道而言，那个时代最急迫的思想问题似乎是当时中国社会没有能力进行自我新生。朱写道：“假如一个社会坏到不可收拾的地步，是什么原动力可以使它改善更新?”[114]

朱光潜相信中国社会的腐败不完全是社会制度的问题，同时也因为人心太坏。[115]传统思想家总是强调几个道德精英的榜样，以道德影响力来“洗刷人心”。但朱光潜却赋予“怡情养性”以平民主义的观念。他认为，只要精心培育和规范社会中每一个成员的观念——通过人心净化和人生美化——就一定能够挽救如此大范围的社会不安。[116]

这种自我修养并不始于道德关注，而是始于艺术鉴赏。如果人们有正
271 确的思维模式，当他们看见池塘、小溪、小鸟、青蛙、草坪、玫瑰、彩虹、四季变换等等，一定能够提升内心的感受。[117]朱强调的是对物本身的美学鉴赏，而不是联想到物的功能质地或逻辑意义。“这种脱净意志和抽象思考的心理活动叫做‘直觉’，直觉所见到的孤立绝缘的意象叫做‘形相’。美感经验就是形相的直觉，美就是事物呈现形相于直觉时的特质。”[118]因为人对物的美感经验是绝对孤立的鉴赏，不计较实用，所以心中没有意志和欲念；不推求关系、条理、因果等等，所以不用抽象的思考。由此，美学可以使个人摆脱外来的关注，重获心灵的源头活水，与自己的内心感受和谐共处，从而达到摆脱俗务纠缠的更高层次。[119]

国民党的理论体系对这种人类情感表现得非常模棱两可，而朱光潜却鼓励个人以审美为中介去表达情绪，并对情绪作出反应。尽管革命者号召大家要全心投入集体任务，并以浪漫的情绪去鼓动，但朱却对这种不假思索的热情和歇斯底里的心态十分警惕。尽管美感经验需要个人主观感情的投射，但在朱看来，真正的审美来自于自我对所体验之物的超然态度。构成真正美感经验的是在平静心态下心灵对细致美感的体悟，而不是自我即

时、直接投入情景之中。[120]

朱光潜希望在大学生中培养“冷静、反思的心灵”，他试图以此打开一条通往更高社会秩序的大道。艺术创造和审美需要一系列的努力，让对现实的呈现超越世俗而升华。这也意味着，要不断激发创造性洞见，并坚 272
持不懈地让自己摆脱自恋。[121]美学体验始于主观感情的投射，但只有让自我进入艺术再现的世界，与其他充满激情的灵魂进行精神交流，这种体验最后才可从主观唯心主义中解放出来。

朱光潜认为他的审美观具有普遍性。他所列举的文化英雄从贝多芬、莫扎特、柏辽兹、达尔文、牛顿、康德、黑格尔、米开朗琪罗、罗丹、莎士比亚、歌德，到中国的杜甫和王羲之。[122]美学不仅仅跨越了国家和社会的人为界限，它还消除人与人之间的分歧，建构另一种生活，以人的整体观作为中心。朱写道：“当生命和艺术达到统一时，生命变成了一个多面、但又十分和谐的整体。”[123]艺术表达了生命的活力和创造力。没有艺术，就没有生命，反之亦然。艺术穿透了现实四分五裂的表象，揭示出人类存在的更深层结构中内在关联的实质。[124]

在这个意义上，美学包含了伦理道德。因为生命是一系列充满真正活力和自发性的审美遭遇，所以生命也是一个全力以赴、真诚竭力追求真理的过程。在审美观的统一与和谐之中，既有美，又有善；在虚伪矫饰（hypocrisy）中，既有丑也有恶。[125]朱光潜写道：“美的实景无处不在，我们每一次的相遇，总像是在体验生命本身的真实意义。生命永远在进化、展现、变化、更新。”因此美感经验是将人类从固执、僵化、腐朽、呆板、传统等种种令人窒息的限制中解放出来。[126]他把审美经验的严肃性与个人行为一丝不苟的诚意以及超越并否定现存制度的能力联系在了一起。对一首诗中某个词的反复推敲，对金钱的谨慎态度，对承诺的绝对信守以及个人日常生活的循规蹈矩和对生活细节的精心安排，这些都表明了对生活的态度，即珍视生活中每一刻的态度。[127]但是，这些一丝不苟的行为并不是向现存的规范和外加的义务妥协。因为美学允许个人洞察绝 273
对真理和美，所以通过美学可以使个人自然而然地参加到善和美的创造中来，从而超越既有规范的框架，而又不偏离其道。

朱光潜的人生观是建立在审美的内心状态上，因此他将从生命中发觉意义和内涵的责任稳稳当当地放在个人的肩上。他相信，每个人的生命形态和内涵都只是他个人的创造。个人要有能力培养足够的感受力并行使充分的自律性才能加入共享审美力的共同体，而个人生存的意义正与这种能力直接相关。朱光潜严厉批评两种青年：一种认为他们的不快乐是由社会环境造成的；一种认为只有当理想中的未来降临之时，真正的历史才开始，即所谓“志在将来”。[128]为将来而活，是在逃避现实中的道德责任；沉溺于悲观倦怠情绪，只能反映内心生活的空虚。

此外，以美学为中心的人生观强调现时现地的生活。对于人文主义者而言，个人生活并不被视为抽象历史进程的一部分，人文学者并不认为这一进程会必然无误地引领人们走向下一阶段的物质发展和社会变革。与唯物思潮相反，人文主义者认为个人生活在主观体验中，由一连串的不同时刻连接，每一事每一物都会引发崭新的体悟和真实的情感，使生活的每时每刻都充实而不虚。这个充实借助内心想象的视觉画面，也借助充满真与美的声、光、色。因此，在朱的思想中至少有两个关键性概念：对此时此地的欣赏以及行动的意志力（the will to be）。[129]

就像20世纪30年代许多大学生的“世界观”一样，朱光潜的宇宙观亦显示出社会达尔文主义的影响。他也认为人的存在已不再具有本体论意义，但他又不像他的许多学生那样屈服于宇宙的漆黑无光。[130]相反，朱
274 坚信人的意愿，并且从思想家和艺术家的创造活动中寻找意义，认为“悠悠的过去只是一片漆黑的天空，我们所以还能认识出来这漆黑的天空者，全赖思想家和艺术家所散布的几点星光。”[131]尽管他对社会政治现实和人类本体状态的评价并不乐观，对低沉、沮丧的社会气氛也不是没有察觉，但是他坚持通过积极贯彻纯粹的个人意愿去创造人生的价值和意义，而不是断言靠超出个人掌控的大而抽象的历史力量就能取得最终胜利，并从中寻找慰藉。他敦促个人要独立反思并控制情感，而不是去讴歌集体意志（the collective will）所具有的转化能力。

对逆境的敏感，对人类局限性和天地无情的深刻认识，对个人道德意志重要性的坚定信念，这些因素的合流，使朱光潜十分赏识孔子，并将其描绘成具有非凡地位的伟人。他发现孔子的思想令人深深感动，尤其是《论语》中记载的孔子与两个隐士长沮和桀溺相遇的故事。[132]朱光潜特

别强调，故事中孔子认识到世界已经偏离了“道”，但这位伟大人物在明知徒劳的情况下，仍然不放弃地去寻求他的道德理想。朱认为，人之为人的中心任务就是要培养和实践意志和勇气，去斗争和征服。[133]道德斗争向内针对自私欲望，向外则针对外在逆境，而生活的意义就是从这一系列不懈的道德斗争中获取的。虽然以行动来贯彻意志并不能改变人类生存状态的基本方面，但是，若不这么做，就只剩下乏味、倦怠、混乱和堕落，几乎可以说根本就没有生活了。

十五、最终的悲剧

左翼批评家很快予以回应，他们认为朱光潜作品所代表的美学和伦理
的生活取向无法面对现实生活的考验。胡绳的批评可能是最为严厉的，他 275
不仅斥责朱光潜低估了种种烦闷情绪的社会意义，而且指出朱的美学观用于指导行动时存在着严重矛盾。胡绳写到，朱的宇宙观是“多元的”、“混乱的”，“没有一个确定的标准”；当遇到事情时，只能就个人的状况提供一些“兵来将挡，水来土掩”的建议。因此，他觉得朱的观点缺乏有力的指导性和有说服力的解释。朱的这些观点代表了“没落阶层”的人生观，“极具麻醉性，不可能形成全面的理解体系”[134]。

20 世纪 30 年代中期朱光潜与胡绳的歧异令人想起 1919—1920 年胡适与李大钊的“问题与主义”之争。李大钊的思想传记作家莫里斯·迈斯纳（Maurice Meisner）写道：“隐藏在‘问题与主义’论战背后的问题是在两个不可调和的行动纲领之间做出一个选择，也即马克斯·韦伯所归纳的‘终极目的伦理’与‘责任伦理’之争。”[135]朱光潜理解社会政治问题的取向易遭批评，因为它所体现的是终极目的伦理而不是责任伦理。在政治问题上，人文主义者所标举的最佳行动方案，不是有组织性的反抗，而是个人的抗议；不是发表一个包罗万象的思想纲领，而是在具体问题上摆明立场——就是 20 世纪 30 年代城市中产阶级大学中的知识分子所持有的那种政治异议。[136]那时的政治斗争为实践意志和道德勇气提供了机会，如像胡适这样的自由主义者在人权问题上的抗争。

朱光潜在20世纪30年代的思想背景下写作，将阐发人文主义和美学的立场看做对中国共产主义的批评，而与之相比，胡适在20世纪30年代初的作品中捍卫个人的思想和言论自由，试图抗议新成立的国民政府专制主义控制。当胡适出版他和朋友关于宪法保护基本人权和自由的论文合集
276 时，他明知道会有入狱的危险。1930年《人权论集》付梓之后，胡适就受到来自官方新闻媒体的攻击，被迫辞去中国公学校长的职务。而且，仅仅因为胡适担任《新月》的编辑，这份颇具声望的期刊也随之被当局查封了。[137]

在这些人权论文中，胡适质疑国民党强制灌输政治意识形态的做法。他的抗争出于人文主义者对人类理性的信念，以及对专制权威的道德排斥。胡适写道："今天的人如果对上帝都可以批评，那么何况国民党与孙中山？"[138]胡适用一个神话来描述他孤身挑战政治权威的意义："昔有鹦鹉飞集陀山。山中大火，鹦鹉遥见，入水濡羽，飞而洒之，天神言：'尔虽有志意，何足云也？'对曰：'尝侨居是山，不忍见耳。'"[139]

胡适并不指望以个人之力扑灭燎原大火，但他坚信采取政治行动本身具有道德意义，即使这些行动会招致强权的弹压和暗杀者的子弹。在这方面，个体尊严比政治有效性更重要。朱光潜要求培养青年学生所谓的"冷静、反思的心灵"，在这场人文主义者争取人权的斗争中，就表现为无声的抗议行动、坚定而冷静的情感投入以及用直白言辞所表达的不可折服的钢铁意志。

277 19世纪西方的到来，在中国思想界激发了文化上的反传统和政治上的革命，并进而粉碎了传统中国知识结构和社会整合的特定模式。正是这一巨变使20世纪30年代的大学生要从完全不同的思想和政治立场中做出自己的选择。在这个意义上，青年学生中的忧郁情绪，与其说表现了他们在社会和文化上的孤立，还不如说反映了他们正深深地卷入了多种激烈冲突的选择之中。他们唯一的选择就是做出选择。城市中貌似优裕、舒适的象牙塔，同时却处于时代政治斗争和思想冲突的旋涡当中。由于中产阶级的高等教育越来越仰赖于市场资金和国家支持，大学毕业生的社会立场已日趋妥协，但至少在理念上，高等院校仍然是一个规划中国未来以供他人追随的地方。正如刘群所总结的，20世纪30年代的青年正处于十字路

口，要由他们每个人自己来选择正确的道路。

人文主义者在努力追求个人自主权的过程中，带着平静的尊严，心怀茫茫宇宙中孤独之人的悲剧感，时刻准备着迎接挑战。但是随着局势的恶化，坚持这种立场已变得越来越难，来自左翼的批评也不断提醒人文自由主义者他们在政治上的无能与势力的薄弱。革命者十分鄙视审美观在现实生活中的软弱无力。胡绳写到，有些诗人憎恶这个社会中的黑暗，以为靠着诗人的灵感就可以逃避这个社会，去过自由自在的生活。这显然只是一种抽象的可能性，其结果就是面对现实撞壁的时候，就不能不感到幻灭的悲哀了。[140]胡绳以轻蔑的态度复述扬子追赶失羊的故事。如果一个人缺乏道路，那么一旦走到三岔路口，就连羊都找不到，只能掩面哭泣。[141]最终，人文主义者也不得不与胡绳一样，对那一类“掩面而泣”的人感到不耐烦。毕竟，20 世纪 30 年代中国所面临情况中最重要的，是改变现实的能力。朱光潜写道：“假如一个社会坏到不可收拾的地步，有什么原 278
动力可以改善它呢?”[142]

对于行动力的问题，胡绳肯定有答案，但是 20 世纪 30 年代那些拥护“主观审美论”者并不接受他的方案。[143]20 世纪 40 年代民族危机加剧，可作选择的空间巨幅减缩。沿海大学随着战火的延烧而内迁，大学教授与学生的生活形态急剧转变。高等教育与国家的关系也进入新一页。自清末开始，文化和政治之间，个人价值和集体目标之间的取舍逐渐产生对立，至此已达到了截然两个阵营的地步。就某种意义来说，20 世纪中国历史上演了一幕最终的悲剧：那些试图用个人行动来赋予人生以意义的人，在历史动荡的背景下，不得不放弃原有的坚持，转向另一条道路。

表1　高等教育机构的地理分布（1934年）

281 表例：○公立大学，国立
＊公立大学，省立
私立大学
[＊] 独立学院，公立的和私立的
[#] 特殊学院，公立的和私立的

		总数
上海	○○○#######[＊＊＊＊＊＊＊＊＊][######]	25
北平	○○○○＊###[＊＊＊＊＊][####]	17
河北	#[＊＊＊＊＊＊＊][#]	9
广东	○＊###[＊＊＊]	8
湖北	○##[＊][##]	6
江苏	#[＊＊][###]	6
南京	○#[＊][##]	5
山西	＊[####]	5
浙江	○[＊][##]	4
福建	#[＊＊＊]	4
四川	○＊[＊＊]	4
河南	＊[＊][#]	3
山东	○＊[#]	3
江西	[###]	3
湖南	＊[＊]	2
广西	＊[#]	2
安徽	＊	1
云南	＊	1
甘肃	[＊]	1
陕西	[#]	1
新疆	[＊]	1
		111

资料来源：《全国高等教育统计，1934年》。
备注：上海地区的学校总数包括了圣约翰大学。

表 2　高等院校的招生人数（1934 年）

Ⅰ. 国立大学		总数：11 898	282
1. 中山大学	2 284		
2. 北平大学	1 431		
3. 清华大学	1 141		
4. 北京大学	1 001		
5. 中央大学	932		
6. 暨南大学（上海）	843		
7. 北平师范大学	847		
8. 四川大学	724		
9. 交通大学	687		
10. 浙江大学	681		
11. 武汉大学	563		
12. 同济大学	428		
13. 山东大学	336		
Ⅱ. 省级大学		总数：4 299	
1. 山西大学	916		
2. 东南大学	831		
3. 河南大学	596		
4. 勷勤大学	517		
5. 湖南大学	490		
6. 广西大学	357		
7. 安徽大学	354		
8. 云南大学	238		
Ⅲ. 私立高等院校		总数：11 558	
1. 大夏大学	1 325		
2. 复旦大学	1 364		
3. 广东国民大学	1 312		
4. 辅仁大学	642		
5. 燕京大学	650		
6. 金陵大学	616		

续表

	7. 光华大学	565
	8. 广州大学	555
	9. 东吴大学	546
	10. 上海浸会大学（沪江）	541
	11. 武昌中国公学	420
	12. 岭南大学	451
283	13. 厦门大学	447
	14. 济南大学（山东）	434
	15. 南开大学	406
	16. 大同大学	347
	17. 中国西部基督教联合学院	342
	18. 震旦大学	290
	19. 中法大学	174
	20. 武昌中央大学	131
	全国总数：27 755	

资料来源：《全国高等教育统计，1934》。

备注：圣约翰大学大约有 320 名学生，没有出现在这份清单上，因为它在 20 世纪 30 年代没有获得教育部的官方认可。

表 3 上海、北平—天津和南京—苏州的高等院校的招生人数（1934 年）

Ⅰ. 国立大学	全国总数：		11 898	284
			3 个城市的总数：7 310	
北平		4 420		
1. 北平大学	1 431			
2. 清华大学	1 141			
3. 北京大学	1 001			
4. 北平师范大学	847			
上海		1 958		
1. 暨南大学				
2. 交通大学				
3. 同济大学				
南京		932		
1. 中央大学	932			
Ⅱ. 私立高等院校	全国总数：		11 558	
			3 个城市的总数：7 781	
上海		4 747		
1. 大夏大学	1 325			
2. 复旦大学	1 364			
3. 光华大学	565			
4. 上海浸会大学（沪江）	541			
5. 大同大学	347			
6. 圣约翰大学	320（估数）			
7. 震旦大学	290			
北平—天津		1 872		
1. 辅仁大学	642			
2. 燕京大学	650			
3. 南开大学	406			
4. 中法大学	174			
南京—苏州		1 162		
1. 金陵学院	616			
2. 东吴大学	546			
高等院校全国招生总数			27 755	
3 个城市的招生总数			15 091	

表 4　北平—天津和上海的独立高等院校招生人数（1934 年）

285 Ⅰ. 中央政府主办的公立机构			
		全国总数：	1 247
		2 个城市地区总数：	871
北平—天津			
1. 北洋工程学校	410		
上海：			
1. 中法工程学校	64		
2. 上海商学院	220		
3. 上海医学院	177		
Ⅱ. 省政府主办的公立机构			
		全国总数：	1 674
		北平—天津总数：	836
北平—天津			
1. 河北工业学校	251		
2. 河北女子师范学校	339		
3. 河北政治经济学院	246		
Ⅲ. 私立机构			
		全国总数：	6 553
		2 个城市地区的总数：	4 788
北平—天津			
1. 朝阳学院	1 324		
2. 中国公学	1 082		
3. 北京协和医学院	97		
4. 民国学院	659		
5. 北平铁路学校	359		
6. 天津工商学校	118		
上海			
1. 上海法律学校	218		
2. 上海政法学校	108		
3. 持志公学	544		
4. 中国公学	130		
5. Zhengfeng College of letters	126		
6. 上海女子医药学校	23		
		全国招生总数：	9 474
		2 个城市地区的总数：	6 495

表 5　南京政府十年时期中国主要高等院校名称及其所在地

286

名称	地点
大夏大学 (Daxia University)	上海
东吴大学 (Soochow University)	苏州
复旦大学 (Fudan University)	上海
沪江大学 (Baptist Shanghai University)	上海
光华大学 (Guanghua University)	上海
国立北京大学 (National Beijing University) 又称：北京大学，北大	北平
国立北平大学 (National Beiping University) 又称：北平大学，平大	北平
国立北平师范大学 (National Normal University of Beiping) 又称：师范大学，师大	北平
国立交通大学 (National Communications University) 又称：交通大学，交大 1902—1929 年：南洋大学（Nanyang University) 1910—1919 年：南洋公学	上海
国立暨南大学 (National Jinan University) 又称：暨南	上海
国立清华大学 (National Qinghua University) 又称：清华	北平
国立山东大学 (National Shandong University) 又称：山东大学，山大	济南
国立四川大学 (National Sichuan University)	成都

续表

名称	地点
又称：四川大学，川大	
287 国立同济大学 （National Tongji University） 又称：同济	上海
国立武汉大学 （National Wuhan University） 又称：武汉大学，武大	武昌
国立浙江大学 （National Zhejiang University） 又称：浙江大学，浙大	杭州
国立中山大学 （National Zhongshan University，Sun Yat-sen University） 1927 年前称：广东大学（Guangdong University）	广州
国立中央大学 （National Central University） 又称：中央大学，中大 1927 年前称：国立东南大学 （National Southeastern University） 又称：东大	南京
金陵学院 （Jinling College）	南京
岭南大学 （Lingnan University）	广州
南开大学 （Nankai University）	天津
圣约翰大学 （St. John's University）	上海
厦门大学 （Amoy University）	厦门（Amoy）
燕京大学 （Yenching University）	北平
震旦大学 （Université L'Aurore）	上海
中国公学 （China College）	上海

注　释

写在书前　*289*

［1］中华帝国晚期的精英学者是儒家生活方式的保护者和解释者，而正是儒家生活方式赋予了帝国机构合法性的光环。反过来，在社会背景中与平民相对的精英依靠其影响和名望进入国家意识形态和官僚政治权威机构。精英控制的官僚机构和君主政治之间的关系常常表现出紧张且互相依赖的特点，因此，精英学者试图以维护学术独立来防御这种社会政治的弱点。魏斐德：《自治的代价：明清政治中的知识分子》（"The Price of Autonomy：Intellectuals in Ming and Ch'ing Politics"）

［2］本杰明·史华兹：《儒家思想中的几个极点》（"Some Polarities in Confucian Thought"）。

［3］在关于中国从世纪之交就开始的革命性变革的历史著作中，中国学生一般都被赋予了非常显著的位置。如芮玛丽（Mary Wright）主编的《革命的中国：第一个阶段，1900—1903》（*China in Revolution：the First Phase，1900-1913*）以及冉枚烁（Mary Rankins）的《早期中国的革命：上海和浙江的激进知识分子》（*Early Chinese Revolutionaries：Radical Intellectuals in Shanghai and Cheking*）。周策纵（Chow Tse-tsung）颇有影响的著作《五四运动：近代中国的思想革命》（*The May Fourth Movement：Intellectual Revolution in Modern China*）基本上把新文化和五四运动，包括对近代中国思想史以及政治史起关键作用的事件，描述成1915—1920年北京大学的学生和教授的产物。北京大学教授李大钊创建了马克思学说研究会，他在大学里的学生和跟随者，包括了图书馆助理管理员毛泽东。这一事实进一步强化了大学生如此的形象：踌躇在民族政治运动和思想运动的领袖之

290 间，尤其表现在中国共产主党历史学家编撰的中国历史中。在南京政府时期（1927—1937），受美式自由教育培养的学生，其民族主义的爆发大多以五四运动的模式，这是易社强在开创性著作《1927—1937年中国学生的民族主义》（*Student Nationalism in China，1927-1937*）中讨论的主题。抗日战争（1937—1945）前夕，在大学生中被唤醒的爱国主义、通过教育获得的英美自由民主倾向以及1936—1937年知识精英转向以农村为基地的延安中国共产主义运动，三者之间的关联在易社强和唐纳德·克莱因（Donald W. Klein）的《反叛者和官僚主义者：中国的"一二·九"运动者》（*Rebels and Bureaucrats：China's December 9ers.*）中得到了进一步的描述。许多知识分子被认为和国家紧密地联系在一起，如杰罗姆·格里德（Jerome Grieder）在《近代中国的知识分子和国家》（*Intellectuals and the State in Modern China*）中的阐述。这种联系经历了1949年中华人民共和国的建立仍幸存，但知识分子与中国共产党所领导的新国家的关系在本质上与此完全不同，默尔·高曼最近在《中国的知识分子：建议与异议》（*China's Intellectuals：Advise and Dissent*）指出了这点。其他地下异流文学、墙报以及20世纪80年代复活的学生政治抗议书带来了民主运动的基础和局限，黎安友（Andrew J. Nathan）在获奖研究著作《中国的民主主义》（*Chinese Democracy*）中将此追溯到了19世纪90年代精英学者要求立宪改革时的宣传鼓吹。

［4］何炳棣：《中华帝国成功的阶梯，1368—1911》（*The Ladder of Success in Imperial China，1368-1911*）；约瑟夫·列文森：《儒教中国及其近代命运：三部曲》（*Confucian China and Its Modern Fate：a Trilogy*）、《梁启超与中国近代思想》（*Liang Ch'i-ch'ao and the mind of Modern China*）以及《革命与世界主义：西方进程与中国进程》（*Revolution and Cosmopolitanism：The Western Stage and the Chinese Stages*）。

［5］何炳棣在其论文《扬州盐商》（"The Salt Merchants of Yangchou"）中，把他的注意力放在商业资本的联合、考据学、官僚政治的影响以及雅文化类型。科举功名和政治任命对显贵精英获得并保持其在明清社会中的地位非常重要，在大量的研究中，对其重要性的评估是与其他因素相对照而进行的，如大规模的宗族组织，占有大量的土地，商业财富，

次官僚政治层面的私人关系以及对当地公共事物的积极管理。这些论题已被提出，如希拉里·J·贝迪（Hilary J. Beattie）：《中国的土地和谱系：明清两朝的安徽桐城县研究》，（*Land and Lineage in China: A Study of Tung-ch'eng County, Anhui in the Ming and Ch'ing Dynasties*）；伊沛霞（Patricia Ebrey）：《清代中国的谱系类别：桐城张姓谱系的再审视》（"Types of Lineages in Ch'ing China: A Re-examination of the Chang Lineage of T'ung-ch'eng"）；苏珊·曼恩（Susan Mann）：《地方商人和中国官僚政治，1750—1950》（*Local Merchants and the Chinese Bureaucracy, 1750-1950*）；詹姆士·科尔（James Cole）：《绍兴帮：晚清中国的垂直行政派系》（"The Shaoxing Connection: A Vertical Administrative Clique in Late Qing China"）；冉枚烁：《中国的精英实践主义和政治变革：1865—1911 年的浙江省》（*Elite Activism and Political Transformation in China: Zhejiang Province, 1865-1911*）。特别是冉枚烁和曼恩的注意到了 19 世纪中期以后的社会变迁。书院、藏书楼、学术团体和经学研究（classical scholarship）的存在在从为准备科举而受官方控制的文学和史学中独立出来，这是本杰 291
明·艾尔曼（Benjamin Elman）《从理学到朴学：中华帝国晚期思想与社会变化面面观》（*From Philosophy to Philology: Intellectual and Social Aspects of Change in Late Imperial China*）讨论的主题。

[6] 如傅乐诗（Charlotte Furth）：《变革的限制：民国保守选择的尝试论文集》（*The Limits of Change: Essays on Conservative Alternatives in Republican China*）；艾恺（Guy S. Acitto）：《最后的儒家：梁漱溟和中国近代化的两难》（*The Last Confucian: Liang Shu-ming and the Chinese Dilemma of Modernity*）；佩里·林克（Perry Link）：《鸳鸯蝴蝶派：20 世纪早期中国城市的通俗小说》（*Mandarin Ducks and Butterflies: Popular Fiction in Early Twentieth-century Chinese Cities*）；以及较近出版的张灏（Chang Hao）：《危机中的中国知识分子》（*Chinese Intellectuals in Crisis*）。也可参阅叶文心：《戴笠和刘戈青事件：抗战时期中国特务机关中的英雄主义》（"Dai Li and the Liu Giqing Affair: Heroism in the Chinese Secret Service during the War of Resistance"）。

导　言

［1］关于官学课程中理学的最终确立以及蒙古人统治下的科举，参阅狄百瑞（William Theodore de Bary）：《理学的正统性和心智学说》（*Neo-Confucian Orthodoxy and the Learning of the Mind-and-Heart*），第一章，1～66 页。

［2］20 世纪头二十年在一些此类省级高等师范学校毕业的早期学生，包括作家鲁迅，毕业于两江（南京）师范学堂；中共领导人毛泽东，毕业于湖南（长沙）高等师范；国民党政府的军事特务机关头子戴笠和国民党第一军军长胡宗南，都毕业于杭州的浙江省立第一高级师范学校。1910—1920 年的南京高等师范学校奠定了 20 世纪 20 年代国立东南大学的基础，后者在 1927 年成为国立中央大学的一部分，而 20 世纪 50 年代早期国立中央大学与金陵教会大学合并发展为今天的南京大学。湖南高等师范间接辅助了湖南大学的建立。浙江省立第一高级师范学校有助于浙江大学的建立。这两个机构是五四运动的直接结果，已经被各省独立的军阀政府降级为中等学校。在其他的地方，南京政府十年统治时期的武汉大学建立在武昌高等师范学校的基础上，后者是由湖广总督张之洞在世纪之交的湖北改革计划推动的；广州中山大学建立在广东高等师范学校的基础上，也是晚清成立的。晚清的北京高等师范学校变成了民国的国立北京师范大学。

［3］确实，中国共产党和国民党的中下层结构人员常常来自这样的
292 社会阶层。关于在省级社会中，这些师范学校和地方中学的学生对当地产生的影响，请参阅韦思谛（Stephen C. Averill）的《新生活在运转：江西南部的国民党政府，1934—1937》（“The New Life in Action: the Nationalist Government in South Jiangxi, 1934－37”）、《江西共产主义运动中的政党、社会和本土精英》（“Party, Society and Local Elite in the Jiangxi Communist Movement”）。另请参见萧邦奇（R. Keith Schoppa）《中国精英和政治变革：20 世纪早期的浙江省》（*Chinese Elites and Political Change: Zhejiang Province in the Early Twentieth Century*），113～115、134 页。然而，对省级老师的师

范学校历史的具体论述，明显只是一个零散研究的课题，不在此书范围内。

［4］没有人否认民国时期被取代位置的人会有疏离感，除非有人要证明，也许在韦伯式的精神中保留了来自儒家的察觉伦理危机或体会先验焦虑的潜能，证明“异化”是一个西方词汇，不同于近代中国的概念。韦伯在《中国的宗教》（*The Religion of China*）中提出宗教法和世俗法的张力在儒教中完全不存在，虽然这种张力存在于西欧诸国，存在于伊斯兰世界，在某种程度上“甚至存在于印度”。因为从这种张力中滋生了“哲学或信仰的基本原理与导致‘初始状态’形成教条的‘世界’之间的张力”，在中国的情况中，“他核心的首要的是伦理观念，因为这样的教条对儒家学说完全是陌生的”。他继续指出儒教形成“理性的秩序”的原因，并引用了陈其同（Chen Ki Tong?）的话“宁为太平犬，不为乱世人”，以此来概括儒教伦理。参见马克斯·韦伯：《中国的宗教》，149、169页。把英雄君主和暴君的统治做对比，韦伯的引用语更像是错译了俗谚：“宁为盛世之犬，不为乱世之臣。”

［5］乔治·里希特海姆：《异化》，见戴维·L·尔斯（David L. Sills）主编：《社会科学世界百科全书》（*International Encyclopedia of the Social Sciences*），Ⅰ，268页。

［6］参阅欧文·席耐尔对“异化”的深刻解读，基于马克斯·韦伯的著作《明治日本的基督教皈依者和社会抗议》（*Christian Converts and Social Protest in Meiji Japan*）第52～55页。

第一章　语文与学识

［1］列文森：《儒教中国及其近代命运》，Ⅰ，59～78页；丹尼尔·H·贝斯（Daniel H. Bays）：《中国人进入20世纪：张之洞和新时代的出版业，1895—1905》（*China Enters the Twentieth Century：Chang Chih-tung and the Issues of a New Age，1895-1905*），45页。

［2］费正清、埃德尔·赖肖尔（Edwin O. Reischauer）、艾伯特·克雷格（Albert M. Craig）：《东亚：传统与变迁》（*East Asia：Tradition and*

Transformation)；徐中约（Immanuel C. Y. Hsu）：《近代中国的兴起》（*The Rise of Modern China*）；魏斐德：《中华帝国的衰落》（*The Fall of Imperial China*）。

［3］倭仁，蒙古正红旗人，1829 年进士及第，同年入选翰林院。倭
293 仁第一次获得赏识是在 1850 年，当时他为应对新君文宗采纳施政谏言的上谕呈递了一份奏折，奏折中力劝皇帝努力学习，调整思路，明辨好坏官吏。值得一提的是，曾在第一次鸦片战争战败之后与英国人谈判签订《南京条约》的耆英，也应对了 1850 年的这次上谕，他奏请皇帝挑选大臣与其重道德操守不如重能力，却被开缺了。1862 年，倭仁被任命为新君同治皇帝的老师，并兼任翰林院掌院学士。他进呈给皇帝一部摘抄儒家经典并亲自作注的语录集。皇帝谕令将这部手稿题名为《启心金鉴》（意为金镜以明心），将其存放在御书房弘德殿。1866 年，倭仁反对扩建同文馆，主张“立国之道，尚礼义不尚权谋；根本之图，在人心不在技艺”。由于与同治中兴的改革者之间持久的争论，除授皇帝读（皇帝老师）之外，倭仁被免除了所有职务。参见恒慕义（Arthur W. Hummel）主编：《清代名人传略》（*Eminent Chinese of the Ch'ing Period (1644－1912)*），861～863 页；蔡冠洛编纂：《清史列传》，88～89 页。关于倭仁和中西文化相遇中体用之争的问题，参见列文森：《儒教中国及其近代命运》，Ⅰ，69～72页。

［4］作为外交译员学校，同文馆的创建是在 1861 年被批准的，与之同时创建的还有总理衙门。它很快扩充了包括由西方人执教的西方技术学科在内的课程。它得到了具有改革思想的恭亲王与文祥的支持。课程包括天文、算学、化学、物理、生物、地理、矿学、冶金（金石）、机械、解剖、生理、政治经济（富国策）和国际公法（万国公法）。《瀛环纪事》的作者徐继畬担任同文馆（总管）大臣至 1870 年，此后由丁韪良继任其职位。参见邓嗣禹（Ssu-yu Teng）、费正清：《中国对西方的回应：文献通考，1839—1923》（*China's Response to the West: A Documentary Survey, 1839－1923*），73～77 页。倭仁的异议，其措词可以参见文中所引用部分，是在 1867 年的一份奏折中呈递给皇帝的。其译文见《中国对西方的回应》，77 页。亦参见芮玛丽：《同治中兴：中国保守主义的最后抵抗

(1862—1874)》(*The Last Stand of Chinese Conservation: The T'ung-Chih Restoration, 1862-1874*),242~247页;刘广京(Kwang-Ching Liu):《政治的、知识的展望和改革:1867年的同文馆之争》("Politics, Intellectual Outlook and Reform: The T'ung-wen Kuan Controversy of 1867"),见柯文、石约翰(John E. Schrecker):《19世纪中国的改革》(*Reform in Nineteenth Century China*)。

[5] 科举考试制度是许多学者关注的题目。关于前沿学者的总的看法,参见罗伯特·哈特威尔(Robert M. Hartwell):《中国人口、政治和社会的变迁,750—1550》("Demographic, Political and Social Transformations of China, 750-1550");何炳棣:《中华帝国的成功阶梯,1368—1911》。 294

[6] 当张之洞和张百熙联名上奏慈禧太后,慈禧太后在认可这份由五份奏议组成的全面的国家教育计划即《奏定学堂章程》之后,新的国家教育体制的基石终于在1904年1月13日奠定了。随后一年,科举考试的废除标志着自世纪之交以来教育改革者对保守派进行的长期政治斗争的胜利顶点;而在此之前,保守派曾通过将人们的注意力转移到新式学堂学生的颠覆性政治活动,并激起朝廷对政治革命的畏惧来抵制改革。废除科举考试之后,张之洞还获得了一笔两百万两白银的专款给京师大学堂,用于改善课程与设备。参见贝斯:《中国进入20世纪》,117~126、197~199页。亦参见邓嗣禹、费正涛:《中国对西方的回应:文献通考,1839—1923》,205~207页。

[7] 威廉·埃尔斯(William Ayers):《张之洞与中国教育改革》(*Chang Chih-tung and Educational Reform in China*);苏云峰:《中国现代化的区域研究,湖北省,1860—1916》,270~275页;苏云峰:《张之洞与湖北教育改革》;周锡瑞:《改良与革命:辛亥革命在两湖》(*Reform and Revolution in China: The 1911 Revolution in Hunan and Hubei*),42~45页。

[8] 教育改革开始之前很久,外国传教士就已经在中国教授英语。自从19世纪50年代以来,通商口岸的部分居民就已经认识到精通英语能带来商贸利益。圣约翰书院的管理者从经验中获知,开设培训熟练英语的项目将会吸引大量自愿付学费的中国学生。这些学生的教育目标大体都是功利的。林乐知(Young J. Allen)的上海中西书院的教育者尝试在课程中

留住学生，却长期遭受挫败，因为一旦学生学会了足够的英语便可在新兴的邮政部门和电报局谋得职位。在19世纪下半叶通商口岸的特殊环境中，精通英语总能带来理想的职业机会。尽管在那些年里，从严格意义上讲，英语在中国受教育精英阶层的知识探讨中只具有边缘的价值，但它很快就成了操持着上海贸易的买办小圈内的商业语言。参见罗伯特·帕特诺（Robert Paterno）：《谢卫楼与潞河书院的创建》（“Devello Z. Sheffield and the Founding of the North China College”）。

［9］任鸿隽：《一个关于理科教科书的调查》。

［10］涂铁珊1929年关于在上海读大学每年费用的估计表明，如果假
295 定每名学生每年平均开销500元，其中40元要用来购买外文书籍，与40元的寄宿费不相上下，100元要用作膳费，另外100元则要用作学杂费。参见涂铁珊：《一张上海大学生的用费单》。亦参见古楳：《现代中国及其教育》，Ⅱ，420页。1927年进口图书的总值为971 894元，1928年为1 179 748元，1929年为1 491 861元。

［11］张春风主编：《国立各院校投考手册》，20页。

［12］在1934年教育部注册的41所私立和公立的高等专门学校和综合大学、总共4 890名教员和行政人员当中，至少有3 544人，包括326名美国、英国、加拿大和澳洲人，从国外的学术机构获得高级学位，并能在外语环境中相当自如地工作。《全国高等教育统计，1934》，66、72～75页。1934年，有294名美国、英国、加拿大和澳洲人在中国的高校任教，其中32人担任高级管理席位。在294名教职员中，有203名美国人，47名英国人，44名加拿大人，1名澳洲人（总数与各分数之和不等，原文如此。——译者注）。在32名管理人员中，有24名美国人，7名英国人，1名加拿大人。在中国（大学）学校的校园里，外国教员的总数是444人，包括67名德国人，几乎三分之二集中在同济大学和北平大学的医学院中，剩余三分之一是在天主教辅仁大学的德语系；还有49名法国人，几乎全部集中在上海的法国耶稣会士大学（震旦大学）。

［13］江勇振（Chiang Yung-chen）：《中国的社会工程与社会科学，1898—1949》（“Social Engineering and the Social Sciences in China，1898－1949”），第6章。

［14］参见物理学家吴大猷《回忆》第8页对他在20世纪20年代求学时期的回忆。1983年，吴大猷被选为台北“中央研究院”院长。

［15］允许入南洋中学的地方学校的毕业生在入学之后常常会被要求接受英语和数学基础教育，直到赶上南洋中学毕业生的水平。参见徐钟淮在《十载南洋随感录》中的回忆。

［16］庄泽宣：《我的教育思想》，前言，3页。

［17］例如，参见庄泽宣的《中小学毕业标准的讨论》，收入他的《我的教育思想》。

［18］毛思诚主编：《民国十五年以前之蒋介石先生》卷8，81a－b页。

［19］一些有关的数据如下：1931年，燕京大学上报文学院137名在校生，其中中文23人，英文19人；金陵大学文学院196人，其中中文10人，英文6人；沪江大学文学院175人，其中中文7人，英文24人；岭南大学文学院37人，其中中文15人，英文10人。参见《全国高等教育 296
统计，1931》，74页。1932年，燕京大学上报文学院137名在校生，其中中文23人，英文19人；沪江大学文学院133人，其中中文29人，英文无；金陵大学文学院180人，其中中文、英文各15人；岭南大学文学院118人，其中中文9人，英文15人。参见《全国高等教育统计，1932》，75页。1933年，燕京大学上报文学院238名在校生，其中中文16人，英文21人；金陵大学文学院181人，其中中文17人，英文24人；沪江大学文学院144人，其中中文无，英文42人；岭南大学文学院126人，其中中文13人，英文21人。参见《全国高等教育统计，1933》，76页。1934年，燕京大学上报文学院191名在校生，其中中文17人，英文19人；金陵大学文学院180人，其中中文7人，英文31人；沪江大学文学院130人，其中中文无，英文38人；岭南大学文学院154人，其中中文12人，英文42人。参见《全国高等教育统计，1934》，86页。该趋势显示，英文的注册人数在增加，中文的在减少。

［20］20世纪20年代，当清华还是一个依靠庚子赔款预备学生留美的肄学馆时，课堂气氛就受到重视英语学科的严重影响。学生不欣赏关于中国历史和语言的讲课，对中文教授到堂也公然表示不耐烦。参见冯友

兰：《三松堂自序》，334 页。清华一向保持着一个庞大的英文系，这使其中文系相形见绌。1931 年，文学院有 154 名在校生，其中英文 74 人，中文 25 人；1932 年，文学院 154 人，其中英文 74 人，中文 25 人；1933 年，文学院 212 人，其中英文 100 人，中文 43 人；1934 年，文学院 273 人，其中英文 116 人，中文 56 人。参见各年份《全国高等教育统计》之《全国各大学文学院各系在校生之人数》。

[21] 由受过西方教育的精英阶层中的杰出一员所作的一幅讽刺性的知识分子自画像，可参见钱锺书：《围城》。

[22] 已故的约瑟夫·列文森说到，民国时期的大多数城市知识分子通过成为无根的世界公民与革命左翼拉开距离。为西方文化所吸引，深受他们自身的历史与普遍价值之间冲突的折磨，像在上海这样西化的中国都市的中产阶级知识分子通过对欧洲艺术和文学的认同把他们自己从民众中隔绝出来。他们对英语或法语的掌握——为在通商口岸晋升所必需——大概使他们与绝大多数居住在城市与穷乡僻壤的工人和农民分离，所以，
297 西化伴随着资产阶级化，并通过一种具有修辞色彩的社会分层，文化与阶级同样使知识分子精英阶层疏远革命性变化的源头。列文森：《革命与世界主义》，33、38～39 页。

[23] 考试题如下所述：Ⅰ. 任译下列两段之一为中文：a）Columbus was the first European who set foot on the new world which he had discovered… b）After he had gone the lady in black said he was a charming young man. I remarked that he was old and ugly. The lady in white laughed greatly at this observation… Ⅱ. 如有必要，请订正下列句子，并说明修改的理由：a）Whom do you think this foreigner is? b）Who are you speaking of? g）It is you who is wrong. h）Each of them seemed to be satisfied with the arrangement. i）He has done much work yesterday. j）It is because of heavy rain that I could not come to see you last Saturday. Ⅲ. 任译下列两段之一为英文：a）（选自《儒林外史》的一段）b）（选自《红楼梦》的一段）。参见《十三年度各大学入学试题》。

[24]《十三年度各大学入学试题》。

[25] 报名国立北京师范大学的考生被要求写一篇题为《为什么我要

报考国立北京师范大学》的短文；广东大学的报名者被给定了两个话题以供选择：一是概述自己的家乡，一是陈述为什么要报考该大学。上海中国公学的报名者被要求叙述一件学校里的趣事。参见《十三年度各大学入学试题》。

［26］《沪江大学一览，1936》，33 页。

［27］四道试题中，三道试题关于文法，另一道关于标点和大写规则。试题如下：“（1）运用五种或以上词性写一句话，并列明你所用的五种词性。（2）写出以下动词的主要部分：1）hit，2）be，3）learn…10）write。（3）给出简单句、复杂句、复合句的例证各一。”参见《十三年度各大学入学试题》。

［28］《我的北京之旅》、《我参加清华考试的体验》、《为什么我要报考清华》。参见《十三年度各大学入学试题》。

［29］［30］《十三年度各大学入学试题》。

［31］《圣约翰大学五十年史略：1879—1929》（*St. John's University, 1879-1929*），17 页。英语系唯一的中国成员是从在美国学习的中国基督徒中选拔出来的。颜惠庆，圣约翰大学创始人之一颜永京之子，在弗吉尼亚大学完成他的学业，1900 年回到中国，并被聘为圣约翰大学英语系教员。一些于 19 世纪 80、90 年代依靠政府资助在美国学习、而后又没有能 298
找到工作的中国人也在圣约翰大学任教。参见《1879—1929 年的圣约翰大学》，6 页。亦参见杰西·卢兹（Jessie Lutz）：《中国与教会学校，1850—1950》（*China and the Christian Colleges, 1850 - 1950*），190～198 页。

［32］成立于 1909 年的沪江书院因其商学院和教育学院而在 20 世纪 30 年代的上海地区非常受重视。参见《沪江大学一览，1936》，81～85 页。

［33］《沪江大学一览，1936》，81～85 页。（原文数据如此。——译者注）

［34］1931 年的数据显示，175 名学生在文学院（社会学 68 人、政治学、经济学和教育学 76 人，英文 24 人，中文仅 7 人）。1932 年：133 名学生在文学院（社会学 45 人，政治学 59 人，中文 29 人）。1933 年：144 名学生在文学院（社会学 43 人，政治学 59 人，英文 42 人）。1934

年：130名学生在文学院（社会学41人，政治学51人，英文38人）。分别见于《全国高等教育统计》（1931、1932、1933、1934），74～75、75～76、76～77、86～87页。

［35］参见本书第二章。

［36］1931、1932年，在文学院总共154名学生中，英文74人，中文25人；1933年，在文学院总共212名学生中，英文100人，中文43人；1934年，在文学院总共273名学生中，英文116人，中文56人。参见《全国各大学文学院各系在校生之人数》。

［37］冯友兰：《五四以前的北大和五四以后的清华》。

［38］列入《全国高等教育统计》（1931、1932、1933、1934）的11所国立大学是中山、暨南、北京、四川、北平师范、北平、清华、中央、武汉、山东和浙江。19所教会及私立大学是光华、辅仁、武昌中华、复旦、燕京、广东国民、金陵、齐鲁、沪江、大夏、岭南、南开、华西协和、东吴、厦门、中法、广州、大同和武昌华中。

［39］［40］《全国高等教育统计》（1931、1932、1933、1934）

［41］吴宓于1916年从清华毕业，赴美国继续他的学业，暂时入弗吉尼亚大学，后转入哈佛大学，在那里，他于1920年以优异的成绩获得文学学士学位，并于1921年获得文学硕士学位。1922年，他回到中国，在南京的东南大学担任教职，并与梅光迪同为《学衡》杂志的创办者。自1924年至1944年，他在清华大学教授西方文学。梅光迪也是从清华毕
299 业的。在1915年进入哈佛大学研究生院之前，他就读于威斯康星大学和西北大学。梅氏于1920年回国，成为南开大学英文系主任。1921年，他迁往南京主持东南大学英文系。1924年至1936年，他在哈佛大学教授中文，同时在中国保留了管理职务。他于1936年回国主持国立浙江大学英文系，同时还担任文理学院的副院长。在战时大学迁往遵义、贵州以后，梅氏还继续讲授有关英国文学的课程，集中在18、19世纪的批评家和散文家。参见包华德（即霍华德·布尔曼，Howard L. Boorman）、理查德·霍华德（Richard C. Howard）主编：《民国名人传记辞典》（*Biographical Dictionary of Republican China*），Ⅲ，24～26、442～444页。关于《学衡》，参见理查德·罗森（Richard Rosen）《20世纪20年代与中国新文学

和新文化运动相对的国故》（“The National Heritage Opposition to the New Literature and New Culture Movements of China in the 1920s”）和以下的讨论。

［42］包括朱光潜，北大的英文教授和随后的四川大学文学院院长，他留学英、法，教授英国文学和美学；郭斌龢，中央大学外语系教授，哈佛大学文学硕士，教授希腊神话、拉丁古典文学和文学批评；范存忠，中央大学外语系教授、主任，哈佛大学博士，教授18世纪英国文学；柳无忌，中央大学外语系教授，耶鲁大学博士，教授英国文学和希腊罗马文学。参见《专科以上学校教员名册》，Ⅰ，26～29页；Ⅱ，46页。

［43］叶公超：《大学应分设语言文字与文学两系的建议》。

［44］吴鲁芹：《武大旧人旧事》。

［45］清华大学的梁实秋，于20世纪30年代开始将莎士比亚译成文雅的中文，20世纪60年代出版了完整的莎士比亚戏剧中文版。

［46］著名的例子是陈寅恪，1923年至1948年，他在清华任教。陈氏是改良主义者、1895—1898年湖南巡抚陈宝箴（1831—1900）之孙，诗人、散文家陈三立之第三子。在家中，陈寅恪获得了坚实、正统的中国教育。他依靠官费去日本留学。他在哈佛、柏林和巴黎花费了大量时间选修感兴趣的课程，但从不为获得一个学位而操心。陈氏懂得大约13种语言，包括英文、德文、法文、拉丁文、希腊文、满文（通古斯语）、蒙古文、藏文、梵文、巴利文、波斯文和阿拉伯文。语言的掌握为陈寅恪在唐史方面的权威性工作奠定了基础，特别是涉及佛教的影响以及中、印、中 300
亚之间的文化关系。1938年，陈氏被聘为牛津大学中文讲座教授，但因受战争阻碍，未能去那里任教。参见包华德、霍华德主编：《民国名人传记辞典》，Ⅰ，259页。亦参见列文森《革命与世界主义》第35页关于西方内部笑话和复杂的世界主义知识的注释。

［47］关于这个受过西方训练的中国人文主义学派的文化理论，参见傅乐诗：《近代中国保守主义中的文化与政治》（“Culture and Politics in Modern Chinese Conservatism”）；劳伦斯·A·施耐德（Laurence A. Schneider）：《民族精英与新知识阶层》（“Culture and Politics in Modern Chinese Conservatism”）。和别人不同的是，约瑟夫·列文森非常强调中国精英阶层已获得的世界主义是“无根”的。只有当我们同意一个人所认同的所

有中国文化的要素都必定与对真正世界主义的渴望相矛盾时，列文森的强调才可以站得住脚。参见列文森：《革命与世界主义》，51 页。关于中国人对好莱坞电影与西方通俗文化态度的讨论，参见本书第六章。

［48］西滢（陈源）：《非力士第恩》。

［49］叶公超于 1924 年获得安姆斯特学院荣誉学士学位，1926 年获印欧语言学硕士学位。从 1929 年至 1935 年，任清华大学英语系英国文学史教授。1935 年至 1939 年任北京大学（西南联大）西语系主任。此后，任国家公职。1950 年至 1957 年任“外交部”部长，1957 年至 1961 年担任“驻美大使”。参见包华德、霍华德主编：《民国名人传记辞典》，Ⅳ，29～31 页。叶公超的评论，参见叶公超：《大学应分设语言文字与文学两系的建议》。

［50］参见《圣约翰大学五十年史略：1879—1929》，17、6 页；卢兹：《中国与教会学校，1850—1950》，190～198 页。

［51］叶公超：《大学应分设语言文字与文学两系的建议》。

［52］朱光潜：《中学校英文教学法示例》。约瑟夫·列文森将中国翻译者区别为两类：一类译者注意天才如莎士比亚与高乃依（Corneille）之间的显著差异，另一类译者物色普通的人，煞费苦心辨别亨利·巴达伊（Henri Bataille）和梅特林克（Maeterlink）。后者，在列文森看来，表现出更高明的敏锐眼光和“世界主义”作风。列文森对译者进行区分的尝试本身就有“世界主义”的作风。这种对细微区别的探索凭它自己的资格是世界主义的。列文森：《革命与世界主义》，35 页。

［53］［54］朱光潜：《英文教学法》。

［55］朱光潜：《英文教学法》。朱光潜的观察主要是依据在近代教育的发展过程中最先进的中等教育地区，即江浙一带。

［56］盛朗西：《十年来江苏中等学校毕业生出路统计》。

［57］赵廷为：《初级中学的外国文课程》。

［58］反映这一点最生动的例证可参见鲁迅的小说《故乡》，关于两
301 个同年伙伴、主仆分别长大，直到他们发觉社会身份的差别和城乡观念的分歧。受过城市教育的讲述者最后离开了他的故乡和旧时的伙伴，感到“我只觉得四面有看不见的高墙，将我隔成孤身，使我非常气闷”。杨宪

义、戴乃迭：《鲁迅小说全集：呐喊、彷徨》，55～56页。

［59］《非孝》，作者施存统，杭州浙江省立第一高级师范学校的一名学生，该文发表在1919年11月8日学校的一本学生刊物上。施的文章揭开了杭州各院校新文化运动的序幕，由此引发了一系列学生和地方当局的对抗冲突，在次年春该校被军警强行关闭时，这场冲突达到高潮。参见周策纵：《五四运动：近代中国的思想革命》，306页。鲁迅的短篇小说《狂人日记》最初发表在1918年的《新青年》上，这篇小说把儒家道德规范刻画为吃人的礼教。林毓生形容这是“对作为一个整体的中国文化和社会的抨击”，是“全盘性反传统主义”的代表。参见林毓生：《中国意识的危机：五四时期激烈的反传统主义》（*The Crisis of Chinese Consciousness: Radical Antitraditionalism in the May Fourth Era*），114～124页；周策纵：《五四运动：近代中国的思想革命》308～311页；威廉·莱尔（William A. Lyell，Jr）：《鲁迅对现实的洞察力》（*Lu Hsun's Vision of Reality*），152页。《家》是巴金“激流三部曲”中最著名的一部，写于20世纪20年代晚期，旨在抨击传统的大家族制度。小说刻画了“可爱的青年所遭受的苦难和他们的抗争，但最终也没能逃脱毁灭的命运”。参见奥尔加·兰（Olga Lang）：《巴金及其作品：两次革命间的中国青年》（*Pa Chin and His Writings: Chinese Youth Between the Two Revolutions*），70～84页。

［60］20世纪20年代早期，胡适转向对《红楼梦》的考证研究。1921年3月27日，他完成了《红楼梦考证》的初稿，这被视为此后半个世纪研究这部中国最伟大的小说的权威范例。这个范例被余英时称为“考证”，这个范例建立的基础是将小说等同于其作者曹雪芹的自传。关于20世纪红学研究的概况，参见余英时：《近代红学的发展与红学的革命——一个学术史的分析》，见《历史与思想》，381～417页。亦参见胡颂平：《胡适之先生年谱长编初稿》，Ⅱ，432页；罗家伦：《元气淋漓的傅孟真》。

［61］辑佚、校勘和小学，被誉为清代经学最主要的三项学术贡献。参见皮锡瑞：《经学历史》，63a-b页。皮锡瑞称引余萧克为校补五经的唐以前版本而做的努力是这一类工作的杰出范例。参见皮锡瑞：《经学历史》，63a页。鲁迅曾访问过的图书馆包括北京中央图书馆、通俗图书馆 302

和教育部图书馆。通俗图书馆，在北京教育部的资助下收藏了一大批戏曲、戏剧剧本、文艺以及其他大众爱好的图书。“通俗”这个术语被理解为“经典”的对立面。1913 年，教育部又租下了历史博物馆，用以前国子监的房子收藏明清两朝的内阁档案。这些文件中的一部分在 1921 年的时候曾经出售，但最终被挽回，成为中央研究院史语所的核心收藏。参见顾颉刚：《当代中国史学》，79～80 页。

[62] 鲁迅的传记作者据此认为，鲁迅曾是“由顾炎武（1613—1682）延续到章太炎这一杰出的学术传统及其科学方法”的真正继承人。因此，当陈垣这位从前的翰林学士和著名的历史学家鄙夷鲁迅的《中国小说史略》，并指出其中重要部分甚至有剽窃抄袭日本学者的嫌疑时，也就不难理解理解鲁迅的为何如此暴躁和怨恨了。参见王士菁：《鲁迅传》，75～76、206～208 页。陈垣，1926 年任燕京大学教授，1927 年被任命为天主教辅仁大学副校长，1928 年任新成立的北京哈佛燕京学社社长，1929 年任辅仁大学校长。他是公认的元史以及佛教和中国其他宗教研究的权威，他也是敦煌文书研究的权威。关于陈垣的传记概略，参见包华德、霍华德主编：《民国名人传记辞典》，Ⅰ，261～264 页。

[63] 黄侃认为在古代汉语的发音中没有三、四声，而在近代汉语的发音中却有至少 72 种基本的语音。他的《文心雕龙札记》为其学生范文澜的《文心雕龙注》（1925）打下了基础，后者被认为是这部古书最权威的释义。1914 年至 1919 年黄侃在北大执教，五四运动爆发后，因反对新文化领袖胡适和陈独秀的政治立场而辞职。1920 年至 1927 年间，黄侃在武昌高等师范学校执教，1927 年到南京的国立中央大学执教，直至 1935 年逝世。参见包华德、霍华德主编：《民国名人传记辞典》，Ⅱ，198 页。《文心雕龙》全文已由施友忠 Yu-chung Shih 译成英文，并以 *The Literary Mind and the Carving of Dragons* 为题出版。詹姆斯·刘（James J. Y. Liu）在提到《文心雕龙》（他将此书翻译为《文心：详解》（*The Literary Mind: Elaborations*））的时候称它为“关于中国文学的最全面的著作”。该书完成于 502 年以前，作者刘勰约死于 523 年。参见詹姆斯·刘：《中国文艺理论》（*Chinese Theories of Literature*），21 页。

303 [64] 章炳麟，字太炎，浙江余杭人。20 世纪最初十年间，他在东京参加革命活动，并成为一名种族中心主义的民族主义斗士。这种民族主义“逻辑上导致一个更种族化的未来景象，在这一景象中，中国人所珍视的价值只能慰藉和巩固一个特殊的、狭隘的群体”。他攻击今文学派的史学和小学著作，尤其是康有为对《春秋公羊传》的评述及康氏的制度改良思想。因此，章炳麟的学术经历，在清代盛期的汉学和民国的后儒学民族主义以及科学的历史修正主义之间形成了一个非常重要的链接。章氏死于1936年。参见傅乐诗：《造反的圣人：章炳麟的内心世界》（“The Sage as Rebel：The Inner World of Chang Ping-lin”）。亦参见包华德、霍华德主编：《民国名人传记辞典》，Ⅰ，92～98页。

［65］章炳麟的弟子涌入北大始于1913年，其时，严复辞去大学校长不久。这些弟子自行分裂为三个派系：“一派是守旧派，代表人是嫡传弟子黄侃，这一派的特点是：凡旧皆以为然。第二派是开新派，代表人是钱玄同、沈兼士，玄同自称疑古玄同，其意可知。第三派姑名之曰中间派，以马裕藻为代表，对其他两派依违两可，都以为然。”但是，在反对严复任命的北大行政和教务人员的时候，这三个阵营的人联合在了一起。20世纪30年代，章炳麟的弟子实际上被排挤在新文化阵营牢牢控制的中研院之外。参见沈尹默：《我和北大》。不必说，章炳麟弟子中的守旧派是坚决反对使用白话文的。参见胡适：《从文学革命到文艺复兴》。关于对清代盛期出现在长江下游的学术共同体的论述，参见艾尔曼：《从理学到朴学》，9～13、112～129页。

［66］沈尹默：《我和北大》。

［67］魏斐德：《历史与意志：毛泽东思想的哲学透视》（*History and Will*：*Philosophical Perspectives of Mao Tse-tung's Thought*），108～110页。1745年，语文学阎若璩（1636—1704）提出了“无可辩驳的”文本证据来证明十六章的古文《尚书》版本可能是东晋时候的伪作，只有今文《尚书》才是原作。

［68］胡适：《从文学革命到文艺复兴》。关于胡适的知识分子一面，可以参见杰罗姆·格里德：《胡适和中国的文艺复兴：中国革命中的自由主义（1917—1937）》（*Hu Shih and the Chinese Renaissance*：*Liberalism in the Chinese Revolution*，*1917－1937*），特别是第161～166页。着重关注胡

304 适在中国知识分子史上的枢纽地位，参见余英时：《中国近代思想史上的胡适》。

［69］朴学以考据学和汉学闻名，其顶峰是在18世纪。虽然18世纪不是所有的学者都从事校勘，也不是所有的学者都把他们的研究局限在对经典的汉学注疏上，但是知识界的敬重和学术界的名望却往往是被那些占优势的趋势所限定。19世纪早期，清代学问的逆流开始产生。桐城古文派和常州今文经学派的出现，以及经世之学的兴起，从不同角度对汉学提出了挑战。参见苏珊·曼恩·琼斯（Susan Mann Jones）、孔飞力：《王朝的衰落和叛乱的根源》（“Dynastic Decline and the Roots of Rebellion”）。亦参见梁启超：《清代学术概论》，23～44页。

［70］紧随新文化运动之后，发生在北大和东南大学两个古典（传统）研究学派之间那场经常被谈起的争论围绕的中心问题是文化观念上的根本差异。北大派的主张被胡适清楚地表达为“整理国故”，一定程度上建立在对普遍的历史进步观的认同；《学衡》的立场（出版者使用 *The Critical Review* 作为其英文名），就像汤用彤（1893—1964）、吴宓和梅光迪在他们的作品中明确解释的，注重历史的独特性并将文化视做独特社会环境的产物。根据杰罗姆·格里德《胡适和中国的文艺复兴》（163页）所说：“胡适倾向于按照欧洲历史发展的观点对待中国历史，尽管从中国人的角度看他所常作的比较绝非是谄媚的。”胡适还有一套中国思想理性主义进化论，在其中清代的语言文献学问（朴学）占据了重要的地位。参见杰罗姆·格思德：《胡适和中国的文艺复兴》，164～167页。《学衡》的吴宓、梅光迪和胡先骕提倡把文化视为中国生存的关键因素。文化同时被设想成可以替代政治腐败、大众文化和历史唯物主义中任何一个的选择。“它（文化）拒绝杜威、马克思、托尔斯泰和易卜生，认同尼采、巴比特、亚里士多德和但丁。”参见劳伦斯·A·施耐德：《民族精英与新知识阶层》。和吴宓、梅光迪一样，汤用彤也是20世纪第二个十年清华项目的毕业生。1918年至1922年他在美国留学。1922年回国后在南京东南大学执教，在这里他加入到创办《学衡》的同仁之中。在南开逗留一年后，汤氏又回到了东南大学教书，直到1930年东南大学被国民党重组为国立
305 中央大学时才离开。从1931年到他逝世，汤用彤一直在北大哲学系教书，

1950 年他曾出任学术（校务）委员会主席，即事实上的大学校长。汤用彤是研究中国早期佛教的权威。参见包华德、霍华德主编：《民国名人传记辞典》，Ⅲ，239 ~ 241 页。汤用彤写作了《评今人之文化研究》，在书中他抨击中国的西化论者和文化保守主义者同样浅薄，缺乏对中国和西方的真正的文化理解。他自己努力去达到对中国和西方文化的“真正、深刻”的理解，反对充斥于同时代刊物之中的那种表面的、印象式的文化评论，这正是《学衡》的首要目标。参见《学衡杂志简章》，印在这份杂志的每一期上。因而说，在这两个学派之间的论争很难用“传统叛逆者”与“传统主义者”之争来描述。

［71］《新潮》是由北大学生傅斯年、罗家伦、徐彦之等在他们的导师胡适、陈独秀和李大钊的支持下于 1918 年 10 月创办的。第一期出版于 1919 年 1 月，最后一期出版于 1922 年 3 月。该杂志推崇俄式的社会革命，支持由胡适和陈独秀所界定的文学革命。1919 年，傅斯年从北大毕业。随后 7 年，他在伦敦和柏林留学。1927 年回国并进入广州中山大学任教。1928 年 8 月，他被任命为中央研究院史语所所长，在这个位置上任职了 22 年。1950 年，傅斯年在台北“国立”台湾大学校长任内辞世。包华德、霍华德主编：《民国名人传记辞典》，Ⅱ，43 ~ 45 页。

［72］在罗家伦对五四运动时期北大的回忆中，刘师培（申叔）、黄侃（季刚）和陈汉章（伯弢）是教员中三位最受尊敬的古典学者（国学大师）。据罗回忆说，这三位古典学者和新文化运动的传统叛逆者一样渴望将傅斯年、罗家伦这样有前途的学生吸收到他们的阵营中来。具有不同知识取向的派系竞争常常令那些追随在后的学生感到困惑，部分人被迫做出选择。傅和罗，最终选择加入“文学革命”的阵营，而不是章太炎学派。罗家伦：《元气淋漓的傅孟真》。

［73］民国时期的知识分子史从各个学科的学术发展来看，有待更深入的探讨，也超出本书研究范围。因此，接下来要说的仅仅那些看来对这一时期总体学术环境的理解最直接相关的事实。

［74］参见《史学年报》1930 年第 2 期第 167 页关于学生运动的记 306
录，该报由燕京大学历史系出版。顾颉刚 1920 年毕业于北大，在北大时他深受胡适思想的影响。在到燕京之前他曾短暂在厦门大学和中山大学教

书。顾颉刚最负盛名的是他编写了七卷本的《古史辨》（该书于1926—1941年间出版）和对中国民间传说的收集。参见包华德、霍华德主编：《民国名人传记辞典》，Ⅱ，245～247页。

［75］顾颉刚：《当代中国史学》，1～4页。关于顾颉刚的研究，可见劳伦斯·A·施耐德：《顾颉刚和中国新史学》（*Ku Chieh-kang and China's New History*）。

［76］例如，冯友兰从北大获得了学士学位，他曾是傅斯年、罗家伦和顾颉刚的同学。20世纪20年代中期，当傅斯年被聘为在广州的广东大学文科主任时，他即延请顾颉刚和冯友兰来校任教。鲁迅在广东大学的短暂任期也是在傅斯年任文科主任期间。稍后，1927年，罗家伦被蒋介石任命为清华大学校长后，他马上邀请同在燕京教书的冯友兰和杨振声加入清华的行政管理层。罗和冯是北大同学，而冯和杨则同为哥伦比亚大学的研究生，他们常常一起与正在普林斯顿大学做毕业论文的罗家伦同往曼哈顿度周末。当罗家伦就任清华校长时，杨振声被任命为教务长，冯友兰则被任命为哲学系教授和清华评议会秘书长。冯友兰：《三松堂自序》，74～75页。20世纪20年代，像梁启超和王国维这样有名的学者都在北大和清华教书。清华和燕京的地理位置邻近，为共享资源提供了便利。同时，教会的燕京大学与天主教辅仁大学共享中国古典研究的师资。哈佛燕京学社的首任社长是历史学家陈垣，他的任期自1928年至1930年，其后又担任了辅仁大学校长。燕京最初开办中文课程，还有赖于北大的重要人物如胡适来提名举荐。例如，新文化人物像周作人和顾颉刚进入燕京任教，都是通过胡适的介绍。参见菲利普·韦斯特（Philip West）：《燕京大学和中西方交往，1916—1952》（*Yenching University and Sino-Western Relations, 1916－1952*），191页。胡颂平：《胡适之先生年谱长编初稿》，Ⅱ，348页。

［77］约瑟夫·列文森指出在近代中国思想史上有两个相反的进程：一是传统的叛逆者对传统逐步扬弃，一是传统主义者使传统更僵化。传统主义者接受以往的儒家传统不是来自普遍有效性的自信，而是源于心理上的强制去表示那种信心。因而传统主义者当他们失去了发展传统的信心
307 时，便主张保持它。他们寻求复制传统，却由于改变了它的内容而导致自相矛盾的结果。列文森：《儒教中国及其近代命运》，Ⅰ，xxvii－xxxii、133

页。然而，列文森认为那些具有保护传统冲动的中国精英主要是出于感情依恋的动机。列文森的论文并没有充分考虑到20世纪中国思想界的开放性和流动性，以及在文化形成方面非中国化和非精英因素的参与。

［78］玛丽·兰伯顿（Mary Lamberton）：《圣约翰大学，上海，1879—1951》（*St. John's University*, *Shanghai*, *1879-1951*），68页。关于圣约翰大学中文课程的改革的详细论述，可参见本书第二章。关于19世纪对儒家经书古今文本的研究，参见魏斐德：《历史与意志：毛泽东思想的哲学透视》，108～110页。

［79］在南京政府十年间，燕京大学名义上的校长是吴震春（字雷川），一名翰林院学士和一名虔诚的基督徒。同时，北京天主教学校辅仁大学名义上的校长陈垣（字援庵），也是以前翰林院的一名成员（冯友兰记忆有误，《陈垣年谱》载陈氏1902年放弃科考。——译者注）、一名天主教徒。吴震春定期到燕京的中文系开一至两门课，历史学家陈垣也是定期在辅仁历史系授课，还经常到北京的燕京和其他大学演讲。冯友兰：《三松堂自序》，68页。

［80］1919年春（应在1920年3月14日。——译者注），北大和燕京的教员和管理人员参加了在北京西山卧佛寺举行的一整天谈话会。北大方面的包括蔡元培、李大钊、陶孟和、顾孟余（1888—1972）和胡适。燕京方面的有司徒雷登、博晨光以及燕京和北京协和医学院20余位教徒。会议是在部分传教士对新文化运动的发展日益惊恐的气氛中举行的，英文报纸攻击新文化运动为"三无主义"——无政府、无礼教和无上帝。"上午的会上，双方各说明他们在思想上和宗教信仰上的立场；下午的会上，讨论的是'立场虽然不同，我们还能合作吗？'结果是，我们还可以在许多社会事业上充分合作。"参见胡适的日记（其实出自胡适：《从私立学校谈到燕京大学》，见《每周评论》，第108期。——译者注），见胡颂平：《胡适之先生年谱长编初稿》，Ⅱ，348页。

［81］有关于交通大学的详细论述，参见本书第三章。

［82］唐文治，号蔚芝，1865年生于江苏。他是一名有造诣的经学家和朴学家（古典学者和语言文献学家），因研究《周易》而最为闻名。他与南阳理工学校的牵连始于1896年，当时该校还在最初的构想之中。308
1920年他辞去了上海交通大学的校长职务，并于1922年在无锡创立国学

专修馆。南京政府十年间，唐主持该馆，将研究重点集中在对以朱熹和王阳明为代表的理学的研究上面。当该馆受到北大新文化派学者出版的《现代评论》的攻击时，其知名度大大地提高了。凌鸿勋：《寄茹经老人太仓唐蔚芝先生》；西滢：《闲话》。

［83］20世纪20年代中期，成都高师的图书馆只订了一份上海的报纸。当舒新城，这位曾在上海受教育的湖南教育家到来之后，他决定增加图书馆的期刊订单：由北大知识分子出版的一份政治评论周刊《现代评论》，中国共产党在上海的机关报《向导》，中国青年党在上海的机关报《醒狮》，鲁迅和他弟弟周作人以上海为本部主编的文学周刊《语丝》。然而，几乎没有学生感兴趣。而当一直忙于结交四川都督及其僚属的校长发现舒新城的订单后，他迅速叫来军警，搜查舒的物品，将其拘捕，并把新杂志从图书馆的书架上移走。舒新城：《不宽容又怎样?》。

［84］剑公：《教授耶，亦流氓耶?》；郁达夫：《说几句话》；蒋鉴章：《武昌十大国文系的真相》。

［85］《十三年度各大学入学试题》。

［86］李守孔：《中国近代史》。

［87］该标准的两个主要例外：清华教授蒋廷黻利用档案资料所做的19世纪中叶中西外交史的研究，北大一些院系成员开展的太平天国研究。参见顾颉刚：《当代中国史学》，79～82页。

［88］陈垣：《陈垣史学论著选》，295～299、301、631～632页。

［89］陈垣：《谈谈我的一些读书经验——与北京师大历史系应届毕业生谈话纪要》，见《陈垣史学论著选》，641～642页。

［90］李文藻，纪昀（乾隆年间《四库全书》的总纂）的弟子，藏书家，因著有北京书店最早的介绍之一《琉璃厂书肆记》而闻名，该书完成于1769年。恒慕义主编：《清代名人传略》，123、175页。传记梗概被列入江藩：《国朝汉学师承记》卷6，11a-b页。

［91］顾颉刚：《当代中国史学》，4页。

309 ［92］杨守敬，地理学家和目录学家，是16卷《日本访书志》的编辑者，该书搜集了杨氏1880年旅居日本时不期而遇的稀见中国图书的笔记或原文，同时亦作为总督端方（1861—1911）所收藏的大量青铜拓片、石刻碑铭、古代封泥、甲骨文、古代玉器、书法和绘画作品的联合目录。当教育改革在张之洞的主持下开办之际，他也曾在湖北的新式学校执教过一段时间。杨氏之闻名，最主要是因其创制、编辑了《历代舆地图》。至于更多的讨论，参见下文。参见恒慕义主编：《清代名人传略》，484、782、980 页；包华德、霍华德主编：《民国名人传记辞典》，Ⅳ，9～11 页。

［93］《水经注》是 6 世纪时郦道元（死于 527 年）为较之更早的一部关于中国古代水系的地理学经典《水经》原文所作的注释。历经几个世纪的传抄和排印，原文和释文被混淆。明代学者朱谋玮著有《水经注笺》，该书成于 1615 年，被普遍认为是明代关于经典真实原文的最可信的表述的代表。赵一清与全祖望合作，基于对早期的大约 30 种原文版本和郦道元注的仔细研究和校勘，著成 40 余卷的《水经注释》。赵一清发现朱谋玮明版本中的许多部分在原文的真实性上有误，而在此次攻击以前，朱本一直作为标准原文被接受。赵一清关于经注的笔记被收集在一部 12 卷的《水经注笺勘误》之中。同时，在 1774 年夏，戴震向北京翰林院《四库全书》的编纂者提交了他对《水经》经文和注文的校订研究成果，正如 19 世纪学者才注意到的，戴著中包含着与赵氏、全氏所订版本的惊人相似之处，大约就在戴震完成其手稿之际，赵氏与全氏所订版本被列入了皇宫藏品之中。一场持续了此后一个世纪的争论就这样在文献学界爆发了，争论集中在：赵本和戴本各自首版的确切时间；对辑录自明皇家 1403 年至 1408 年间征集的《永乐大典》之《水经注》本的使用，而有特权使用该版本的是戴震，而非赵一清；永乐本与朱谋玮本之间的关联，对此赵一清持否定意见；最后，也是最根本的，戴震是否有剽窃的问题。参见恒慕义主编：《清代名人传略》，76、205 页；胡适：《一条关于全祖望、赵一清和戴震的按语：以他们关于〈水经注〉的著作为例探讨学术探究中独立与集中》（“A Note on Ch’uan Tsu-wang, Chao I-ch’ing and Tai Chen: A Study of Independent Convergence in Research as Illustrated in Their Works on the *Shui-ching Chu*”）；艾尔曼：《从理学到朴学》，225～226 页。 310

［94］全祖望被认为最先指出了郦道元的注释与《水经》原始经文相混淆的问题，并致力于将两者分开。赵一清和戴震也通过相似的努力来进

行关于这部经典的著作的工作。正是主要在这一点上，18 世纪中叶对《水经》的重新建构与此前 17 世纪早期朱谋玮的版本不同。恒慕义主编：《清代名人传略》，76、205 页。

［95］杨守敬设法完成的是如此卷帙庞大，以至于他无法负担起刊印的费用，即使是将他的草稿压缩在 40 卷的篇幅之内，依次附上另外 40 卷地图和 1 卷补遗（附录）（杨守敬以毕生之力为《水经注疏》，以无力刊刻，乃为《水经注要删》40 卷，图 40 卷，补 1 卷。——译者注）。顾颉刚：《当代中国史学》，20 页。同时，熊氏对于杨的奉献或许真正是牺牲性的：当这位弟子最终完成自己对其老师毕生著述的定稿的整理时，遂自刎而死，大概在另一个世界追随他的恩师。顾颉刚：《当代中国史学》，20 页。然而，我们缺乏熊氏自杀的详情，只能凭他的意图推测。

［96］语出劳伦斯·A·施耐德：《顾颉刚和中国新史学》。

［97］顾颉刚：《当代中国史学》，20 页。

［98］刘师培出自著名的汉学世家。他自己也是颇有造诣的经学家，1907 年他在东京章太炎领导的进步革命报刊《民报》编辑部工作。后来，他改变了对革命政治的见解，从同盟会中退出，并在清廷供职。1916 年袁世凯试图恢复帝制，他是最初的六位支持者之一。1917 年，他进入北大执教，直至 1919 年死于肺结核。包华德、霍华德主编：《民国名人传记辞典》，Ⅱ，411～413 页。1906 年，钱玄同随其兄到日本，他在那里结识了章太炎和刘师培。他亦加入了同盟会。1907 年，钱玄同、鲁迅（周树人）、周作人和朱希祖在东京组织国学振起社，邀请章太炎担任社长，讲授中国语言和文学。1910 年，钱玄同回国。1913 年，经黄侃推荐，他进入北京高师任教，教授经学和小学（语言文献学）。1915 年，他进北大执教，受胡适的影响，改信今文经学派，反对章太炎信奉的古文经学派。包华德、霍华德主编：《民国名人传记辞典》，Ⅱ，367～368 页。

［99］王力：《龙虫并雕斋文集》，Ⅲ，279～294、313～320、363～398 页。

311 ［100］与中国学者的会谈，伯克利，1987-10-21。

［101］例如，由于黄侃和刘师培这样的学者的存在，北大在经学方面的地位被极大地提高了，回溯刘师培的谱系，其曾祖刘文淇著有《左

传旧注疏证》，其祖父刘毓崧、父亲刘寿曾都投入了毕生的精力研究《左传》；黄侃则是章太炎（炳麟）的弟子。参见顾颉刚：《当代中国史学》，24～27页。

［102］陈垣：《陈垣史学论者选》，624、640～645页。

［103］关于17世纪时合作、抵抗和道德上的矛盾心理，参见魏斐德：《洪业——清朝开国史》（*The Great Enterprise：The Manchu Reconstruction of Imperial Order in Seventeenth-Century China*），Ⅱ，872～881、1074～1099页。

［104］“文艺复兴”是胡适用来描述1919年新文化运动以及有助于此的各种思潮的术语。参见胡适：《中国的文艺复兴》。亦参见格里德在《胡适和中国的文艺复兴》第317～318页中的分析和列文森《革命与世界主义》第29页。

［105］参见胡适：《一条关于金祖望、赵一清和戴震的按语：以他们关于〈水经注〉的著作为例探讨学术探究中独立与集中》；王国维：《水经注跋尾》。在胡适和王国维的著作中，对于中国问题的不同预设与研究方法是一系列重要的研究课题。参见格里德：《胡适和中国的文艺复兴》；乔·邦纳（Joey Bonner）：《王国维——一个知识分子的传记》（*Wang Kuo-wei：An Intellectual Biography*）。

［106］《历代舆地图》是以19世纪末《大清一统舆图》为基础的。而杨氏的《历代舆地图》又为《中国历史地图集》（吴晗和谭其骧指导下的多卷本）奠定了基础。1955年，该课题在北京启动。《中国历史地图集》的前8卷于1974年出版。谭其骧：《谭其骧自传》；夏鼐：《我所知道的历史学家吴晗同志》。

［107］陈寅恪：《金明馆丛稿二编》，223页；包华德、霍华德主编：《民国名人传记辞典》，Ⅱ，472页。

［108］包华德、霍华德主编：《民国名人传记辞典》，Ⅰ，368页。

［109］陈寅恪：《金明馆丛稿二编》，222页。关于陈寅恪的生平思想，参见余英时：《陈寅恪先生〈《论《再生缘》》书后》；杨联陞：《陈寅恪先生隋唐史第一讲笔记》。20世纪30年代中期，杨联陞选修了陈寅恪开的“隋唐史”，当时他还是清华经济专业的学生。在陈寅恪的指导

312 下，他写作了毕业论文《从租庸调到两税法》。1946 年，杨联陞与陈寅恪的最后一次会面于停泊在布鲁克林 26 号码头的一艘船上。杨氏陪同两位清华时期的朋友赵元任和周一良访问了他从前的这位老师。周一良在 1949 年后担任北京大学历史系主任多年，在那个时候，已被广泛认定是陈寅恪思想遗产最有希望的继承人。

［110］陈第开辟了通过《诗经》押韵的分类与比较来设法确定字的古音。首先，他列出并比较《诗经》中出现的大概押韵的字。其次，他从被认定是同一历史时期产生的经文中搜集语句，并比较它们的押韵模式（韵部）。这种方法的系统运用似乎已经产生相当可观效果。通过顾炎武，这种方法在清代语言学和音韵学中被广泛采用。恒慕义主编：《清代名人传略》，423 ~424 页。

［111］清代学者达成的共识是：“‘会意’在中国文字形成中的作用是有限的。绝大多数汉字是形声字而非指事字。他们对‘假借字’进行了系统分析，以此还原古音，更重要的是，通过研究古音解释古字字义。”艾尔曼：《从理学到朴学》，217 页（本段中译文摘自江苏人民出版社中译本《从理学到朴学》。下同。——译者注）。

［112］戴震跟随江永研究音韵学，并且经常和段玉裁一起讨论他的研究发现。戴震著有《声类表》和《声韵考》。前者是他对古代发音的分类。后者相当于他关于该学科各个不同方面的观点，包括与顾炎武的争论。段玉裁是戴震在音韵学问题上的弟子。他的音韵学主要是通过仔细阅读《诗经》建构起来的。他著有《诗经韵谱》和《六书音韵表》。段玉裁将古代的字典《说文》作为一种工具来使用，对韵进行更加精确的分类。段氏把韵部的数目从江永的 13 个增加到 17 个。同时，戴震也把韵部的数目从最初的 20 个增加到后来的 25 个。参见恒慕义主编：《清代名人传略》，697、782 页；艾尔曼：《从理学到朴学》，215 ~220 页。

［113］［114］王力：《黄侃古音学述评》。

313 ［115］王力：《略论清儒的语言研究》。艾尔曼注意到顾炎武是如何把语言视为一种道德、社会和政治的工具。“只要恢复古代圣王采用的古代语言，即可恢复古代的理想社会和制度。”但是，后来包括江永在内的语言学家受历史主义的影响，不能接受顾氏将语言作为复兴过去之工具的幻想。参见艾尔曼:《理学到朴学》,219 页。

[116] 王力:《略论清儒的语言研究》。

[117] 王力:《积极发展中国的语言学》。王力亦承认受到其在大学时的导师赵元任的知识影响,赵氏将他的注意力引向了比较语言学研究和 20 世纪早期的西方语言学理论。

[118] 王力:《积极发展中国的语言学》。王念孙著有《广雅疏证》,该书是对 227 年至 232 年间张揖编辑的字典《广雅》的注释、修订,并补充了更多例证。王念孙还订正了曹宪在 6 世纪晚期、7 世纪早期编辑的《广雅音》中给出的古字的发音。在他的《古韵谱》中,他将古韵分为 22 个语音种类。在研究中,他还获得了对四声,特别是入声的重要发现。恒慕义主编:《清代名人传略》,Ⅱ,829 ~ 830 页。

[119] 20 世纪 30 年代,清华大学中文系的成员每个夏天都要批阅数千份入学试卷。许多人抱怨多数试卷水平都很一般,相对而言,在七八十分之间很难给出一个确切的评判。例如,冯友兰就曾抱怨,每年夏天阅卷都使他"头晕眼花"。1933 年夏,陈寅恪提议用对对子的方式来考测对文法的理解力,由于以往的国文考试的等级划分缺乏客观的标准,因此这种解决方案在一定程度上受到欢迎。大家希望文法测试的等级体系可以建立在一个"科学"基础之上。参见冯友兰:《三松堂自序》,71 ~ 72 页。

[120] 陈寅恪:《金明馆丛稿二编》,227 ~ 228 页。以上是陈寅恪自己给出的解释的概要。苏轼的这一联可以粗略的译作:"后学们称之为韩退之的这个人,恐怕是卢行者在今世的化身。"韩退之是唐代诗人和古文家韩愈(768—824)的字。

[121] 陈寅恪:《金明馆丛稿二编》,221 页。

[122] 同上书,223 页。

[123] 同上书,223 ~ 224 页。 314

[124] 同上书,224 ~ 226 页。

[125] 陈寅恪:《邓广铭宋史职官志考证序》。

[126] 吴晗:《明初的学校》。

[127] 1773 年,纪昀与陆锡熊一道被任命为《四库全书》总纂。他在这个职位上待了十二年,直到工程告竣。全书珍本主要是从四种渠道而

来：清代早期现有的皇家藏书，从明《永乐大典》中辑录出来的珍本图书，地方权贵和私人藏书家呈递的书籍和手稿，根据皇帝的旨意编入《四库》之内的史册、档案和书籍。恒慕义主编：《清代名人传略》，121页。关于编纂工程及其在知识和政治上的意义，参见盖博坚（R. Kent Guy）：《钦定四库：乾隆朝晚期的学者与国家》（*The Emperor's Four Treasuries: Scholars and the State in the Late Ch'en-lung Era*）。

［128］陈寅恪：《冯友兰〈中国哲学史〉上册审查报告》。

［129］王力：《谈谈学习古代汉语》，被讨论的这位理论家是“南方某一著名教授”，他自己声称是哲学家和历史学家。此人在批孔运动中引用《韩非子》一书，并将“诬”字翻译为近代白话，表示“诽谤”。王力指出，在古代汉语中，“诬”字只带有单独一种意思“撒谎”。因此，王力把这个所谓的哲学家和历史学家看做缺乏教育。20 世纪 80 年代早期，王力在天津南开大学演讲时也提过这一事件。参见王力：《谈谈学习古代汉语》。

［130］陈寅恪：《杨树达积微居小学金石论丛续稿序》。

［131］陈寅恪：《王静安先生遗书序》。至于梁济的自杀，见艾恺：《最后的儒家》，37 ~ 69 页；至于民国时期政治自杀的一般讨论，见于劳伦斯 · A · 施耐德：《楚国的疯子：忠诚和持异议的中国神话》（*A Madman of Ch'u: The Chinese Myth of Loyalty and Dissent*）；关于 1927 年王国维之死，劳伦斯 · A · 施耐德揭示了当时一些人是怎样把这一知识分子自杀事件视为脱离民众的结果。劳伦斯 · A · 施耐德：《楚国的疯子》，94 页。

［132］钱穆：《中国历史教学》。1931 年钱穆成为北大教员。20 世纪 30 年代，他在北京的许多学院教授课程。他是《先秦诸子系年》（1935）
315 的作者，该书由于对许多清代考据学的发现作出了最后总结而备受关注。1937 年，他出版了《近三百年学术史》，这对清代学术史是一个重大贡献。作为《国史大纲》的作者，他名声大噪，这部通史著作自 1940 年出版就被广泛地用作历史学教科书。包华德、霍华德主编：《民国名人传记辞典》，Ⅰ，368 ~ 370 页。

［133］陈寅恪：《金明馆丛稿二编》，224 ~ 225 页。

［134］王力：《语言与文学》。

第二章　圣约翰大学与上海资产阶级文化

［1］参见茅盾:《子夜》，该小说描写了20世纪30年代早期，当上海受到世界范围的经济不景气影响时社会的紧张状态。关于上海的商业增长和社会紧张方面的学术研究，参见郝延平（Hao Yen-p'ing）:《中国近代商业革命》（*The Commercial Revolution in Nineteenth-Century China*）；艾米利·霍尼格（Emily Honig）:《姐妹和陌生人：1919—1949年的上海纺织女工》（*Sisters and Strangers: Women in the Shanghai Cotton Mills, 1919-1949*）；高家龙:《中国的大企业：烟草工业的中外竞争，1890—1930》（*Big Business in China: Sino-Foreign Rivalry in the Cigarette Industry, 1890-1930*），等等。

［2］列文森:《革命与世界主义》，38页。

［3］对五四运动和五卅运动期间城市政治动员的论述，参见陈槃（Joseph T. Chen）:《五四运动在上海：近代中国一次社会运动的形成》（*The May Fourth Movement in Shanghai: The Making of a Social Movement in Modern China*）；尼古拉斯·克里弗德（Nicholas R. Clifford）:《上海，1925：城市民族主义和外国特权的辩护》（*Shanghai, 1925: Urban Nationalism and the Defense of Foreign Privilege*）。

［4］《上海的日日夜夜》（*Shanghai by Night and Day*），4页。

［5］邹依仁:《旧上海人口变迁的研究》，68、81页。

［6］《上海的日日夜夜》，15页。

［7］郝延平:《中国近代商业革命》，329、331～334页。

［8］《旧中国的资本主义生产关系》，24页。

［9］同上书，35页。

［10］1949年社会主义政权建立之后，1950年1月，有102 607人作为工商业的主人或股东进行登记。1956年另有51 760人由上海市政府按以前私人工商业的企业家和管理者进行登记和安排工作。邹依仁:《旧上海人口变迁的研究》，30～31页。

［11］艾米利·霍尼格对上海棉纺厂女工生活状况的调查显示，纺织

工业的劳动队伍不仅被乡土关系所分割，还被青帮对招新事务的影响和暴力威胁所控制。参见霍尼格：《姐妹和陌生人》，57～69、123～124页。

［12］邹依仁：《旧上海人口变迁的研究》，36、104、110～111页。

［13］同上书，47、53～55页。

316 ［14］同上书，3～4页。

［15］条约权利中的治外法权使中国领土上的外国人免受中国法律约束。由上海道台和英、法领事签订的《土地章程》只是允许外国团体使用标明土地的协定，因此不能构成中国人对外国租界主权明确转移的法律依据。然而，《土地章程》实际上被用做外国租界自治的法律基础。通过选举产生的工部局的建立和在仅有象征意义的中国代表参加的混合法庭上对治外法权的强横声明，公共租界成功地把自己变成了获得实际利益的政治实体。参见克里弗德：《上海，1925：城市民族主义和外国特权的辩护》，1～4页。亦参见魏斐德：《近代上海警察》（"Policing Modern Shanghai"）。

［16］沈怡：《上海市工务局十年》。南京政府十年中建设的上海市政府的新市政厅是在美国建筑家亨利·墨菲的影响下设计的。

［17］夏衍：《包身工》，26页。

［18］20世纪早期上海中产阶级城市文化的琐碎礼节，参见林克：《鸳鸯蝴蝶派》。亦参见李欧梵（Leo Ou-fan）、安德鲁·南森（Andrew J. Nathan）：《大众文化的开始：晚清及其之前的新闻和小说》（"The Beginnings of Mass Culture：Journalism and Fiction in the Late Ch'ing and Beyond"）。

［19］有关"海派"和"京派"视觉艺术上的对比，参见斯坦福大学杰姆斯·宋（James Soong）1977年的博士论文：《19世纪中国的视觉体验：任伯南（1840—1895）和上海美专》（"A Visual Experience in Nineteenth-Century China：Jen Po-nien（1840－1895）and the Shanghai School of Painting"），9～11、123～124页。亦参见何炳棣：《扬州盐商》。

［20］《上海的日日夜夜》，82、63页。

［21］同上书，18、25、106、114页。

［22］万国商团在1925年五卅运动时又被动员起来。解散万国商团和公共租界特警是五卅运动之后的谈判中中国人向英国人提出的四项基

本要求之一。克里弗德：《上海，1925：城市民族主义和外国特权的辩护》，26页。

［23］关于1870年6月20日天津教案之后对法国政府无能行为的评论和在法国租界的军事冒险，见《上海的日日夜夜》49、68页。

［24］一家美国建筑公司法汉公司（Farnham & Co.）花费巨大财力建造了美国圣公会教堂。但它向教堂的理事会提出的拥有一个免费席位的要求却被拒绝了。作为报复，“这个愤怒的建造者，一个美国人，通过在教堂讲坛上唱《星条旗》来向由他设计并亲手建造的工程致敬！”《上海的日日夜夜》，23页。

［25］《上海的日日夜夜》，118～120页。 317

［26］郝延平：《中国近代商业革命》，212页。

［27］罗兹·墨菲对16、17世纪从南亚和东南亚的欧洲贸易驻地发展而来的殖民地城市进行了研究，发现：“这些新城市并不具备显著的亚洲特征，更不用说旧意义上的国家，它们也不代表传统意义的统一文化。它们完全无计划的发展恰恰象征着由它们引入亚洲的分裂和冲突。它们更属于‘近代化’的和超国家的世界，而不是代表他们所占据的海岸线的特殊文化或经济。”简而言之，这些城市“组成了一个19世纪欧洲动态的工作模型”。以此为准则，中国的条约口岸代表着一种不同的对西方的反应。墨菲注意到，在这些城市中，中国的主权虽然十分薄弱，但从没有被取消。“外国人和条约口岸的中国人从来都没有能自由支配的土地，在这一点上显然不能和亚洲其他地方殖民主义环境中的西方殖民者和他们的合伙人相比。”而且，在中国，“传统的固有体系，在整个19世纪和进入20世纪，至少在政治领域之外保持着更加有效”。因此，外国人并非填补空白。相反，他们面临着固有商业体系的竞争和排斥。郝延平通过把条约口岸的世界描述为中西混血儿推进了这一结论，并声称：“正是这被西方人闯入的海上中国的贸易世界，为中西商业资本主义的繁荣昌盛提供了一个准备好了的周围环境。”郝认为新城市的兴起归功于西方人，同样也归功于中国人，因为“是中国商人在引发商业革命上表现了耐力和创造力”。从发展历史、财政力量的结构或对管理部门的控制这些方面来说，上海可能不是一个殖民地城市，但是，在文化上它仍被同时代的中国人认

为是殖民地城市，是西方要求文化优势的结果和对传统价值的根本挑战。因此，据上所言，这一章的上海社会将被描述为“殖民地的”和“半殖民地的”。参见罗兹·墨菲：《条约口岸和中国近代化》（“The Treaty Ports and China's Modernization”）；郝延平：《中国近代商业革命》，351、356页。对这个问题进行理论上的了解，另见尤尔根·奥斯特汉姆（Jurgen Osterhammel）：《20世纪中国的半殖民主义和非官方帝国：通向分析体系》（“Semi-Colonialism and Informal Empire in Twentieth Century China：Toward A Framework of Analysis”）。

［28］《上海的日日夜夜》，160页。

318 ［29］1859年施约瑟作为一名传教士到达北京，在那里他花了很多时间把《圣经》翻译成文言文。1877年，他受命为美国圣公会的中国主教。他把他的信仰带进了这个机构，他根据官方历史相信，基督教信仰可以通过教会学校里奖学金和崇拜之情的结合而得到最有效的传播。这位新主教离开了美国，他在那里筹集了26 000美元捐款，并说服圣公会的董事会连续三年每年捐助6 000美元专门用于支持教会学校。1878年他回到中国，选择上海作为校址，用6 500两银子在梵王渡渡口购买了14英亩（84亩）土地。上海被选中的原因主要在于它已有圣公会的学校，可以为新建的学校提供未来的应征者。当1879年在极司菲尔路的建设完成，教学开始时，39名男孩被招入圣约翰的“预科”或初级部。这些学生是从培雅书院和度恩书院这两所寄宿学校招收的。其中35人是已受洗的基督徒。参见《圣约翰大学五十年史略：1879—1929》，1～4页。19世纪圣约翰的部分知名毕业生的传记概略，见后面的注。

［30］伊文·海耶特（Irwin T. Hyatt）：《1877—1890年中国的基督教团体：做慈善工作的社会机构》（“Protestant Missions in China，1877－1890：The Institutionalization of Good Works”），舍勒·拜茨（Searle Bates）：《中国的美国传教士的神学，1900—1950》。

［31］［32］帕特诺：《谢卫楼与潞河书院的创建》。

［33］关于丁韪良在中国的活动，见彼得·杜斯（Peter Duus）：《中国的科学和拯救：丁韪良（1827—1916）的生平和工作》（“Science and Salvation in China：The Life and Work of W. A. Martin（1827－1916）”）。

［34］丁韪良接受了中国政府的任命，在19世纪60年代成为京师同文馆的教习。他教授英语、国际法和政治经济学，1870年成为同文馆的总教习之后，他又引入了数学、物理、化学、哲学、医学和天文学课程。见杜斯：《中国的科学和拯救》，27页。关于同文馆，见本书第一章的论述。

［35］林乐知的翻译局——在中国人中普及基督教知识和普通知识的机构——在上海获得了成功，使他能够在上海开办了英华书院。参见费正清主编：《在华的传教事业和美国》（The Missionary Enterprise in China and America），397页注13。同治年间，一些类似的学校建立起来，包括总督瑞麟1864年建的广州外国语学校，总督左宗棠1866年建的福州船政学堂（海军学校）。芮玛丽：《同治中兴：中国保守主义的最后抵抗1862— 319
1874》，242页。亦参见柯文：《基督教使团和他们对1900年的影响》（“Christian Missions and Their Impact to 1900”）。

［36］［37］杨格非：《宗教精神和工作的关系》（“The Holy Spirit in Connection with Our Work”），转引自洛林·威廉·克来伯垂（Loren William Crabtree）：《1840—1940年的教会学校和中国革命：西方冲击的个案研究》（“Christian Colleges and the Chinese Revolution, 1840-1940: A Case Study in the Impact of the West”）。

［38］1882年5月，美国海外传教工作理事会天津分会的山嘉利（Charles Stanley）起草了建造一所英华学校的计划，根据这一计划，这所学校的目的是“按欧洲和美国的流行标准为中国孩子的教育提供方便”，并“提供非常基础的教育，以使男子具有参与政治事务或寻求职业教育的能力；奠定宽广而坚实的基础，以使每名学生都能建立良好而实用的知识结构”。以“科学是宗教的婢女”为理由，山嘉利计划的课程中包括了中文、英语、拉丁语、希腊语、数学、自然科学、工程学、植物学、历史学、经济学和国际法。如果这一计划被采纳，会把丁韪良和林乐知已经开拓的把基督教事业纳入世俗教育的事业推进一步。然而1883年，美国海外传教工作理事会明确声称它的全部经费都不用于学校，山嘉利的计划于是被扼杀了。参见帕特诺：《谢卫楼与潞河书院的创建》。

［39］甚至这些工作的费用，也绝不是现成地来自美国海外传教工作理事会。1877年，通州建造一所容纳30名学生的新校舍，美国海外传教

工作理事会仅仅拨出了350美元。参见帕特诺：《谢卫楼与潞河书院的创建》。同时，作为一个良好的开端，长老共和会教徒和卫理公会教徒在19世纪70、80年代出资兴办了一些也教授人文课程的神学学校。这些长老会学校是1917年建立的山东基督教共和大学的基础。卫理公会的努力有1903年从义和团之乱中发展起来的一群小学校，在1915年到1920年之间再次合并之前它们在通州组成了华北协和大学，汇文大学最终在以后十年中发展成著名的燕京大学。参见克来伯垂：《1840—1940年的教会学校和中国革命》；菲利浦·韦斯特：《燕京大学和中西方交往，1916—1952》，34页。

［40］圣约翰是在中国创建的最早的这种类型的学校之一。其他的主要教会学校中，汇文大学建立于1889年。参见帕特诺：《谢卫楼与潞河书院的创建》；韦斯特：《燕京大学和中西方交往，1916—1952》，34页。无宗派的岭南大学由两名美国长老会教徒建立于19世纪80年代后期，是一所男生学校，1893年被纽约州政府的大学董事会特许为“大学”。参见路
320 康乐（Edward Rhoads），185页。浸信会杭州大学建立于1897年。其他主要的教会大学的建立都迟至1900年之后。

［41］最早的两名学生招收于1890年，是金钱诱惑的结果。因为圣约翰早期的大多数学生都被奖学金和毕业后能马上在基督教领域工作的前景所吸引，以致学校在19世纪90年代很难吸引愿意投入更加艰苦的工作以完成大学教育的学生。后来，在他们同意接受三年大学课程的情况下，预科毕业生被给予奖学金，并免除学费和食宿费。最早的两名学生1890年进入新生班。1896年，和预科比起来，学校仍然很小，那一年有159名学生进入圣约翰，其中142人在预科，8人在人文学院和科学学院，4人在医学院，5人在神学院。圣约翰大学学生数量的增长如下：1891年2人，1892年3人，1893年5人，1894年7人，1895年6人，1896年17人，1897年17人，1898年25人，1899年27人。教会大学学生的人数是：1895年89人，1896年113人，1899年154人，1904年252人。参见《圣约翰大学五十年史略：1879—1929》，12～13页；克来伯垂：《1840—1940年的教会学校和中国革命》。

［42］“圣约翰学院”的名字近年取代了“圣约翰大学”，这反映了大

学部的缺乏。参见《圣约翰大学五十年史略：1879—1929》，8 页。

［43］“我们应该努力地继续为圣约翰的发展工作，使它成为名副其实的大学。在美国最古老大学之一的图书馆的大门上，人们可以看到希伯来语‘Urim’和‘Thummim’，即‘光明和真理’。显然在学习方面没有更好的格言了，我们也没有比使圣约翰大学成为中国光明和真理的灯塔更高的目标。”《圣约翰大学五十年史略：1879—1929》，11 页。

［44］卜舫济，文学学士（哥伦比亚），1883；神学士（神学总院），1886；荣誉神学博士（圣三一学校），1900（爱丁堡大学），1910；圣约翰大学校长，1890—1938；美国圣公会中国区主席，直到 1928 年。《约翰年刊，1928》，18 页；《约翰年刊，1938》之《教职员和行政机构》，1 页；包华德、霍华德主编：《民国名人传记辞典》Ⅰ，271 页。

［45］［46］《圣约翰大学五十年史略：1879—1929》，7 页。

［47］同上书，7 ~ 8 页。

［48］“欧洲文艺复兴的动力主要来自学校，”卜舫济博士写道，“我们坚定地认为在中国情况也会是这样。”《圣约翰大学五十年史略： 321
1879—1929》，29 ~ 30 页。

［49］虽然受欢迎，19 世纪 80 年代中期，林乐知在上海的英华书院每 18 个月就要作一次彻底的周转。一旦学生学到了足够的英语，能够在外国公司中找到赚钱的买办职位，能与外国人做生意或做翻译，他们就离开了。圣约翰自 1881 年成立英语系以来的经历也显示，这一课程容易吸引有经济能力支付住宿费和学费的非基督教学生。帕特诺：《谢卫楼与潞河书院的创建》。

［50］帕特诺：《谢卫楼与潞河书院的创建》。

［51］谢卫楼（Sheffield）：《美国海外传教工作理事会的潞河书院（1893—1894），校长的报告》（“The North China College of the ABCFMC（1893-1894），President's Report”），转引自帕特诺：《谢卫楼与潞河书院的创建》。

［52］《通州潞河书院年度目录，1893》［*Annual Catalogue of the North China College*，*Tungchow*，*China*，*1893*，波士顿，1893）］，4、6 ~ 7 页，转引自帕特诺：《谢卫楼与潞河书院的创建》。

［53］［54］［55］帕特诺：《谢卫楼与潞河书院的创建》。

［56］神学院建立于1896年，有5名学生。课程以英语为媒介，主要计划是训练传教者。《圣约翰大学五十年史略：1879—1929》，13页。这个神学院的教职员是一批耶鲁神学院的毕业生。参见《约翰年刊，1922》的教职员名单。

［57］《圣约翰大学五十年史略：1879—1929》，88～89页。1925年，有303名学生在圣约翰预科或中学。

［58］《圣约翰大学五十年史略：1879—1929》，88～89页，1916年，大学部本身有250名学生，预科有226名。

［59］《圣约翰大学五十年史略：1879—1929》，88～89页。

［60］［61］克来伯垂：《1840—1940年的教会学校和中国革命》。

［62］克来伯垂：《1840—1940年的教会学校和中国革命》。1922年的可见资料显示，那一年有46名学生从圣约翰大学毕业。其中，23人来自江苏（但是没有人来自这个省的北部），7人来自浙江，5人来自安徽，4人来自广东，3人来自福建，2人来自湖北，各有1人来自江西和山东。这一分布情况表明，有50%来自上海所在的地区，33%来自华中，15%来自南方。这些数字摘自《约翰年刊，1922》。

［63］20世纪20年代早期圣约翰校园的同省联合会成员情况如下：广东省（大约80人）；浙江宁波（70多人）；安徽省（未知，据说比较
322 少）；福建省（60多人）；江苏浦东，包括南汇、丰县、川沙三镇（组建于1919年，据说成员很少）；江苏无锡（组建于1920年秋，20多人）；四川省（比较少）。圣约翰的学生总数——大学部和中学——在20世纪20年代早期大约是500人。参见《约翰年刊，1922》，147～149、154～155、160、162～167页。

［64］《圣约翰大学五十年史略：1879—1929》，27页。圣约翰新生班的大多数学生招自圣约翰中学。圣约翰中学一年级学生的普遍希望是在8年内留下来——4年中学，4年大学。22级是圣约翰中学1914年的新生，共有40名学生。这一数字在接下来3年有适度的发展，当1918年这一级成为大学新生时猛增到86人。1922年46名毕业生获得学士学位。直到1938年，圣约翰中学仍只收男生。圣玛丽堂和中西女中是为圣约翰大学

提供女生的两所主要中学。以下中学的毕业生在圣约翰组织了校友会：圣约翰的基督教青年会中学、上海基督教青年会中学（成立于 1917 年）、上海民利中学（成立于 1921 年）、圣彼得教区学校（成立于 1922 年 1 月 21 日）、马汉学校（成立于 1921 年 10 月）。1917 年，由圣约翰毕业生建立的基督教青年会预科重组为初中，成为圣约翰预科或中学重要的学生来源。参见《圣约翰大学五十年史略：1879—1929》，29 页。《约翰年刊，1922》，151～153、156～159、161 页。

[65] 作为教会大学预备的基督教学校群在 20 世纪 20 年代中期达到顶峰。中国的公立中学和私立学校是非常次要的学生来源。参见克来伯垂：《1840—1940 年的教会学校和中国革命》。

[66] [67]《圣约翰大学五十年史略：1879—1929》，7～8 页。

[68] 同上书，14 页。

[69] 截至 1925 年，圣约翰是教会学校中的例外，在那里，没有郑重的入学典礼，学费包括了这个机构外国员工工资之外的所有费用。威廉·帕瓦恩斯·芬恩（William Purviance Fenn）：《变化中的中国的基督教高等教育，1880—1950》（*Christian Higher Education in Changing China, 1880-1950*），184 页。芬恩曾是南京金陵大学教授。抗日战争期间，他是中国教会学校联合董事会的代表之一。1950—1971 年，他任亚洲基督教高等教育联合会秘书长。参见西奥多·陈为芬恩的书写的序言第 7 页。

[70] 圣约翰的校友会于 1900 年 1 月 22 日在上海的一家餐厅中由 50 323
名毕业生创立。到 1910 年，在美国有 100 多人，英格兰和欧洲大陆有 20 多人。美国的毕业生成立了一个圣约翰社团，这个社团出版了《圣约翰季刊》。参见《圣约翰大学五十年史略：1879—1929》，16、23、53 页。

[71] 1907 年，校友会筹集资金，买下了苏州河对岸的空地作为运动场地。校友会还花了 10 000 墨西哥银元买了 14 英亩土地，在其中可以进行四分之一英里的比赛和一场足球赛。1908 年，校友会为建造曼厅（Mann Hall）捐献了7 000 美元。在以后十年里，还捐助了纪念堂（The Anniversary Hall）和古伯纪念体育馆（The Cooper Memorial Gymnasium）的建造，为会议厅购买家具，为工程学课程购买设备。参见《圣约翰大学五十年史略：1879—1929》，16、52 页。

［72］这些初步的数字只是显示了 1930 年校友会的部分积极成员。根据这些资料，圣约翰大学部从晚清到 1930 年的毕业生中有 809 人是校友会成员，其中 780 人的职业资料可见。《圣约翰大学五十年史略：1879—1929》，86 页。

［73］圣约翰的毕业生在商界和工业界担任高级行政职务并是主要的投资者。他们在进出口贸易、制革、钢铁业、汽船、丝绸贸易、棉花工厂、烟草公司和近代银行业上都表现得很活跃。20 世纪 20 年代，三分之一圣约翰学生是从这样背景的家庭中招收。刘鸿生（1888—1956），一个上海成功商人的儿子，宁波商人叶澄衷（1840—1899）的女婿（原文如此，刘鸿生是叶澄衷儿子叶世恭的女婿。——译者注），因为父亲去世，家庭经济状况衰败，他从圣约翰的本科班退学。20 世纪 20 年代晚期他担任圣约翰校董事会的主席。刘鸿生是中华煤球厂、上海水泥公司、上海荧昌火柴厂、华丰搪瓷厂、中国毛纺织厂和大中华火柴公司的创立者。大中华火柴公司所产的火柴占中国生产的火柴四分之一。刘鸿生灵敏的商业头脑使中国火柴工业在世界市场上与日本及瑞士火柴利益的竞争中获得成功。20 世纪 30 年代，刘鸿生开办了中国企业银行。他是上海煤炭商业银
324 行董事，上海煤矿公司主席，上海工部局议员，并任中国工业同盟领导人直到 1936 年。据报道，到那时为止，他已经拥有几百万元的个人财富，圣约翰通过授予他名誉法学博士称号认可了他的成就。参见《圣约翰大学五十年史略：1879—1929》，56 页；克来伯垂：《1840—1940 年的教会学校和中国革命》之《附录》；包华德、霍华德主编：《民国名人传记辞典，》Ⅱ，398～399 页。另参见谢曼·考克伦（Sherman Cochran）：《进入上海市场的三种途径：火柴贸易中的日本、西方和中国公司，1895—1937》（“Three Roads into Shanghai’s Market：Japanese，Western，and Chinese Companies in the Match Trade，1895－1937”）。

［74］从民国初年开始，圣约翰的毕业生在政府的外交机构中就很有影响。施肇基（1877—1958）、顾维钧（1888—1985）和颜惠庆（1877—1950）是从事清朝外交事务的圣约翰毕业生中最有名的。施是江苏一个举人的儿子，他的父亲从事丝绸出口。他 1887 年到 1890 年在圣约翰学习，是 1890 年《约翰声》（St. John’s Echo）的编辑。施肇基曾任 1914 年

驻英公使，1920 年驻美公使，1924 年外交部部长，等等。他在国民党时期也是著名人物。后来圣约翰大学授予他荣誉学位。顾是一个税务员的儿子，他的父亲在嘉定、苏州和上海公共租界都有财产。在上海英华书院和育才学校学习之后，1901 年他进入圣约翰。1904 年从圣约翰获得文科学士和硕士学位。1908 年获得另一个文科学士学位，1909 年获得另一个文科硕士学位，1912 年获政治学博士，这三个学位都是从哥伦比亚大学获得。作为中国首席代表，他参与了促成国联和联合国的建立。他作为中国公使出使法国、英国和美国。1957 年到 1967 年，他在海牙的国际法庭任法官。圣约翰大学授予他荣誉学位。颜惠庆是圣约翰的创立者之一颜永京的儿子。颜惠庆曾在圣约翰学习，1900 年从弗吉尼亚大学获得学士学位之后被聘为圣约翰的英语教授，1900 年到 1906 年在那里教学。20 世纪 30 年代，他作为中国公使出使美国、国联和苏联。参见包华德、霍华德主编：《民国名人传记辞典》，Ⅲ，23～126 页；Ⅱ，255～261 页；Ⅳ，50～52 页。

［75］牛惠霖和牛惠生（1892—1937）是 20 世纪 20、30 年代上海最受欢迎的私人医生，他们都毕业于圣约翰医学院。主要城市医院的重要职员中都有圣约翰的毕业生，如上海的红十字会医院（The Red Cross Hospital）、圣路加医院（St. Luke’s Hospital）和北京中心医院（the Peking Central Hospital）。圣约翰的毕业生作为医学老师、学者、行政官员和公共卫生服务者都很杰出。这一群体中最出名的人是颜福庆，在长沙的雅礼学校 325
功成名就之后，1928 年他担任南京国立中央大学医学院院长。爱姆大学医学院、南京政府的卫生署、上海防疫局的领导都是圣约翰的毕业生。牛惠霖和牛惠生的父母都是虔诚的公理会会员。牛惠生学习于英华书院和圣约翰中学。他 1907 年进入圣约翰大学，1910 年获理科学士学位。1914 年获哈佛神学硕士学位。1917 年，他获得行医执照，被马萨诸塞总医院聘为整形外科医生。牛 1918 年回国，担任了很多工作，包括北京协和医学院整形外科主任。1929 年，他创立了上海整形医院。20 世纪第二个十年的后期，他担任圣约翰校友会上海分会的书记，并从那时起成为毕业生事务的领导人。他还是华北哈佛学社的领导人。牛惠霖最著名的事迹是他作为整形医院的领导人照料和隐藏了陈赓（1903—1961），陈赓是南京政府十年时期中国共产党上海地下组织的领导人，1927 年他被子弹射伤左腿。

包华德、霍华德主编：《民国名人传记辞典》，Ⅲ，43～44 页；Ⅰ，190～191 页；《约翰年刊，1922》，29 页。

［76］《圣约翰大学五十年史略：1879—1929》，86 页。

［77］中国基督教青年会的规章制度在圣安德鲁社团（the St. Andrew's Society）主持下第一次译为中文，这个社团是圣约翰基督教青年会的前身。余日章（1882—1936）在 1916—1932 年间担任中国基督教青年会全国委员会秘书长，这个组织总部设在上海，在全国主要城市都有分部。余是湖北省一个牧师的儿子。他 1905 年从圣约翰获得文科学士学位，1910 年获得哈佛理科荣誉硕士，同年回国。1913—1915 年，他在中国主要城市做演讲，促进旨在扩展近代教育的基督教青年会规划的发展。他在建立著名的江苏省教育会中与黄炎培共事。余 1922 年被选为中华全国基督教协进会主席，一直干了十年。他也是中国太平洋国际学会的创立者和主席。他为晏阳初（1890—1990）后来的扫盲工作提供了大量的鼓励和援助。《圣约翰大学五十年史略：1879—1929》，56 页；包华德、霍华德主编：《民国名人传记辞典》，Ⅳ，64～66 页。

［78］卜舫济：《校长训示》。

［79］1922 年，圣约翰的共 72 名教职员中有 34 名美国人。美国人在
326 主要学科中担任教务长和教授。38 名中国人中有 10 名中文教师、一些翻译和体育老师。这些中国教师绝大多数拥有圣约翰的学士学位。参见《约翰年刊，1922》的教职员工表。

［80］《圣约翰大学五十年史略：1879—1929》，15、17 页。《约翰年刊，1922》43～44、56、60 页，赵梅伯（Zhao Meibo）：《中国音乐指南》（*A Guide to Chinese Music*），129 页。赵梅伯是中国音乐教育的先行者之一，这本书的部分章节 20 世纪 30 年代第一次印刷。在此感谢哈佛大学教授赵如兰（Rulan Chao Pian）提供的资料。

［81］《约翰年刊，1922》，43～44、56、60 页。

［82］关于颜惠庆和颜永京，见本章注 74、92。

［83］这时，牛尚周和倪桂清结婚，倪桂清是上海贝满女子学校（the Bridgman Girls School）的老师，他们都是虔诚的公理会教徒。他们的儿子牛惠生也将和圣约翰大学的中国历史学教授徐会成的女儿徐邑尘结婚。

1924 年婚礼也在上海的公理会教堂举行，到那时，他家已经帮助支撑这个教堂很多年了。未来的儿媳徐邑尘是南京金陵大学和哥伦比亚大学师范学院的毕业生。他们的儿子彼得·牛基本在美国接受教育。包华德、霍华德主编：《民国名人传记辞典》，Ⅲ，43～44 页。宋子文，财政部部长，行政院院长，中国中央银行行长，国民政府财政体系的设计者，在进入哈佛之前是圣约翰大学预科和大学部的学生，1915 年他在哈佛获得经济学学士学位。包华德、霍华德主编：《民国名人传记辞典》，Ⅲ，149 页。

［84］赵梅伯：《中国音乐指南》，129 页。

［85］《圣约翰大学五十年史略：1879—1929》，15、17 页；赵梅伯：《中国音乐指南》，129～130 页。

［86］《约翰年刊，1922》，57、62、72、76、80 页。

［87］《圣约翰大学五十年史略：1879—1929》，59 页。

［88］西赛罗论坛（the Cicero Club）和它的活动，参见《约翰年刊，1922》，69、73、76 页。

［89］［90］《圣约翰大学五十年史略：1879—1929》，15 页。

［91］中西女中 1892 年由林乐知建立。关于这所学校的简史，见薛正：《我所知道的中西女中》。薛正在 1950 年之前是这所学校的女校长。以上的叙述参考薛正的《我所知道的中西女中》。1952 年，中西女中与圣玛丽堂合并为上海第三中学。据《中国日报》1986 年 11 月 5 日第 3 版报道，11 月 2 日，550 多名来自北京、香港、纽约、旧金山和温哥华的妇女 327
聚集在那里，参加一年一度的女毕业生聚会，并致力于始建于 1928 年的体育馆的翻新。

［92］颜永京在 1879 年圣约翰成立时就担任学监和数学、自然哲学教授。他从 1887 年到 1898 年去世都是虹口圣公会救主堂的本堂牧师。他在美国接受了高等教育，他所有的孩子——5 个儿子和 1 个女儿——不是在美国就是在英国学习。包华德、霍华德主编：《民国名人传记辞典》，Ⅳ，50 页。

［93］颜惠庆：《颜惠庆自传，1877—1950》。

［94］［95］《圣约翰大学五十年史略：1879—1929》，9 页。

［96］《约翰年刊，1922》，76 页。

［97］同上书，43页。

［98］五四运动在22级的毕业纪念册中被称为一场“为爱国主义的实行开辟了新领域”的学生运动。《约翰年刊，1922》，42～43、46页。

［99］同上书，60页。

［100］［101］《圣约翰大学五十年史略：1879—1929》，7～8页。

［102］芬恩：《变化中的中国的基督教高等教育，1880—1950》，123页。

［103］卢兹：《中国与教会学校，1850—1950》，176～177页。

［104］兰伯顿：《圣约翰大学，上海，1879—1951》，68页。22级的毕业纪念册有51名教职工的照片，10人是中文教师，其3人没有学位，5人是文科学士或“秀才”，2人是“举人”。这10个人都穿着传统文人的长袍。另41名教授非中文课程的教职工中，19人是中国人，其中15人是圣约翰的文科学士，1人是文科硕士。他们当中除2人外都穿着西服或圣约翰的学士服和帽子。51人中有22人是美国人，包括卜舫济校长，他们的学位获取自哈佛、耶鲁、普林斯顿、哥伦比亚、弗吉尼亚等。参见《约翰年刊，1922》，18～35页。1938年，在37人的教职工名单上，中文教师减少到5人，其中2人是圣约翰的文科学士，中国文学专业的助教，另3人是中文教师。参见《约翰年刊，1938》之《教职员和管理机构》部分。

［105］兰伯顿：《圣约翰大学，上海，1879—1951》，8～9页

［106］克来伯垂：《1840—1940年的教会学校和中国革命》。关于在清华改组之前类似住房分配模式的介绍，亦参见冯友兰：《三松堂自序》，
328 333～334页。外国教师被安排使用位于校园北部西方风格的住房，这块地方被清华学生戏称为“美国地”。

［107］兰伯顿：《圣约翰大学，上海，1879—1951》，88页。

［108］《圣约翰大学五十年史略：1879—1929》，88页；兰伯顿：《圣约翰大学，上海，1879—1951》，88页。关于民国时期传统主义的学术环境，见本书第一章。

［109］黄炎培，江苏川沙人，举人，世纪之交就是江苏近代教育的领导人之一。他是1911—1914年江苏省教育会会长。他全身心地投入对

职业教育的推进，1918年创立了中华职业教育社（成立于1917年。——译者注）和中华职业学校。此后，他一再拒绝了江苏省教育厅厅长的任命以及以梁士诒和颜惠庆为首的两届内阁教育部长的任命，梁、颜两位分别于1921年和1922年毕业于圣约翰大学。参见包华德、霍华德主编：《民国名人传记辞典》，Ⅱ，210～212页。

［110］参见克里弗德：《上海，1925：城市民族主义和外国特权的辩护》，20、29～30、53～55页。

［111］郝延平：《中国近代商业革命》，33、124、213～217页。

［112］虞洽卿第一次引起公众注意是他成功地为1898年法国官方和宁波同业公会关于同业公会墓地的争执作了调停。参见苏珊·曼恩：《上海的宁波帮和财政势力》（“Ningpo Pang and Financial Power in Shanghai”）。

［113］尼古拉斯·克里弗德把五卅运动期间的虞洽卿描述为夹在民族主义者和帝国主义者之间。虞是那些“作为为帝国主义服务的买办资本家而受辱”的人之一，然而上海人在运动中把他看做主要敌人。克里弗德：《上海，1925：城市民族主义和外国特权的辩护》，20、58页。

［114］郝延平：《中国近代商业革命》，329、331～334页。

［115］开办永安百货的郭氏兄弟来自一个移民澳洲的广东家庭，在澳洲，他们靠看管水果摊勉强维持生活。他们从零售发展到批发，从销售者发展为果园经营者和主人。逐渐地，他们办理和提供贷款，并日益老练于近代市场技巧。他们在悉尼和香港学习英国风格的商店经营管理办法，最终在香港和上海成立了永安公司。上海社会科学院经济研究所编：《上海永安公司的产生、发展和改造》，第一章。

［116］引自《圣约翰大学五十年史略：1879—1929》，8页。

［117］清政府法令规定的明确责任如下：省内关于教育事务信息的收集，学校运作的管理，图书馆的建造，指导教育理论和学校管理的研究并为之提供资金，审查教科书，编纂教育统计报告，在这一地区进行 329
“教化”。直到1911年，各省教育会仍是传播帝国“圣谕、官训”抄本的半官方机构。教育会章程由北京的教育部（学部）草拟，1906年得到清廷批准。《学部奏拟教育会章程折》（1906）和《教育会章程》。参见舒新城编：《中国近代教育史资料》，Ⅰ，361～365页。关于1910—1930年各

省教育会的影响和发展，参见叶文心：《被疏离的学术：民国时期的高等教育》（“The Alienated Academy：Higher Education in Republican China”）。

［118］陈椽：《五四运动在上海》，76、79、113、168、180 页。

［119］孟宪承，江苏武进人，圣约翰文科学士，后来在华盛顿大学获文科硕士学位。1930 年任南京国立中央大学教育学院院长，在那里他被看做教育学和教育史的主要专家。《专科以上学校教员名册》，Ⅰ，222 页；兰伯顿：《圣约翰大学，上海，1879—1951》，89 页。

［120］《圣约翰大学五十年史略：1879—1929》，88～89 页；兰伯顿：《圣约翰大学，上海，1879—1951》，89 页。

［121］在总罢工和由“在公共租界的日本工厂一名中国工人被杀”所引起的上海学生和公共租界势力的冲突发生一周之后，又发生了“国旗事件”。玛丽·兰伯顿对它的描述，以“在其他条约口岸，把英国和日本当做最凶恶的敌人，试图破坏他们的商业的骚乱是从罢工和抵制购货开始的”为背景。她写道：

> 1925 年 6 月 2 日，卜舫济博士同意学校休假一周，这被理解为学生们应当保持安静和不参加城市的一般聚会。6 月 3 日，当学生们在毕业生会堂开会时，教职员们注意到图书馆前两根并列的旗杆，发现不光中国国旗，美国国旗也下了半旗。这似乎暗示着美国人对暴动者的同情。那最好的办法就是两面旗一起降下来。于是两面国旗同时以同样的礼遇降下。有的学生看到两面旗子被叠起来，就送信到生会堂。一面中国国旗从堂中拿了出来，但是卜舫济博士不允许升起它。虽然参与的学生显示出明显的不愿服从，最后还是把国旗交给了他。他随即去了毕业生会堂，告诉学生们，如果他们不遵守纪律，大学部和中学会被关闭。很不幸的是，学生团体获得的印象是校长和部分教职工一点也不同情他们，对中国专横不友好。关掉学校的呼吁引起了强烈的反应。几乎所有中文系的老师辞职，学生承受着签署一个永远
> 330 不回到圣约翰的声明的压力。262 名大学生和 290 名中学生签了字，但是学生们解散时并没有任何暴力或混乱发生。就官方而言，圣约翰在这学期的剩余时间关闭。毕业典礼没有举行。

以上引自兰伯顿《圣约翰大学，上海，1879—1951》，100～102 页。亦参见卢兹：《中国与教会学校，1850—1950》，176～177 页。

［122］关于光华大学的论述，特别是它和江苏省教育会的关系，见下面的第五章。

［123］《圣约翰大学五十年史略：1879—1929》，61 页。沈嗣良从圣约翰获得文科学士学位，被聘为体育部老师，20 世纪 20 年代初晋升为体育部主任，获哥伦比亚大学文科硕士学位，1938 年成为体育部教授、副校长、文理学院院长。战争期间卜舫济教士退休后他成为圣约翰大学校长。《约翰年刊，1922》，31 页；《约翰年刊，1938》之《教职员和管理机构》。

［124］参见舍勒·盖略特（Shirley Garrett）：《他们为什么留下》（"Why They Stayed"），此文关于这一时期有很好的论述。

［125］兰伯顿：《圣约翰大学，上海，1879—1951》，131 页。更特别的是，3 个组织——全国学生总会，反对圣约翰重开的学校联盟、不再是圣约翰学生的联盟——向大学院请愿，声称对于中国主权的完整来说，把教育机构的管理权从外国人手中收回是必需的，宗教和教育绝不能混淆。卢兹在《中国的政治与教会团体：1920—1928 年的反宗教运动》（*Chinese Politics and Christians Missions：the Anti-Christians Movements of 1920－28*）中说，1927 年 3 月发生在教会学校的动乱代表了民族革命运动左右两翼的冲突。"把教育权利运动推向左倾的是 3 月 18 日联合政府要求所有教会学校在 4 月 1 日之前登记或关闭的最后通牒。"（249 页）而且，"激进派并不倾向于接受折中立场——圣约翰停止了学术工作以及作为来自国内的传教士的难民营地，光华学生组织了占据圣约翰的运动，这一行动被保护校园的英国军队阻止了。"（251～252 页）卢兹引自兰伯顿：《圣约翰大学，上海，1879—1951》，183 页；《教育大事记》（"Educational Events"）。

［126］兰伯顿：《圣约翰大学，上海，1879—1951》，133 页。

［127］［128］同上书，158 页。

［129］［130］同上书，151 页。 331

［131］圣约翰第一届董事会成立于 1928 年，由以下 14 名成员组成：

卜舫济，校长；沈嗣良，文理学院院长；高克私，C. M. 李，罗道纳，罗培德，华克，负责教职工和行政管理；余日章，中国基督教青年会全国委员会秘书长；陈阿奇（Archie Tsen），钟可托，王正廷，宋子文（财政部部长）；钱永铭，上海银行家；刘鸿生，上海企业家。其中中国成员都是圣约翰的毕业生。参见《圣约翰大学五十年史略：1879—1929》第36～37页的照片。1930年，罗伯特·格雷夫斯（Robert Graves）主教写道："可能是有势力的朋友和毕业生的缘故，（登记的）事情今年压力小多了。"参见兰伯顿：《圣约翰大学，上海，1879—1951》，152页。（《上海圣约翰大学（1879—1952）》（上海，上海人民出版社，2009）第422页记载第一届14位董事为：主席刘鸿生；委员宋子文、余日章、卜舫济、华克、陈宗良、王正廷、钟可托、沈嗣良、罗道纳、李克东、罗培德、钱永铭、高克私。除C. M. 李、陈阿奇外，12人完全符合，C. M. 李似应为李克东，陈阿奇则应为陈宗良。——译者注）

[132] 兰伯顿：《圣约翰大学，上海，1879—1951》，152页。

[133] 1931年春天发布的公告说，没有登记的学校秋天不允许招生。夏天，圣约翰的董事会第一次提交要求登记的文件——文件很快被退回，"附有修改的要求"。因为格雷夫斯主教已经离开，学校没有采取任何行动。1932年6月末，上海教育局发布通告，提醒各大学6月30日是登记的最后期限。董事会答复说，这时已经不能采取更进一步的行动了。参见兰伯顿：《圣约翰大学，上海，1879—1951》，152～153页。神学博士格雷夫斯是上海的主教，圣约翰大学董事会董事长，这个董事会是美国圣公会国内外传教团体董事会下中国分会的一个支部。《约翰年刊，1922》，13页。

第三章　从地方士绅书院到中产阶级大学

[1] "城市改良派精英"是周锡瑞首创的词汇。他试图以中立者立场探索有关1911年辛亥革命本质最受争议的问题之一：士绅阶级和资产阶级在辛亥革命成功因素的个别角色问题。有些学者争辩并提出相关史料证明士绅阶级的重要地位。自1949年以来，中国共产党的官方史学著作将1911年的辛亥革命描绘成为一场"资产阶级革命"；而法国学者白吉儿

(Marie-Claire Bergère) 也强调一个明确的资产阶级的兴起。周锡瑞则认为:“虽然新精英阶级不同于旧士绅阶级，但这个新精英阶级也还不足以被称之为资产阶级。”他在《改良与革命：辛亥革命在两湖》的研究中指 332
出:“以历史的观点来说，此新的精英阶层尚未发展成熟，但是就其所参与之历史斗争的进程来说，精英阶层的定义与意识已然形成。”此外，湖南省的士绅阶级在 1898 年的百日维新中就被划分为“新”、“旧”两派。于是，倡议教育改革者就被统称为“新派”。周锡瑞:《改良与革命：辛亥革命在两湖》，68 ~ 69 页。

[2] 参见下面更详细的讨论。

[3] 冉枚烁:《中国的精英实践和政治变革：1865—1911 年的浙江省》，137 ~ 142 页。

[4] 参见冉枚烁:《中国的精英实践和政治变革：1865—1911 年的浙江省》第 129 ~ 130 页中有关公、资、民、官的讨论。

[5] 陈锦江 (K. K. Chan):《清末近代企业与官商关系》(*Merchants, Mandarins, and Modern Enterprise in Late Ch'ing China*)，71 ~ 76 页。

[6] 1911 年船政科迁移到吴淞以利用在那里的航运设施。同时，在徐家汇校区的院系被合并为土木工程系、电机系和铁路管理系三个系。20 世纪 20 年代，因为北方军阀政权高度动荡不安的政治形势而将该校与另外两所分别位于北京与唐山的国立工业专门学校合并。但这三所学校后来也经历多次分合。在 1930 年，国民党终将这三所工业专门学校合并改组为交通大学，在上海校区设有五学院：管理学院（金融管理系、公共行政系、铁路管理系、工业管理系)、科学学院（数学系、化学系、物理系)、电机工程学院（电力通讯系、电力供应系)、机械工程学院（工业系、铁路系)、土木工程学院（城市规划系、铁路结构系)。参见凌鸿勋:《交通大学十年忆旧》；邹韬奋:《韬奋文集》，Ⅲ，27 页；《上海市通志馆期刊》，Ⅱ，629 ~ 630 页。

[7] 20 世纪 20 年代，北京的清华大学是唯一一所经费无虞的公立高等教育学校，其在财务上得到美国庚子赔款的捐助，行政上则由外交部管理。南洋公学清廷每年从上海轮船招商局和电报局这两个单位拨款 200 000 元作为补助经费。1899 年，南洋公学在上海郊区徐家汇购买了 100 亩校地。民国时期，南洋公学的经费则是来自于交通部下属单位，如

铁道部、矿务局、电报局等等各种营利单位的营运利润，其预算完全独立
333 于教育部，但后来归财政部监督。1930 年，交通大学所有的实验器材与设备总值排名全国第三，仅次于北大的 362 842 元和清华的 335 415 元。交通大学在 20 世纪 20 年代稳定成长的情况可以反映在学生总体人数的不断攀升上。1928 年有 986 名学生，1929 年有 1 030 人，1930 年则已增至 1 074 人。其中有三分之一的学生在管理学院就读。1928 年，在全中国的大专院校中，交通大学工科学生中仍有 40% 的学生继续攻读工程学专业。国民党也倾注资源于南京的中央大学和杭州的浙江大学这两所由其资助的工程学。从那时以后，交通大学每年的毕业生中有大约 23% ~25% 考取国家工程师执照。参见《全国高等教育统计，1930》，表 31 ~33、46 ~47、54 ~55、62 ~63。

［8］参见本书第六章更进一步的讨论。

［9］《国内各大学二十年度入学试题调查》。

［10］《国内各大学十九年度入学试题调查》。

［11］南洋公学在 1911 年辛亥革命风潮前所起的作用，是一场学生反抗事件的发生。当时有学生故意将一瓶墨水倒在一位不受学生欢迎的老师的座位上。这位愤怒的老师要求严厉处分主事的学生，从而引发学生对这个教员所代表的权力与独裁高压的强烈抗议。这个风潮最后经过蔡元培的居中协调而平息。陶英惠：《蔡元培先生年谱》，105 页。

［12］位于江西省会南昌的私立心远中学，依照往例，其大部分毕业生都会参加南洋公学、唐山工业专门学校（为交通大学河北校区）或是国立北平大学工学院等国立工科学校其中一所的入学考试。心远中学原由南昌月溪熊家的家塾发展而来。经学家熊纯如是严复的一位朋友，他在 20 世纪第二个十年担任该校校长。熊纯如相信，科学与技术是救国要方。因此，他的教育方针特别注重英文能力的提高。该校大部分学生会去参加这几所工科学校的入学考试都是受了熊纯如对科技看法的影响。程天放：《百花洲畔的弦颂》。心远中学的学费比该地区的公立中学要贵一倍。同时，心远中学在江西省也以其高学术水准而闻名。

［13］周浩泉：《回忆南洋公学十二年》。

［14］邹韬奋：《韬奋文集》，Ⅲ，24、27 页。

［15］［16］周浩泉：《回忆南洋公学十二年》。

［17］列文森亲身经历过1916年农历一月一日袁世凯洪宪帝制就职典礼的盛典。当“共和国的拙劣模仿品让位给了一个同样拙劣的帝国模仿品”时，这个共和体制着实意味着一个象征，那就是，即使作为政治革命是失败的，但是知识革命的脉络已然产生，而且正在发生。从而，这个共和政体象征着打破传统，而与其匹敌的君主立宪政体必然就代表着传统主义。参见列文森：《儒教中国及其近代命运》，Ⅱ，4～5页。 334

［18］列文森：《儒教中国及其近代命运》，Ⅱ，4～5页。

［19］周浩泉：《回忆南洋公学十二年》。很明显，周浩泉甚至在写这篇回忆往事的文章的时候都没有适当掌握《庄子》中的文句。“邯郸学步”这句成语是出现在《庄子·秋水》。这是一个关于学习外来的走路方法的故事，而不是关于学习外来语的故事。这个故事说的是“幼稚的”寿陵人，而不是寿陵的“学者”。寿陵是燕国的一个县。这个故事据说是发生在战国时期（前453—前221）。周浩泉尽管对原文的理解有瑕疵，不过他还是掌握到这个故事的重点。就像是唐朝时的评注者成玄英所指出的，这个故事是说一个来自燕国的年轻人，由于想要获取不属于自己的走路方法，而丧失了自己家乡的走路方法。套用现代社会学的话说，就是这个寿陵的年轻人把自己转变为“边缘化”性格。不用说，他对这外来方法的理解是完全失真的。成玄英生卒年代不详，为一道士，631年，在长安被唐太宗召唤入宫。他对《老子》和《庄子》的注释被收入在《老子》一书。参见赵宗诚：《试论成玄英的重玄之道》。

［20］罗家伦：《新人生观》，45页。罗家伦在评论唐蔚芝校长的运动员精神时，正担任国立中央大学校长职务。关于比赛的意义参见本书第二章。

［21］唐蔚芝在辞职后回到无锡老家，在当地实业家与上流社会权贵的支持下，开办了无锡国学专修馆。这所学校向来是措词强硬的讽刺性评论周刊《现代评论》的标靶。《现代评论》的主编是胡适，其所刊登的文章都是由北大一群与新文化运动有关的年轻教授所写。此外，无锡国学专修馆亦吸引了长江下游地区很多著名的传统经学家与道德哲学家到校任教。钱基博是这所学校的教员之一，他的长子钱锺书后来因为小说《围城》详细论述“归国留学生”社会文化实际价值的丧失而闻名。参见梁 335

鸿勋：《记茹经老人太仓唐蔚芝先生》。

［22］《缘起史略》见《中国公学大学部一览表，1926》，2～3页。亦参见贝斯《中国进入20世纪》第132～134页有关这时期在日本的中国留学生的一般情况。郑孝胥1882年高中解元后，赴天津入直隶总督李鸿章幕下；后入两江总督张之洞幕下，先后在南京与武汉任职。张之洞为此时期另外一个政治领导人。同时，郑孝胥也被派任外交职务，首先是1891年在东京担任中国驻日使馆书记官，然后为东京领事，神户和大阪的总领事。郑孝胥生长于苏州，1905年到1908年间，他回江南，在上海许多近代化洋务事业中是相当活跃的。他担任过江南制造局总办、上海商报与上海储蓄银行董事会董事。也就大概在此时，他开始与南洋公学的创办人盛宣怀有所往来。包华德、霍华德主编：《民国名人传记辞典》，Ⅰ，271～272页。

［23］1903年，马良（相伯）在蔡元培的建议与耶稣会的协助下创办了震旦大学。这所学校在初始阶段与马良治校期间鼓励学生自治，由学生负责学校主要的行政事务。外国传教士主要都是担任义务教员。1905年春，马相伯生病，一群传教士教员想要趁此机会改组与掌控学校行政部门。马相伯因为反对改组而愤辞校长职务。大多数学生选择追随马相伯，因而与震旦大学断绝关系。在严复、熊季廉与袁希涛等清末具领导地位的知识分子支援下，马相伯及其学生顺利地筹办了另一所新学校——复旦公学。马相伯担任复旦公学的首任校长，严复则在马相伯之后接任校长职务。参见张若谷：《马相伯先生年谱》，214～215页；《震旦大学二十五年校史》，2页；《复旦大学一览，1937》，1～4页。

［24］这些由地方捐助的书院，相对于官方书院来说，展现了浓厚的学术取向，从事于大量教科丛书的编辑、采集和印制工作。与此同时，官方书院则仍着重在科举考试文章的写作和儒家礼教崇拜上。参见提勒门·格林姆（Tilemann Grimm）：《广东的书院与城市制度》（“Academies and Urban Systems in Kwangtung”）；提勒门·格林姆：《关于中国明朝禁止书院的评论》（“Some Remarks on the Suppression of Shu-yuan in Ming China”）；吕光环：《由宋明理学家发展出的书院制度》（“The Shuyuan Institution Developed by Sung-Ming Neo-Confucian Philosophers”）；约翰·麦斯基

尔：《中国明朝书院：一篇历史随笔》（*Academies in Ming China*：*A Historical Essay*）；艾尔曼：《学海堂与今文经学在广州的兴起》（“The Hsueh-hai T'ang and the Rise of New Text Scholarship in Canton”）。

[25] 因为这一连串的事件成就了上海大夏大学的设立，参见《私立厦门大学风潮记》与《大夏大学成立之经过及其现况》。光华大学的创建则是五卅运动期间圣约翰大学国旗事件的结果。参见兰伯顿：《圣约翰大学，上海，1879—1951》，100～102 页。

[26] 参见本书第四章的讨论。

[27] 严复对于在中国教育课程中运用英文的观点刊登在 1902 年一封他写给政治评论性刊物《外交报》编辑的信中，引自《复旦大学志》，59 页。严复自己也在上海忙着筹组“名学研究会”和翻译穆勒的《名学》。严复虽然接受了一连串类型复杂的任命，从天津的开平煤扩的督办到安庆的安徽高等师范学校的监督等等。不过，这些职务都有一个共同的特点，就是需要到欧洲进行大量的旅行。史华兹：《寻求富强：严复与西方》（*In Search of Wealth and Power*：*Yen Fu and the West*），142～143，213 页。

[28]《复旦大学志》，60 页。

[29]《复旦大学志》，58 页。于右任是陕西人，1903 年考取举人。然而与此同时，他惊觉清朝君主专制的失败而为国民革命理念所吸引。他对时政的讥议表现在他的诗作中。1904 年，当他正前往开封准备参加进士会试途中，清廷下谕革去其举人，并严令通缉，欲就地处死。于是，于右任逃到上海，引起当时震旦大学校长马良所注意而为其所重用。于右任 1905 年帮忙筹办复旦公学，并创办中国公学。当他在复旦公学研读法文的同时，也兼任两校国文讲席。他的革命新闻事业则是发展于 1907 年到 1911 年间。虽然，于右任不时因新闻事业被逮捕入狱，但他在公共租界的出版活动却让他得以进入孙中山同盟会的领导圈子。包华德、霍华德主编：《民国名人传记辞典》，Ⅳ，74～75 页。

[30]《复旦大学志》，58、60、76 页。

[31] 参见杨亮功：《早期三十年的教学生活》，53～54 页。胡适也提到，中国公学的组织架构具体体现了“民主政治之意”：“全校分执行与

评议两部。执行部的职员是学生投票互选出来的，有一定的任期，并且对
337 于评议部负责任。评议部是由班长和室长组织成的，有定期的开会，有监督与弹劾职员之权。” 参见杨亮功：《早期三十年的教学生活》，53 页。

［32］杨亮功：《早期三十年的教学生活》，52、104 页。

［33］舒新城：《我和教育》，176 页。

［34］《复旦大学志》，59 页。

［35］同上书，60 页。

［36］恒慕义主编：《清代名人传略》，Ⅰ，349 页。

［37］邹文海：《我的中学时代》。

［38］有关极端国家主权论或极端国家主义的差异，参见以下有关曾琦和中国青年党的讨论。

［39］《复旦大学志》，111 页。

［40］舒新成：《我和教育》，176 页；胡适：《中国公学校史》。

［41］胡适：《中国公学校史》；佚名：《中国公学史略》。

［42］杨亮功：《早期三十年的教学生活》，60 页。

［43］舒新城：《我和教育》，177 页；佚名：《中国公学史略》。

［44］佚名：《中国公学史略》。

［45］杨亮功：《早期三十年的教学生活》，59 页。

［46］舒新城：《我和教育》，181～193 页。

［47］《民国十五年五月教育部派员视察报告》，见刘志英等编：《私立中国公学》，25～26 页。

［48］《民国十九年一月黄建中、朱经农等视察报告》，见齐志英等编：《私立中国公学》，38～41 页。这里所引用的 1930 年的注册人数是 1930 年 1 月的人数。这年夏，在这个学年结束时，该校向教育部报告的注册人数已升为 1 437 人。参见下列的注释。

［49］刘志英等编：《私立中国公学》，4、17 页。

［50］在 20 世纪 20 年代末与 30 年代初期，中国公学的教师包括陆侃如、冯友兰、沈从文、梁实秋、袁昌英、叶公超、高一涵和陈广沅等等，这些都是当时新文化与新文学方面的名人物。但他们大部分都是客座性质。无论如何，在 1928 年夏慕名而来的新生就有 300 多人，为中国公学全体学

生总数的两倍。过去中国公学的总注册学生人数都不超过 300 人。在 1929 年秋，学生注册人数跃升到 1 059 人，且在 1930 年达到 1 437 人。学校资产按每人计算，在 1930 年，平均每名学生只有 90. 58 元的资产值。在这个项目中，中国公学为全国大专院校中排名倒数第二（在 1930 年，全国大专院校的平均值是 692. 99 元）。在 1928 年到 1930 年之间，当全国每一百名学生的平均师资从 14. 6 人增加到 15. 5 人时，中国公学相对应的师资人数从 9. 3 人降到 5. 8 人。中国公学的教学设施总值为 11 033 元，名列全国 52 所大专 338
院校呈给教育部的财务数据资料的最后一名。参见杨亮功：《早期三十年的教学生活》，59 ~ 60 页；《全国高等教育统计，1930》，表 14、17、8、18。

［51］杨亮功：《早期三十年的教学生活》，59 ~ 60 页。

［52］参见本文上述引用的部分。

［53］1928 年胡适在《新月》杂志上以《知难，行亦不易》和《新文化运动与国民党》为题发表了两篇评论，抨击国民党统治的独裁主义本质。刊登这些文章的《新月》杂志在上海邮局寄发时便被当局查扣。胡适写信给胡汉民的办公室抗议此事。结果，胡适收到要他到南京“面谈”的邀请，但是胡适并没有理会这个邀请。梁实秋：《忆新月》。

［54］参见在木栅（Muzha）教育部档案，归入 1931—1932 年间的“中国公学”。有关胡适在中国公学校长职务，参见杨亮功：《胡适之先生与中国公学》。

［55］复旦公学在 1905 年由两江总督周馥拨用吴淞军事要塞的房舍为校舍。1907 年新任总督端方上任后，奏准每月拨官款 2 000 两白银作为经常费。端方的继任者张人骏同意拨用吴淞炮台湾 70 余亩官地作为复旦公学校地。但是，来自省库的充足补助经费在 1911 年之后便停发了。复旦公学的校舍后来变成军队士兵的营房。同盟会的元老于右任一肩挑起国民党与学校之间的沟通桥梁。1912 年南京临时政府教育部拨补助金 10 000 元作为复校经费。江苏都督陈其美准用李公祠为校舍。稍后，孙中山也担任复旦公学的校董事会主席。《复旦大学一览，1937》，33 页。

［56］《复旦大学志》，392 ~ 393 页。

［57］李登辉担任复旦大学校长一职是由于右任所推荐。李登辉为厦门人，幼年侨居马来西亚，稍长前往美国求学，毕业于耶鲁大学。复旦大学

在 1922 年迁到新校址。参见《民国人物小传》之“李登辉”条；《复旦大学一览，1937》，33 页。

［58］简照南出生于广东南海，年轻时即前往日本经商，主要经营海货。他注意到中国人抽的香烟是由英美烟草公司推销到中国，并在中国市场占主导地位的。1906 年他便在香港成立了南洋烟草公司，1918 年将总公
339 司迁到上海。南洋烟草公司成功地瓜分了英美烟草公司在中国的市场。南洋烟草公司以诸如“中国人请吸中国烟”的口号建立起自己的广告形象。简照南成为上海中国商界领导之一，因而被推举为上海总商会会董。他在上海盖了一栋为当地第一流的住宅，并以好客见称。南洋烟草公司在与跨国企业英美烟草公司的竞争上能有所成，应归功于其创新运用先进的生产技术、管理技巧与采购行销策略。然而，该公司的领导班子后因家族失和而分裂。此外，南洋烟草公司在商界中对于改变政治环境是不太使得上力的。包华德、霍华德主编：《民国名人传记辞典》，I，364 ~ 365 页；高家龙《中国的大企业》。

［59］《复旦大学一览，1937》，33 页；简照南总计捐赠了 50 000 元；黄奕柱也总计捐赠 10 000 元。参见《复旦大学志》，107 ~ 109 页。有关杜月笙部分，参见汪一驹（Y. C. Wang）：《杜月笙（1888—1951）：实验性的政治传记》（“Tu Yueh-sheng，1888 -1951：A Tentative Political Biography”）。

［60］虽然有几十位南洋来的侨生和少数几个上海来的学生，但在 20 世纪 20 年代，复旦的大部分学生都来自于这些省份的上游地区。像这类的选择考量，程天放在《李公祠四年》一文中有详细的说明。程天放他自己是江西人，1920 年毕业于复旦。亦参见《复旦大学志》，393 页。

［61］石濡：《从沪江转来本校的几点感想》。

［62］程天放：《李公祠四年》；《复旦大学志》，526 ~ 527 页；杨村人：《中国现代戏剧史》，见李朴园等著：《中国现代艺术史》，1 ~ 60 页。

［63］程天放：《李公祠四年》。在五四运动时期，程天放是一激进派学生运动领袖。他的积极参与学生运动，引起了国民党的领导人诸如孙中山和蒋介石的注意。如此引人注目，所以 1927 年在国民党主政下，他便为蒋介石提拔担任政府高层职务。

［64］1917 年，复旦改制为四年制的大学，设有文、理、商三个学院。

1929 年新增第四所学院——法学院。在 1929 年到 1937 年间，复旦大学在这四个学院下有十九个学系。在文学院中有教育学系、新闻学系、中国文学系、语言学系和社会学系。主修外文的学生必须要再加选新闻系或教育学系为辅修。在理学院下有土木工程系、化学系和生物学系。在法学院和商学院下设有法律学系、经济学系、政治学系、银行学系、会计学系、国际贸易学系和企业管理学系。这最后的几个科系，其明确目的是为复旦学生未来在“政府司法部门”、“公共行政和外交使节团上”、近代经济的金融与商业部门的任职做准备。参见《复旦大学一览，1937》，2、41～42、141、151 页。 340

［65］《全国高等教育统计》，表 70。

［66］第一次国共合作成立于 1923 年 1 月以国民党总理孙中山和共产国际顾问越飞（Adolph Joffe）名义共同对外发表宣言之后。孙中山为寻求苏联的物资协助，同意让中国共产党党员以个人名义加入国民党，并以列宁路线重组国民党。这次合作在一定程度上挽救了孙中山在国民党内的声望。参见吉伯特·陈（F. Gilbert Chan）：《孙中山和国民党重组的起源》（“Sun Yat-sen and the Origins of the Kuomintang Reorganization”）。

［67］1922—1923 年间，梁启超在国立东南大学教授“中国政治思想史”，每天都安排在下午 2 点到 3 点，每次听讲的学生都超过 200 人。参见罗实时：《由南高到东大》。张东荪为《时事新报》主编，这份刊物在 20 世纪第二个十年末期到 20 世纪 20 年代初期是对上海地区读书人最具影响力的一份日报。1919 年 6 月张东荪公开支援结合五四运动的学生示威抗议活动。张东荪在政治与治学上，长久以来一直与梁启超有所联系，并对西方政治与宪政理论，与其对中国社会教育意涵有着浓厚的兴趣。他曾担任亨利·伯格森（Henri Bergson）的翻译。张东荪在 1918 年翻译《创化论》（*Creative Evolution*），1922 年翻译《物质与记忆》（*Matter and Memory*）。在 20 世纪 20 年代，张东荪和陈独秀在“玄学与科学”论战中曾有过激战。张东荪强调科学知识的理想主义本质，而陈独秀则强调科学的社会主义属性。包华德、霍华德主编：《民国名人传记辞典》，I，129～131 页。

［68］费巩 1945 年以后在重庆神秘地消失了。一般普遍认为他是被以戴笠为首的国民党特务机关——调查统计局（中统局）所谋杀的。沈

云龙：《光华大学杂忆》；程仓波：《记费巩教授》。

［69］很多文化保守主义学者抨击新文化那批人，诸如吴宓、梅光迪和汤用彤。这些人在 20 世纪 20 年代早期都在东南大学任教。1925 年 2 月，胡复敦被任命为东南大学新任校长，对于这件事在东南大学内部引发了重要的风潮。胡复敦为国民党的新生代，1925 年稍早因为孙中山前往日本、天津和北京，强化了他在北京政治中心的势力。原任校长郭秉文则
341 拥有梁启超派系和江苏省教育会的支持。参见罗实时：《十四年东大学潮与我》、《国立两大学之易长风潮》、《东南大学校长问题之又一幕》；陶孟和：《东大暴动》；张奚若：《党化教育与东南大学》；任鸿隽：《任鸿隽致张奚若》。

［70］1918 年曾琦在北京协助创立少年中国学会，反对亲日。1919 年，他前往巴黎成为活跃的学生与新闻记者，在 1923 年和李璜一起成立了中国青年党。曾琦被推举为该党的党务主任。该党的成立部分原因是由于曾琦在少年中国学会中长久以来一直与宿敌中国共产党的争论。中国青年党提倡“内除国贼，外抗强权”的国家主义与民主政治。他们所谓的“国贼”就是暗指中国共产党人。1924 年 8 月，曾琦返回上海并在大夏大学授课。1924 年 10 月，他创办了该党的机关报《醒狮周报》作为鼓吹国家主义并对抗共产主义的论坛。他驳斥国际无产阶级的观念，并极力主张中国国内各阶级应联合一起抵抗外敌。包华德、霍华德主编：《民国名人传记辞典》，Ⅲ，309 ~ 310 页。

［71］首先，左派指控曾琦领导的中国青年党控制着大夏青年团与大夏学生会这两个学生组织，而这两个组织则掌控了学校全体学生。其次，大多数教员与某些重要的行政人员支援“代表资产阶级的利益”的国家主义信条。在一个为外国帝国主义派所支配的制度里，这些是需要良好的社会秩序与经济繁荣的条件配合的，而这些与独立自主、无产阶级福利是对立的。最后，大夏大学是唯一一所在其教育学院提供“国家主义与教育”这种特殊课程的学校，明确揭示对这所大学意识形态的忠诚。宰直：《上海大夏大学学潮之原因及其结果》；子云：《答醒狮》。《醒狮周报》为中国青年党的机关报。

［72］关于中国青年党及其形成阶段兴起的国家主义与超国家主义，

参见《少年中国学会》，见《五四时期的社团》，Ⅰ，211～572页。少年中国学会的早期成员包括后来成为中国共产党领导人的毛泽东、邓中夏、恽代英、蔡和森和中国青年党领导人曾琦、左舜生等重要人物。这个学会是由
四川人王光祈组成，他曾在北京求学。该会早期建立于个人与社会两种网 342
络关系上：在北京读书的四川学生与以前在日本东京读过书的中国学生。

[73] 闻一多1921年毕业于清华学校，1922年前往美国芝加哥美术学院专攻西方绘画。然而他对艺术的兴趣很快就被他对诗歌和文学的兴趣所超越。1923年他转到梁实秋就读的科罗拉多大学修习维多利亚时代与近代诗歌课程。1924年他搬到纽约，加入了“一个由在美国的中国留学生所组织的以支援一个强而有力的中国国家发展的政治社团”大江社。闻一多是一个“热爱文化的国家主义者，尤其对于让中国绘画、诗歌与戏剧焕发活力，有着强烈的企图”。1925年他回到中国，在北京发行一本有关诗歌的周刊。1927年他在上海露脸。1928年3月他与潘光旦、罗隆基、胡适、徐志摩和梁实秋一起创办了文学月刊《新月》。“这份刊物试图引进西方文学给中国读者并试图提升纯美学的欣赏”。闻一多在1928年年中就不再从事诗词创作，但直到那年秋天，他离开南京前往武汉，专心致力于中国古典文学研究以后，他与《新月》的关系才完全结束。包华德、霍华德主编：《民国名人传记辞典》，Ⅲ，409～410页。罗隆基1921年毕业于清华后留学美国。1928年以论文《英国的议会选举》获得哥伦比亚大学政治学博士学位。1928年他回国后，担任光华大学政治系主任。他因在《新月》发表多篇强烈批评国民政府的文章而多次被捕入狱，在1930年11月被解除光华大学教职。1931年，他前往天津担任由罗马天主教神父雷鸣远（Vincent Lebbe）所创办的《益世报》社论主撰。包华德、霍华德主编：《民国名人传记辞典》，Ⅱ，435～436页。梁实秋1924—1926年先后在哈佛和哥伦比亚就读英国文学。他深受欧文·白璧德的影响，以《近代中国文学中的浪漫主义影响》为题写了一篇文章。他也是1928年新月社的领袖人物之一。他强烈主张“文学表现应是独立的，具有个性和美”。并坚定地反对无产阶级文学的观点。包华德、霍华德主编：《民国名人传记辞典》，Ⅱ，353页。

[74] 有关大江社，参见吴相湘：《大江社与国家主义》；梁实秋：

《谈闻一多》。

［75］李璜为四川人，1913年到上海，在震旦大学读了三年，习得法文，但对“教会学校感到厌恶”。1918年他加入少年中国学会后，就乘船
343 前往法国留学5年，修习欧洲历史、社会学和比较宗教学等。这段期间，他在国内的教育期刊上发表了好几篇文章，并因此被认为是西方教育方法学的权威人士。1923年他和曾琦一起创办了中国青年党。包华德、霍华德主编：《民国名人传记辞典》，Ⅱ，302～303页。余家菊与李璜在1932年合著出版《国家主义与教育》，书中对国家主义的教育途径详加说明。此外，其他有关曾琦、李璜、余家菊和陈启天的传记资料，参见李璜：《学钝室回忆录》；余家菊：《回忆》。

［76］李璜：《谈王造时与罗隆基》；梁实秋：《忆新月》。

［77］这个指导方针普遍认为是胡汉民所拟。参见胡汉民的女儿胡木兰和中国青年党的领导人李璜之间的意见交流，见《传记文学》（1981年夏第39卷第3期第50～51页）。在南京政府十年中，没有加入国民党的知识分子痛苦地回忆一项被认为是胡汉民所拟的决策，就是需要建立一个除了国民党之外不容许其他政党存在的政治制度，而且压制国民党内部所有不同的派系。中国青年党领袖曾琦和李璜两人都曾亲身经历国民党的迫害。1928年，曾琦在上海因被怀疑是共产党员而短暂入狱。“共产主义”是对于所有反对国民党的评论家的一个总括性指控。其他被这个政策所影响的知识分子包括有胡适与新月社内在西方受教育的自由主义者。他们曾经被卷入当时著名的人权论战之中。参见梁实秋：《忆新月》。作为这个政治与意识形态控制紧缩的体制部分，没有向国民党输诚的自由主义知识分子在公立大学院校的教职上是被歧视或是被封锁的。

［78］王造时是1919年清华的学生领袖，清华毕业后前往美国威斯康星大学继续深造，取得博士学位。接着再到芝加哥大学任职，后成为伦敦大学研究员。1930年他回清华担任教职，开始发表有关令人向往的中国宪政体制文章，同时对国民党对日军大举入侵中国而采取的不抵抗政策提出直言不讳的评论。1936年5月他与沈钧儒、邹韬奋和其他上海文化界知名人物组织了“救国会”。11月，他与其他6个“救国会”领袖一起被捕。包华德、霍华德主编：《民国名人传记辞典》，Ⅲ，397页。

［79］当时，王造时发行了另一个题名为《自由言论》的双周刊，持续发表他的观点。《自由言论》这次是以“荒谬”为理由被当局查禁。王造时以七君子之一而闻名全国。七君子在国民政府的要求下被公共租界警 344
察逮捕入狱。王造时后来出版的一个政治评论集刊《荒谬集》就是在这个时期所写成。他讽刺地将这本集刊题名为《荒谬集》，就是作为对国民党当局定他“言论荒谬”罪名的回应。参见赵广诚：《王造时的悲剧下场》。七君子（包括沈钧儒、章乃器、邹韬奋、史良、李公朴、王造时、沙千里）全部都是“救国会”重要的人物。亦参见沈云龙：《光华大学杂忆》，52～53页；李璜：《王造时与罗隆基》；《民国人物小传》之“王造时”条。

［80］李璜：《谈王造时与罗隆基》。在五四运动时期，罗隆基是清华学生会主席。在罗隆基担任学生领袖的九年期间，有三位清华校长或是被任命人被学生逐出校长室，他因而为自己赢得造反者称号。（“九载清华，三赶校长”——一个在清华九年的学生，三次驱逐大学校长）。罗隆基在1928年加入新月社，并发表一系列批评国民党的侵犯个人权利和思想自由的文章。1931年他短暂入狱。参见梁实秋：《秋室杂忆》，34、72页。亦参见包华德、霍华德主编的《民国名人传记辞典》一书中与上述有关之传记注释。

［81］例如，参见沈醉：《我所知道的戴笠》。

［82］胡适被撤除上海中国公学校长职务后，1930年重回北大任教。在1937年七七事变发生前，他再次遍游华南地区。他抵达南京之后立即忙于周佛海的“低调俱乐部”。周佛海在抗战期间以汉奸汪精卫“和平运动”中的重要代理人身份开始崭露头角。张忠栋：《从主张和平到主张抗战》。

第四章　上海大学和革命理想

［1］易社强是研究近代中国学生政治活动的最主要的权威人士。他指出，民国时期从1919年至1937年发生的学生运动与中国历史上传统的士大夫的抗议活动没有多少共同点。这不仅是因为20世纪的中国学生不再由于科举制度而与政治权力相接近，而且由于“与大范围的新思想相

接触”——从基督教、乌托邦社会主义、无政府主义到威尔逊的自由主义和科学崇拜——这些“引起了不满和导致了要求新的解决方案”。易社
345 强进一步指出，全国交通网络的出现，使得从通商口岸引进的经济和技术的革新成为可能，从而导致了全国范围的新式学生组织的兴起。当学生发动抗议时，他们既能博得城市上层政治舆论的同情和支持，又能得到通商口岸的手工业者和劳动者的同情和支持。易社强：《1927—1937 年中国学生的民族主义》（*Student Nationalism in China, 1927-1937*），2～3 页。

［2］众所周知，1919 年发生在北京的五四运动是由北京大学的学生领导的。1917 年，中国对德宣战，并派出大批中国工人赴法国前线协助修建防御同盟国的工事。中国的自由主义知识分子对大战结束前伍德罗·威尔逊提出的民族自决主张抱有很高的期望。然而，《凡尔赛和约》却将德国在山东省享有的条约特权和利益转让给了日本。而且，人们普遍地相信，北京政府通过在东京与日本签订秘密协定出卖了中国的利益。当《凡尔赛和约》条款的消息传到北京，北京大学学生于 1919 年 5 月 4 日到各国使馆区和中国外交部举行了游行。当学生们进一步了解情况后，他们高呼爱国口号来表达他们的愤怒，并要求中国政府拒绝《凡尔赛和约》。由于不能前往使馆区，他们转而前往中国外交部和附近的部长的私人住宅，痛打了在部长住宅内的驻日公使章宗祥。外交部长曹汝霖逃脱了，但他的房子被烧掉了。参见周策纵：《五四运动：近代中国的思想革命》，84～116 页。

［3］关于上海的五四运动，参见陈椽：《五四运动在上海》；周策纵：《五四运动：近代中国的思想革命》，151～158 页。要详细了解五四运动在浙江的情况，可看叶文心：《被疏离的学术》，第四章。

［4］周策纵：《五四运动：近代中国的思想革命》，153 页。

［5］也有的学生闹事是由于与食堂工作人员和宿舍的服务者发生冲突而引起的。在这类性质最为激烈的一次校园冲突中，在餐厅的食物中发现了致命的毒药，一个厨师因导致了几名学生的死亡而最后被绞死。常道志：《民国十一年度学校风潮之具体研究》；任鸿隽：《民国十一年教育的回顾》；季诚：《学潮》；《轶事之晚饭中毒》。

［6］《南京东南大学风波之重兴》。

［7］《北京女子师范大学之解散与停办》。

［8］莫里斯·迈斯纳指出：“与近来的近代中国共产主义的历史记载 346
留下的印象相反，俄国十月革命并没有给中国知识分子的世界造成如雷电般的突然的启蒙。除了李大钊以外，中国很少有人发现布尔什维主义的革命消息与中国自身的情形有关系。这一状况直到巴黎和会和 1919 年的五四运动发生以后才得以改变。”这种迟到的反应部分是由于“俄国事件的模式和与之相随的意识形态对中国来说都很陌生”。但是，当李大钊在他的题为《法俄革命之比较观》的文章中表达他对十月革命的观点时，“他毫不怀疑地表示他已从感情上产生了对普遍的布尔什维克主张的深深的信仰”。莫里斯·迈斯纳：《李大钊和中国马克思主义的起源》（*Li Ta-chao and the Origins of Chinese Marxism*），61、63 页。

［9］关于大屠杀和它对知识分子的影响，见舒衡哲（Vera Schwarcz）：《中国的启蒙运动：知识分子和 1919 年五四运动的遗产》（*The Chinese Englightenment*：*Intellectuals and the Legacy of the May Fourth Movement of* 1919），153～156 页。

［10］欲了解 1918—1940 年上海工业部门中的罢工倾向，可参见裴宜理（Elizabeth Perry）：《上海罢工》（“Shanghai on Strike：Work and Politics in the Making of a Chinese Proletariat”）。

［11］五卅运动是由于在日商内外棉工厂工作的一名叫顾正红的中国工人在 1925 年 5 月 15 日被日本工头杀害而引发的。上海公共租界的印度锡克教徒警察在上海最繁华的商业路——南京路上向由大学生和城市工人组成的示威群众开枪射击，打死了 7 个人。详尽的描述可看克利福德：《上海，1925：城市民族主义和外国特权的辩护》，14 页。

［12］克利福德：《上海，1925：城市民族主义和外国特权的辩护》，x 页。

［13］木栅档案，“上海大学概况”，4 页，位于“上海大学档”下。

［14］裴宜理：《上海罢工》。

［15］瞿轶群：《怀念哥哥秋白》。亦参见徐德良：《五卅运动与上海大学》。瞿景白和上海大学的其他 17 名学生的审判于 1925 年 6 月 9 日在公共租界进行。审判主席由一名中国法官关炯之担任，但主要是由美国领

事操纵。最后的结论是“无罪”。参见《向导》1925 年 6 月 20 日第 118 卷第 3 期第 3 页的报道。

［16］兰斯洛特·福斯特（Lancelot Forster）：《中国新文化运动》（*The New Culture in China*），159 页。

［17］白崇禧（1893—1966），1926 年 3 月在广东时任参谋机构的长官和国民革命军第七军第二旅旅长，他的军队主要是由在李宗仁率领下的广西军队组成。北伐开始后，白担任了国民革命军前敌总指挥。1927 年
347 初，他被任命为东路军前敌总指挥。1927 年 3 月下旬，在他的军队攻下杭州和上海后，他被任命为淞沪卫戍司令。这样，在 1927 年 4 月 12 日清除共产主义分子期间，他是上海的最高军事长官。包华德、霍华德主编：《民国名人传记辞典》，Ⅲ，52～53 页。

［18］上海大学在 1936 年 3 月被国民党中央执行委员会常务委员会确定为国立大学。这一提案是由于右任提交给委员会的。于是常务委员会成员之一，前上海大学校长。参见木栅档案，“上海大学档”，1940 年 3 月。

［19］木栅档案，“上海大学档”，1940 年 3 月。

［20］黄美真、石源华、张云编：《上海大学史料》，19 页。

［21］同上书，37～38 页。

［22］要了解杭州中等学校的教师和学生是怎样在五四运动时走向激进的以及如何被迫离开的，可参见叶文心：《被疏离的学术》，第五章。

［23］《上海大学史料》，37～38 页。

［24］同上书，37～39 页。《民国日报》是由叶楚伧和邵力子于 1914 年在上海创办的，并有力地成为了孙中山和国民党的机关报。它对袁世凯的帝制野心进行了猛烈抨击，并受到那时的进步知识分子的高度重视。叶后来担任了国民党中央宣传部的部长和秘书长。其时，邵力子对马克思主义有极大兴趣，并和中国共产党的创立者陈独秀的早期活动有密切关系。1926 年他去了莫斯科并以国民党代表的身份参加了共产国际大会，随后在莫斯科中山大学学习了一段时间。邵于 1933—1936 年任山西省省长，1940—1941 年任驻苏大使。包华德、霍华德主编：《民国名人传记辞典》，Ⅳ，28 页；Ⅲ，91 页。

［25］木栅档案，“上海大学概况”，位于“上海大学档”下。

［26］孙中山死后，广东大学很快成为中山大学，或孙中山大学。中山大学之所以在南京政府十年期内成为高等教育中大学的样板，毫无疑问是由于在 1924—1926 年的关键时期，中山大学的主要政策都是由蒋介石忠诚的追随者戴季陶和朱家骅制订的。参见《中山大学校史》，1、4 页。

［27］《上海大学校史》，40～41 页。

［28］邓中夏是北京大学中文系的学生。他是受到李大钊的影响来到北大的，1920 年他加入了李大钊组织的马克思学说研究会。1920—1921 年冬，李大钊派邓中夏和张国焘到华北的铁路工人中去宣传马克思主义理 348
论。在长辛店，这些北大的活动分子组织了工人俱乐部和工人夜校。1923 年春末，邓中夏到了上海。在上海大学，邓写了论中国革命问题的文章。1924 年他离开上海大学，全身心地投入到上海工人运动当中。1925 年 2 月，邓是上海日资纱厂 40 000 工人罢工的领袖。1925 年 5 月，他在广东被选为全国总工会执委并在五卅运动期间协助组织了省港大罢工。他在上海法租界被捕时，已于 1932 年是中共上海地下党员。他被引渡到南京并被处死。包华德、霍华德主编：《民国名人传记辞典》，Ⅲ，248～250 页。

［29］瞿秋白对俄国的兴趣开始于他在隶属于北京外交部的一个俄文学校做学生的时期。五四时期，他加入了李大钊组织的北京大学马克思学说研究会。1920 年他完成了学业，并接受了《北京晨报》驻莫斯科记者的职务。1920—1923 年，瞿在苏联游历、写作、教书和翻译。1925 年他当选为国民党中央委员会候补执行委员，这时他也是共产党机关报——《向导》的编辑。他还代理宣传部部长，并写了许多重要的文章和小册子。1927 年，他接替陈独秀出任中国共产党中央总书记，但是他的政策受到了严厉的批评，被反对者指为“左倾机会主义”，并在莫斯科举行的中共六大上被撤销了总书记的职务。1930 年秋他回到了国内，此后到 1933 年他一直住在上海。在上海，他和鲁迅、茅盾关系密切，并成为左翼作家群体的主要人物。1934 年他被派往江西苏维埃，并在中国共产党长征开始后留在后方负责宣传工作。1935 年 2 月他被国民党军队逮捕，于 6 月被处死。包华德、霍华德主编：《民国名人传记辞典》，Ⅰ，475～479 页。

［30］蔡和森是毛泽东的亲密朋友和政治助手。最近的研究表明他对

青年毛泽东有着重要的影响。1922 年，毛、蔡都是中共机关报——《向导》的编辑，并推动了作为实现中国反帝大革命手段的统一战线的建立。蔡和森同时还担任了中国共产党中央委员会宣传部部长，并参与了组织上海学生和工人的工作。总体上，他是一个富有革命精神的马克思主义者，并在 1922—1925 年致力于从事城市工人罢工运动。1931 年他被派往香港
349 出任中国共产党广东和广西省委书记。不久，他就被香港警方逮捕并被引渡到广东处死。包华德、霍华德主编：《民国名人传记辞典》，Ⅲ，283 ~ 286 页。1921 年，恽代英就加入了中国共产党和湖北社会主义青年团。1923 年他被派往上海协助从事青年工作。在社会主义青年团第二次大会上他被选为中央委员会委员并主管宣传工作。他是青年团正式机关刊物《中国青年》（第一期出版于 1923 年 10 月）的编辑和经常撰稿人。在 1925 年的五卅运动中他是著名的反英积极分子并受到孙传芳的迫害而被迫离开上海。1930 年他在上海被国民党逮捕并于第二年在南京被处死。包华德、霍华德主编：《民国名人传记辞典》，Ⅳ，93 ~ 95 页。1920 年至 1922 年，张太雷广泛地游历了中国、日本和俄国。1923 年他担任了社会主义青年团的秘书长。1923 年 8 月他再次离开上海，前往莫斯科东方劳动者共产主义大学学习，直到 1925 年。1926 年，当陈独秀在党内的领导地位被取消时，张太雷在共产党武汉的紧急会议上支持瞿秋白。随后，瞿秋白要求张以群众暴动的形式占领一座城市。1927 年 12 月，张组织了广州公社，控制了广州至少三天，并在战斗中牺牲。包华德、霍华德主编：《民国名人传记辞典》，Ⅰ，111 ~ 112 页。1923 年，彭述之结束了在莫斯科两年艰苦的学习之后回到了中国。他被派往上海共产党宣传部工作，并给《向导》周报和《新青年》写了大量的文章。他成了理论家和陈独秀的亲密朋友。1924 年他再次前往莫斯科，1925 年他当选为中国共产党中央委员和政治局委员。他是瞿秋白的竞争对手，一个同样令人难忘的受到共产国际中斯大林派支持的理论家。在 1927 年武昌举行的紧急会议上，陈独秀的职位被瞿秋白取代，而其时彭仍是陈独秀的忠实支持者。通常他被认为是中国托派分子的领袖。包华德、霍华德主编：《民国名人传记辞典》，Ⅲ，73 ~ 75 页。

［31］胡适：《胡适来往书信选》，Ⅰ，210 页。

[32]《上海大学史料》，45～49 页。革命政治对张继的吸引力始于世纪之交他在早稻田大学学习政治经济学之时。1900 年义和团运动兴起时，他在日本聚集了一群学生组织了青年会，一个旨在推翻清朝的激进团体。1902 年，他在东京遇到了孙中山，并和孙中山集团内的一些理论家和报人成为同事。他成为 1905 年在东京成立的同盟会的机关报——《民报》的编辑和发行人。在接下来的数年里，张游历了很多地方，他和当时住在 350
法国的无政府主义者吴稚晖和李石曾成为朋友。1920 年，他回到上海，极力参与了孙中山重组国民党的工作，并导致了 1923 年的国共合作的建立。张 1922 年主管国民党中央宣传部的工作。然而，他的反共倾向逐渐增长，并在 20 世纪 20 年代中期成为国民党右翼西山会议派的主要人物。包华德、霍华德主编:《民国名人传记辞典》，I，15～19 页。

[33] 上海大学每学期向学生收取 40 元的费用，但是，同一时期，北大只收 30 元，圣约翰大学也只收 40 元。参见《上海大学史料》，64 页。

[34]《上海大学史料》，64 页。

[35] 同上书，64～66 页。上海大学每学期向学生收取 30 元伙食费，15 元住宿费。

[36] 同上书，19～20 页。

[37] 同上书，64～66 页。

[38] 参见 1924 年上海大学的宣传材料，《上海大学史料》，19～20 页。

[39] 社会学系 1924 年被更名为社会科学学院。参见木栅档案，“上海大学概况”，7 页，位于“上海大学档”下。

[40]《上海大学史料》，59～60 页。

[41] 20 世纪 40 年代，纽约的社会研究新学院也开设混合型的课程，教授社会主义思想和职业课程。

[42]《上海大学史料》，57～58 页。

[43] 见本书第六章的有关讨论。

[44] 何保仁，20 世纪 20 年代中期担任英语系的系主任，最终与他的激进同事分裂，创立了自己的专门从事商业英文培训的学校。

［45］可以参见本章结尾关于上海大学不能吸引来自社会的捐赠的讨论。

［46］木栅档案，“上海大学概况”，46～47页，位于“上海大学档”下。

［47］《上海大学史料》，22、102页。

［48］薛尚实：《回忆上海大学》。

［49］何炳义（音译），是上海大学附属中学的一名学生，在五卅运动时的南京路大屠杀中被杀死。

［50］胡汉民于1905年在日本东京加入了同盟会，是同盟会总部秘书。1924年，他成为广州国民党中央执行委员会的首领及国民党中央政治委员会的七个成员之一。1925年3月孙中山死后他被认为是国民党内
351 最有希望成为孙的继承者的人选。但是，在那年8月发生刺杀廖仲恺的事件后，他似乎丧失了过去的名望。1928年10月他当选为南京国民政府立法院院长。然而，1930年他和蒋介石在制宪问题上发生了冲突，并在1931年被软禁。胡的被软禁促成了广州的反政府势力的形成，这一势力受到广东、广西的军事统治者和国民党内汪精卫派及其他方面的支持。包华德、霍华德主编：《民国名人传记辞典》，Ⅱ，159～165页。1906年至1911年当戴季陶在东京学习时是一个活跃的中国学生领袖。他也是于右任所办的一些宣传革命的报纸的撰稿人。20世纪20年代早期，戴在上海致力于传播和普及孙中山的思想。他编辑了《建国杂志》和《星期评论》两个杂志，并写文章介绍《资本论》。他参加了1921年中国共产党在上海成立时召开的一些会议。1923年，戴季陶反对共产党员以个人身份加入国民党。作为孙中山的忠实追随者，1924年他进入了在广州的国民党中央执行委员会和中央政治委员会。他也是宣传部的负责人，并创立了新的中央通讯社。1925年孙中山死后，戴季陶出版了两本重要的著作：《孙文主义之哲学基础》和《国民革命与中国国民党》。在书里，他攻击马克思主义和中国共产党，并号召终止统一战线。他也列名西山会议派，并在1925年后期与他们相会于北京。在左翼反对西山会议派的“反革命”活动中，戴季陶被蒋介石召回并在1926年重新进入国民党中央执行委员会。包华德、霍华德主编：《民国名人传记辞典》，Ⅲ，200～202页。

［51］《上海大学史料》，96～99 页。

［52］同上书，94 页。茅盾自离开《小说月报》（商务印书馆出版）编辑岗位后，于 1923—1924 年在上海大学教授一门关于小说的课程。包华德、霍华德主编：《民国名人传记辞典》，Ⅲ，111 页。

［53］恽代英：《开除的愿望与自修问题》。

［54］［55］《上海大学史料》，88～92 页。

［56］《上海大学史料》第 14～16 页施蛰存的文章就是一例

［57］古楳：《现代中国及其教育》，Ⅱ，433、439～443、447～448 页。

［58］《胡适来往书信选》，Ⅰ，214 页，瞿秋白致胡适的信（1923 年 352
7 月 30 日）。

［59］木栅档案，“上海大学概况”，4 页，位于“上海大学档”下。

［60］陈寅恪与王力关于中国语言的观点见本书第一章的有关讨论。

［61］当瞿秋白谈到西方时，他心目中所指的不仅仅是英美国家。他的学生也学习俄语和日语，这样他们就可以在语言和文学的方法论方面有一个大致的比较。

［62］以上的讨论基于瞿秋白关于上海大学院系蓝图的设置，见《上海大学史料》，1～6 页。亦参见毕克伟：《马克思主义文学思想在中国》（*Marxist Literary Thought in China*），特别是第 148～162 页瞿秋白关于无产阶级五四运动的见解的讨论。

［63］上海大学规定了至少三种类型的考试作为常规制度。除了每学期的期末考试和毕业前夕的综合考试以外，老师们还举行提前通知或不通知的临时测验。《上海大学史料》，65～66 页。

［64］上海大学的部分校规规范着学生的行为举止。学生们离开学校必须事先申请获得允许，回来时也需报告，如同在大多数固定的事业机构一样。《上海大学史料》，65～66 页。

［65］《上海大学史料》，14～16、68 页；薛尚实：《回忆上海大学》。

［66］薛尚实：《回忆上海大学》。

［67］《资本论浅说》由上海平凡书店在 1930 年出版。

［68］最近的研究表明蔡和森在毛泽东知识增长的形成阶段起了主要

的影响作用。参见罗伯特·A·斯卡拉宾诺（Robert A. Scalapino）：《一个青年革命者的演变——毛泽东在1919—1921年》（"The Evolution of a Young Revolutionary-Mao Zedong in 1919－1921"）。

［69］李达大约在俄国十月革命后的1918年开始学习马克思主义。1921年中国共产党成立后，他负责宣传工作。他是一份为党内工作者学习马克思列宁主义的理论刊物——《共产党》月刊的编辑，他还编辑《新青年》及其他杂志。1923年他到了长沙，并在湖南大学任教。他的授课笔记成为后来一本重要书籍——《现代社会学》的基础，这是一本阐释马克思主义理论的书，出版于1926年。李达可能直到1928年才回到上海。这里提到的《新社会学》非常类似于1926年出版的那本书的草稿，也是以授课笔记为基础。见包华德、霍华德主编：《民国名人传记辞典》，Ⅱ，328～329页。

［70］薛尚实：《回忆上海大学》。

［71］施复亮：《社会科学的研究》，3页。

353 ［72］上海市警局档案D2048，"专员办公室，从上海地方特别法院发来的急件"，1931－02－18。

［73］杨寿清：《中国出版简史》，79页。在20世纪30年代后期和40年代，左翼的出版商也采用用几个不同的名字印刷同一本书稿的做法，目的是避开国民政府的检查和秘密警察的完全镇压。

［74］施复亮：《社会科学的研究》，1～4页。

［75］同上书，7～8页。施存统对政府和法律的看法与他五四时期在浙江作为无政府主义者的信念是一致的。冉枚烁在《早期中国的革命》一书中描述了无政府主义者在1911年浙江革命中的作用。阿里夫·德里克注意到"无政府主义者对浙江革命团体的影响是最显著的，他们中的许多人从克鲁泡特金的《对青年的吸引力》一书中吸取了灵感，并随后在浙江传播开来"，而且"后来的共产党人中的大多数人，可能除了陈独秀以外，是通过无政府主义的理论进到社会激进主义的"。阿里夫·德里克：《中国共产主义的起源》（*The Origins of Chinese Communism*），9～11页。

［76］施复亮：《社会科学的研究》，9～11页。

［77］同上书，21 页。

［78］关于燕京大学社会学系，参见江勇振：《中国的社会工程与社会科学，1898—1949》第二、三章。

［79］《上海大学史料》，17～18 页。

［80］同上书，32～36 页。

［81］1923 年，当丁玲还是南京平凡女子学校的学生时，就与她的好朋友王剑虹一起通过施存统的介绍与瞿秋白相识。那时，施存统已与丁玲、王剑虹从前的同班同学王一知结了婚。通过同在上海大学任教的瞿和施，丁玲和王剑虹了解到了上海知识界的风气，并决定到上海求学。丁玲：《瞿秋白》。

［82］丁玲上了沈雁冰讲授的课程。沈就是后来著名的以茅盾为笔名的小说《子夜》和《蚀》的作者。沈讲授欧洲文学并将欧洲小说和简短的故事译成中文。田汉，剧作家，讲授西方诗歌的课。陈望道，《共产党宣言》的翻译者，讲授中国古典散文。邵力子，《星期评论》的自由编辑，五四时期浙江省立第一高级师范学校反传统主义者的支持者，讲授《进化论》。瞿秋白讲授俄国文学。俞平伯，后来以研究《红楼梦》而闻名，讲授宋词。参见丁玲：《瞿秋白》。

［83］丁玲最好的朋友王剑虹在丁玲起程回老家之后不久就因病死去了。王剑虹的丈夫瞿秋白后来与也是上海大学学生并与她的丈夫沈剑农 354
（沈玄庐之子，《星期评论》的编辑）离婚的杨之华结婚。施存统的婚姻在他的妻子王一知爱上了他的同志和朋友张太雷（上海共产党早期组织的重要人物）之后也破裂了。张和王去了广州，后来张太雷在 1927 年领导广州公社时牺牲。丧失了亲人的王一知十分悲伤和失望，后来不再参与政治活动。丁玲：《瞿秋白》。

［84］1930 年编写的官方上海大学史强调指出，孙文主义学会和共产主义青年团在上海大学学生中有着同样的影响。这一说法需要从以下两个方面来注意评价：（1）文献编写于 20 世纪 30 年代，其时，上海大学已经被国民党重新评价，在事后认为它适合成为国立大学。这样外界的因素就会出现在着重强调上海大学学生文化中右翼角色的一面。（2）20 世纪 20 年代在广州由国民党主办的中山大学和黄埔军校中的许多左翼学生组织

也自称是某种孙中山思想研究会。孙中山的政治遗产——特别是民生主义得到了许多阐释，尤其是在国共第一次合作的年代里。因此，只有对上海大学的这种“孙文主义学会”的具体内容有了充分的了解后，才能不至于匆忙地对它的政治含义做出判断。木栅档案，“上海大学简史”，位于“上海大学档”下。

［85］薛尚实：《回忆上海大学》。

［86］1927年2、3月，北伐军稳步向浙江省北部推进。3月14日，在上海的北洋海军舰队司令杨树诠（应为杨树庄。——译者注）宣布向国民党投诚。3月18日，北伐军攻破了上海外围松江的防线，北洋军阀部队的司令毕庶澄通过谈判投降了。3月21日，当白崇禧的军队临近上海南郊的时候，上海总工会开始了第三次武装起义，工人纠察队和枪手在街头和警察展开激战，占领了警察局并夺取了武装。数千工人出来参加了总罢工。上海街头充满了红旗。这次起义使得中国共产党控制上海华人区
355 并准备组织临时政府的努力得以显现。周恩来、赵世炎、罗亦农和汪寿华成为领导者。随后，白崇禧、杨虎和青帮的头目杜月笙策划解除工人纠察队的武装。4月12日，杜月笙的帮徒总共约1 000人开始在闸北集中地攻击工人纠察队。周凤岐将军的二十六军也加入了攻击。被抓住的左翼领袖被送往白崇禧的司令部并随后被处死。解除纠察队的武装后，部队和帮徒搜查并封闭了各类左派组织的办事处。韦慕庭（C. Martin Wilbur）：《中国的国民革命，1923—1928》（*The Nationalist Revolution in China*），108～109页。

［87］上海大学在几个月之后被教育部命名为国立劳动大学的社会科学学院而重新开学了。国立劳动大学是一所被另一批管理者控制的新学校，它包括另外两所学院，一个是农业的，另一个是工业的，是在没收被击败的江苏军阀孙传芳建立的农场和工厂的基础上建立起来的。劳动大学——被国民政府称为“净化”了的上海大学——也是国民党恢复学校教育与社会相联系的解决办法。受到国民党高层如吴稚晖、李石曾和蔡元培的策划，上海大学试图成为“劳动者的教育机构”，以便“提高农民和城市工人的文化水平，成为给农民和工人带来好处的社会福利的研究和实验的承担者，训练组织劳动者和农民运动的领导者，促进劳动者的彻底解

放，并为民生主义的实现创造条件”。因此，代替在理论上沉浸于社会正义问题的是，劳动大学的学生被要求进行社会调查和设计能给学校周围的劳动者带来切实好处的福利计划。代替实际参与在工人阶级领袖领导下的、农民阶级追随的革命活动的是，学生们直接到工厂和田野里加入到劳动者当中，“目的是培养劳动技能和学会尊重艰苦的劳动”。学校里典型的一天被划分为上午在教室里学习，下午在田野里参加劳动。当学社会科学的学生在附近的村庄里进行社会调查时，那些从农业学院来的学生在田野里挖灌溉用的水渠，而学工业的学生则在工厂里操纵机器，在印刷厂当印刷工人。大学的章程后来被进一步陈述为“我们相信革命的目标要通过进化的手段来达到”。在这个过程中，“学生必须养成革命者的坚韧、坚强、自我牺牲和人道主义的同情等素质，并学习革命的方法和意义”。换句话说，想象的学校训练革命者的过程实际上建立在这样的设想上，即 356
革命必须包含进化的过程。代替让学生准备政治活动的是学校鼓励社会福利活动和试图将社会革命的形成转化为培养个人革命品质的过程。尽管课程的设计上写着华丽的言词，如强调“体力和脑力劳动，理论和实践，知识和情感”，但这些夸张的言词落实在实际上仅仅只是包括体力劳动的训练和将劳动的问题引入课程。劳动大学的这种革命仅仅体现为，当它与别的大学进行比较时，它较少精英论调而较多地强调严格和简朴。在那时，劳动大学被寄予希望，认为这样的实验最终会成为“正规教育全面改革的基础”。但是，即使革命者被驯服，劳动大学还是成为有争议的学校并因此导致了它的短命。1930 年易培基被从校长的职位上赶走，1932 年该大学被关闭。参见《国立劳动大学劳工学院组织大纲》；朱博康：《劳动大学的前前后后》；赵震朋：《劳动大学的回忆》；付清时：《易培基的生平及晚年遭遇》。易培基被指控当他担任故宫博物院院长时非法从故宫拿走珠宝，从此从权力之路上跌落下来。纳志良：《北伐成功后故宫博物院的游戏》；白瑜：《李石曾、萧瑜与故宫盗宝案》。

第五章　党化教育

［1］要了解这段复杂的政治史，参见韦慕庭《中国的国民革命，

1923—1928》书中各处有关论述。

［2］1927年4月18日，在南京被国民党宣布为首都后，在广州的中山大学被国民政府于1928年7月初命名为第一中山大学。胡颂平：《朱家骅先生年谱》，18页。

［3］1925年戴季陶出版了两本书，奠定了国民党“清党运动”的理论基础。尽管戴被任命为中山大学校长，但他并没有在广东待很长时间。1927年，他率领代表北伐军的国民党代表团去了日本。1927年5月，他到了南京，开始了创立国民党干部训练机构的工作。同时，他的中山大学校长一职被再次确认，7月他去了广东。在接下来的半年时间里，他在中
357 山大学发表了一系列演讲，清楚地阐明了在三民主义原则的基础上发展教育的重要性。这些演讲于1928年以《青年之路》的题目发表。1927年12月，在广州公社建立期间，中山大学校园遭到了大面积的破坏，戴季陶再次发现广东对他来说不适宜居住。他离开广州到了南京，在接下来的二十年里担任考试院院长。参见包华德、霍华德主编：《民国名人传记辞典》，Ⅲ，202～203页。见本书第四章关于戴季陶在20世纪20年代早期活动的注释。见本书第七章关于戴季陶教育思想内涵的分析。

［4］戴季陶的中山大学校长的任命发布于1925年，在他的前任邹鲁因纪律行为和加入西山会议派而被从国民党中央执行委员会开除以后。戴季陶的任命极大可能是受到蒋介石的支持，因为他不愿意以自己的名声支持西山会议派。朱家骅在1926年被聘为中山大学地理系教授。1926年的中山大学由一个由5人组成的执行委员会管理，它包括徐谦（他1927年自我披露为共产党党员）、顾孟余和丁惟汾，加上戴季陶和朱家骅。在1925年至1927年间，除了共产党人的影响外，汪精卫派在中山大学的影响也不可忽视，因为中山大学1926年12月成立的由9人组成的政治教育委员会的副主席是由汪精卫的亲密助手甘乃光担任的。但是，由于其他人在大学之外都负有党的责任，因而在这期间朱家骅成为唯一的实际上负责管理中山大学的人。1929年朱家骅被选入国民党中央执行委员会。1930年他担任了较短时间的中山大学校长职务，不久被任命为在南京的中山大学校长。1931年早期，他被提名为中英教育文化基金会的主席。1932年，朱离开了中山大学成为教育部部长。1933年4月，他的职位被王世杰继

承。朱的影响在接下来的十年里仍然持续着。他担任国民党中央组织部部长，又兼任教育部部长。自1931年至1948年，只有三个人被任命为教育部部长，他们是王世杰、陈立夫和朱家骅。参见林哲：《朱家骅》；《中山大学校史，1924—1949》，19页；胡颂平：《朱家骅年谱》，18～21页；包华德、霍华德主编：《民国名人传记辞典》，Ⅰ，438～439页。

［5］《全国高等教育统计》（1928、1929、1930），表格5。

［6］同上书，表格74。

［7］同上书，表格5、74。

［8］同上，表格14。圣约翰大学包括在上海的数字内。

［9］参见《上海市通志馆期刊》，Ⅱ，606～607页。

［10］更精确的比率应当是：7.4所私立初等学校相对应于2.6所公 358
立初等学校；9所私立中等学校相对应于1所公立中等学校；7.3所私立大学相对应于2.7所公立学校。参见《1933年之上海教育》，B23页。

［11］《上海市通志馆期刊》，Ⅱ，619页。

［12］4所是由有组织的私人集团创办的，5所由美国人和日本人创办，3所由政府（教育部和交通部）创办。这89所学校中的14所，包括3所公立的和2所由美国人创办的，都重新组成了新的各类学校。在1927年至1930年间，国民党关闭了其中的7所，或者是由南京的教育部下令关闭的（如湖南、建华、建设、上海民国、大陆（Dalu）和劳动等），或者是由军事当局下令关闭（如上海大学）。其余的2所学校自动关闭了，因为他们在上海军事斗争时期难以维持。参见《上海市通志馆期刊》，Ⅱ，619页。

［13］《上海市通志馆期刊》，Ⅱ，620～627页。

［14］这些规章制度背后的指导原则是在第一次全国教育会议和于1928年5月至7月召开的国民党中央执行委员会第五次全体会议上宣布的。参见教育部编《第一次中国教育年鉴》（甲），10页。

［15］这三套由南京国民政府公布的规章包括《大学组织法》（1929年7月27日公布）、《大学课程大纲》（1929年8月14日公布）、《大学教师资格章程》（1927年6月15日首次公布）。为了对现存的大范围出现各类不同结构变化的学校采取共同的衡量尺度，国民党人试图为高等教育制

定一套标准化的管理程序，以使教育基金的管理、教育课程的结构、教师队伍的学术水准和入学要求都能达到一个最低限度的要求。教育部积极充当了执行这些规章的监督机关。新的《大学组织法》规定，一所大学必须最少有 3 个学院，且每一个学院须有 3 个系；其中的一个学院必须是理学院、农学院、工学院或医学院。文学院、法学院、商学院和教育学院的开办费不得少于 100 000 元，农学院的开办费不得少于 150 000 元，理学院和医学院的开办费不得少于 200 000 元，工学院的开办费不得少于 300 000 元；文学院、法学院、商学院和教育学院的常年预算必须超过 80 000 元，理学院、农学院和医学院的常年预算应有 150 000 元，工学院
359 的常年预算必须达到 200 000 元。参见《第一次中国教育年鉴》（乙），60～64 页；（丙），23 页。

［16］政府认识到中国在总体上缺少发展高等教育的合格师资和资源。合并学校在许多方面似乎是提高学术质量和巩固学校财政地位的合理办法。参见《第一次中国教育年鉴》（丙），24 页；胡颂平：《朱家骅先生年谱》，28 页。

［17］参见 1928 年大学委员会采用的全国教育会议通过的决议，载《独立评论》第 3 卷第 13 期（1932 年 6 月 5 日）。关于“党化教育”的各种含义，参见华超：《党化教育要览》，1～5 页。

［18］如参见中国科学社的领导成员之一、胡适的挚友任鸿隽（叔永）写的一篇文章，题为《党化教育是可能的吗?》。

［19］这个政治教育办公室建立于 1926 年 12 月，并于 1927 年 5 月由李济深重新设立。李是广州“清党运动”时国民党右翼的主要人物，并担任过 9 人管理委员会的主席。1926 年该委员会的委员包括朱家骅、甘乃光、何香凝、陈启源、何思源、施存统、徐谦、顾孟余和恽代英。甘是汪精卫亲密的支持者。何香凝是廖仲恺的遗孀。何香凝、施存统、徐谦和恽代英属于左翼，施存统在上海大学任教。恽代英是中国共产主义青年团的机关刊物《中国青年》的主编。政治教育办公室直接向国民党中央委员会报告；在中山大学组织章程中它和学校行政部门具有同等的地位。1926 年，这个办公室组织了关于三民主义、国民党史、劳工运动、学生运动、妇女运动、乡村和城市动员、时事、国际关系、经济学、世界大革

命史以及社会政策等方面的课程、小组讨论和实习。这个办公室所开设的课程没有什么学术声誉。然而，学生被要求必须参加，缺席和迟到将遭到扣减学生年级学分的惩罚。1927 年，在国民党内的左翼被清除后，课程的内容有所改变。《中山大学校史》，19 页。

［20］《中山大学校友》，20～22 页；胡颂平：《朱家骅先生年谱》，20 页。

［21］《中山大学校史》，18 页。柯伟林（William Kirby）曾这样描述朱家骅："他是一个受到德式训练的地质学家，教育管理者和'不断进步的政治家'。"在朱家骅任教育部长期间，他试图将高等教育定位在减少发展人文社会科学，而更多地注重发展实用的科学和技术。20 世纪 30 年 360
代政府对大学教育的支持增加了，各省级学校被要求将它们预算的 35% 用于职业培训。柯伟林：《德国与中华民国》（*Germany and Republican China*），90～91 页。

［22］这些说法见于一篇题为《中山大学的指导方针》的文献中，收入 1927 年 3 月 1 日的学生管理手册中。参见《中山大学校史》，15～16 页。

［23］《第一次中国教育年鉴》（丙），24 页。

［24］华超：《党化教育要览》，12～14 页。

［25］胡颂平：《朱家骅先生年谱》，24、28 页；《朱骝先传记资料》，Ⅰ，198 页；陶希圣的文章（见《朱家骅先生逝世纪念册》第 262 页）。1931 年夏，北京大学从中华教育文化基金会获得了特别的捐助，用来作为对教职员的奖励基金。原先任教于中央大学的汤用彤和曾昭抡就是在这时进入北大的。朱家骅任校长的中央大学立即采取行动，最终成功地聘请了顾毓琇、郭任远、沈刚伯、徐佩琨、颜德清、吴黍（音译）和萧一山为教授。

［26］甘国勋：《关于所谓"复兴社"的真实情况》；邓元中：《三民主义力行社史》；易劳逸：《毁灭的种子》（*Seeds of Destruction*），89～107 页。1936 年革命青年同志会又重新建立，并且发展成为三民主义青年团。

［27］胡颂平：《朱家骅先生年谱》，20、46、48 页。在日本侵略的军事压力下，国民政府撤退到武汉，而中央调查统计局即于 1938 年在武汉

正式成立。该组织起源于对国民党组织部门的调查，于1926年年中由陈果夫在广东创立，它是蒋介石力图清除国民党内共产党员的一种工具。参见陈果夫：《十五至十七年间从事党务工作的回忆》。亦参见包华德、霍华德主编：《民国名人传记辞典》，Ⅰ，439页。

［28］蒋介石：《革命的教育》。中国对20世纪30年代的德国和近代德国历史的观点，依照柯伟林的看法，是“一种赞美和神往的混合”。德国人的特点是整洁、诚实、守法、耐久、充满生气和讲究秩序。蒋介石尤其认为德国的“坚定和稳固”值得效法，而美国人则被认为“好空想”，英国人“太迟缓”，日本人则“太虚伪”。蒋介石：《革命的教育》。

［29］蒋介石：《中国青年之责任》。

［30］蒋介石：《中国青年之责任》；蒋介石：《唯有教育与经济方可
361 救国家与民族》。朱熹是否五卷《朱熹家礼》的作者是一个引起了相当大的争议的问题，尽管首先将其编辑汇总的是朱熹最小的儿子朱敬之。18世纪《四库全书》的编者认为朱熹不是原书的作者，但是承认他的作者身份自元代以后被接受。参见《四库全书总目》卷22，19页。同时，蒋介石所提到的“洒扫”实际上出自《治家格言》，是17世纪的朱柏庐用四字押韵短语写成的。

［31］［32］蒋介石：《革命的教育》。

［33］蒋介石：《唯有教育与经济方可救国家与民族》。

［34］蒋介石：《革命的教育》。

［35］蒋介石：《理智为学与服务》，《为学目的与求学要义》，《中国青年之责任》。

第六章　大学生活之代价

［1］以下学校统计了总的就业情况：同济大学（一所上海的医学与工程技术大学），交通大学，上海医学院，上海商业学院，北平协和医学院（PUMC，由洛克菲勒基金资助建立），北平工业大学以及上海音乐院。

［2］伊卡:《中等学校毕业以后》。

［3］管怀琮:《大学生的失业问题》。

［4］朱家骅（1893—1963）于20世纪20年代在广东与国民党人来往之前是北京大学的地质学教授。1926年，朱因参与支持五卅运动并与国民党的中—左翼（翠花胡同派）有涉，被迫离开北京前往广东。1928年，他被任命为浙江省政府主席，并很快在浙江组织了一个北大同学会，这成了前北大学生进入省政府的通道。朱家骅在这一时期极其强调给省政府输入新鲜血液，实际上是试图以此来推行其各项新政策，包括地方自治，农村民兵的组织，土地登记，书报检查制度，增进公众健康，禁止杀婴以及向东北移民。参见《民国人物传》之“朱家骅”条。

［5］管怀琮:《大学生的失业问题》。亦参见罗友枝（Rawski）:《民 362
国的教育与流动》（“Education and Mobility in Republican China”）。

［6］古楳:《现代中国及其教育》，Ⅱ；缪超英:《统一青年思想问题》；亦参见罗友枝:《民国的教育与流动》。

［7］古楳:《现代中国及其教育》，Ⅱ，433页。

［8］陶希圣:《中国社会现象拾零》，294页。

［9］沈耀（1798—1840）抱怨说，从宋代开始，大部分知识精英都有商业背景，只有富裕家庭的子弟才能支付通过科举考试所必需的各项教育开支。参见余英时:《中国近世宗教伦理与商人精神》；何炳棣:《中华帝国成功的阶梯，1368—1911》，50~51页。看来，这种长久以来的历史先例的存在，并未能使社会更多地认可拥有财产和取得受教育机会之间的联系。在民国时期，拥有财产才能受教育这一点一直被认为是对准则的令人不快的背离，招致了蔑视和愤慨。历史学家吴晗曾引证，明景帝时期（1450—1456），生员纳粟纳马就可以进入国子监学习；明武宗时期（1506—1521），非府州县学生只要送了银子就能获准进入。他证明了国子监的退化堕落，也描述了这样一个严肃的机构如何变为富家子弟在京城寻欢作乐的旅邸。参见吴晗:《明初的学校》。

［10］潘公展:《学生的新生活》，15页。

［11］同上书，68页。

［12］沈钟灵:《新生活与娱乐》，3页。毕克伟已说过，在20世纪

30 年代出品的中国电影中，精神污染是一个突出的主题；在某种程度上，反对精神污染的运动被国民党用来转移公众对其治下的社会、经济问题的注意。因此西方文化的渗透被当成了一切困扰中国问题的替罪羊。参见毕克伟：《30 年代中国电影的精神污染主题》（“The Theme of Spiritual Pollution in Chinese Films of the Thirties”）。

［13］潘公展：《学生的新生活》，15～16 页。上海专门播放美国新出电影的一流影院——蓝星，大光明以及在公共租界的大中国——在 20 世纪 30 年代每张门票的价格是 2.60 元左右。

［14］沈钟灵：《新生活与娱乐》，15 页。

［15］潘公展：《学生的新生活》，69～70，14 页。

［16］［17］同上书，14～16 页。

363 ［18］参见罗友枝《民国的教育与流动》，关于民国时期职业模式与大学生失业问题的讨论。

［19］例如，参见舒新城在《我和教育》中对旧式私人学校的怀旧叙述。

［20］这些人包括制煤球工人、仆人、鞋匠、看门人、警察、木匠、泥瓦匠、赶骆驼的、黄包车夫、马车夫、司机、护士等等。教师、小职员和电力公司职员收入高一些，他们的月薪从 14～20 元到 90～100 元不等，根据职位而定。中学校长、中学教务长、图书管理员以及医生——一般的专业人员——月收入能保证在 100 元以上。大学教授是当时收入最好的群体，月薪达到 280 元。参见甘博：《北京的中国家庭如何生活：对 283 个每月收入在 8～550 银元的中国家庭的收入和开支的一项研究》（*How Chinese Families Live in Beijing*：*A Study of the Income and Expenditure of* 283 *Chinese Families Receiving from* $8 *to* $550 *Silver per Month*），317 页。其他材料显示，在特殊情况下，一个教授的收入还可以多得多。例如，1929 年北京协和医学院的一些教职员的月薪达 1 000 元。参见《北京各大学的状况》，178 页。

［21］参见李景汉：《北平最低限度的生活程度的讨论》。李把他研究的对象根据收入水平分为 4 个阶层。在底层的是平均有 5 口人的 40 000 个家庭，月收入少于 10 元。这些是老黄包车夫、街头小贩和仆人的家庭，

他们之中的许多人挣扎在生存线以下。往上的一个阶层是平均年收入170元的家庭，他们仅能得温饱。再一个阶层大约包括60 000个家庭，平均年收入200～300元。他们相对地能满足基本需求，还能将其收入的一小部分（近10%）用于购置更多的服装、社会交往、娱乐、宗教信仰及宴会。茶叶、糕点、水果和各种食品占家庭开支的4%，但是根本没有教育费用。最高层的体力劳动者家庭过着一种被称为“舒服”的生活，并为其同事所羡慕。这个阶层大约有30 000个家庭，年均收入350元。用于更好的食品、社会交往、娱乐以及宴会庆典的开支约占总收入的10%，但只有平均收入的3%用于教育。

[22] 甘博：《北京的中国家庭如何生活》，37、21页。

[23] 《规程一览》，见《国立北京大学二十周年纪念册》，40页；《北平各大学的状况》，41页；《全国高等教育概况调查表》，见《学生杂志》，第11卷第5期，89页。

[24]《清华一览，1927》，177页。

[25]《普通规则》，见《国立东南大学一览，1923》，3页；《全国高 364
等教育概况调查表》。

[26]《全国高等教育概况调查表》。

[27]《全国高等教育概况调查表》。南开大学由张伯苓创立。

[28]《厦门大学一览》（1931—1932），35页。

[29]《全国高等教育概况调查表》。

[30] 在1929年，北大的学费是一学年60元，清华是40元，参见《北平各大学的状况》，41、135～136页。由一些以前的独立学院（北京法政学校、北京农业学院、北京工程学院、北京医科学校、北京女子学院）组成的国立北平大学，各学院的学费在一学年30～40元之间。参见《北平各大学的状况》，92、95、97、99、108、110页。农学院的学费是每学年30元，工学院是40元，医学院是30元。师范大学不收学费，还提供免费食宿。女子学院收费是30元。艺术学院是30元。北京的交通部下属的交通大学，学费也是40元。《北平各大学的状况》，145页。

[31] 许多学生把传统书院和近代学校作比较，进而强调传统制度的特色，例如给予省级书院中通过考试的学生“膏火费”（这是一种对学生

生活费给予公共津贴的形式），书院获赠并交由地方管理的土地以及学堂生活是地方公共生活多么不可分割的一部分。参见盛朗西《中国书院制度》第131页以下，谢国桢《近代书院学校制度变迁考》，刘伯骥《广东书院制度沿革》关于20世纪30年代对传统书院的看法。

[32]《北平各大学的状况》，41、136、74～75页。亦见对北大的开放而放任的氛围，及对其"公共的"和"公立"性质的呼吁的描述，参见朱文长：《海涛集》，112～113页。

[33]《国立浙江大学一览，1935》，106页；《国立武汉大学一览，1935》，209页。古楳：《现代中国及其教育》，Ⅱ，438页，有关广州的中山大学的学生每学年人均费用的资料，根据中山大学1932年8月发布的数据。

[34]明毓：《中央政治学校的学生生活》。

[35]厦门大学的学费1931年后涨到90元，比此前的70元增加了20元。参见《厦门大学一览》（1931—1932），35页。燕京大学的费用从1929年的80元上涨到1936年的110元，是私立教育机构中最贵的。参见《北平各大学的状况》，157页；《北平私立燕京大学一览》（1936—
365 1937），43页。大多数其他的私立学校的费用是100元，包括北京协和医学院、复旦大学、沪江大学和大夏大学。《北平各大学的状况》，176页；《复旦大学一览，1937》，45页；《沪江大学一览，1936》，42页；《大夏大学一览，1935》，58页。

[36]《大夏大学一览，1935》，60页；《复旦大学一览，1937》，45页；《沪江大学一览，1936》，38页。

[37]《沪江大学一览，1936》，34、40页；《复旦大学一览，1937》，44、53页；《大夏大学一览，1935》，60页；《厦门大学一览》（1931—1932），32、34页。

[38]《沪江大学一览，1936》，44页；《复旦大学一览，1937》，45页；《大夏大学一览，1935》，58页。

[39]《复旦大学一览，1937》，45～46页；《大夏大学一览，1935》，58页；《厦门大学一览》（1931—1932），35～36页。

[40]《复旦大学一览，1937》，45～46页；《厦门大学一览》

(1931—1932)，35～36 页；《大夏大学一览，1935》，58 页；《沪江大学一览，1936》，42 页。

［41］对民国时期高校的资金和财务管理的全面讨论超出了本书的研究范围。这里所讨论的大学财政，只限于为理解学杂费在不同类型教育机构的财政中所起作用提供背景资料。

［42］一个极端的例子是 1920 年冬天北京公立教育机构的全体大学教师和行政职员的罢工，参见《教育杂志》，第 12 卷第 1 期 16397～16401 页。亦见《呼吁吾们之京师教育界》。

［43］例如，参见《全国高等教育统计，1934》，50、124 页。

［44］关于这一问题的讨论，参见《教育经费与赔款》，载《现代评论》，第 3 卷第 60 期，1～2 页；《庚款与教育》，载《现代评论》，第 3 卷第 63 期，1～2 页；《俄款到底作什么用?》，载《现代评论》，第 3 卷第 66 期，1 页；《俄款问题的责任者》，载《现代评论》，第 3 卷第 67 期，2 页；薛廷（音译）：《关于庚款退还部分的说明》，载《现代评论》，第 3 卷第 67 期，4～8 页；《进行俄款的步骤》，载《现代评论》，第 3 卷第 70 期，2～3页；《还欢迎英庚款委员团吗?》，载《现代评论》，第 3 卷第 71 期，1～2 页；《美款退还的数目》，载《现代评论》，第 3 卷第 71 期，20 页；《教育经费与俄国庚款》，载《现代评论》，第 3 卷第 75 期，1～2 页；《英庚款与五卅案》，载《现代评论》，第 4 卷第 79 期，1～2 页；《俄款用途的政治》，载《现代评论》，第 4 卷第 85 期，2～3 页；1926 年 3 月雷殷和马叙伦致胡适的信，1926 年 3 月 27 日陶行知和凌冰致胡适和丁文江的信，1926 年 4 月 25 日胡适致陶行知和凌冰的信以及北京教育家采纳的关于使用英国退还庚款的决定，均见《胡适来往书信选》，Ⅰ，363～372页。

［45］对于上海大学时期的劳动大学的激进历史的讨论，见本书第四章。 366

［46］赵震鹏：《劳动大学的回忆》。

［47］这一建议立即引起了像胡适这样的著名知识分子的发言，他高度赞扬了燕京在建立坚实的国学研究计划中的贡献——它在中国的教会大学中是独一无二的力量。胡适对燕京的赞扬引起了良好的反应，由此唤起的努力以国民党政府许诺给燕京提供国家津贴而告完成。1934 年，35 000 元的款项以这种方式转账到燕京，被指明用于自然科学。陈能治：

《战前十年的中国大学教育，1927—1937》。

［48］万迪鹤：《中国大学生日记》，75～76页。（未找到原文，根据英文回译。——译者注）

［49］古楳：《现代中国及其教育》，Ⅱ，439～440。

［50］《最近国立各大学专门校长问题之扰攘》。

［51］清华从建校之初就为学生提供免费宿舍。在1928年之前，北大收30元的住宿费，师大收25元；但在此之后，由于我们已经讨论过的教育系统的纪律崩溃，他们也不再收住宿费了。参见《北平各大学的状况》，42、74～75、136页；李季：《读书生活》。李季在北大获得学士学位，并在20世纪20年代后期在上海成为一名激进知识分子。燕京大学的住宿费定为每学年40元，直到20世纪30年代中期还是如此。《北京私立燕京大学一览》（1936—1937），43页；李素：《燕京旧梦》，26页。总体而言，在南京政府十年时期，私立教育机构收取的住宿费明显增加。在20世纪20年代中期，上海的平均住宿费较低，是20元，低于同时期北京地区的平均收费。例如，上海的交通、同济和复旦这样的大学所收的住宿费都是20元，但北京的北大收24元，天津的南开收30元，北京法政学校收25元，北京工业学校收30元。十年后这个数字超了一倍。复旦在1937年的收费是50元；大夏在1935年收40元；沪江对男生的收费是44～50元，对女生收55～61元；燕京在20世纪30年代中期收40元。参见《全国高等学校概况调查表》；《复旦大学一览，1937》，45页；《大夏大学一览，1935》，58页；《沪江大学一览，1936》，42页；《燕京大学一览》（1936—1937），43页。

［52］住宿费包括电费、取暖费和水费，但是学生要为被褥、枕套另
367 外付费，还有一学年6元的洗衣费。参见前引学生手册的相关部分。

［53］例如，厦门大学安排每间宿舍住4名学生，还规定了每间宿舍的家具数目和电灯的最大功率。《厦门大学一览》（1931—1932），44页。

［54］因为那时的电力还是新奇而昂贵的，很多学校都有规定禁止或限制在宿舍使用电器，收音机和电唱机也在被禁之列。参见《大夏大学一览，1935》，75～76页；《厦门大学一览》（1935—1936），50页；《复旦大学一览，1937》，208～209页；《沪江大学一览，1936》，44～46页。

［55］复旦大学的学校手册特别规定了电灯泡的最大功率。厦门大学限定灯泡不能超过 50 瓦。上海圣约翰大学限定为 16 瓦，并且规定：（1）电灯只能用于书桌；（2）白天不许开灯；（3）晚上 10 点半必须熄灯，学生不在宿舍时必须熄灯。《复旦大学一览，1937》，209 页；《厦门大学一览》（1935—1936），50 页；《沪江大学一览，1936》，191 页。

［56］燕京大学校园的建筑由美国建筑师墨菲设计，仿造紫禁城的皇宫样式。在 20 世纪 30 年代，这里有 5 栋男生宿舍楼和 4 栋女生宿舍楼，都位于未名湖畔。宿舍都很舒适，有电灯和取暖器。女生楼配有小厨房。有男仆和女仆负责清扫，接电话，当差。参见李素：《燕京旧梦》，14～16、56～60 页；《北平各大学的状况》，152 页。

［57］清华从庚子赔款中总计获得 14 800 000 美元，在 1900 年到 1940 年之间按年付给。龚家麟：《清华大学的学生生活》。

［58］郭洁伟（Jeff Cody）：《一个美国建筑师在中国的新生：亨利·墨菲的前十年，1914—1923》（"An American Architect's Renaissance in China：Henry K. Murphy's First Decade，1914－1923"）。

［59］未能及时预约宿舍的申请者经常被拒绝申请。只有在特殊情况下学校才会允许校外住宿。但是，鼓励已婚的女学生在任何可能之时与配偶居住。《北平私立燕京大学一览》（1936—1937），73 页。

［60］20 世纪 20 年代后期的食宿费是每月 8 元。每日供应 3 餐，每桌 6 名学生。《北平各大学的状况》，152～153、171～172 页。

［61］《北平各大学的状况》，130～131 页。 368

［62］郑冠兆：《水木清华的大学》。

［63］余冠英：《散步》。余冠英在清华教授中国古代诗词。梁实秋曾记述过 1915—1923 年在清华的经历，把 20 世纪 20 年代早期的清华描绘成了一个适于精致中带有诗歌、浪漫和安逸的理想之地。

［64］龚家麟：《清华大学的学生生活》。

［65］《北平各大学的状况》，129 页。20 世纪 20 年代，学生在二院和三院的餐厅吃饭，每月花 8 元。20 世纪 30 年代，随着两个以每餐 12 道主菜为特点的西式餐厅的建成，饭费直线上升。参见《北平各大学的状况》，128～129 页；龚家麟：《清华大学的学生生活》。

［66］梁实秋：《清华八年》。

［67］《北平各大学的状况》，159 页；李素：《燕京旧梦》，50 页。

［68］杨步伟：《四年的清华园》。根据杨步伟的叙述，小桥餐饮俱乐部是由一群厌倦了清华餐厅的单调和清华校园的沉闷的教员夫人们创办的。赵夫人出资 400 元，并从北京请来厨师。俱乐部起初只打算为教员提供服务，不针对学生。但是，学生向评议会提出申请并获准参加了俱乐部。在俱乐部开始营业的第一天，毫无经验的经营者未能准确估计供应 200 名教员和学生所需食物的数量，而且忘了收钱。然而，赵夫人决定继续经营俱乐部，部分原因是为了向此前极力反对的赵先生证明她的计划的可行性。小桥餐饮俱乐部被认为是北京西郊最好的餐馆，因此燕京的教员及其家人也很快加入进来。从俱乐部的接待能力来看，每天的工作量都很大。但是，杨步伟未能从她的经营中获得丝毫利润，部分原因在于她太过慷慨地款待别人。因为她的免费款待，她收到了无数书法精美的对联，但很少收到现金。她自己做了一副对联来总结她的经历，叫做“生意茂盛，本钱干净”。最后她卖掉了她的股份。

［69］关于西方大学理念的发展的讨论，参见谢尔登·罗斯布赖特：《导师的革命：维多利亚时代英格兰的剑桥与社会》（*The Revolution of the Dons: Cambridge and Society in Victorian England*），209～247 页。

［70］首先，他必须向学校负责人递交申请以及父母或法定监护人的
369 信件。然后，他要等待讨论他的申请，核实他的陈述。《复旦大学一览，1937》，209～210 页。

［71］《复旦大学一览，1937》，210 页。

［72］参见本书第三章的讨论。

［73］例如，1936 年的学生手册有整整两页被用于说明“离开校园前的许可申请”，其部分说明如下：（1）星期六的下午 1：00—7：00（冬季为 1：00—6：00），学生可以无须申请离开校园。学生在离开和返回时必须在大门口登记，使用的是一张分成两半的编号纸卡。一半用于离开，另一半用于返回。离开和返回的时间都要用编号在大门口登记。不遵守这些规定的学生将被取消下周离校的权利。（2）在上海有父母或法定监护人的学生可以在周六的晚上离校过夜，但必须在周日的下午 7：00 前回校。而且

只有先收到父母或法定监护人的来信才被允许。这样的离校一月只准许两次。(3) 在开学期间，任何的离校过夜都必须向教务长办公室提出申请。这样的申请必须与父母或法定监护人的来信同时递交。几个小时的暂时离校也要由教务长批准。(4) 几个小时的短暂离校要拿到教务长办公室发放的特别通行证。女生要拿到女生宿舍舍监发放的这样的通行证。(5) 来自父母或法定监护人的信件只有盖有私人印章并直接寄往教务长办公室时才被视为有效。寄给女生的信应该寄往女生宿舍的舍监。(6) 任何患病情况都必须报告给校医治疗，要申请离校必须有医生证明。(7) 不按时返校以未经许可缺席两次计。(8) 在节假日之后第一天或考试周内缺席以未经许可缺席两次计。(9) 当学生因病请假离校返回时，必须出示诊断书或药方，以备校医检查。(10) 当学生经许可离校返回时，必须向教务长办公室报告。离校过多或多次违纪的学生将被取消参加期末考试的资格，有时还会被开除。《沪江大学一览，1936》，189～190 页。

［74］例如："电话交谈不许超过 3 分钟。""社交聚会只许在周六或周五晚上举行。这样的聚会每学期不许超过两次。""在宿舍不许做饭， 370
听收音机。""毛巾不许晾在窗格上。""来客只能在会客厅接待，不许进入宿舍。""女生必须把她们的来访客人首先带到舍监那里。女生在接待来客之前也必须征得舍监的同意。"《沪江大学一览，1936》，191～193 页。

［75］在这些组织中任主席者每学期奖励 10 分，任副主席、会计、秘书及其他主要职位者奖励 5 分，小组委员会的成员奖励 1～3 分。《沪江大学一览，1931》，190～196 页。

［76］在这些组织中任主席者奖励 5 分，任副主席和其他主要职位者奖励 3 分，普通成员奖励 1 分。《沪江大学一览，1931》，190～196 页。

［77］例如，政治学系新生班代表团的主席只奖励 3 分，副主席和任其他主要职位者奖励 2 分，普通成员奖励 1 分。《沪江大学一览，1931》，190～196 页。

［78］每一次在校际演讲、辩论赛及运动会上获奖的优胜者都会被奖励 10 分。校内比赛的冠军将根据活动的性质被奖给 5～7 分。年鉴的编辑和校报的投稿者被奖给 1～5 分。《沪江大学一览，1931》，190～196 页。

［79］《中国学生》，第1卷第10期，22～23页。

［80］关于20世纪20年代的同辈群体和美国青年，参见保拉·法斯：《被诅咒的和美丽的：20世纪20年代的美国青年》（*The Damned and the Beautiful*：*American Youth in the 1920s*）。

［81］一项随机调查显示，1928年的沪江大学选美皇后王佩云（音译），1928年春季中西女中的选美皇后陈好鸣（音译）以及1928年爱国女校的选美皇后虞瑞英（音译）的照片刊登于那一年的各期《中国学生》上。参见此杂志第1卷第2、3、10期。据介绍虞瑞英是虞洽卿的孙女。虞洽卿是上海的买办和银行家，是宁波帮的首要人物和上海商会的会长。这份杂志也刊登大学运动员的照片，报道赛事结果，发布关于大学生活的特写故事和卡通漫画。

［82］《马约翰谈体育》。

［83］《北平各大学的状况》，131页。

［84］梁实秋：《清华八年》。

［85］《马约翰谈体育》。

［86］关于吴宓的生平简介，参见本书第一章。吴宓在1926年成为清华大学中文系的教员，并于1926—1928年间担任系主任。参见《清华大学校史稿》，155页。

［87］体育部成立于1912年。毕业于马萨诸塞州斯普林菲尔德的一
371 所体育学院的一个叫休梅克（Shoemaker）的美国人被任命为第一任部主任。休梅克后因被指控挪用学生缴纳的购买设备的款项而免职。与此同时，休梅克的妻子在多次往返美国与中国的旅途中一直从事东方地毯的进出口贸易。休梅克被清华解聘后参与了他妻子的业务，在北京开设了东方地毯的专营店。清华任命了另一个美国人D. K. 布雷斯（D. K. Brace）任体育部主任，他后来因对清华的游泳馆和体育馆计划的贡献而被人铭记。1920年，布雷斯接受了哥伦比亚大学的任命。清华随后任命马约翰任部主任。《马约翰谈体育》；《清华大学校史稿》，40～41页。

［88］马约翰在1914年成为清华的教员，1920年被任命为体育部主任。《清华大学校史稿》，41页。

［89］黄延复：《马约翰生平事略》；《马约翰谈体育》。

［90］《清华大学校史稿》，40～41 页。

［91］同上书，43 页。但是，华北地区的足球队并不是最强的。从全国水平来看，华北地区的棒球队被认为最出色，而华中地区的足球队——尤其是上海的交通大学队——则号称全国之冠。华中和华南的风格要粗野一些；他们的队员一旦发现最后一轮的裁判不利于他们一方，经常会殴打裁判直至比赛结束。马约翰谴责这样的行为是不道德的。即使在 1929 年的春天，当清华受到来自交通大学的访问足球队挑战时，马约翰也警告渴望胜利的队员要把运动家精神看得高于冠军。清华队赢得了比赛，以3:1 的比分击败了交通大学队。而且，与赢得胜利相比，清华更为他们正规而公平地打比赛而骄傲。《马约翰谈体育》。清华学生在体育方面的整体成就同样令人印象深刻。在 1912 年，学生体育能力的平均成绩只有 324 分。在马约翰指导下的体育计划实施 9 年后，1928 年的平均成绩上升到了 461 分。从 1919 年到 1937 年，清华的学生还在 37 项体育竞赛中创造了华北地区的记录。其中的 20 项冠军是全国纪录。清华学生还在远东运动会这 372
样的国际运动会上获得了奖牌。在东亚运动会上为中国赢得奖牌的清华学生有潘文炳，他在第一届远东运动会上获得了一枚十项全能金牌和一枚跳远铜牌；还有黄元道，他在第二届东亚运动会上获得了一枚跳高金牌、一枚跨栏银牌和一枚十项全能铜牌。《清华大学校史稿》，43～44 页。

［92］《北平各大学的状况》，132 页；李素《燕京旧梦》第 42 页引用了同样的话，并且把燕京与清华放在了一起。

［93］《马约翰谈体育》。

［94］朱文长：《海涛集》，115 页。

［95］同上书，135 页。

［96］李季：《读书生活》。北大当局最终放弃了控制新宿舍楼房间分配的打算。

［97］李季：《读书生活》。

［98］朱文长：《海涛集》，115 页。

［99］同上书，134 页。

［100］同上书，132～133 页。

［101］参见本书第七章的讨论。

［102］参见本书第一章的讨论。

［103］罗家伦：《元气淋漓的傅孟真》。

［104］庄泽宣提出，北大最初仿效东京帝国大学的组织模式，后者深受欧洲大学的影响。当蔡元培执掌北大时，德国的影响增强了，北大开始学习柏林大学的模式。反过来，北大的模式又为大多数国立大学所采用，也为少数本国私立大学所采用。庄还说，北京协和医学院仿效霍布金斯大学医学院的组织形式，南洋公学仿效麻省理工学院，而其他许多工艺学院则采取了日本模式。参见庄泽宣：《中国的大学教育》。蔡元培曾于1907年到1911年在德国学习，后回国出任教育部长，并于1916年12月出任北大校长。蔡先在柏林学习德语，随后进入莱比锡大学学习。参见陶英惠：《蔡元培先生年谱》，180～209页。亦参见威廉·杜克（William Duiker）：《蔡元培：现代中国的教育家》（*Ts'ai Yuan-pei: Educator of Modern China*）。

［105］朱文长：《海涛集》，127、115页。

［106］同上书，115页。

［107］一位北大校友朱文长认为，比起上海大学的保护措施所创造的人工"象牙塔"，北大的自由放任状态要高明得多。北大的风格反映了个体的学生作为学者和成年人所具有的独立性和自主性的一个重要方面。它表达了对强加于一个受保护的和封闭的受监控的环境一致性的怀疑。因
373 此，正是做个人选择的机会（不论是在剧院里还是在学习中度过大学时光，不论是致力于政治社会活动还是文化文学活动），已成为北大教育经历的一部分。朱文长：《海涛集》，116、132、135页。

［108］朱文长：《海涛集》，113页。

［109］刘复：《北大河》。北大的校部、文学系、历史系和哲学系在沙滩，是汉花园附近的内城的一部分，靠近尹家、北池子和景山东街。著名的一院文学院红楼坐落在东沙滩，汉花园的东边。三院在文学院以东更远一些的北河岸。二院理学院在北沙滩，就是以前的四公主府和马神庙。北大建造了三栋西式建筑，包括1935年在沙滩理学院以北建造的图书馆。理学院东边是松公府和宿舍楼西斋。朱文长：《海涛集》，108～109页。据1917年至1923年间在北大读书（两年在预科，四年在大学部）的田炯

锦说，三院以前是清朝的译学馆，后来在1919年改成了法学院。参见田炯锦：《北大六年琐忆》。文学院的红楼在抗战时期被日本人破坏，他们把红楼改作了兵营。

[110] 租房的价格从每月1元或2元到4元或5元不等，或者每年10～12元和40～50元，视其条件和位置而定。朱文长：《海涛集》，131～132页。

[111] 朱文长：《海涛集》，131～132页。

[112] 北大和一个家庭订立合同有几十年之久，由他们为西斋和三院提供膳食；第一个合同是在晚清光绪年间（1875—1908）订立的。菜单上的品种相当丰富，而且服务人数较少，所以一个固定的用餐者一顿饭就能要好几个菜。据说其价格是北京其他地方同类服务的30%～50%。朱文长：《海涛集》，128～129页。

[113] 李季：《读书生活》。

[114] 朱文长：《海涛集》，128～129页。

[115] 金士斌：《一个愉快的晚上》。

[116] 邵铭煌：《抗战前北方学人与〈独立评论〉，1932—1937》。 374

[117] 朱文长：《海涛集》，113、111页。其他的例子也很丰富。未名社，一个创建于1925年，延续至1932年的出版团体，是由鲁迅领导下的一群与北大和师大有着松散联系的学生组成的。核心成员包括韦素园、台静农、曹靖华、魏从吾和李霁野。未名社翻译并出版西方戏剧、小说和诗歌。在1925年到1926年间，还印行了一种文学刊物《未名双月刊》。在1926年初，韦素园从在北大俄语系教书的苏联诗人帖耶克（Tieyeke）那里得到一本叫做《文学与革命》的俄文书，据说它在苏联被用做大学的文学理论教科书。韦素园和他的朋友李霁野随后找到了这本书的英文版本，并且开始着手把英文版译成中文。这本书的中文版于1928年初出版。有一些书要运往山东济南第一师范的校园中学生经营的书店，但是被山东警方劫获，随后被奉系军阀张宗昌控制。张宗昌随即给北京警方发电报，后者搜查了位于景山东街40号的未名社办公室，逮捕了台静农、魏从吾和李霁野，把他们在监狱里关了50多天，直至朋友保释。参见李霁野：《未名社的始末》。

[118] 一套西装——包括布料和做工——在20世纪30年代的上海的

价格是30～40元。《北平各大学的状况》，130页。

［119］庄泽宣在20世纪30年代是广东中山大学教育学院院长，他说，与职业相应的社会名望正是由工作服装的样式反映出来的。这种样式和名望的等级从下往上表现为：短打扮，穿简单的长袍，穿更昂贵的长袍，穿西装。参见庄泽宣：《中国教育没有进步的原因》。

［120］在革命的青年人中理想化军事的美德，参见茅盾：《追求》，各处。

［121］《北京大学生军概况》。

［122］老舍：《赵子曰》。

［123］参见《北京大学学生运动史》中五四抗议群众的照片。

［124］这些制服有两种式样：一种是冬天穿的墨绿色长袖的毛料制
375 服，衣裤分开；另一种是夏天穿的质地轻薄的浅米色短袖制服。两种制服都配以黑鞋黑袜。这种式样一直保留到了南京十年时期，只做了很小的改动。在1929年，冬天的制服是黑色的，而夏天的是墨绿色的。参见《北平各大学的状况》，36页。

［125］新生在入校注册时要为他们的制服交15～35元。《北平各大学的状况》，42页。

［126］田炯锦：《北大六年琐忆》；胡适：《大学开女禁的问题》。

［127］《北平各大学的状况》，132页。

［128］［129］同上书，160页。

［130］一位校友后来回忆，刚进入燕京读书的时候，图书馆二层没有阅览室。二层的一头是办公室，另一头是杂志室，连接两头的是一条可以俯瞰一层阅览区的走廊。我们这些没有固定女朋友的男生经常在晚饭后用最好的衣服盛装打扮，来到这条走廊上，向阅览室人群中的男女扫视……相当多的情侣就以这种方式开始了他们的友谊。参见王一同（音译）：《勺园纪闻》，载《燕大校友通讯》（香港，1967），引自李素：《燕京旧梦》，66页。

［131］龚家麟：《清华大学的学生生活》。

［132］国民党创办的一所重点中国高校武汉大学与清华的风格大相径庭。武汉大学的新生只穿军装，因为他们要进行整整一年正规的军事训

练。二、三、四年级的学生都穿长袍。只有很少的学生能买得起西装和皮鞋，而且不超过一套。这些学生非常小心，在不必要时不会使用他们昂贵的服饰。武汉大学的学生一向因谦逊和节俭而受赞誉。然而，学生自己倒是承认他们只是迫不得已。伯钧：《武大学生的生活》。

［133］［134］刘具：《大学生用款分配及其经济背景之调查》。

［135］屠铁珊：《一张上海大学生的用费单》。屠估计，在20世纪20年代末期，一名上海的大学生每学年的总开支接近500元：学杂费——100元；伙食费——100元；住宿费——40元；书费——40元；新服装——80元；女生的化妆品和长袜，男生的领带、手杖、皮带和其他装饰品——10元；皮鞋——20元；城市交通（公共汽车和计程车）——20元；其他交通（人力车、汽车、轮船）——30元；电影——8元（每场0.4元）；看戏和运动——10元；小吃——30元；再加上礼物、鲜花、糖果、贺卡等等的费用。在北京地区类似的用于西装、皮鞋、帽子、领带、 376
皮带、手杖、袜子、丝巾、手帕、化妆品、长袜和其他装饰品的费用也很高昂。在1936年5月20日，一名北京的学生花了3.5元买了一顶法兰绒的帽子，因为他的同学有一顶，所以他觉得自己也必须买。参见茅盾主编：《中国的一日》，第8编，6页。《中国的一日》的节选部分已由高家龙、谢正光（Andrew C. K. Hsieh）、贾尼斯·科克伦（Janis Cochran）翻译并做序，译为 *One Day in China*：*May 21*，*1936*（New Haven，1983）。根据屠铁珊的数字，在1929年的上海，一套西装平均价值40元。参见屠铁珊：《一张上海大学生的用费单》。

［136］邹韬奋：《韬奋文集》，Ⅲ，34。邹韬奋在1921年毕业于圣约翰大学。

［137］中西女中的毕业班学生为了筹集资金印刷班级年鉴，在1928年1月28日上演了《第十二夜》，门票是1元。参见《中国学生》，第1卷第2期，25页。1929年3月2日，沪江大学由 Roy C. McGrue 和 Walter C. Hackett 表演了一出《广告带来收益》的马路剧。参见《中国学生》，第1卷第3期，27页。亦参见本书第二章关于上海资产阶级文化风格的讨论。

第七章 “异乡”：后五四时期的校园思潮

［1］胡绳：《新哲学的人生观》，116 页。

［2］易社强：《1927—1937 年中国学生的民族主义》，1 页。

［3］同上书，3 ~4 页。

［4］同上书，3 页。

［5］同上书，10 ~46 页。

［6］同上书，7 页。

［7］同上书，9、39 页。

［8］关于燕京大学的学生由基督教转向共产主义问题，易社强和克莱因认为：“燕大是美国在中国的自由主义堡垒。因此，‘一二·九’运动爆发之初带有国内自由主义的倾向不是偶然的。”易社强、克莱因：《反叛者和官僚主义者：中国的“一二·九”运动者》，25 页。实际上，那时候的中国共产党组织在学生运动中的力量还很弱小，“但是国民党的压制最终造成了中国共产主义运动或日本侵略所不能产生的后果：学生激进主义的复活。正是这种精神强烈地刺激了日军入侵绥远之后的民族救亡运动的领袖们。”易社强、克莱因：《反叛者和官僚主义者：中国的“一二·九”运动者》，121 页。

［9］易社强：《1927—1937 年中国学生的民族主义》46 页，并见该书关于燕京大学与“一二·九”运动的论述，特别是第 54 ~64、113 ~155 页。

［10］同上书，14 ~15、39 页。

377 ［11］严复于 1895—1898 年间翻译的赫胥黎的《进化论与伦理学》演讲稿（1893 年）最早将斯宾塞的社会达尔文主义基本原理引入中国。根据本杰明·史华兹的研究，赫胥黎的演讲稿“事实上绝非在讲解社会达尔文主义，而是在抨击社会达尔文主义”。但严复的译文获得了巨大成功，因为“对于严复的许多年轻读者来说，构成《天演论》中心思想的，则显然是社会达尔文主义的口号”。史华兹：《寻求富强：严复与西方》，91 ~112 页。在近代中国思想史上，严复对社会达尔文主义和英国自由主义的译介十分重要。史华兹认为可以把严复著作中的近代西方思想区分为两个部分：(1) 浮士德—普罗米修斯的气质，即赞美人的活力和能力在非人类的自然界和在人类社会内部的充分表现，以及由此必然要带来的人类整个社会—经济的“合理化”(韦伯意义上的)；(2) 非严格意义上的社会—政治的理想主义。史华兹：《寻求富强：严复与西方》，243 页。关于五四时期思想主题——青春与活力的解放，莫里斯·迈斯纳指出了李大钊的例子，他指出：“李坚信人类精神和人类行为改变人类生存环境的能力。他的整个前马克思主义世界观是建立在对中国有为青年的信任之上的，认为他们是民族复兴的播种者，能够完成任何的任务。……基于此种激进的世界观，李很快地接受十月革命为普世和救世的福音。”莫里斯·迈斯纳：《李大钊和中国马克思主义的起源》，125 页。毛泽东思想中的“普罗米修斯主义”和“唯意志主义”在本杰明·史华兹、斯图亚特·施拉姆（Stuart R. Schram)、莫里斯·迈斯纳以及其他学者的著作中均有阐述。他们的考察结果为魏斐德的《历史与意志：毛泽东思想的哲学透视》提供了研究起点。舒衡哲将 1925—1927 年的经历称为“政治暴力的考验”。1925 年上海的五卅惨案中有 12 名学生和工人死亡，当时还在宁波的一所中学教书的朱自清在 1925 年 6 月 10 日写下了一首诗《血之歌》，诗中含有“头破血流”的词组。1926 年 3 月 18 日，在段祺瑞政府国务院大门前，中国士兵向学生游行队伍开枪。一年后，李大钊在北京遭到杀害。北伐战争和“清党运动”促使五四知识分子反思“小资产阶级知识分子”（后来他们用这个词来描述自己）的软弱性和局限性。舒衡哲：《中国的启蒙运动：知识分子和 1919 年五四运动的遗产》，145 ~ 194 页。

[12] 叶圣陶：《英文教授》。

[13] 李欧梵《铁屋中的呐喊》(*Voices from an Iron House*) 对鲁迅作 378
品中幽暗意识的一面有深刻见解。

[14] 李欧梵以 19 世纪俄国的“奇零人”来比喻郁达夫。中国知识分子像郁达夫，除非他们自己愿意服从政权当局，否则他们已经完全脱离了政治，毫无政治资本。按照李欧梵的说法，“高等教育现在已遭到阉割”。而且李氏还看到在郁达夫自甘堕落的背后隐藏着“寻找义务的适当环境而备受良心折磨的心灵”。李欧梵：《中国近代作家中浪漫的一代》

(*The Romantic Generation of Modern China Writers*)，250～251页。

［15］伏志英编：《茅盾评传》，72页。关于《蚀》三部曲的创作，茅盾也提示说他要写近代青年在革命浪潮中所经过的三个时期：（1）革命前夕的亢昂兴奋和革命已到面前时的幻灭；（2）革命斗争剧烈时的动摇；（3）幻灭动摇后不甘寂寞尚思作最后之追求。《从牯岭到东京》中的这段话，最初发表于1928年的《小说月报》，后伏志英所编的这部著作中也收入（第345页）。伯宁豪森（Berninghausen）的《茅盾早期小说的主要矛盾》（“The Central Contradiction in Mao Dun's Earliest Fiction”）；亦引用之。茅盾的文学手法往往是与现实主义和自然主义相连的。参见伯宁豪森：《茅盾早期小说中的主要矛盾》；陈玉时（Yu-shih Chen）：《论茅盾小说中对政治寓言的使用："牯岭的秋天"个案研究》（“Mao Dun and the Use of Political Allegory in Fiction：A Case Study of His ‘Autumn in Kuling’”）。

［16］伏志英编：《茅盾评传》，71页。

［17］同上书，73页。

［18］同上书，77页。

［19］易社强在考察了茅盾的《幻灭》、胡秋原对1927年前后经历的自述以及该年度基督教青年会的记录之后，总结出中国学生的幻灭情绪是北伐战争和党化运动造成的。

［20］［21］贺玉波：《茅盾创作的考察》。

［22］钱杏邨：《茅盾与现实》。

［23］难道在革命开始时他们就不会因为阶级出身而表现出软弱的一面吗？很显然，钱杏邨没有阐明这个矛盾。

［24］与其他许多五四作家有所不同，巴金以信仰无政府主义著称。他的作品中有不少是翻译和介绍克鲁泡特金的。他的许多作品揭示了爱情的重要性。李欧梵提以巴金“三部曲”中的两部——《激流》和《爱》作为“也许是对迷恋爱情和革命的那一代人是最佳总结”。李欧梵：《中
379 国近代作家中浪漫的一代》，273页。但是，学界对巴金的无政府主义和他晚期的文学作品的研究远远不足。关于奠定巴金作为五四时期重要作家的早期作品的研究，可参阅奥尔加·兰：《巴金及其作品：两次革命间的

中国青年》。

［25］1942年的一份研究指出，《灭亡》和《蚀》是四川省中学以上水平的读者最喜爱阅读的十五本书目之一。参见曹复：《人生兴趣》，序言，1页。

［26］戴季陶：《青年之路》，1页。

［27］同上书，4、59页。

［28］同上书，8、16、41页。

［29］刘群：《告彷徨中的中国青年》，引言，1页。

［30］胡绳：《新哲学的人生观》，自序，2页。胡绳似乎在1937年早期就已离开学校到了上海。在上海，他成为几家主要面向城市中下阶层读者进行政治动员的进步杂志的积极撰稿人。他似乎没有完成大学的学习，因此没有获得学士学位。1937年夏抗日战争爆发之后，北大是第一批内迁的北方大学。1948年，胡绳是华北人民政府教科书编审委员会副主任。

［31］胡绳：《新哲学的人生观》，71~74页。

［32］同上书，74页。

［33］同上书，75~76页。

［34］同上书，81页。

［35］同上书，77页。

［36］同上书，81~82页。

［37］同上书，84~89页。

［38］仅举数例，参见易友梧：《现实奋斗的人生观》；姜志纯：《孔孟尚中的人生观》；印伯昂：《不大不弃不退不虚的人生观》。高列彭在《大学教育破产的声浪》中强调说，大夏大学中他的大多数同学是享乐主义者。

［39］朱光潜：《谈青年的心理病态》。朱光潜曾获得香港大学文学学士学位，爱丁堡大学文学硕士学位，巴黎大学文学博士学位。他曾在上海的中国公学和北京的清华大学任教，1935年任北京大学教授。

［40］［41］［42］［43］朱光潜：《谈青年的心理病态》。

［44］关于范仲淹和精英分子的社会责任，可见杜希德（Denis Twitchett）：《范氏义庄，1050—1760》（*The Fan Clan's Charitable Estate*,

1050—1760)，97～133 页。

380 ［45］叶文心：《民国时期屈原在文学与政治中的形象》（“Images of Qu Yuan in the Literature and Politics of the Republican Period”），研讨会论文，加州大学，伯克利，1975。

［46］1921 年秋冬间，郭沫若翻译出了《少年维特之烦恼》，他认为歌德思想中引起他共鸣的有五处：主情主义、泛神主义、对于自然的赞美、对于原始生活的景仰以及对于小儿的崇拜。戴维·罗伊（David Roy）认为这是郭沫若浪漫主义阶段的重要表现。1932 年，已经转向马列主义的郭沫若声言歌德根本不值得尊崇。但是戴维·罗伊却发现了郭沫若思想两个阶段之间的重要联系。参见戴维·罗伊：《早年郭沫若》（Kuo Mojo：The Early Years），134～161 页。

［47］威廉姆·鲍斯玛：（William J. Bouwsma）《20 世纪 80 年代的思想史》（“Intellectual History in the 1980s”）。

［48］史华兹：《寻求富强：严复与西方》，91～112、243 页。

［49］赵世英：《到处怀疑的人生观》。

［50］张棫：《我的人生观》。

［51］易友梧：《现实奋斗的人生观》。

［52］陶志：《玄想人世的人生观》。

［53］易友梧：《现实奋斗的人生观》。丹尼尔·夸克（Daniel Kwok）认为，吴稚晖和陈独秀是中国当时最主要的唯物主义者，根据夸克所述，吴稚晖“深深地领会了达尔文关于生物进化法则的自然选择的假设”。当时几乎所有中国思想家都有同样的信念，因此“对他们而言，进化论充分证实了人类仅仅是物质，必须遵守运动法则活动”。夸克：《1900—1950 年中国思想中的唯科学主义》（*Scientism in Chinese Thought, 1900—1950*），26 页。吴稚晖的人生观可以归纳如下：没有超物质的精神，宇宙处于永恒运动状态；唯一的进步是物质文化的改善；道德是文化的产物，宇宙中的任何事情都可以用科学来解释。参见夸克：《1900—1950 年中国思想中的唯科学主义》，56～57 页。

［54］夸克：《1900—1950 年中国思想中的唯科学主义》。

［55］同上书，144 页。

[56] 朱熹：《朱熹语类》卷3，《鬼神》，4a~7a页，怆经堂版。在佛教传入中国以前，死亡的主要概念也是个体“灵魂”的逐渐消散和瓦解。参见余英时：《“魂兮归来！”——论佛教传入以前中国灵魂与来世观念的转变》（“‘*O Soul*，*Come Back*！’ *A Study in the Changing Conceptions of the Soul and Afterlife in Pre-Buddhist China*”）。

[57] 本杰明·史华兹曾认为，对严复而言，“国富”首先是指民族—国家的财富和实力，并且作为一个集合体，处在诸多的同类集合体的世界之中，并在为生存而进行竞争。在斯密著作中发展了的、并由维多利亚时代英国这个活生生的例子所证实了的自由主义经济体系，是一个为国家富强而非常巧妙地设计出来的体系。史华兹进一步指出，国家的富强只有通过解放个人的活力和经济上的能力才能达到。参见史华兹：《寻求富强：严复与西方》，117页。 381

[58] 王德称：《不在事实而在心灵的人生观》。

[59] 张棫：《我的人生观》。

[60] 关于近代科学主义对中国思想的影响，参见夸克：《1900—1950年中国思想中的唯科学主义》，2~11页。夸克指出，随着“儒学的思想和文化阐释能力的式微”，大量思潮输入，并且在“科学万能”的信仰上达成了共识，“科学精神就取代了儒家思想，为人生观提供一个新的解释”。夸克：《1900—1950年中国思想中的唯科学主义》，11页。

[61] 褚长虹：《起落无定得失不计的人生观》。

[62] 叶鋆生：《做过客须礼物的人生观》。

[63] 钱同文：《清高之人生观》。

[64] 顾汉：《因达观而安然的人生观》。

[65] 张棫：《我的人生观》。

[66] 顾汉：《因达观而安然的人生观》。

[67] 陈独秀：《文学革命论》。

[68] 胡适：《文学改良刍议》。

[69] 参阅夏丏尊、叶圣陶：《文心》；叶圣陶、朱自清：《国学略读指导》。朱自清和叶圣陶对20世纪20年代对政治暴力的反应，见史华兹主编的《五四运动的反思：一场讨论》（*Reflections on the May Fourth Move-*

ment：*A Symposium*），145～149、153～157页。

［70］夏丏尊、叶圣陶：《文心》，53～54、57页。

［71］施存统的文章发表于《浙江新潮》杂志（创办于1919年秋）第2期。关于“施存统与杭州五四运动”的详细讨论，参见叶文心：《被疏离的学术》，第四章。

［72］关于这一点的充分论述，参见叶文心：《被疏离的学术》。

［73］邱竹师：《近道非道近儒非儒的人生观》。亦参见易友梧：《现实奋斗的人生观》，144页。

［74］高列彭也引用过20世纪20年代著名的浪漫主义诗人徐志摩的诗句以表达自己的心境：“常常的，我发现自己在深冬的迷雾中，冰凉冰凉的；每当这个时候，我便怀疑整个宇宙和生命本身存在的可能性。”高列彭：《不断向上相对圆满的人生观》。

［75］高的同学王德称深信“宇宙原来是一个大悲剧场”。令人忧伤
382 的事，真不知有多少，诸如时乖运蹇，时时不得志，处境卑微处处受人嘲弄，病贫相连，恋爱失败等等。王的自我画像揭示了一个自我中心主义而又缺乏安全感的青年人形象，但在后来中国共产党的整风运动中因此被批评是小资产阶级和个人主义倾向。他的孤独感混杂着既对他人不信任，又害怕失去同学的信任的复杂情绪。参见王德称：《不在事实而在心灵的人生观》。另一名学生尹高桂将他的困境归咎于社会，一副完全绝望的样子：“无能力的我，受造化的支配，环境的逼迫；好像严冬盛寒的小雀子，住在叶落枝枯的树上的将覆未覆的破巢里。”尹虽受过大学教育，但对自己的生存感到极度的悲观，暗示了自己将在贫困和退化中死去。总不至于“日暮而犹未举火，天寒而尚御单衣”。他有些凄凉地说道：“我之死不是我要死的，是社会要我死的。”参见尹高桂：《勉强安慰的人生观》。第三名学生郭鹰写道：“我的青春好比一朵玫瑰花，亦是一焰很炎的烈火，很容易灭的。”但是人生苦短，宇宙无情，“人一定时候便要死，死后就不再生”。文中最令人震惊的是青年人对死亡的深思程度以及社会缺乏任何积极的正面影响以帮助超脱此种阴暗思想。郭决定过着“今朝有酒今日醉”的及时行乐的生活。“大家不久就要不分彼此贵贱地同在荒坟内成为枯骨。”参见郭鹰：《蜉蝣与浮萍般的人生观》。

［76］参见陈雪新:《热于恋爱革命的人生观》;易友梧:《现实奋斗的人生观》;印伯昂:《不大不弃不退不虚的人生观》;王德称:《不在事实而在心灵的人生观》;尹高桂:《勉强安慰的人生观》;赵国标:《超脱残酷世界的人生观》;王泽民:《成在败后好胜的人生观》;朱偌溪:《乐天诗人勤俭的人生观》。

［77］朱偌溪:《乐天诗人勤俭的人生观》。屈原是战国晚期楚国人,遭到流放的大臣。当他获知楚国军队被秦国击败,楚王被俘的消息后,含恨投江自杀。

［78］王泽民:《成在败后好胜的人生观》;易友梧:《现实奋斗的人生观》。

［79］胡绳:《评〈给青年的十二封信〉》。

［80］例如,参见陈雪新:《热于恋爱革命的人生观》,王德称:《不在事实而在心灵的人生观》。

［81］黄炎:《大我世界的人生观》。

［82］姜志纯:《孔孟尚中的人生观》。

［83］例子可见王德称:《不在事实而在心灵的人生观》。

［84］钱同文:《清高之人生观》。

［85］陶志:《玄想人世的人生观》。

［86］叶鋆生:《做过客须礼物的人生观》。

［87］赖健:《代谢相对的人生观》。

［88］［89］［90］印伯昂:《不大不弃不退不虚的人生观》。

［91］赖健:《代谢相对的人生观》。 383

［92］参见黄炎:《大我世界的人生观》;陈雪新:《热于恋爱革命的人生观》;王则民:《成在败后好胜的人生观》;易友梧:《现实奋斗的人生观》;姜志纯:《孔孟尚中的人生观》。

［93］这场运动在1956年初由《文艺报》上的文章首先发动,随之《人民日报》和《哲学研究》也发表文章批判,直到1958年底才结束。主要文章后来收入由《文艺报》编辑们主编的4卷本《美学问题讨论集》以及由蔡仪主编的《唯心主义美学批判集》。

［94］国民党人、共产党人以及美国汉学家均认为1927年大革命是

一场流产的革命，虽然这场失败可能是以不同的革命目标为评价准绳的，且是多种因素造成的。该课题的相关经典研究成果可见易劳逸：《流产的革命：国民党统治下的中国，1927—1937》（*The Abortive Revolution*：*China Under Nationalist Rule*，*1927－1937*）。

［95］戴季陶：《青年之路》，15 页。

［96］同上书，41、59 页。

［97］同上书，16 页。

［98］同上书，3 页。

［99］同上书，7～9 页。

［100］同上书，102～110 页。

［101］刘群：《告彷徨中的中国青年》，13～14 页。

［102］参见陈翰伯的记录：1936 年 1 月燕大学生在前往上海参与反日游行示威活动的途中，分裂成“爱国分子”与“进步分子”两派。“爱国分子”强烈地反对“进步分子”的共产主义倾向，两派经过几次激烈地争执后，“爱国分子”退出游行活动。陈说后来只有 29 名燕大学生参与上海的反日游行。参见《巨浪，巨浪，不断地增长！——燕京大学“一二·九”运动回忆片断》。

［103］刘群：《告彷徨中的中国青年》，14～15 页。

［104］同上书，15 页。

［105］同上书，41～43 页。

［106］刘群引用了 20 世纪 20 年代后期苏联盖利曼教授的一项调查，该研究对 932 名年青男子和 228 名年青女子进行性行为（sexual habits）的调查。该研究表明了青年人投身于民族解放运动可以有效地控制和缓和
384 性欲望。因此，刘群建议中国青年学习苏联的榜样，从革命运动中找寻个人的幸福。刘群：《告彷徨中的中国青年》，43～45 页。

［107］刘群：《告彷徨中的中国青年》，28～30 页。

［108］同上书，91～96 页。

［109］刘群的话充分证明了易社强的结论：这个时期只有不到 10%的中国学生参加学校里的政治生活，并且也许不到 1%的学生（多为国民党或共产党干部）控制着国家、省级和城市里的组织。易社强：《1927—

1937 年中国学生的民族主义》，7 页。

［110］刘群当时的判断可从“一二·九”运动的参与者后来写的回忆录得到证实。以运动的据点燕京大学为例，在“一二·九”运动前夕，一个 800 人的学生团体中，“进步分子”不超过 20 人。这些学生躲在宿舍里，锁上门，压低声音，举行秘密会议。“会议充满着左倾的语调，许多地方我都不能理解。”陈翰伯说。陈在 1935 年是四年级学生，燕大学生联合会秘书，“一二·九”运动的领导者，中国共产党地下组织成员之一。虽然 1935 年 12 月 9 日，燕大有三分之二的学生被动员参加了北京西直门的游行，但是仅仅 29 人参加“扩大宣传团”在 1936 年 1 月初到上海参加抗议和示威活动。此外，这 29 人到达南方以后，就与阵营里的“爱国者”发生分裂，因为他们拒绝认可“进步分子”的共产主义倾向的方案，并退出了抗议行动。刘群：《告彷徨中的中国青年》91～95 页。陈翰伯：《巨浪，巨浪，不断地增长！——燕京大学“一二·九”运动回忆片断》。易社强和克莱因也指出中华民族解放先锋队虽作为共产党领导下的学生组织，负责组织在华北农村扩大抗日运动，也只有几名为数不多的大学生在内。在北平和天津高等院校的 15 000 多名学生中，“不足 500 人参加游行。只有少数几所学校有多达 5% 的学生参加第一天的游行”。这个先锋队中也包括多名反共产主义的成员，后来均分道扬镳了，因为他们不赞成共产党领导成员使用苏联的工人歌曲。易社强、克莱因：《反叛者和官僚主义者：中国的“一二·九”运动者》，95～101 页。引文来自该书第 99 页。

［111］从 1927 年以来，设在上海的中共中央委员会就已经转入地下。作为中共中央委员会委员和中共中央特科负责人的顾顺章，于 1932 年 4 月在武汉被陈立夫和徐恩增指挥下的中统逮捕，中共中央不得不撤出大城市。顾顺章向国民党投降并招供，48 小时内，中共地下党紧急解散，385
一部分并入江苏北部的红军，一部分撤往江西的苏维埃。有关细节参见穆欣：《陈赓同志在上海：在中央特科的斗争经历》。中国共产党遭受又一次的重大打击是 1934 年在蒋介石的军事围剿下，江西苏维埃被迫进行长征。瞿秋白在 1927 年取代陈独秀成为中共总书记，但他后来也被国民党逮捕，1935 年牺牲在福建长汀的监狱里。包华德、霍华德主编：《民国名人传记辞典》，Ⅰ，475 页。

［112］陈伯达（1904—1989）是20世纪20年代末上海劳动大学毕业的一位研究生。当他在军队里担任文职时便已秘密地加入中国共产党。后来他被国民党政权逮捕，在南京监狱关押了几年。出狱后，他去了莫斯科，进入中山大学学习。20世纪30年代初，陈伯达一边在北平教书，一边在天津开展中共地下党工作。这个时期他又写又发表，并且到1936年成为中共中央北方局的负责人和中央委员会委员。《共产主义中国名人录》，Ⅰ，94~95页。

［113］刘群：《告彷徨中的中国青年》，63页；胡绳：《评〈给青年的十二封信〉》。

［114］朱光潜：《谈修养》，45页。

［115］［116］朱光潜：《给青年的第十三封信》，2页。

［117］朱光潜：《诗论》，13页。

［118］朱光潜：《给青年的第十三封信》，9~10页。

［119］同上书，9~11页。

［120］朱光潜：《诗论》，33~34页。

［121］朱光潜：《给青年的第十三封信》，19~20页。

［122］同上书，108~114页。

［123］同上书，116页。

［124］同上书，114~115页。

［125］同上书，118~119页。

［126］朱光潜：《诗论》，13页。

［127］同上书，120~121页。

［128］朱光潜：《谈修养》，12页。

［129］同上书，16~17页。朱光潜提出的“三此主义”的信条，是对自我—社会及时间观念的人文主义立场的适当总结。朱催促：（1）此身应该做而且能够做的事，就得由此身担当起，不推诿给旁人；（2）此时应该做而且能够做的事就得在此时做，不拖延到将来；（3）此地（我的地位，我的环境）应该做而且能够做的事，就得在此地做，不推诿到想象中的另一地位去做。

386 ［130］朱光潜：《谈修养》，5~6页。

［131］朱光潜：《给青年的第十三封信》，12 页。

［132］长沮、桀溺耦而耕，孔子过之，使子路问津焉。长沮曰："夫执舆者为谁？"子路曰："为孔丘。"曰："是鲁孔丘与？"曰："是也。"曰："是知津矣。"问于桀溺。桀溺曰："子为谁？"曰："为仲由。"曰："是鲁孔丘之徒与？"对曰："然。"曰："滔滔者天下皆是也，而谁以易之？且而，与其从辟人之士也，岂若从辟世之士哉？"耰而不辍。子路行以告。夫子怃然曰："鸟兽不可与同群，吾非斯人之徒与而谁与？天下有道，丘不与易也。"理雅各译：《论语·微子第十八》，第六章。《论语》中还记：子路宿于石门。晨门曰："奚自？"子路曰："自孔氏。"曰："是知其不可而为之者与？"理雅各译：《论语·宪问第十四》，第四十一章。

［133］朱光潜：《谈修养》，20～22 页。

［134］胡绳：《评〈给青年的十二封信〉》。

［135］迈斯纳：《李大钊和中国马克思主义的起源》，109 页。"终极目的伦理"不顾实际的社会后果，注重强调承诺个人道德完整性的抽象标准；"责任伦理"则强调承诺获得良好的社会效益，而不论是否使用不道德的手段。

［136］参见本书第三章的讨论。

［137］胡适、梁实秋、罗隆基：《人权论集》。

［138］同上书，小序，1 页。

［139］同上书，小序，2 页。"燃烧的森林"这个故事还有另外一个稍不同的版本，西蒙·里斯（Simon Leys）：《燃烧的森林：中国政治与文化小品文》（*The Burning Forest*：*Essays on Chinese Culture and Politics*），13 页。里斯认为这个故事是 17 世纪杨亮功写的。

［140］胡绳：《新哲学的人生观》，114 页，亦参见该书第 127～129 页。

［141］同上书，116 页。 387

［142］朱光潜：《谈修养》，45 页。

［143］在 1956—1958 年中国共产党对美学的大批判中，朱光潜的美学观被冠以"主观唯心主义"。参见以上注释。

文献缩略语

CS	Cai Shangsi 蔡尚思, ed. *Yiban daxuesheng zhi renshengguan* 一般大学生之人生观（View of life of average college students). Shanghai, 1935.
DP	*Duli pinglun* 独立评论（Independent review)
GLDY	*Guoli Laodong daxue yuekan* 国立劳动大学月刊（National Labor University monthly)
JZ	*Jiaoyu zazhi* 教育杂志（Educational review)
SJ	*Shehuixue jie* 社会学界（Social science studies)
WZXB	*Wenshi ziliao xuanbian* 文史资料选编（Selections of sources in literature and history)
WZX	*Wenshi ziliao xuanji* 文史资料选辑（Selected sources in literature and history)
XC	*Xinchao* 新潮（New tide)
XP	*Xiandai pinglun* 现代评论（Contemporary review)
XQ	*Xin qingnian* 新青年（New youth)
XZ	*Xuesheng zazhi* 学生杂志（Student magazine)
ZQ	*Zhongguo qingnian* 中国青年（Chinese youth)
ZW	*Zhuanji wenxue* 传记文学（Biographical literature)
ZX	*Zhongguo xuesheng* 中国学生（Chinese students)

参考文献

Alitto, Guy S. *The Last Confucian: Liang Shu-ming and the Chinese Dilemma of Modernity.* Berkeley, University of California Press, 1979.

Anderson, Mary Raleigh. *Protestant Mission Schools for Girls in South China, 1827 to the Japanese Invasion.* Mobile, Heiter-Starke Printing, 1943.

Averill, Stephen C. "The New Life in Action: The Nationalist Government in South Jiangxi, 1934－1937," *China Quarterly* 88: 594－628 (December 1981).

——. "Party, Society and Local Elite in the Jiangxi Communist Movement," *Journal of Asian Studies* 46. 2: 279－304 (May 1987).

Ayers, William. *Chang Chih-tung and the Educational Reform in China.* Cambridge, Harvard University Press, 1971.

Ba Jin 巴金 [Li Feigan] 李芾甘. *Miewang* 灭亡 (Extinction). Shanghai, 1939.

——. *Jia* 家 (Family). Shanghai, 1949.

——. *Jiliu* 激流 (Turbulent stream), a trilogy. Shanghai, 1949.

Bai Yu 白瑜. "Li Shizeng, Xiao Yu, yu gugon daobao an" 李石曾、萧瑜与 故宫盗宝案 (Li Shizeng, Xiao Yu, and the case of stolen treasure in the Palace Museum), *ZW* 38. 5: 106－112 (May 1981).

Bates, Searle. "The Theology of American Missionaries in China, 1900－1950." In K. C. Liu, ed., *American Missionaries in China.* Cambridge, East Asian Research Center, Harvard University, 1966.

Bays, Daniel H. *China's Enters the Twentieth Century: Chang Chih-tung and the Issues of New Age, 1895－1909.* Ann Arbor, University of Michigan

Press, 1971.

Beattie, Hilary J. *Land and Lineage in China: A Study of T'ung-ch'eng County, Anhui in the Ming and Ch'ing Dynasties*. Cambridge, Cambridge University Press, 1979.

Becker, C. H., M. Falski, P Langevin and R. H. Tawney. *The Reorganization of Education in China*. International Institute of Intellectual Cooperation, League of Nations. 1932.

Beijing daxue xiaoshi, 1898-1949 北京大学校史，1898—1949（History of Beijing University, 1898-1949）. Ed. Xiao Chaoran 萧超然, Sha Jiansun 沙建孙, Zhou Chengen 周承恩, and Liang Zhu 梁柱. Shanghai, 1981.

Beijing daxue xuesheng yundong shi 北京大学学生运动史（History of the student movement at Beijing University）. Beijing, 1979.

Beiping ge daxue de zhuangkuang 北平各大学的状况（Conditions in universities in Beiping（Beijing）. Ed. *Beijing Chenbao* 北京晨报（Beijing morning post）. Beiping, 1929.

Beiping sili Yanjing daxue yilan, 1936-1937 北平私立燕京大学一览，1936—1937（Bulletin of Yenching University in Beiping, 1936-1937）. Beiping, 1937.

Bernal, Martin. *Chinese Socialism to 1907*. Ithaca and London, Cornell University Press, 1976.

Berninghausen, John. "The Central Contradiction in Mao Dun's Earliest Fiction." In Merle Goldman, ed., *Modern Chinese Literature in the May Fourth Era*. Cambridge, Harvard University Press, 1977.

Biggerstaff, Knight. *The Earliest Modern Government Schools in China*. Port Washington, London, Kennikat Press, 1961.

Bigong 笔公. "Wuyan zhangqi de Qinghua xuexiao" 乌烟瘴气的清华学校（Qinghua School in thick smoke and poisonous atmosphere）, *XP* 138: 24-25（July 1927）.

Bojun 伯钧. "Wuda xuesheng de shenghuo" 武大学生的生活（Student life at Wuhan University）, *DP* 186: 10-14（January 1936）.

Bonner, Joey. *Wang Kuo-wei: An Intellectual Biography*. Cambridge, Harvard University Press, 1986.

Boorman, Howard L. and Richard C. Howard, eds. *Biographical Dictionary of Republican China*. 4 vols and index. New York, Columbia University Press, 1979.

Bouwsma, William J. "Intellectual history in the 1980s," *Journal of Interdisciplinary History* 12: 279–291 (Autumn 1981).

Buck, David D. *Urban Change in China: Politics and Development in Tsinan, Shantung, 1890–1949*. Madison, University of Wisconsin Press, 1978.

Bullock, Mary Brown. *An American Transplant: The Rockefeller Foundation and the Peking Union Medical College*. Berkeley and Los Angeles, University of California Press, 1981.

Cai Guanluo 蔡冠洛, ed. *Qingshi liezhuan* 清史列传 (Qing biographies). Taibei, 1965.

Cai Tingsheng 蔡挺生. "Pisheng xuesheng de shenghuo wenti" 僻省学生的生活问题 (Problems in student life in remote provinces), *XZ* 11.9: 49–52 (September 1924).

Cai Yi 蔡仪. *Weixin zhuyi meixue pipan ji* 唯心主义美学批判集 (Collected criticisms of subjective aestheticism). Beijing, 1958.

Cai Yuanpei 蔡元培. "Xin jiaoyu yu jiu jiaoyu zhi qidian" 新教育与旧教育之 歧点 (Points of divergence between new-style and old-style education), *XQ* 5.1: 46–47 (July 1918).

——. "Wo zai Beijing daxue de jingli" 我在北京大学的经历 (My experience with Beijing University), reprint *ZW* 10.1: 112–118 (January 1967).

——. "Wo zai jiaoyu jie de iingyan" 我在教育界的经验 (My experience with the educational circle), reprint *ZW* 10.1: 118–122 (January 1967).

Cao Fu 曹复. *Rensheng xingqu* 人生兴趣 (Interesting things in life).

Chongqing, 1943.

Chan, F. Gilbert. "Sun Yat-sen and the Origins of the Kuomintang Reorgani-zation." In F. Gilbert Chan and Thomas H. Etzold, eds., *China in the 1920s: Nationalism and Revolution*. London, 1976.

Chan, Wellington K. K. *Merchants, Mandarins and Modern Enterprise in Late Ch'ing China*. Cambridge, East Asian Research Center, Harvard University, 1977.

Chang Daozhi 常道直. "Minguo shiyi niandu xuexiao fengchao zhi juti de yanyiu" 民国十一年度学校风潮之具体的研究（A factual examination of the campus riots of 1922）, *JZ* reprint 15.4: 21415–21434 (April 1923).

——and Yu Jiaju 余家菊. *Xuexiao fengchao de yanjiu* 学校风潮的研究（A study of campus unrest）. Shanghai, 1925.

Chang Hao. *Liang Ch'i-ch'ao and Intellectual Transition in China, 1890–1907*. Cambridge, Harvard University Press, 1971.

——. *Chinese Intellectuals in Crisis*. Berkeley, University of California Press, 1987.

Changsun Miyun 长孙密云. "Shamo li de hansheng" 沙漠里的喊声（A cry from the desert）, *DP* 154: 18–20 (9 June 1935).

Chen Duxiu 陈独秀. "Wenxue geming lun" 文学革命论（On literary revolution）, *XQ* 2.6: 1–4 (February 1917).

Chen Guangyuan 陈广沅. "Jiaotong daxue Shanghai xuexiao xuesheng shenghuo" 交通大学上海学校学生生活（Student life on the Shanghai campus of Communications University）, *XZ* 9.7: 39–49 (July 1922).

Chen Guofu 陈果夫. "Shiwunian zhi shiqinian jian congshi dangwu gongzuo de huiyi" 十五年至十七年间从事党务工作的回忆（Recollections on involvement in the Nationalist Party's affairs between 1926 and 1928）. In Jiang Yongjing 蒋永敬, ed., *Beifa shiqi de zhengzhi shiliao—yijiuerqi nian de Zhongguo* 北伐时期的政治史料——一九二七年的中国（Historical source materials on political events during the Northern Expedition—China in 1927）. Taibei, 1981.

Chen Hanbo 陈翰伯. "Julang, julang, buduan de zengzhang! —Yanjing daxue 'Yierjiu yundong' huiyi pianduan" 巨浪，巨浪，不断地增长！——燕京大学"一二·九"运动回忆片断（The tide is rising and still rising! — Fragments of recollections of the December Ninth Movement at Yenching University）, *WZX* 8：35—71（Beijing，1980）.

Chen Heqin 陈鹤琴. *Wo de bansheng* 我的半生（The first half of my life）. Shanghai，1947.

Chen，Joseph T. *The May Fourth Movement in Shanghai：The Making of a Social Movement in Modern China*. Leiden，Brill，1971.

Chen Nengzhi 陈能治. "Zhanqian shinian de Zhongguo daxue jiaoyu，1927-1937" 战前十年的中国大学教育，一九二七——九三七（Chinese higher education in the decade prior to the War of Resistance，1927-1937）. MA thesis，National Taiwan Normal University，Taibei，1982.

Chen Xuexin 陈雪新. "Re yu lian'ai geming de renshengguan" 热于恋爱革命的人生观（A view of life of passionate devotion to romance and revolution）. In CS.

Chen Yinke 陈寅恪. "Deng Guangming Songshi zhiguan zhi kaozheng xu" 邓广铭宋史职官志考证序（Preface to Deng Guangming，a philological inquiry to the chapter on government offices and personnel in the History of Song）. In his *Jinmingguan conggao erbian.*

——. "Feng Youlan *Zhongguo zhexue shi* shangce shencha baogao" 冯友兰中国哲学史上册审查报告（Reader's report on Feng Youlan，*History of Chinese philosophy*，*Vo*1. Ⅰ）. In his *Jinmingguan conggao erbian.*

——. "Yang Shuda *Jiweiju xiaoxuejinshi luncong xugao xu*" 杨树达积微居小学金石论丛续稿序（Preface to Yang Shuda，*Collected draft essays on philology and inscriptions of the Abode of Cumulative Minute*）. In his *Jinmingguan conggao erbian.*

——. *Jinmingguan conggao erbian* 金明馆丛稿二编（Collected writings from the Hall of Golden Illumination：Second compilation）. Shanghai，1980.

——. "Wang Jing'an xiansheng yishu xu" 王静安先生遗书序（Preface

to the collected writings of the late Mr. Wang Jing'an (Guowei). In his *Jinmingguan conggao erbian.*

Chen Yu-shih. "Mao Dun and the Use of Political Allegory in Fiction: A Case Study of His 'Autumn in Kuling'." In Merle Goldman, ed., *Modern Chinese Literature in the May Fourth Era.* Cambridge, Harvard University Press, 1977.

——. *Realism and Allegory in the Early Fiction of Mao Tun.* Bloomington, Indiana University Press, 1986.

Chen Yuan 陈垣. *Chen Yuan shixue lunzhu xuan* 陈垣史学论著选 (Selected essays on historical subjects by Chen Yuan). Shanghai, 1981

Cheng Cangbo 程仓波. "Sishi nian qian yige falü xuesheng de shenghuo" 四十年前一个法律学生的生活 (Life of a law student four decades ago), *DP* 241: 8–14 (July 1937).

——. "Ji Fei Gong jiaoshou" 记费巩教授 (Professor Fei Gong), *ZW* 1.2: 26–28 (July 1962).

Cheng Tianfang 程天放. "Baihuazhou pan de xuansong" 百花洲畔的弦诵 (Songs and recitations on the Isle of Hundred Flowers), *ZW* 1.6: 10–12, 29 (November 1962).

——. "Ligong ci sinian" 李公祠四年 (Four years at the Commemorative Hall of Li [Hongzhang]), *ZW* 17: 24–27 (December 1962).

Cheng Zongsi 程宗泗. "Beijing Qinghua xuexiao canguan ji" 北京清华学校参观记 (A visit to the Qinghua School in Beijing), *XQ* 2.3: 1–4 (November 1916).

Chi Shiying 池世英. "Wen fa ke zai jinri Zhongguo de diwei" 文法科在今日中国的地位 (The standing of humanities and law subjects in present-day China), *DP* 152: 16–19 (May 1935).

Chiang Kai-shek 蒋介石. "Lizhi weixue yu fuwu" 立志为学与服务 (On the resolve to learn and to serve). In Zhongguo Guomindang zhongyang zhixing weiyuanhui 中国国民党中央执行委员会, ed., *Zongcai dui qingnian de xunshi* 总裁对青年的训示 (Party leader's instruction to the youth).

Chongqing, 1939.

——. "Weixue mudi yu qiuxue yaoyi" 为学目的与求学要义 (The purpose and essence of learning). In Zhongguo Guomindang zhongyang zhixing weiyuanhui, ed., *Zongcai dui qingnian de xunshi*. Chongqing, 1939.

——. "Zhongguo qingnian zhi zeren" 中国青年之责任 (The responsibility of Chinese youth). In Zhongguo Guomindang zhongyang zhixing weiyuanhui, ed., *Zongcai dui qingnian de xunshi*. Chongqing, 1939.

——. "Geming de jiaoyu" 革命的教育 (An education for revolution). In Zhongyang zuzhi bu dangyuan xunlian chu 中央组织部党员训练处, ed., *Dangwu yu jiaoyu* 党务与教育 (Party affairs and education). Chongqing, 1941.

——. "Wei you jiaoyu yu jingji fang ke jiu guojia yu minzu" 唯有教育与经济方可救国家与民族 (Only education and economy may save the nation and the people). Lecture delivered in Changsha in 1932. In Zhongyang zuzhi bu dangyuan xunlian chu, ed., *Dangwu yu jiaoyu*. Chongqing, 1941.

Chiang, Yung-chen. "Social Engineering and the Social Sciences in China, 1898—1949." PhD dissertation, Harvard University, 1986.

Chow Tse-tsung. *The May Fourth Movement: Intellectual Revolution in Modern China*. Cambridge, Harvard University Press, 1964.

Clayton, E. H. *Heaven Below*. New York, Prentice-Hall, 1944.

Clifford, Nicholas R. *Shanghai, 1925: Urban Nationalism and the Defense of Foreign Privilege*. Ann Arbor, Center for Chinese Studies, the University of Michigan, 1979.

Coble, Parks M. Jr. *The Shanghai Capitalists and the Nationalist Government, 1927—1937*. Cambridge, Council on East Asian Studies, Harvard University, 1980.

Cochran, Sherman. *Big Business in China: Sino-Foreign Rivalry in the Cigarette Industry, 1890—1930*. Cambridge, Harvard University Press, 1980.

——. "Three Roads into Shanghai's Market: Japanese, Western, and Chinese Companies in the Match Trade, 1895—1937." Paper presented to the

International Symposium on the Urban History of Modern Shanghai jointly sponsored by the Social Science Research Council and the Shanghai Academy of Social Sciences, Shanghai, September 1988.

Cody, Jeff. "An American Architect's Renaissance in China: Henry K. Murphy's First Decade, 1914 – 1923." Cornell University seminar paper, May 1986.

Cohen, Paul A. "Christian Missions and Their Impact to 1900." In Denis Twitchett and John K. Fairbank, eds. *The Cambridge History of China*, Vol. X. Cambridge, London, New York, and Melbourne, Cambridge University Press, 1978.

Cole, James H. "The Shaoxing Connection: A Vertical Administrative Clique in Late Qing China," *Modern China* 6.3: 317–326 (July 1980).

Crabtree, Loren William. "Christian Colleges and the Chinese Revolution, 1840–1940: A Case Study in the Impact of the West." PhD dissertation, University of Minnesota, 1969.

Dai Jitao 戴季陶. *Qingnian zhilu* 青年之路 (The road for youth). Shanghai, 1928.

Daxia daxue yilan, 1935 大夏大学一览，1935 (Bulletin of Daxia University, 1935). Shanghai, 1935.

de Bary, William Theodore. *Neo-Confucian Orthodoxy and the Learning of the Mind-and-Heart.* New York, Columbia University Press, 1981.

Deng Yuanzhong 邓元忠. *Sanmin zhuyi Lixing she shi* 三民主义力行社史 (History of the Vigorous Practice Society of the Three Principles of the People). Taibei, 1984.

Ding Ling 丁玲. "Qu Qiubai" 瞿秋白 (Qu Qiubai). In *Yi Qiubai* 忆秋白 (Remembering [Qu] Qiubai). Beijing, 1981.

Ding Zhicheng 丁致聘. *Zhongguo jin qishi nian lai jiaoyu jishi* 中国近七十年来教育记事 (A chronological account of major events in Chinese education in the past seventy years). Shanghai, 1935.

Dirlik, Arif. "The Ideological Foundation of the New Life Movement: A Study in Counterrevolution," *Journal of Asian Studies* 34: 945—980 (August 1975).

——. *Revolution and History: Origins of Marxist Historiography in China, 1919—1937*. Berkeley and Los Angeles, University of California Press, 1978.

——. "Socialism and Anarchism in Early Republican China," *Modern China* 7: 117—151 (April 1981).

——. *The Origins of Chinese Communism.* New York and Oxford, Oxford University Press, 1989.

Diyici Zhongguo jiaoyu nianjian 第一次中国教育年鉴 (Yearbook of Chinese education: First compilation). Ed. Jiaoyu Bu 教育部 (Ministy of Education). Shanghai, 1934.

Dong Shijin 董时进. "Xiangxia muqian zui xuyao sheme yang de jiaoyu" 乡下目前最需要什么样的教育? (What kind of education is most needed in the countryside these days?), *DP* 47: 17—19 (April 1933).

Dore, Ronald T. *Education in Tokugawa Japan.* London, 1965.

Duiker, William. *Ts'ai Yuan-pei: Educator of Modern China.* University Park, Pennsylvania State University. 1977.

Duus, Peter. "Science and Salvation in China: the Life and Work of W. A. P. Martin (1827—1916)." In K. C. Liu, ed., *American Missionaries in China.* Cambridge, East Asian Research Center, Harvard University, 1966.

Eastman, Lloyd. *The Abortive Revolution: China under Nationalist Rule, 1927—1937*. Cambridge. Harvard University Press, 1974.

——. *Seeds of Destruction.* Stanford, Stanford University Press, 1984.

Ebrey, Patricia. "Types of Lineages in Ch'ing China: A Re-examination of the Chang Lineage of T'ung-ch'eng," *Ch'ing-shih wen-ti* 6.9: 1—20 (June 1983).

Elman, Benjamin. "The Hsueh-hai T'ang and the Rise of New Text Scholarship in Canton," *Ch'ing-shih wen-t'i* 4.2: 51—82 (December 1979).

——. *From Philosophy to Philology: Intellectual and Social Aspects of Change in Late Imperial China*. Cambridge, Council on East Asian Studies, Harvard University, 1984.

Esherick, Joseph W. *Reform and Revolution in China: the 1911 Revolution in Hunan and Hubei*. Berkeley, University of California Press, 1976.

Fairbank, John K., ed. *The Missionary Enterprise in China and America*. Cambridge, Harvard University Press, 1974.

——, Edwin O. Reischauer, and Albert M. Craig. *East Asia: Tradition and Transformation*. Boston, Houghton Mifflin, 1973.

Fan Wenlan 范文澜. *Wenxin diaolong zhu* 文心雕龙注 (The literary mind and the carving of dragons: An annotated text). 2 vols. Beijing, 1958.

Fass, Paula S. *The Damned and the Beautiful: American Youth in the 1920s*. Oxford, Oxford University Press, 1977.

Feng Youlan 冯友兰. "Wusi yiqian de Beida he wusi yihou de Qinghua" 五四以前的北大和五四以后的清华 (Beijing University before the May Fourth Movement and Qinghua University after the May Fourth Movement). In *WZX*. No. 34. Beijing, 1963.

——. *Sansongtang zixu* 三松堂自序 (Autobiographical account by the Hall of Three Pines). Beijing, 1984.

Fenn, William Purviance. *Christian Higher Education in Changing China, 1880-1950*. Grand Rapids, William B. Eerdmans, 1976.

Forster, Lancelot. *The New Culture in Shanghai*. London, Allen&Unwin, 1936.

Franke, Wolfgang. *The Reform and Abolition of the Traditional Chinese Examination System*. Cambridge, Harvard University Press, 1960.

Fu Qingshi 傅清石. "Yi Peiji de shengping ji wannian zaoyu" 易培基的生平及晚年遭遇 (Yi Peiji's life and late years), *ZW* 34.1: 66-73 (January 1979); 34.2: 64-70 (February 1979); 34.3: 125-129 (March 1979).

Fu Zhiying 伏志英, ed. *Mao Dun pingzhuan* 茅盾评传 (Mao Dun:

Commentary and biography). Shanghai, 1931.

Fudan daxue bingyin nianjian, 1926 复旦大学丙寅年鉴, 1926 (Yearbook of Fudan University, 1926). Shanghai, 1926.

Fudan daxue yilan, 1937 复旦大学一览, 1937 (Bulletin of Fudan University, 1937). Shanghai, 1937

Fudan daxue zhi 复旦大学志 (History of Fudan University). Ed. Fudan daxue xiaoshi bianxie zu 复旦大学校史编写组 (Editing units, history of Fudan University). Vo1. Ⅰ, 1905-1949. Shanghai, 1985.

Furth, Charlotte. "Culture and Politics in Modern Chinese Conservatism." In Charlotte Furth, ed., *The Limits of Change: Essays on Conservative Alternatives in Republican China*. Cambridge, Harvard University Press, 1976.

——. "The Sage as Rebel: The Inner World of Chang Ping-lin." In Charlotte Furth, ed., *The Limits of Change: Essays on Conservative Alternatives in Republican China*. Cambridge, Harvard University Press, 1976.

——. ed. *The Limits of Change: Essays on Conservative Alternatives in Republican China*. Cambridge, Harvard University Press, 1976.

Gamble, Sidney. *How Chinese Families Live in Beijing: A Study of the Income and Expenditure of 283 Chinese Families Receiving from $8 to $550 Silver per Month*. New York and London, 1933.

Gan Guoxun 干国勋. "Guanyu suowei 'Fuxing she' de zhenshi qingkuang" 关于所谓复兴社的真实情况 (Some facts about the So-called Renaissance Society), *ZW* 35.3: 32-38 (September 1979); 35.4: 68-73 (October 1979); 35.5: 81-86 (November 1979).

Gao Liepeng 高列彭. "Daxue jiaoyu pochan de sheng lang" 大学教育破产的声浪 (Outcries against the bankruptcy of higher education), *Shenghuo zhoukan* 生活周刊 (Life weekly) 6.2: 59 (December 20, 1930).

——. "Buduan xiangshang xiangdui yuanman de renshengguan" 不断向上相对圆满的人生观 (A view of life of ceaseless striving and relative content). In CS.

Garrett, Shirley. "Why They Stayed." In K. C. Liu, ed., *American Missionaries in China*. Cambridge, East Asian Research Center, Harvard University, 1966.

Ge Jiadong 戈家东. "Yanda nansheng duiyu hunyin taidu zhi diaocha" 燕大男生对于婚姻态度之调查（Yenching male students' attitude towards marriage: An investigation）, *SJ* 4: 209－238（June 1930）.

Goldman, Merle. *China's Intellectuals: Advise and Dissent*. Cambridge and London, Harvard University Press, 1981.

Gong Jialin 龚家麟. "Qinghua daxue de xuesheng shenghuo" 清华大学的学生生活（Student life at Qinghua University）, *DP* 196: 12－16（April 1936）.

Grieder, Jerome B. *Hu Shih and the Chinese Renaissance: Liberalism in the Chinese Revolution, 1917－1937*. Cambridge, Harvard University Press, 1970.

——. *Intellectuals and the State in Modern China*. New York, Free Press, 1981.

Grimm, Tilemann. "Some Remarks on the Suppression of Shu-yuan in Ming China," *Transactions of the International Conference of Orientalists in Japan* 2: 8－16（1957）.

——. "Academies and Urban Systems in Kwangtung." In G. William Skinner, ed., *The City in Late Imperial China*. Stanford, Stanford University Press, 1977.

Gu Han 顾汉. "Yin daguan er anran de renshengguan" 因达观而安然的人生观（A view of a life of resignation and content）. In CS.

Gu Jiegang 顾颉刚. *Dangdai Zhongguo shixue* 当代中国史学（Modern Chinese historical scholarship）. Hong Kong, 1964.

Gu Mei 古楳. *Xiandai Zhongguo ji qi jiaoyu* 现代中国及其教育（Modern China and its education）. 2 vols. Shanghai, 1934. Reprint Hong Kong, 1975.

Guan Huaizong 管怀琮. "Daxuesheng de shiye wenti" 大学生的失业问题（College students and their problems with unemployment）, *GLDY* 1.3: 1－

19 (March 1930).

Guo Ying 郭鹰. "Fuyou yu fuping ban de renshengguan" 蜉蝣与浮萍般的人生观 (A view of life of ephemeral and rootless existence). In CS.

Guoli Beijing daxue ershi zhounian jinian ce 国立北京大学二十周年纪念册 (Commemorative volume on the twentieth anniversary of National Beijing University). Ed. Beijing University Beijing, 1917.

Guoli Beijing daxue ruxue shiyan shiti 国立北京大学入学试验试题 (Examination questions for admission, National Beijing University). Ed. Guoli Beijing daxue keye chu 国立北京大学课业处. Beiping, 1936.

Guoli Dongnan daxue yilan, 1923 国立东南大学一览, 1923 (Bulletin of National Southeastern University, 1925). Nanjing, 1923.

"Guoli Laodong daxue Laogong xueyuan zuzhi dagang" 国立劳动大学劳工学院组织大纲 (Organizational outlines of the College of Labor, National Labor University). Shanghai, 1928.

Guoli Qinghua daxue niankan, 1933 国立清华大学年刊, 1933 (Yearbook of National Qinghua University, 1933). Beiping, 1933.

Guoli Wuhan daxue yilan, 1935 国立武汉大学一览, 1935 (Bulletin of National Wuhan University, 1935). Reprint Taibei, 1971.

Guoli Zhejiang daxue yilan, 1935 国立浙江大学一览, 1935 (Bulletin of National Zhejiang University, 1935). Hangzhou, 1935.

Guoli zhongshan daxue xiankuang, 1935 国立中山大学现况, 1935 (Bulletin of National Zhongshan University, 1935). Reprinted in Taibei, 1971.

"Guonei ge daxue ershi niandu ruxue shiti diaocha" 国内各大学二十年度入学试题调查 (Entrance examination questions for colleges and unlversities, 1931), *XZ* 18.10: 99-104 (October 1931).

"Guonei ge daxue shijiu niandu ruxue shiti diaocha" 国内各大学十九年度入学试题调查 (Entrance examination questions for colleges and unlversities, 1930), *XZ* 17.12: 113-118 (December 1930).

Guy, R. Kent. *The Emperor's Four Treasuries: Scholars and the State in the Late Ch'ien-lung Era*. Cambridge, Council on East Asian Studies, Harvard University, 1987.

Halsey, Albert Henry and Jerome Karabel, eds. *Power and Ideology in Education*. New York, Oxford University Press, 1977.

Hao, Yen-P'ing. *The Commercial Revolution of Nineteenth-Century China: The Rise of Sino-Western Mercantile Competition*. Berkeley, University of California Press, 1984.

Hartwell, Robert. "Demographic, Political and Social Transformations of China, 750 – 1550," *Harvard Journal of Asiatic Studies* 42.2: 365 – 442 (1982).

Haskins, Charles Homer. *The Rise of Universities*. Ithaca and London, Cornell University Press, 1957.

He Yubo 贺玉波. "Mao Dun chuangzuo de kaocha" 茅盾创作的考察 (A critical examination of Mao Dun's creative writing). In Fu Zhiying 伏志英, ed., *Mao Dun pingzhuan* 茅盾评传 (Mao Dun: Commentary on his life and work). Shanghai, 1931.

Ho Ping-ti. "The Salt Merchants of Yang-Chou: A Study of Commercial Capitalism in Eighteenth-Century China," *Harvard Journal of Asiatic Studies* 2: 130–168 (1954).

——. *The Ladder of Success in Imperial China, 1368–1911*. New York, Columbia University Press, 1962.

Honig, Emily. *Sisters and Strangers: Women Cotton Mill Workers in Shanghai, 1919–1949*. Stanford, Stanford University Press, 1986.

Hsia Tsi-an. *The Gate of Darkness: Studies on the Leftist Literary Movement in China*. Seattle and London, University of Washington Press, 1968.

Hsiao Kung-chuan. *A Modern China and a New World: K'ang You-wei, Reformer and Utopian, 1858–1927*. Seattle, University of Washington Press, 1975.

Hsu, Immanuel C. Y. *The Rise of Modern China*. 2nd ed.. New York,

Oxford University Press, 1975.

Hu Sheng 胡绳. "Ping *Gei qingnian de shier feng xin*" 评《给青年的十二封信》(Twelve letters to youth: A review), *Dushu shenghuo* 读书生活 (Learning and life) 4.11: 576-577 (10 October 1936).

——. *Xin zhexue de renshengguan* 新哲学的人生观 (A new philosophy and a new view of life). Shanghai, 1938.

Hu Shi laiwang shuxin xuan 胡适来往书信选 (Hu Shi's correspondence: A selection). Ed. Zhongguo shehui kexue yuan jindai shi yanjiu suo, Zhonghua minguo shi bianxie zu 中国社会科学院近代史研究所中华民国史编写组. 3 vols. Beijing, 1979.

Hu Shi (Hu Shih) 胡适. "Wenxue gailiang chuyi" 文学改良刍议 (Preliminary thoughts on literary reform), *XQ* 2.5: 1-11 (January 1917).

——. "Li Chao zhuan" 李超传 (Biography of Li Chao), *XC* 2.2: 266-275 (December 1919).

——. "Zeng yu jinnian de daxue biyesheng" 赠与今年的大学毕业生 (To college graduates of this year), *DP* 7: 2-5 (July 1932).

——. "A Note on Ch'uan Tsu-wang, Chao I-Ch'ing and Tai Chen: A Study of Independent Convergence in Research as Illustrated in Their Works on the Shui-Ching Chu." In Arthur Hummel, ed., *Eminent Chinese of the Ch'ing*. 2 vols. Washington D.C., U.S. Government Printing Office, 1943-1944.

——. *The Chinese Renaissance*. Chicago, University of Chicago Press, 1934. Reprinted with an introduction by Hyman Kublin, New York, Paragon Book, 1963.

——. "Daxue kai nüjin de wenti" 大学开女禁的问题 (On the problem of coeducation in higher education), reprint *ZW* 22.1: 47 (January 1973).

——. "Cong wenxue geming dao wenyi fuxing—Hu Shi de zizhuan" 从文学革命到文艺复兴——胡适的自传 (From literary revolution to cultural renaissance: An autobiography of Hu Shi). Ed. Tang Degang 唐德刚, *ZW* 34.4: 46-55 (April 1979).

——. “Zhongguo gongxue xiaoshi” 中国公学校史（History of China College）. In Liu Zhiying, et al., eds., *Sili Zhongguo gongxue* 私立中国公学（China College）. Taibei, 1982.

——. Liang Shiqiu 梁实秋，and Luo Longji 罗隆基. *Renquan lunji* 人权论集（A collection of essays on human rights）. Shanghai, 1930.

Hu Songping 胡颂平. *Zhu Jiahua xiansheng nianpu* 朱家骅先生年谱（Chronological biography of Mr. Zhu Jiahua）. Taibei, 1969.

——. *Hu Shizhi xiansheng nianpu changbian chugao* 胡适之先生年谱长编初稿（Chronological biography of Mr. Hu Shi: a preliminary draft）. 10 vols. Taibei, 1984.

Hua Chao 华超. *Danghua jiaoyu yaolan* 党化教育要览（Essentials of partification of education）. Shanghai, 1927

Huang Fuqing 黄福庆. *Jindai Zhongguo gaodeng jiaoyu yanjiu: Guoli Zhongshan daxue, 1924-1937* 近代中国高等教育研究：国立中山大学，1924—1937（Studies of modern Chinese higher education: National Zhongshan University, 1924-1937）. Taibei, 1988.

Huang Jianzhong 黄建中，Zhu Jingnong 朱经农，et al. “Minguo shijiu nian yiyue Jiaoyubu Huang Jianzhong, Zhu Jingnong deng shicha baogao 民国十九年一月教育部黄建中、朱经农等视察报告（Inspectors'report, Ministry of Education, January 1930, by Huang Jianzhong, Zhu Jingnong, et al.）. In Liu Zhiying, et al., eds., *Sili Zhongguo gongxue* 私立中国公学（China College）. Taibei, 1982.

Huang Shouhai 黄寿海. “Shengxue de jingji wenti” 升学的经济问题（Financial difficulties in the continuing pursuit of education）, *XZ* 14.2: 10-13（February 1927）.

Huang Yan 黄炎. “Dawo shijie de renshengguan” 大我世界的人生观（A view of life for the world larger than the self）. In CS.

Huang Yanfu 黄延复. “Ma Yuehan shengping shiji” 马约翰生平事迹（The life and accomplishments of Ma Yuehan）, *WZXB* 8: 168-172（1980）.

Hujiang daxue yilan, 1936 沪江大学一览，1936（Bulletin of Hujiang

College, 1936). Shanghai, 1936.

Hummel, Arthur W., ed. *Eminent Chinese of the Ch'ing Period (1644-1912)*. Washington, D. C., U. S. Government Printing Office, 1944.

Hyatt, Irwin T., Jr. "Protestant Missions in China, 1877-1890: The Institutionalization of Good Works." In K. C. Liu, ed., *American Missionaries in China*. Cambridge, East Asian Research Center, Harvard University, 1966.

Israel, John. *Student Nationalism in China, 1927-1937*. Stanford, Hoover Institution, Stanford University Press, 1966.

——and Donald W. Klein, *Rebels and Bureaucrats: China's December 9ers*. Berkeley, University of California Press, 1976.

Ji Cheng 既澄. "Xuechao" 学潮 (Campus riots), *JZ* reprint 14. 1: 19295-19296 (January 1922).

Jiang Fan 江藩. *Guochao Hanxue shichengfi* 国朝汉学师承记 (Intellectual lineage of the Han School of our dynasty). Reprint Taibei, 1969.

Jiang Jianzhang 蒋鉴章. "Wuchang Shida guowen xi de zhenxiang" 武昌师大国文系的真相 (The true conditions in the Department of Chinese of Wuchang Normal University), *XP* 3. 53: 18-20 (12 December 1925).

Jiang Menglin (Monlin) 蒋梦麟. "Guolian Zhongguo jiaoyu kaocha tuan baogaoshu zhong jige jiben yuanze de taolun" 国联中国教育考察团报告书中几个基本原则的讨论 (A discussion of some basic principles in the report prepared by the Committee on Chinese Education of the League of Nations), *DP* 40: 10-13 (March 1933) and 41: 17-21 (March 1933).

——. *Xichao* 西潮 (Tides from the West). Taibei, 1960.

Jiang Tingfu 蒋廷黻. "Chen Guofu xiansheng de jiaoyu zhengce" 陈果夫先生的教育政策 (Mr. Chen Guofu's educational policies), *DP* 4: 6-8 (June 1932).

Jiang Zhichun 姜志纯. "Kong Meng shangzhong de renshengguan" 孔孟尚中的人生观 (A view of life of the Confucian and Mencian ideal of the great mean). In CS.

Jiangong 剑公. “Jiaoshou ye, yi liumang ye” 教授耶，亦流氓耶（A professor or a thug), *XP* 2.42: 21－22 (26 September 1925).

Jianying 建英. “Liang da sichao xia zhi Shanghai ge daxue” 两大思潮下之上海各大学（Shanghai universities under the influence of two major schools of thought), *ZX* 3.4: 16－17 (April 1931).

Jin Shibin 金士斌. “Yige yukuai de wanshang” 一个愉快的晚上（A pleasant evening), *Yinyue zazhi* 音乐杂志（Music magazine) 1.2: 1－2 (February 1928).

Jiu Zhongguo de ziben zhuyi shengchan guanxi 旧中国的资本主义生产关系（Capitalistic relationship of production in old China). Ed. *jiu Zhongguo de ziben zhuyi shengchan guanxi* bianxie zu《旧中国的资本主义生产关系》编写组. Beijing, 1977.

John, Griffith. “The Holy Spirit in Connection with Our Work.” In American Presbyterian Mission, ed., *Records of the General Conference of the Protestant Missionaries of China held at Shanghai, May 10－24, 1877.* Shanghai, American Presbyterian Mission Press, 1877.

Jones, Susan Mann and Philip A. Kuhn. “Dynastic Decline and the Roots of Rebellion.” In Denis Twitchett and John K. Fairbank, eds., *Cambridge History of China*, Vol. X. Cambridge, London, New York, and Melbourne, Cambridge University Press, 1978.

Kangzhan qian zhigaodeng jiaoyu 抗战前之高等教育（Higher education prior to the War of Resistance). Ed. Zhongguo Guomindang zhongyang weiyuan hui dangshi weiyuan hui 中国国民党中央委员会党史委员会. Taibei, 1971.

Kangzhan shiqi Zhi gaodeng jiaoyu 抗战时期之高等教育（Higher education during the War of Resistance). Ed. Zhongguo Guomindang zhongyang weiyuan hui dangshi weiyuan hui. Taibei, 1972.

Keenan, Barry. *The Dewey Experiment in China: Educational Reform and*

Political Power in the Eary Republic. Cambridge, Council on East Asian Studies, Harvard University, 1977.

Kerr, Clark. *The Uses of the University.* Cambridge, Harvard University Press, 1963.

Kirby, William C. *Germany and Republican China.* Stanford, Stanford University Press, 1984.

Kwok, Daniel (Danny) W. Y. *Scientism in Chinese Thought, 1900－1950.* New Haven, Yale University Press, 1965.

Lai Jian 赖健. "Daixie xiangdui de renshengguan" 代谢相对的人生观 (A view of life of incessant and corresponding change). In CS.

Lamberton, Mary. *St. John's University, Shanghai, 1879－1951.* New York, United Board for Christian Colleges in China, 1955.

Lang, Olga. *Chinese Family and Society.* New Haven, Conn., Yale University Press, 1946.

——. *Pa Chin and His Writings: Chinese Youth Between the Two Revolutions.* Cambridge, Harvard University Press, 1967.

Lao She (Shu Qingchun) 老舍（舒庆春）. *Zhao Ziyue* 赵子曰 (Zhao Ziyue). Shanghai, 1928.

Lee, Leo Ou-fan. *The Romantic Generation of Modern Chinese Writers.* Cambridge, Harvard University Press, 1973.

——. *Voices from an Iron House.* Bloomington, Indiana University Press, 1986.

——and Andrewd J. Nathan. "The Beginnings of Mass Culture: Journalism and Fiction in the Late Ch'ing and Beyond." In David Johnson, Andrew J. Nathan, Evelyn S. Rawski, eds., *Popular Culture in Late Imperial China.* Berkeley, Los Angeles, London, University of California Press, 1985.

Levenson, Joseph R. *Confucian China and Its Modern Fate: A Trilogy.* 3 vols. Berkeley, University of California Press, 1958, 1964, 1965.

——. *Liang Ch'i-ch'ao and the Mind of Modern China.* Cambridge, Harvard University Press, 1965.

——. *Revolution and Cosmopolitanism: the Western Stage and the Chinese Stages*. Berkeley, University of California Press, 1971.

Leys, Simon. *The Burning Forest: Essays on Chinese Culture and Politics*. English edition. New York, Henry Holt, 1985.

Li Huang 李璜. *Xuedun shi huiyilu* 学钝室回忆录（Memoirs of the Chamber of Studious Avoidance of Acuity）. Taibei, 1973.

——. "Tan Wang Zaoshi yu Luo Longji" 谈王造时与罗隆基（On Wang Zaoshi and Luo Longji）, *ZW* 39.2: 47－48（August 1981）; 39.3: 35－36（September 1981）.

Li Ji 李季. *Ziben lun qianshuo* 资本论浅说（Introduction to *Das Kapital*）. Shanghai, 1930.

——. "Dushu shenghuo" 读书生活（Student days）. In Wang Lixi 王礼锡, ed., *Women de dushu shenghuo* 我们的读书生活（Our student days）. Shanghai, 1947.

Li Ji 李济. "Liushi nian qian Qinghua daxue de huiyi" 六十年前清华大学的回忆（Recollections of Qinghua University of sixty years ago）, *ZW* 32.6: 67－68（June 1978）.

Li Jianmin 李健民. *Wusan canan hou de fan Ying yundong* 五卅惨案后的反英运动（The anti-British movement in the wake of the May Thirtieth Massacre）. Taibei, Institute of Modern History, Academia Sinica, Monograph Series no. 53. 1986.

Li Jinghan 李景汉. "Ershiwu nian lai Beijing shenghuo fei de bijiao" 二十五年来北京生活费的比较（Living expenses of Beijing of the past twenty-five years: A comparison）, *XP* 3.76: 6－8（May 1926）.

——. "Shushi nian lai Beijing gongzi de bijiao" 数十年来北京工资的比较（Wages in Beijing of the past several decades: A comparison）, *XP* 4.80: 6－8（June 1926）.

——. "Beiping zuidixiandu de shenghuo chengdu de taolun" 北平最低限度的生活程度的讨论（The level of subsistence in Beiping: A discussion）,

SJ 3：1－16（September 1929）.

Li Jiye 李霁野．“Weiming she de shimo”未名社的始末（The beginning and end of the Unnamed Society），*WZXB* 3：147－157（1979）.

Li Puyuan 李朴园，et al. *Zhongguo xiandai yishu shi* 中国现代艺术史（History of contemporary Chinese art）. Shanghai，1936.

（Li）Shouchang（Dazhao）李守常（大钊）．“Qingnian yanshi zisha wenti”青年厌世自杀问题（Youth，misanthropy，and suicide），*XC* 2.2：351－356（December 1919）.

Li Shoukong 李守孔，ed. *Zhongguo jindai shi* 中国近代史（History of modern China）. Taibei，1958.

Li Shuhua 李书华．“Qinian Beida”七年北大（Seven years at Beijing University.），*ZW* 6.2：17－24（February 1965）and 6.3：27－30 & 7（March 1965）.

——．“Yinian jiaoyu bu”一年教育部（One year at the Ministry of Education），*ZW* 15.3：13－16（September 1969）.

Li Su 李素．*Yanjing jiumeng* 燕京旧梦（Faded dreams of Yenching）. Hong Kong，1977.

Li Xianwen 李先闻．“Kenhuang shidai de Wuhan daxue”垦荒时代的武汉大学（Wuhan University during the pioneering stage），*ZW* 15.6：46－52（December 1969）.

——．“Qinghua banian”清华八年（Eight years at Qinghua），*ZW* 14.6：39－44（June 1969）.

Li Xiaofeng 李小峰．“Xinchao she shimo”新潮社始末（The New Tide Societv from beginning to end），*WZX* 1：47－93（1978）.

Li Zongtong 李宗侗．“Beida jiaoshu yu ban *Mengjin zazhi*”北大教书与办猛进杂志（Teaching at Beida and editing the *Vigorous Progress* Magazine），*ZW* 9.4：45－46（October 1966）.

Liang Qicho 梁启超．*Qingdai xueshu gailun* 清代学术概论（Intellectual history of the Qing）. Shanghai，1936；reprinted Taibei，1971.

Liang Shiqiu 梁实秋．“Tan Wen Yiduo”谈闻一多（On Wen Yiduo），

ZW 9.2: 13-16 (August 1966); 9.3: 27-32 (September 1966); 9.4: 38-42 (October 1966); 9.5: 21-25 (November 1966); 9.6: 29-32 (December 1966).

——. "Qinghua ba nian" 清华八年 (Eight years at Qinghua). In his *Qiushi zayi* 秋室杂忆 (Miscellaneous recollections from the Autumn Chamber). Taibei, 1978.

——. "Yi Xinyue" 忆新月 (Recollections of the Crescent Moon Society). In his *Qiushi zayi*. Taibei, 1978.

——. "Qinghua qishi" 清华七十 (Qinghua on the seventieth anniversary), *ZW* 39.2: 82-88 (August 1981).

Liao Chaoying 缪超英. "Tongyi qingnian sixiang wenti" 统一青年思想问题 (On unifying youthful thinking), *XZ* 17.10: 1-20 (October 1930).

Lin Yu-sheng 林毓生. *The Crisis of Chinese Consciousness: Radical Antitraditionalism in the May Fourth Era*. Madison, University of Wisconsin Press, 1979.

Lin Ze 林则. "Zhu Jiahua" 朱家骅 (Zhu Jiahua). In Zhu Xinquan 朱信泉 and Yan Ruping 严如平, eds., *Minguo renwu zhuan* 民国人物传 (Biographies of Republican figures). 4 vols. Beijing, 1984.

Ling Hongxun 凌鸿勋. "Jiaotong daxue shinian yijiu" 交通大学十年忆旧 (Recollections of ten years at the Communications University), *ZW* 1.3: 10-12 (August 1962); 1.4: 22-23, 34 (September 1962); 1.5: 21-24 (October 1962).

——. "Ji Rujing laoren Taicang Tang Weizhi xiansheng" 记茹经老人太仓唐蔚芝先生 (The Old Master Rujing, Tang Weizhi, of Taicang), *ZW* 5.4: 8-12 (October 1964).

Link, Perry. *Mandarin Ducks and Butterflies: Popular Fiction in Early Twentieth-Century Chinese Cities*. Berkeley and Los Angeles, University of California Press, 1981.

Liu Boji 刘伯骥. *Guangdong shuyuan zhidu yange* 广东书院制度沿革 (Evolution of the Guangdong academy system). Shanghai, 1938.

Liu Fu 刘复. “Beida he” 北大河 (The Beida river). In *Guoli Beijing daxue* 国立北京大学 (*National Beijing University*). *Reprint Taibei*, 1981.

Liu, James J. Y. *Chinese Theories of Literature*. Chicago and London, University of Chicago Press, 1975.

Liu Ju 刘具. “Daxuesheng yongkuan fenpei ji qi jingji beijing zhi diaocha” 大学生用款分配及其经济背景之调查 (A survey of the pattern of expenditure and economic background of college students), *Guoli Zhongyang daxue banyuekan* 国立中央大学半月刊 (National Central University bi-monthly) 14: 97–116 (May 1930).

Liu, Kwang-Ching. “Politics, Intellectual Outlook and Reform: The T'ungwen Kuan Controversy of 1867.” In Paul A. Cohen and John E. Schrecker, eds., *Reform in Nineteenth Century China*. Cambridge, Harvard University Press, 1976.

Liu Qun 刘群. *Gao panghuang zhong de Zhongguo qingnian* 告彷徨中的中国青年 (To Chinese youth at the crossroads). Shanghai, 1936.

——. *Xiandai xuesheng de genben wenti* 现代学生的根本问题 (Some fundamental problems about contemporary students). Shanghai, 1936.

Liu Xie 刘勰. *The Literary Mind and the Carving of Dragons*. Tr. Vincent Yuchung Shih. Taibei, 1970.

Liu Xunyu 刘薰宇. “Cong guanliaohua dao shangyehua” 从官僚化到商业化 (From bureaucratization to commercialization), *JZ* reprint 18. 10: 28597–28599 (October 1926).

Liu, Zhiying 刘志英, et a1., eds. *Sili Zhongguo Gongxue* 私立中国公学 (China College). Taibei, 1982.

Lu Kuang-huan. “The Shuyuan Institution Developed by Sung-Ming Neo-Confucian Philosophers,” *Chinese Culture* 9:98–122 (September 1968).

Lu Xun. *The Complete Stories of Lu Xun: Call to Arms, Wandering*. Tr. Yang Xianyi and Gladys Yang. Bloomington, Indiana University Press, 1981.

Luo Jialun 罗家伦. *Xin renshengguan* 新人生观 (A new philosophy of life). Chongqing, 1942.

——. “Yuanqi linli de Fu Mengzhen” 元气淋漓的傅孟真（Fu Mengzhen: a man of vital energy）. In Xu Di 许逖, ed., *Jindai xueren yinxiang ji* 近代学人印象记（Personal impressions of modern scholars）. Taibei, 1970.

Luo Shishi 罗实时. “Shisi nian Dongda xuechao yu wo” 十四年东大学潮与我（My involvement in the campus unrest at Southeastern University in 1925）, *ZW* 1.5: 27–29 and 24 (October 1962).

——. “You Nangao dao Dongda” 由南高到东大（From Nanjing [Higher] Normal to Southeastern University）, *ZW* 1.4: 18–21 (September 1962).

Lutz. Jessie Gregory. *China and the Christian Colleges, 1850–1950*. Ithaca and London, Cornell University Press, 1971.

——. *Chinese Politics and Christian Missions: The Anti-Christian Movements of 1920–1928*. Notre Dame, Cross Roads Books, 1988.

Lyell, William A. Jr. *Lu Hsun's Vision of Reality*. Berkeley, University of California Press, 1976.

Ma Yongzhen 马永祯. “Wo kao daxue de jingguo” 我考大学的经过（My experience taking the college entrance examinations）, *XZ* 11.12: 96–101 (December 1924).

Ma Yuehan 马约翰. “Ma Yuehan tan tiyu” 马约翰谈体育（Ma Yuhan on physical education）, *WZXB* 8: 160–168 (Beijing, 1980).

Mann, Susan. “The Ningpo Pang and Financial Power in Shanghai.” In Mark Elvin and G. William Skinner, eds. *The Chinese City Between Two Worlds*. Stanford, Stanford University Press, 1974.

——. *Local Merchants and the Chinese Bureaucracy, 1750–1950*. Stanford, Stanford University Press, 1987.

Mao Dun 茅盾. *Dongyao* 动摇（The wavering）. Shanghai, 1930.

——. *Huanmie* 幻灭（Disillusionment）. Shanghai, 1930.

——. *Zhuiqiu* 追求（The quest）. Shanghai, 1930.

——. *Ziye* 子夜（Midnight）. Shanghai, 1933. English translation by

Hsu Menghsiung and A. C. Barnes, Beijing, 1957.

——, ed. *Zhongguo de yiri* 中国的一日 (One day in China). Shanghai, 1936.

Mao Sicheng 毛思诚, ed. *Minguo shiwu nian yiqian zhi Jiang Jieshi xiansheng* 民国十五年以前之蒋介石先生 (Mr. Chiang Kai-shek before 1926). 1937.

Meisner, Maurice. *Li Ta-chao and the Origins of Chinese Marxism*. Cambridge, Harvard University Press, 1967.

Meixue wenti taolun ji 美学问题讨论集 (Problems of aestheticism: A collection of discussions). Ed. *Wenyi bao* 文艺报 (Literary gazette). 4 vols. Beijing, 1956—1958.

Meskill, John. *Academies in Ming China: A Historical Essay*. Tuscon, University of Arizona Press, 1982.

Mills, C. Wright. *From Max Weber: Essays on Sociology*. New York, Oxford University Press, 1946.

Ming Yu 明毓. "Zhongyang zhengzhi xuexiao de xuesheng shenghuo" 中央政治学校的学生生活 (Student life at Central Institute of Political Studies), *DP* 186: 16 (January 1935).

Minguo renwu zhuan 民国人物传 (Biographies of Republican figures). Vol. IV. Ed. Zhu Xinquan 朱信泉 and Yan Ruping 严如平. Beijing, 1984.

Mu Xin 穆欣. *Chen Geng tongzhi zai Shanghai: zai Zhongyang teke de douzheng jingli* 陈赓同志在上海：在中央特科的斗争经历 (Comrade Chen Geng in Shanghai: Struggle experience in the Special Section of the Central Committee). Hong Kong, 1982.

Murphy, Rhoads. *Shanghai: Key to Modern China*. Cambridge, Harvard University Press, 1953.

——. "The Treaty Ports and China's Modemization." In Mark Elvin and G. William Skinner, eds., *The Chinese City Between Two Worlds*. Stanford, Stanford University Press, 1974.

——. *The Outsiders: the Western Experience in India and China*. Ann Arbor, University of Michigan Press, 1977.

Na Zhiliang 那志良. "Beifa chenggong hou gugong buowuyuan de youxi" 北伐成功后故宫博物院的忧喜（The fortunes and misfortunes of the Palace Museum after the Northern Expedition）, *ZW* 36. 5: 90—96 (May 1980).

Nathan, Andrew J. *Chinese Democracy*. Berkeley and Los Angeles, University of California Press, 1985.

Osterhammel, Jurgen. "Semi-Colonialism and Informal Empire in Twentieth Century China: Toward a Framework of Analysis." In Wolfgang J. Mommsen and Jürgen Osterhammel, eds., *Imperialism and After: Continuities and Discontinuities*. London: Allen & Unwin, 1986.

Pan Gongzhan 潘公展. *Xuesheng de xinshenghuo* 学生的新生活 (New life of students). Nanjing, 1935.

Paterno, Robert. "Devello Z. Sheffield and the Founding of the North China College." In K. C. Liu, ed., *American Missionaries in China*. Cambridge, East Asian Research Center, Harvard University, 1966.

Pepper, Suzanne. *Civil War in China: the Political Struggle, 1945 - 1949*. Berkeley and Los Angeles, University of California Press, 1978.

——. "Chinese education after Mao," *China. Quarterl* 81: 1 - 65 (March 1980).

——. "China's Universities: New Experiments in Socialist Democracy and Administrative Reform—A Research Report," *Modern China* 8. 2: 147 - 203 (April 1982).

Perry, Elizabeth. "Shanghai on Strike: Work and Politics in the Making of a Chinese Proletariat." Paper presented to the Annual Meeting of the Association of Asian Studies, San Francisco, March 1988.

Pi Xirui 皮锡瑞. *Jingxue lishi* 经学历史 (History of classical scholarship). Taibei, 1959.

Pickowicz, Paul G. *Marxist Literary Thought in China: The Influence of Ch'u Chiupai*. Berkeley, University of California Press, 1981.

——. "The Theme of Spiritual Pollution in Chinese Films of the Thirties." Paper presented to the California Regional Seminar, Center for Chinese Studies, University of California, Berkeley, 6-7 April 1984.

Proctor, Mortimer R. *The English University Novel*. Berkeley and Los Angeles, University of California Press, 1957.

Qian Mu 钱穆. "Zhongguo lishi jiaoxue" 中国历史教学 (The teaching and studying of Chinese history). In his *Lishi yu wenhua luncong* 历史与文化论丛 (Collected essays on history and culture). Taibei, 1979.

Qian Tongwen 钱同文. "Qinggao zhi renshengguan" 清高之人生观 (A highminded view of life). In CS.

Qian Xingcun 钱杏邨. "Mao Dun yu xianshi" 茅盾与现实 (Mao Dun and reality). In Fu Zhiying 伏志英, ed., *Mao Dun pingzhuan* 茅盾评传 (Mao Dun: Commentary and biography). Shanghai, 1931.

——. *Daxuesheng riji* 大学生日记 (Diary of a college student). Shanghai, 1933.

Qian Zhongshu 钱锺书. *Weicheng* 围城 (Fortress besieged). Chongqing, 1947. English tr. Jeanne Kelly and Nathan K. Mao. Bloomington and London, Indiana University Press, 1979.

Qinghua daxue xiaoshi gao 清华大学校史稿 (History of Qinghua University: A draft). Ed. *Qinghua daxue xiaoshi gao* bianxie zu《清华大学校史稿》编写组. Beiiing, 1981.

Qinghua nianbao, 1924-1925 清华年报, 1924—1925 (Yearbook of Qinghua, 1924-1925). Beijing, 1925.

Qinghua yilan, 1927 清华一览, 1927 (Bulletin of Qinghua University, 1927). Beijing, 1927.

Qiu Zhushi 邱竹师. "Jindao feidao jinru feiru de renshengguan" 近道非道近儒非儒的人生观 (A view of life which is Daoist yet not of Daoism, Confucian and yet not of Confucianism). In CS.

Qu, Yiqun 瞿逸群. "Huainian gege Qiubai" 怀念哥哥秋白 (Remembering elder brother Qiubai). In *Yi Qiubai* 忆秋白 (Remembering Qiubai). Beijing, 1981.

Quanguo gaodeng jiaoyu tongji, 1928－1930 全国高等教育统计, 1928—1930 (National statistics of higher education, 1928－1930). Ed. Jiaoyu bu gaodeng jiaoyu si 教育部高等教育司 (Office of Higher Education, Ministry of Education). 1 Vol. Nanjing, 1931.

Quanguo gaodeng jiaoyu tongji, 1931－1934 全国高等教育统计, 1931—1934 (National statistics of higher education, 1931－1934). Ed. Jiaoyu bu gaodengjiaoyu si 教育部高等教育司 (Office of Higher Education, Ministry of Education). 4 vols. Published annually Nanjing; 1933－1936.

Rankin, Mary Backus. *Early Chinese Revolutionaries: Radical Intellectuals in Shanghai and Chekiang*. Cambridge, Harvard University Press, 1971.

——. *Elite Activism and Political Transformation in China, Zhejiang Province, 1865－1911*. Stanford, Stanford University Press, 1986.

Rawski, Evelyn. *Education and Popular Literacy in Ch'ing China*. Ann Arbor, University of Michigan Press, 1979.

——. "Education and Mobility in Republican China." Paper presented to the California Regional Seminar in Chinese Studies, Center for Chinese Studies, University of California, Berkeley, 11－12 April 1986.

Ren Hongjun (Shuyong) 任鸿隽 (叔永). "Minguo shiyi nian jiaoyu de huigu, 民国十一年教育的回顾 (Schools in 1922: A retrospective view). *JZ* reprint 15. 1: 20911－20914 (January 1923).

——. "Ren Hongjun zhi Zhang Xiruo" 任鸿隽致张奚若 (From Ren Hongjun to Zhang Xiruo), *XP* 1. 25: 18 (4 May 1925).

——. "Danghua jiaoyu shi keneng de ma?" 党化教育是可能的吗? (Is partificatidon of education realistic?), *DP* 3: 12－14 (5 June 1932).

——. "Fanmen yu daxue jiaoyu" 烦闷与大学教育 (Frustration and

higher education), *DP* 57: 11—15 (July 1933).

——. "Ping guolian jiaoyu kaocha tuan baogao" 评国联教育考察团报告 (Comment on the report prepared by the committee on [Chinese] education of the League of Nations), *DP* 39: 16—21 (February 1933).

——. "Yige guanyu like jiaokeshu de diaocha" 一个关于理科教科书的调查 (A survey of textbooks in science subjects), *DP* 61: 5—10 (30 July 1933).

Riesman, David and Christopher Jencks. *The Academic Revolution*. Garden City, Doubleday, 1968; Chicago, University of Chicago Press, 1977.

Rosen, Richard B. "The National Heritage Opposition to the New Literature and New Culture Movements of China in the 1920s." PhD dissertation. University of California at Berkeley, 1969.

Rothblatt, Sheldon. *The Revolution of the Dons: Cambridge and Society in Victorian England*. New York, Basic Books, 1968.

——. "The Student Culture and the Examination System in Early 19th Century Oxbridge." In Lawrence Stone, ed., *The University in Society*. 2 vols. Princeton, Princeton University Press, 1974.

——. "Failure in Early Nineteenth-Century Oxford and Cambridge," *History of Education* 11. 1: 1—21 (1982).

Roy, David. *Kuo Mo-jo: The Early Years*. Cambridge, Harvard University Press, 1971.

Scalapino, Robert A. "Prelude to Marxism: The Chinese Student Movement in Japan, 1900—1910." In Albert Feuerwerker, et a1., eds., *Approaches to Modern Chinese History*. Berkeley and Los Angeles, University of Califomia Press, 1967.

——. "The Evolution of a Young Revolutionary—Mao Zedong in 1919—1921," *Journal of Asian Studies* 42. 2: 29—61 (November 1982).

Scheiner, Irwin. *Christian Converts and Social Protest in Meiji Japan*. Berkeley and Los Angeles, University of California Press, 1970.

Schneider, Laurence A. *Ku Chieh-kang and China's New History*. Berkeley, University of California Press, 1971.

——. "National Essence and the New Intelligentsia." In Charlotte Furth, ed., *The Limits of Change: Essays on Conservative Alternatives in Republican China*. Cambridge, Harvard University Press, 1976.

——. *A Madman of Ch'u: The Chinese Myth of Loyalty and Dissent*. Berkeley, University of California Press, 1980.

Schoppa, Keith. *Chinese Elites and Political Change: Zhejiang Province in the Early Twentieth Century*. Cambridge, Harvard University Press, 1982.

Schwarcz, Vera. *The Chinese Enlightenment: Intellectuals and the Legacy of the May Fourth Movement of 1919*. Berkeley, University of California Press, 1986.

Schwartz, Benjamin. "Some Polarities in Confucian Thought." In David S. Nivison and Arthur F Wright, eds., *Confucianism in Action*. Stanford, Stanford University Press, 1959.

——. *In Search of Wealth and Power: Yen Fu and the West*. Cambridge, Harvard University Press, 1964.

——, ed. *Reflections on the May Fourth Movement: A Symposium*. Cambridge, East Asian Research Center, Harvard University, 1972.

Shanghai daxue shiliao 上海大学史料（Historical sources of Shanghai University）. Ed. Huang Meizhen 黄美真, Shi Yuanhua 史源华, and Zhang Yun 张云. Shanghai, 1984.

Shanghai Mercury, ed. *Shanghai by Night and Day*. Shanghai, 1902.

Shanghai shehui kexue yuan jingji yanjiu suo 上海社会科学院经济研究所, ed. *Shanghai Yong'an gongsi de chansheng, fazhan he gaizao* 上海永安公司的产生、发展和改造（The founding, development, and reformation of the Shanghai Yong'an Company）. Shanghai, 1981.

Shanghai shi tongzhi guan qikan 上海市通志馆期刊（Journal of the Office of Shanghai Municipal History）. 2 vols. Shanghai, 1933–35.

Shao Minghuang 邵铭煌. "Kangzhan qian beifang xueren yu Duli pinglun, 1932-1937" 抗战前北方学人与独立评论，1932—1937（Northern scholars and the *Independent Review* before the outbreak of the War of Resistance, 1932-1937). 2 vols. MA thesis, National Zhengzhi University, Taibei, 1979.

Shen Yi 沈怡. "Shanghai shi gongwu ju shinian" 上海市工务局十年 (Ten years in the Engineering Department of Shanghai Municipality). *ZW* 17.2: 11-18 (August 1970); 17.3: 25-30 (September 1970); 17.4: 81-85 (October 1970).

Shen Yinmo 沈尹默. "Wo he Beida" 我和北大（Beijing University and I). In *WZX* No. 61 Beijing, 1979.

Shen Yunlong 沈云龙. "Guanghua daxue zayi" 光华大学杂忆（Miscellaneous recollections of Guanghua University), *ZW* 39.3: 52-56 (March 1981).

Shen Zhongling 沈钟灵. *Xinshenghuo yu yule* 新生活与娱乐（New life and recreation). Nanjing, 1935.

Shen Zui 沈醉. "Wo suo zhidao de Dai Li" 我所知道的戴笠 (The Dai Li that I knew). In Shen Zui and Wen Qiang 文强, *Dai Li qiren* 戴笠其人 (Dai Li the man). Beijing, 1980.

Sheng Langxi 盛朗西. "Shinian lai Jiangsu zhongdeng xuexiao biyesheng chulu tongji" 十年来江苏中等学校毕业生出路统计 (Statistics on the placement of secondary-school graduates in Jiangsu of the past ten years). *JZ* reprint 17.4: 25695—25730 (April 1925), 17.5: 25875-25904 (May 1925).

——. *Zhongguo shuyuan zhidu* 中国书院制度（Chinese academies). Shanghai, 1934.

Shi Fuliang 施复亮（Cuntong）存统. *Shehui kexue de yanjiu* 社会科学的研究（A study of social science). Shanghai, 1930.

Shi Ru 石濡. "Cong Hujiang zhuan lai benxiao de jidian ganxiang" 从沪江转来本校的几点感想 (Thoughts upon transferring from Hujiang College to this [Fudan] University). In *Fudan daxue zhi* 复旦大学志（History of Fudan University). Ed. Fudan daxue xiaoshi bianxie zu 复旦大学校史编写组. Vol. I, 1905-1949. Shanghai, 1985.

Shih, Vincent Yu-chung, tr. *The Literary Mind and the Carving of Dragons*. Taibei, 1970.

"Shisan niandu ge daxue ruxue shift" 十三年度各大学入学试题 (College entrance examinations, 1924), *XZ* 12.6: 37-145 (June 1925).

"Shisi niandu ge daxue ruxue shiti" 十四年度各大学入学试题 (College entrance examinations, 1925), *XZ* 13.6: 36-84 (June 1926).

Shu Xincheng 舒新城. "Bu kuanrong you zenyang?" 不宽容又怎样? (What if I were to refuse to put up with it?), *Yusi* 语丝 (Shreds of speech) 41: 344 (24 August 1925).

——. *Guxiang* 故乡 (Hometown). Shanghai, 1934.

——. *Zhi qingnian shu* 致青年书 (Letters to youth). Shanghai, 1937.

——. *Wo he jiaoyu* 我和教育 (Education and I). Shanghai, 1945.

——. *Zhongguo jindai jiaoyu shi ziliao* 中国近代教育史资料 (Sources on modern Chinese educational history). 3 vols. Beijing, 1961.

Sili Hujiang daxue yilan, 1931 私立沪江大学一览, 1931 (Bulletin of the private Hujiang College, 1931). Shanghai, 1931.

Sili Hujiang daxue yilan, 1936 私立沪江大学一览, 1936 (Bulletin of the private Hujiang College, 1936). Shanghai, 1936.

Soong, James Han-hsi. "A Visual Experience in Nineteenth-Century China: Jen Po-nien (1840-1895) and the Shanghai School of Painting." PhD dissertation, Stanford University, 1977.

St. John's University, 1879-1929. Ed. St. John's University Shanghai. 1929.

St. Mary's Hall. Shanghai, China, 1881-1931. Ed. Margaret H. Porterfield, et a1. Shanghai, 1931.

Stone, Lawrence. "The Educational Revolution in England, 1560-1640," *Past and Present* 28: 41-80 (July 1964).

——, ed. *The University in Society*. 2 vols. Princeton, Princeton University Press, 1974.

——, ed. *Schooling and Society: Studies in the History of Education*. Baltimore and London, the Johns Hopkins University Press, 1976.

Su Yun-feng 苏云峰. *Zhang Zhidong yu Hubei jiaoyu gaige* 张之洞与湖北教育改革 (Zhang Zhidong and the educational reform in Hubei). Taibei, 1976.

——. *Zhongguo xiandaihua de quyu yanjiu, Hubei sheng, 1860-1916* 中国现代化的区域研究，湖北省，1860—1916 (Modernization in China, 1860-1916: A regional study of social, political and economic changes in Hubei province). Taibei, 1981.

Sun Lung-kee. "Out of the Wilderness: Chinese Intellectual Odysseys from the 'May Fourth' to the 'Thirties'." PhD dissertation, Stanford University, 1984.

——. "To Be or Not to Be 'Eaten': Lu Xun's Dilemma of Political Engagement," *Modern China* 12. 4: 459-485 (October 1986).

Tan Qixiang 谭其骧. "Tan Qixiang zizhuan" 谭其骧自传 (Autobiography of Tan Qixiang). In *Zhongguo xiandai shehui kexuejia zhuanlue* 中国现代社会科学家传略 (Biographical sketches of modem Chinese social scientists), No. 2. 1982.

Tang Yongtong 汤用彤. "Ping jinren zhi wenhua yanjiu" 评近人之文化研究 (A critique of contemporary studies of culture), *Xueheng* 学衡 (The critical review) 12: 1-4 (December 1922).

Tao Menghe 陶孟和. "Dongda baodong" 东大暴动 (Riots at Southeastern University), *Shidai pinglun* 时代评论 (Currents and commentary) Ⅰ. 16: 7 (28 March 1925).

Tao Xisheng 陶希圣. *Zhongguo shehui xianxiang shiling* 中国社会现象拾零 (Bits and pieces of Chinese social phenomena). Shanghai, 1932.

Tao Yinghui 陶英惠. *Cai Yuanpei xiansheng nianpu* 蔡元培先生年谱 (A chronological biography of Mr. Cai Yuanpei). Taibei, 1976.

Tao Zhi 陶志. “Xuanxiang renshi de renshengguan” 玄想人世的人生观（A contemplative view of life）. In CS.

Teng, Ssu-yu and John K. Fairbank, eds. *China's Response to the West: A Documentary Survey, 1839—1923*. New York, Atheneum, 1965.

The Johannean. Shanghai, 1922, 1928, 1938.

Tian Jiongjin 田炯锦. “Beida liunian suoyi” 北大六年琐忆（Miscellaneous recollections of six years at Beida）, *ZW* 22. 1: 41—46 （January 1973）.

Tu Tieshan 屠铁珊. “Yizhang Shanghai daxuesheng de yongfei dan” 一张上海大学生的用费单（A list of the expenses of a Shanghai college student）, *ZX* 1. 11: 24—25 （November 1929）.

Twitchett, Denis. “The Fan Clan's Charitable Estate, 1050—1760.” In David S. Nivison and Arthur F. Wright, eds., *Confucianism in Action*. Stanford, Stanford University Press, 1959.

Wakeman, Frederic E. Jr. “The Price of Autonomy: Intellectuals in Ming and Ch'ing politics,” *Daedalus*, Spring 1972.

——. *History and Will: Philosophical Perspectives of Mao Tse-tung's Thought*. Berkeley, University of California Press, 1973.

——. *The Fall of Imperial China*. New York, Free Press, 1975.

——. *The Great Enterprise: The Manchu Reconstruction of Imperial Order in Seventeenth-Century China*. Berkeley, University of California Press, 1985.

——. “Policing Modern Shanghai,” *The China Quarterly* 115: 408—440 （September 1988）.

Wlan Dihe 万迪鹤. *Zhongguo daxuesheng rijt* 中国大学生日记（Diary of a Chinese college student）. Shanghai, 1934.

Wang Decheng 王德称. “Bu zai shishi er zai xinling de renshengguan” 不在事实而在心灵的人生观（A view of life that stresses the mind and not matter）. In CS.

Wang Guowei 王国维. “Shui jing zhu ba wei” 水经注跋尾（Postscript to The *Classic of Waterways*）, *Qinghua xuebao* 清华学报（Journal of Qinghua

University) 2. 1: 339－352 (June 1925).

Wang Jianwu 王健吾. "Laodong yu tiyu" 劳动与体育 (Labor and physical education), *GLDY* 1. 3: 1－9 (March 1930).

Wang Li 王力. "Huang Kan guyinxue shuping" 黄侃古音学述评 (Huang Kan's ancient phonology: summary and review). In his *Longchong bingdiao zhai wenji*, Vol. III.

——. "Jiji fazhan Zhongguo de yuyanxue" 积极发展中国的语言学 (Earnestly and actively develop Chinese linguistic study). In his *Longchong bingdiao zhai wenji*, Vol. III.

——. *Longchong bingdiao zhai wenji* 龙虫并雕斋文集 (Collected essays from the Studio of Carved Dragons and Worms). 4 vols. Beijing, 1980.

——. "Lue lun Qingru de yuyan yanjiu" 略论清儒的语言研究 (Linguistic studies of Qing scholars: A brief discussion). In his *Longchong bingdiao zhai wenji*, Vol. III.

——. "Tantan xuexi gudai Hanyu" 谈谈学习古代汉语 (On the study of the ancient Han language). In his *Longchong bingdiao zhai wenji*, Vol. III.

——. "Yuyan yu wenxue" 语言与文学 (Language and literature). In his *Longchong bingdiao zhai wenji*, Vol. III.

Wang Shijing 王士菁. *Lu Xun zhuan* 鲁迅传 (Lu Xun: A biography). Shanghai, 1948.

Wang Xian'en 王显恩. *Daxuesheng sumiao* 大学生素描 (Profile of a college student). Shanghai, 1932.

Wang, Y. C. *Chinese Intdkctuals and the West, 1872 － 1949*. Chapel Hill, University of North Carolina Press, 1966.

——. "Tu Yueh-sheng, 1888－1951: A Tentative Political Biography," *Journal of Asian Studies* 26. 3: 433－456 (May 1967).

Wang Zemin 王泽民. "Cheng zai bai hou haosheng de renshengguan" 成在败后好胜的人生观 (A competitive view of Iife of success after failure). In CS.

Weber, Max. "Politics as a Vocation." In H. H. Gerth and C. Wright

Mills, *From Max Weber*: *Essays in Sociology*. New York, Oxford University Press, 1946.

——. "Science as a Vocation." In H. H. Gerth and C. Wright Mills, *From Max Weber*: *Essays in Sociology*. New York, Oxford University Press, 1946.

——. *The Religion of China*. Tr. and ed., Hans G. Gerth. New York, Free Press, 1951.

West, Philip. *Yenching University and Sino-Western Relations*, *1916－1952*. Cambridge, Harvard University Press, 1976.

Wilbur, Martin C. *The Nationalist Revolution in China*, *1923－1928*. Cambridge, Cambridge University Press, 1983.

Woodside, Alexander. "Some Mid-Qing Theorists of Popular Schools: Their Innovations, Inhibitions, and Attitudes Toward the Poor," *Modern China* 9.1: 3－35 (January 1983).

Wright, Mary. *The Last Stand of Chinese Conservatism*: *The T'ung-chih Restoration*, *1862－1874*. Stanford, Stanford University Press, 1957.

——, ed. *China in Revolution*: *the First Phase*, *1900－1913*. New Haven and London, Yale University Press, 1968.

Wu Dayou 吴大猷. *Huiyi* 回忆 (Reminiscences). Taibei, 1977.

Wu Han 吴晗. "Mingchu de xuexiao" 明初的学校 (The schools of early Ming). In his *Du shu zhaji* 读史劄记 (Notes on historical studies). Beijing, 1956.

Wu Luqin 吴鲁芹. "Wuda jiuren jiushi" 武大旧人旧事 (Old timers and past events at Wuhan University), *ZW* 34.4: 37－41 (April 1979).

Wu Xiangxiang 吴相湘. "Dajiang hui yu guojia zhuyi" 大江会与国家主义 (The Great River Society and ultra-nationalism), *ZW* 38.2: 53－56 (February 1981).

Wusi shiqi de shetuan 五四时期的社团 (Student societies during the May Fourth period). Ed. Zhang Yunhou 张允侯, et al., 4 vols. Beijing, 1979.

Wusi shiqi qikan jieshao 五四时期期刊介绍 (Introduction to periodicals of the May Fourth period). Ed. Zhonggong zhongyang Ma, En, Lie, Si zhuzuo bianyiju yanjiu shi 中共中央马恩列斯著作编译局研究室. 3 vols. Beijing, 1959. Reprint Beijing, 1979.

Wusi yundong buiji lu 五四运动回忆录 (Recollections of the May Fourth Movement). Ed. Zhongguo shehui kexue yuan jindaishi yanjiu suo 中国社会科学院近代史研究所. 2 vols. Beijing, 1979.

Xia Mianzun 夏丏尊 and Ye Shengtao 叶圣陶. *Wenxin* 文心 (Essence of literature). Shanghai, 1933.

Xia Nai 夏鼐. "Wo suo zhidao de shixuejia Wu Han tongzhi" 我所知道的史学家吴晗同志 (The comrade historian Wu Han that I knew). In Xia Nai, et a1., *Wu Han de xueshu shengya* 吴晗的学术生涯 (The scholarly Life of Wu Han). Hangzhou, 1984.

Xia Yan 夏衍 (Shen Duanxian 沈端先). *Baoshen gong* 包身工 (Contract labor). Reprinted Beijing, 1978.

Xiamen daxue yilan, 1931-1932 厦门大学一览, 1931—1932 (Bulletin of Amoy University, 1931-1932). Xiamen, 1932.

Xiao Gongquan 萧公权. *Wenxue jianwang lu* 问学谏往录 (A record of learning and reflections). Taibei, 1972.

Xie Guozhen 谢国桢. *Jindai shuyuan xuexiao zhidu bianqian kao* 近代书院学校制度变迁考 (A study of the institutional evolution from traditional academies to modern schools in the recent past). Reprint Hong Kong, 1972.

Xiying 西滢 (Chen Yuan) 陈源. "Fei-li-shi-di-en" 非力士第恩 (Philistines), *XP* 1. 1X: 15-16 (13 December 1924).

——. "Xianhua" 闲话 (Idle talk), *Xp* 2. 37: 12 (22 August 1925).

Xu Deliang 许德良. "Wusa yudong yu Shanghai daxue" 五卅运动与上海大学 (May Thirtieth Movement and Shanghai University), *WZX* 2: 53-62 (1978).

Xu Zhonghuai 徐钟准. "Shizai Nanyang suigan lu" 十载南洋随感录 (Reflections on my ten years at Nanyang). In *Nanyang daxue sanshi Zhounian jinian zhengwen ji* 南洋大学三十周年纪念征文集（Commemorative essays on the thirtieth anniversary of Nanyang College）. Shanghai, 1926.

Xue Shangshi 薛尚实. “Huiyi Shanghai daxue” 回忆上海大学（Recollections of Shanghai University）, *WZX* 2: 63–72（1978）.

Xue Zheng 薛正. “Wo suo zhidao de Zhongxi nuzhong” 我所知道的中西女中（The McTyeire School that I knew）, *WZX*1: 94–129（1978）.

Yan Huiqing 颜惠庆. “Yan Huiqing zizhuan” 颜惠庆自传（Yan Huiqing: My life）, *ZW* 18.2: 6–14（February 1971）; 18.3: 21–28（March 1971）; 18.4: 14–19（April 1971）.

Yanda niankan, 1931 燕大年刊，1931（Yearbook of Yenching University, 1931）. Beiping, 1931

Yang Buwei 杨步伟. “Sinian de Qinghua yuan” 四年的清华园（Four years in the Qinghua garden）, *ZW* 7.4: 9–13（October 1965）; 8.1: 12–17（January 1966）.

Yang Lianggong 杨亮功. “Zitong ge yinian” 梓桐阁一年（One year in the Zitong Pavilion）, *ZW* 1.3: 13–15（August 1962）.

——. “Wunian daxue shenghuo” 五年大学生活（Five years of college life）, *ZW* 4.1: 27–29（January 1964）.

——. *Zaoqi sanshi nian de jiaoxue shenghuo* 早期三十年的教学生活（Three decades of teaching in the early years of my life）. Taibei, 1980.

——. “Hu Shizhi xiansheng yu Zhongguo gongxue” 胡适之先生与中国公学（Mr. Hu Shi and the China College）. In Liu Zhiying, et al., eds., *Sili Zhongguo gongxue* 私立中国公学（The private China College）. Taibei, 1982.

Yang Lien-sheng 杨联陞. “Chen Yinke xiansheng Sui Tang shi diyijiang biji 陈寅恪先生隋唐史第一讲笔记（Notes from Professor Chen Yinke's first lecture on the history of the Sui and Tang）, *ZW* 16.3: 55–56（March 1970）.

Yang Shouqing 杨寿清. *Zhongguo chuban jianshi* 中国出版简史（A

brief history of Chinese publishing). Shanghai, 1946.

Yanjing daxue yilan, 1936-1937 燕京大学一览，1936—1937 (Bulletin of Yenching University, 1936-1937). Beijing, 1936.

Ye Gongchao 叶公超 (George Yeh). "Daxue ying fenshe yuyan wenzi yu wenxue liangxi de jianyi" 大学应分设语言文字与文学两系的建议 (Departments of language and literature ought to be separated in colleges and universities: A suggestion), *DP* 168: 6-9 (September 1935).

Ye Shengtao 叶圣陶. "Yingwen jiaoshou" 英文教授 (English professor). In *Shinian* 十年 (One decade). Ed. Kaiming shudian 开明书店 (Kaiming book-store). Shanghai, 1938.

——and Zhu Ziqing 朱自清. *Guoxue luedu zhidao* 国学略读指导 (A guide to a survey of national learning). Reprint Hong Kong, 1955.

Ye Yunsheng 叶鋆生. "Zuo guoke Xu liwu de renshengguan" 做过客须礼物的人生观 (A view of life as a gift-bearing visitor). In CS.

Yeh Wen-hsin. "The Alienated Academy: Higher Education in Republican China." PhD dissertation, University of Califomia, Berkeley, 1984.

——. "Dai Li and the Liu Geqing Affair: Heroism in Chinese Secret Service during the War of Resistance, 1937-1945." *Journal of Asian Studies* 48. 3: 545-562 (August 1989).

Yi Ka 伊卡. "Zhongdeng xuexiao biye yihou" 中等学校毕业以后 (Upon graduation from secondary school), *XZ* 17. 12: 1-7 (December 1931).

Yi Ming 佚名. "Zhongguo gongxue shilue" 中国公学史略 (An outline of the history of China College). In Liu Zhiying, et a1., eds., *Sili Zhongguo gongxue* 私立中国公学 (The private China College). Taibei, 1982.

Yi Youwu 易友梧. "Xianshi fendou de renshengguan" 现实奋斗的人生观 (A realistic view of a life of striving). In CS.

Yijiusansan nian zhi Shanghaijiaoyu 一九三三年之上海教育 (Shanghai education in 1933). Ed. Shanghai xinwen she 上海新闻社. Shanghai, 1934.

Yin Bo'ang 印伯昂. "Buda buqi butui buxu de renshengguan" 不大不弃不退不虚的人生观 (A view of life of moderation, persistence, progress, and engagement). In CS.

Yin Gaogui 尹高桂. "Mianqiang anwei de renshengguan" 勉强安慰的人生观 (A view of life of qualified content). In CS.

Yu Dafu 郁达夫. "Shuo jiju hua" 说几句话 (Say a few words), *XP* 2. 46: 20 (24 October 1925).

Yu Guanying 余冠英. "Sanbu" 散步 (Taking a stroll). In *Guoli Qingbua daxue niankan, 1933* 国立清华大学年刊，1933 (National Qinghua University yearbook, 1933). Beiping, 1933.

Yu Jiaju 余家菊. *Huiji* 回忆 (Remembrances). Shanghai, 1948.

Yu Ying-shih 余英时. "Chen Yinke xiansheng 'lun *Zaishengyuan*', shuhou" 陈寅恪先生《论〈再生缘〉》书后 (Postscript to Master Chen Yinke's essay on *Zaishengyuan*). In his *Lishi yu sixiang* 历史与思想 (History and thought). Taibei, 1976.

——. "Jindai hongxue de fazhan yu hongxue geming—yige xueshushi de fenxi" 近代红学的发展与红学革命——一个学术史的分析 (*Hongloumeng* studies in modern time and revolution in *Hongloumeng* studies: A historiographical analysis). In his *Lishi yu sixiang*. Taibei, 1976.

——. "Zhongguo jinshi zongjiao lunli yu shangren jingshen" 中国近世宗教伦理与商人精神 (Late imperial Chinese religious ethics and merchant values), *Zhishi fenzi* 知识分子 (Intellectuals), Winter 1986. Issued in monograph, Taibei, 1987.

——. "O Soul, Come Back! A Study in the Changing Conceptions of the Soul and Afterlife in Pre-Buddhist China," *Harvard Journal of Asiatic Studies* 47. 2: 363-395 (December 1987).

——. "Zhongguo jindai sixiang shi shang de Hu Shi" 中国近代思想史上的胡适 (Hu Shi in Modem Chinese intellectual history). In his *Zhongguo sixiang chuantong de xiandai quanshi* 中国思想传统的现代诠释 (A modern interpretation to the Chinese intellectual tradition). Taibci, 1987.

Yu Zaichun 于在春. "Shuang hao" 双毫 (Two pennies), *ZX* 1. 2: 25-27 (February 1929).

Yun Daiying 恽代英. "Kaichu de yuanwang yu zixiu wenti" 开除的冤枉与自修问题（Unfair expulsion and the problem of self-education），*ZQ* reprint 1.50：833－834（Tokyo 1970）.

Zaizhi 宰直. "Shanghai Daxia daxue xuechao zhi yuanyin ji qi jieguo" 上海大夏大学学潮之原因及其结果（The causes and consequences of campus unrest at Daxia University in Shanghai），*ZQ* reprint 3.110：304－308（January 1926）.

Zhang Chunfeng 张春风，ed. *Guoli ge yuanxiao toukao shouce* 国立各院校投考手册（A handbook for application for admissions to national universities）. Hong Kong，1941.

Zhang Ruogu 张若谷. *Ma Xiangbo xiansheng nianpu* 马相伯先生年谱（A chronological biography of Mr. Ma Xiangbo）. Shanghai，1939.

Zhang Xiruo 张奚若. "Danghua jiaoyu yu Dongnan daxue" 党化教育与东南大学（Partification of education and the Southeastern University），*XP* I.17：7－8（4 April 1925）.

Zhang Yu 张棫. "Wo de renshengguan" 我的人生观（My view of life）. In CS. Zhang Zhongdong 张忠栋. "Cong zhuzhang heping dao zhuzhang kangzhan" 从主张和平到主张抗战（From peace to resistance）. In his Hu *Shi wulun* 胡适五论（Five essays on Hu Shi）. Taibei，1987.

Zhao Guangcheng 赵广诚. "Wang Zaoshi de beiju xiachang" 王造时的悲剧下场（The tragic ending of Wang Zaoshi），*ZW* 39.2：49－54（August 1981）.

Zhao Guobiao 赵国标. "Chaotuo canku shijie de renshengguan" 超脱残酷世界的人生观（A view of life of transcendance beyond this cruel world）. In CS.

Zhao Meibo 赵梅伯. *A Guide to Chinese Music*. Reprint Hong Kong，1969.

Zhao Shiying 赵世英. "Daochu huaiyi de renshengguan" 到处怀疑的人生观（A view of life of skepticism）. In CS.

Zhao Tingwei 赵廷为. “Chuji zhongxue de waiguowen kecheng” 初级中学的外国文课程（Foreign language curriculum in junior high schools），*JZ* reprint 17. 8：26437－26442（August 1925）.

Zhao Zhenpeng 赵震鹏. “Laodong daxue de huiyi” 劳动大学的回忆（Recollections of Labor University），*ZW* 37. 4：57－64（October 1980）.

Zhao Zongcheng 赵宗诚. “Shilun Cheng Xuanying de ‘zhong xuan zhi dao’” 试论成玄英的重玄之道（Cheng Xuanying's metaphysical dao：A tentative interpretation），*Zhongguo zhexue* 中国哲学（Chinese philosophy）11：127－139（Beijing 1984）.

Zhendan daxue ershiwu nian xiaoshi 震旦大学二十五年校史（A brief history of Université L'Aurore，on its twenty-fifth anniversary）. Shanghai，1928.

Zheng Guanzhao 郑冠兆. “Shui mu qinghua de daxue” 水木清华的大学（Clear water and blossoming plants：Qinghua University），*XZ* 14. 6：85－95（June 1926）.

Zhongguo gongxue daxuebu yilan，1926 中国公学大学部一览，1926（Bulletin of China College，1926）. Shanghai，1926.

Zhongshan daxue xiaoshi，1924－1949 中山大学校史，1924—1949（History of Zhongshan University，1924－1949）. Ed. Liang Shan 梁山，Li Jian 李坚，and Zhang Kemo 张克谟. Shanghai，1983.

Zhou Haoquan 周浩泉. “Huiyi Nanyang gongxue shier nian” 回忆南洋公学十二年（Recollections of my twelve years at Nanyang College），*WZX* 6：94－111（November 1979）.

Zhu Bokang 朱伯康. “Laodong daxue de qianqian houhou” 劳动大学的前前后后（Miscellaneous things at Labor University from beginning to end），*Dushu zazhi* 读书杂志（Study）1. 1：*xuexiao shenghuo* 学校生活 1－13（November 1931）.

Zhu Changhong 褚长虹. “Qiluo wuding deshi buji de renshengguan” 起落无定得失不计的人生观（A view of life of much ups and downs and of resignation）. In CS.

Zhu Guangqian 朱光潜. “Zhongxuexiao yingwen jiaoxue fa shili” 中学校

英文教学法示例（Teaching English in secondary schools：An illustration），*JZ reprint* 17.8：26444—26446（August 1925）.

——. *Gei qingnian de shier feng xin* 给青年的十二封信（Twelve letters to youth）. Shanghai，1929.

——. *Gei qingnian de dishisan feng xin* 给青年的第十三封信（Thirteenth letters to youth）. Shanghai，1940，1948.

——. "Tan qingnian de xinli bingtai" 谈青年的心理病态（On the pathological state of mind of youth）. In his *Tan xiuyang* 谈修养（On self-cultivation）. Chongqing，1943.

——. *Shilun* 诗论（On poetry）. Shanghai，1947.

Zhu Jiahua xiansheng shishi jinian ce 朱家骅先生逝世纪念册（Commemorative album upon the death of Zhu Jiahua）. Taibei，1963.

Zhu Liuxian zhuanji ziliao 朱骝先传记资料（Biographical sources of Zhu Jiahua）. 2 vols. Taibei，1979.

Zhu Ruoxi 朱偌溪，"Letian shiren qinjian de renshengguan" 乐天诗人勤俭的人生观（A view of Life of an optimistic and diligent poet）. In CS.

Zhu Wenchang 朱文长. *Haitao ji* 海涛集（Sea waves and foams：An album）. Shanghai，1946.

Zhuang Jifa 庄吉发. "Jingshi daxue tang" 京师大学堂（The Grand Imperial Academy），*Guoli Taiwan daxue wenshi congkanzhi* 国立台湾大学文史丛刊志（Journal of literature and history of National Taiwan University）No. 33（August 1970）.

Zhuang Kunming 庄焜明. "Kanzhan shiqi Zhongguo gaodeng jiaoyu zhi yanjiu" 抗战时期中国高等教育之研究（Chinese higher education during the War of Resistance：A study）. PhD dissertation，Zhongguo wenhua xueyuan，Taibei，1979.

Zhuang Zexuan 庄泽宣. *Wo de jiaoyu sixiang* 我的教育思想（My educational thinking）. Shanghai，1934.

——. "Zhongguo de daxue jiaoyu" 中国的大学教育（Chinese higher education）. In his *Wo de jiaoyu sixiang*. Shanghai，1934.

——. "Zhongguo jiaoyu meiyou jinbu de yuanyin" 中国教育没有进步的原因（Why Chinese education fails to make progress）. In his *Wo de jiaoyu sixiang*. Shanghai，1934.

Zhuanke yishang xuexiao jiaoyuan mingce 专科以上学校教员名册（Roster of faculty members of colleges and universities）. Ed. Jiaoyu bu 教育部（Ministry of Education）. 2 vols. Chongqing，1942.

Ziyun 子云. "Da *Xingshi*" 答醒狮（A rebuttal to the *Awakened Lion magazifne*），*ZQ* reprint 3. 114：392－394. Tokyo，1970.

Zou Taofen 邹韬奋. *Taofen wenji* 韬奋文集（Collected writings of Zou Taofen）. 3 vols. Hong Kong，1957.

Zou Wenhai 邹文海. "Wo de zhongxue shidai" 我的中学时代（My middle school years），*ZW* 1. 2：23－25（July 1962）.

Zou Yiren 邹伊仁. *Jiu Shanghai renkou bianqian de yanjiu* 旧上海人口变迁的研究（A study of the demographic changes in old Shanghai）. Shanghai，1980.

专业术语

An Ticheng 安体成

Bai Chongxi 白崇禧
baihua 白话
baijin zhuyi 拜金主义
baojia 保甲
Beida 北大
Beida lao，Shida qiong，weiyou Qinghua ke tongrong 北大老，师大穷，唯有清华可通融
bu tong 不通
buliang de fengqi 不良的风气

Cai Hesen 蔡和森
Cao Cao 曹操
celun 策论
Chang Ju 长沮
Changsha 长沙
Chefoo（Yantai）芝罘（烟台）
Chen Boda 陈伯达
Chen Di 陈第
Chen Duxiu 陈独秀
Chen Lifu 陈立夫
Chen Qimei 陈其美
Chen Qitian 陈启天
Chen Wangdao 陈望道
Chen Yuan 陈源
Chen Yuan 陈垣
cheng 诚
Chengdu 成都
Chiang Ching-kuo 蒋经国
Chibi fu 赤壁赋
Chizi 持志
Chongqing 重庆
ci 词

Da Qing Yinhang 大清银行
Dagao 大高
Dagao 大诰
Dai Jitao 戴季陶
Dai Tianchou 戴天仇
Dai Zhen 戴震
Dajiang She 大江社
Dan Maoxin 但懋辛
dang bagu 党八股
Dang wai wu dang，Dang nei wu pai 党外无党，党内无派
danghua jiaoyu 党化教育

Dangtu 当涂
Datong（college）大同
daxue qu 大学区
Deng Zhongxia 邓中夏
Di Jonwu 狄君武
Diguozhuyi tieti xia de zhongguo 帝国主义铁蹄下的中国
Dong Bohao 董伯豪
Dong Wugou 董无垢
Donganmen 东安门
Dongnan biaoshuai 东南表率
Dongnan Gaodeng Shifan Zhuanke Xuexiao 东南高等师范专科学校
Dongwu Daxue Fake 东吴大学法科
Dongzhai 东斋
Du Daxin 杜大新
Du Fu 杜甫
Duan Fang 端方
Duan Qirui 段祺瑞
Duan Yucai 段玉裁

erhu 二胡

Fan Zhongyan 范仲淹
Fang Hao 方豪
fanmen 烦闷
Fei Gong 费巩
Feixiao 非孝
Fu Sinian 傅斯年
Fuzhong 福中
Fuzhou 福州

Gao Erbo 高尔柏
Gao Ersong 高尔松
Gao Fengqian 高风谦
Gao Xisheng 高希圣
Gao Yuhan 高语罕
Geming Qingnian Tongzhi Hui 革命青年同志会
gongwen chengshi 公文程式
gongxue 公学
Gu Yanwu 顾炎武
Guanghua 光华
guanliao zibenzhuyi 官僚资本主义
guanxue 官学
gudao 孤岛
Guduzhe 孤独者
Gui tianyuanji 归田园记
Gujing 古经
Guo Bingwen 郭秉文
Guo Moruo 郭沫若
Guo Zhen 郭真
Guo Zibin 郭子彬
Guoli Laodong Daxue 国立劳动大学
Guoli Zhongshan daxue ribao 国立中山大学日报

Guoli Zhongyang Zhengzhi Xuexiao 国立中央政治学校
guoxue changshi 国学常识
Guoxue Yanjiu Suo 国学研究所
Guoxue Yuan 国学院
Gushi bian 古史辨

Hai pai 海派
Han Feizi 韩非子
Handan xuebu 邯郸学步
Hangzhou 杭州
hanjian 汉奸
He Yanrui 何衍璿
Hong Ye 洪业
Hong Shen 洪深
Hou Shaoqiu 侯绍裘
Hu Hanmin 胡汉民
Hu Dunfu 胡敦复
Huang chaojingshi wenbian 皇朝经世文编
Huangchao jingshi wenbian xubian 皇朝经世续编
Huang Fusheng 黄复生
Huang Kan 黄侃
Huang Tifang 黄体芳
Huang Xing 黄兴
Huang Yanpei 黄炎培
Huang Yizhou 黄以周
Huang Yizhu 黄奕柱
husun 猢狲

ji fei gou tiao 鸡飞狗跳
ji Xiaolan 纪晓岚
Jian Zhaonan 简照南
Jiangdong Falu Zhuanmei Xuexiao 江东法律专门学校
Jiangnan 江南
Jianguo dagang 建国大纲
Jiangwan 江湾
jiangyi 讲义
Jiangyin 江阴
Jiaotong Daxue 交通大学
Jiaoyuzazhi 教育杂志
Jiaqing 嘉庆
Jie Ni 桀溺
Jinbu Dang 进步党
Jing Ziyuan 经子渊
Jing pai 京派
Jingshan 景山
Jituo 集陀
Jiujiang 九江
Junshi Weiyuan Hui Diaocha Tongji Ju 军事委员会调查统计局

Kexue shehui zhuyi 科学社会主义
Kunming 昆明
kunqu 昆曲

Li Bai 李白

Li Da 李达
Li Dazhao 李大钊
Li Denghui 李登辉
Li Hongzhang 李鸿章
Li Huang 李璜
Li Ji 李季
Li Jingchun 李景纯
Li Jun 李俊
Li Qianruo 李谦若
Li Shizeng 李石曾
Li Shuhua 李书华
Li Wenzao 李文藻
Li Zhaoqian 李兆谦
Liang Qichao 梁启超
Liang Shiqiu 梁实秋
Liangjiang Shifan 两江师范
Liangyou 良友
Liao Defan 廖德璠
Liao Shicheng 廖世承
Licheng 历城
Lidaiyudi tu 历代舆地图
Lin Mohan 林默涵
Lin Yutang 林语堂
lishi guannian 历史观念
Liu Bannong 刘半农
Liu Hongsheng 刘鸿生
Liu Shipei 刘师培
Liu Tianhua 刘天华
Lixing She 力行社
Lu Qian 卢前
Lu Xun（Zhou Shuren）鲁迅（周树人）
Luo Jialun 罗家伦
Luo Longji 罗隆基

Ma Jianxun 马建勋
Ma Jianzhong 马建忠
Ma Junwu 马君武
Ma Liang 马良
Ma Shuping 马叔平
Ma Youyu 马幼渔
Makesi zhuan 马克思传
Mei Guangdi 梅光迪
meiyou chulu 没有出路
Meng you Qinghuayuanji 梦游清华园记
Meng Xiancheng 孟宪承
Miao Quansun 缪荃孙
Min hu bao 民呼报
Min li bao 民立报
Min xu bao 民吁报
Ming Taizu 明太祖
Minguo Fazheng Daxue 民国法政大学
Minguo ribao 民国日报
mufu 幕府

Nanjing（High School）南菁
Nanjing Gaodeng Shifan Xuexiao 南京高等师范学校

Nanjing Shuyuan congsbu 南菁书院丛书
Nankai 南开
Nankai zhoukan 南开周刊
Nanyang 南洋
Ningbo 宁波
Niu Huilin 牛惠霖
Niu Huisheng 牛惠生
Niu Shanzhou 牛善周
nongtang daxue 弄堂大学

Paotai 炮台
Peng Shidi 彭施涤
Peng Shuzhi 彭述之
pianwen 骈文
Pingfan 平凡
Pudong 浦东

qi 气
Qi Shufen 漆树芬
Qian Daxin 钱大昕
Qian Haocheng 钱镐城
Qian Xuantong 钱玄同
Qianlong 乾隆
Qiansheng kongshi Lu Xingzhe; houxue guohu Han Tuizhi 前生恐是卢行者；后学过呼韩退之
Qing Gaozong yuzhi shigao 清高宗御制诗稿
qingdang 清党
Qingyun（road）青云
Qu Jingbai 瞿景白
Qu Qiubai 瞿秋白
Qu Yuan 屈原
quan 犬
Quan Zuwang 全祖望

Rao Kequan 饶可权
Ren Hongjun 任鸿隽
ren zei zuo fu, zi luan qi zongtong 认贼作父，自乱其宗统
renshengguan 人生观
Rong 荣
Rong Geng 容庚
Ruan Yuan 阮元

Sandao qiao 三道桥
Sanmin zhuyi jiaoyu 三民主义教育
Sanmin Zhuyi Qingnian Tuan 三民主义青年团
Sanyuan 三院
Shanghai Daxue Fushe Yingwen Yexiao 上海大学附设英文夜校
Shanghai Daxue Pingmin Xuexiao 上海大学平民学校
Shanghai Gejie Lianhe Hui 上海各界联合会

Shao Lizi 邵力子

Shaonian Zhongguo Xuehui 少年中国学会

Shehui jinhua shi 社会进化史

Shehui jinhua tieze 社会进化铁则

Shehui kexue dagang 社会科学大纲

Shehui kexue de yanjiu 社会科学的研究

Shehui kexue shijiang 社会科学十讲

Sheui sixiang quanshi 社会思想全史

Shehui wenti dagang 社会问题大纲

Shehui yundong quanshi 社会运动全史

Shehui zhuyi dagang 社会主义大纲

Sbehui zhuyi de jichu 社会主义的基础

Shehui zhuyi shehui xue 社会主义社会学

Shehui zhuyi Zhongguo shi 社会主义中国史

Sbehui Zhuyi lunli xue 社会主义伦理学

Shen Jianshi 沈兼士

Shen Shousheng 申寿生

Shen Siliang 沈嗣良

Shen Xiangyun 沈翔云

Sheng Xuanhuai 盛宣怀

Shenzhou（college）神州

Shenzhou ribao 神州日报

Shi Chun 史纯

Shi Cuntong 施存统

Shi Hengqing 石衡青

Shida 师大

Shijie shehui shigang 世界社会史纲

shili fanwei 势力范围

Shishi xinbao 时事新报

shouhui jiaoquan yundong 收回教权运动

Shouling 寿陵

Shui jing 水经

Siku quanshu 四库全书

sixue 私学

Song Yaoru 宋耀如

Songjiang 松江

Songlin 淞林

Soong, T. V.（Song Ziwen）宋子文

Su Shi 苏轼

Subei 苏北

Sun xingzhe 孙行者

Suzhou 苏州

Taiyan dizi 太炎弟子

Tang Weizhi 唐蔚芝

Tangshan 唐山
Tao hua yuan ji 桃花源记
Tao Qian 陶潜
Tian Han 田汉
Tianmu（Mt.）天目
Tongji（University）同济
Tongsu ziben lun 通俗资本论
Tongwen guan 同文馆
Tongzhou（Tungchow）通州
Tuancheng 团城

Wang Guowei 王国维
Wang Jingwei 汪精卫
Wang Niansun 王念孙
Wang Tuansha（Jingfang）王抟沙（敬芳）
Wang Xianqian 王先谦
Wang Xizhi 王羲之
Wang Yinzhi 王引之
Wang Zaoshi 王造时
Wanzhu 万竹
Weiming（Lake）未名
Weiwu bianzhengfa gailun 唯物辩证法概论
Weiwu shiguan ABC 唯物史观 ABC
Weiwu shiguan dagang 唯物史观大纲
Weiwu shiguan jianshuo 唯物史观简说
wen ren 文人
Wen Yiduo 闻一多
Wentong 文通
Wenxin diaolong 文心雕龙
Wenxue gailiang chuyi 文学改良刍议
Wenxue geming lun 文学革命论
Wo Sing 华兴
Woren 倭仁
Wu 吴
Wu Duan 武端
Wu Han 吴晗
Wu Mei 吴梅
Wu Mi 吴宓
Wu Peifu 吴佩孚
Wu Zhihui 吴稚辉
Wuhu 芜湖
Wuxi 无锡

Xia Jingguan 夏敬观
Xiang qian jin 向前进
Xiangdao 向导
Xiangjiang pinglun 湘江评论
Xiao kang 小康
Xiao Pu 萧朴
Xiao Yaonan 萧耀南
Xibei Nongye Zhuanke Xuexiao 西北农业专科学校
Xin shehuixue 新社会学
xin yu 心狱

Xingshi She 醒狮社
Xiong Deshan 熊德善
Xiong Huizhen 熊会贞
Xi youji 西游记
Xizhai 西斋
Xu Zhimo 徐志摩
Xuancheng 宣城
Xue Muqiao 薛暮桥
xuebu 学部
Xuehaitang 学海堂

Yan Fu 严复
Yan Yongjing 颜永京
Yang Shoujing 杨守敬
Yang Shuda 杨树达
Yang Yinyu 杨荫榆
Yang Zhihua 杨之华
Yang Zhu 杨朱
Yangshupu 杨树浦
yanjiu xi 研究系
Yao Hongye 姚宏业
Ye Chucang 叶楚伧
Yeji daxue 野鸡大学
Yi Peiji 易培基
Yishibao 益世报
Yitiaolong 一条龙
Yongle dadian 永乐大典
yu 欲
Yu Jiaju 余家菊
Yu Rizhang 余日章
Yu Xiaqing 虞洽卿
Yu Youren 于右任
Yu Yue 俞樾
Yuan Guanlan 袁观澜
Yuehua 粤华
YuelaiJu 悦来居
Yun Daiying 恽代英

Zai jiulou shang 在酒楼上
Zeng Qi 曾琦
Zhabei 闸北
Zhang Boling 张伯苓
Zhang Dongsun 张东荪
Zhang ji 张继
Zhang Jian 张謇
Zhang Shilu 张世禄
Zhang Shouyong 张寿镛
Zhang Tailei 张太雷
Zhang Taiyan（Binglin）章太炎（炳麟）
Zhang Yun 张云
Zhang Zhidong 张之洞
Zhang Zuolin 张作霖
Zhangjiakou 张家口
Zhao Guocai 赵国材
Zhao Yiqing 赵一清
Zhao Yuanren 赵元任
Zheng Xiaoxu 郑孝胥
zhengli 整理
zhengli guogu 整理国故

Zhenjiang 镇江
Zhongguo lishi dituji 中国历史地图集
Zhongguo qingnian 中国青年
Zhongguo Qingnian Dang 中国青年党
Zhongguo shehui sixiang shi 中国社会思想史
Zhonghua Tielu Xuexiao 中华铁路学校
Zhongguo xiaoshuo shilue 中国小说史略
Zhonghua Zhiye Jiaoyu She 中华职业教育社
Zhongnan Yinhang 中南银行
Zhongtong 中统
Zhongxue wei ti, xixue wei yong 中学为体，西学为用
Zhongyang banyue kan 中央半月刊
Zhongyang Dangbu Diaocha Tongji Ju 中央党部调查统计局
Zhou Enlai 周恩来
Zhou Lieya 周烈亚
Zhou Yichun 周贻春
Zhou Zuoren 周作人
Zhu Jiahua 朱家骅
Zhu Kezhen 竺可桢
Zhu Mouwei 朱谋玮
Zhu Pengxian 朱蓬先
Zhu Xi 朱熹
Zhuangzi 庄子
Zhucheng 诸城
Zhuzhang yu pinglun 主张与评论
Zi 字
Zibe lun qianshuo 资本论浅说
Zixiu daxue 自修大学

索　引

（页码为原书页码，即本书边码）

译后记

本译作是我的博士生在北京大学攻读博士学位期间合作的一项成果。各人承担的翻译工作，具体分工为：第一章（胡少诚）、第二章（谢慧译成后，潘惠祥又做了校订）、第三章（黄丽安）、第四、五章（冯夏根）、第六章（田嵩燕）、第七章（陈友良）。他（她）们是在自己繁重的课业之余应我之请从事这项工作，译完后有些疑难人名或问题又请教叶文心教授和她的助理帮助解决并对译文加以修订。考虑到中、英文读者语境的不同，叶教授在修订译文时，对译文的某些部分做了小修改，以适应中文读者阅读。中国人民大学出版社谭徐锋君闻讯后，慨然接受这一译作的出版。对于叶教授的悉心帮助和谭君的热情安排，我们深表感谢！

2011 年是辛亥革命一百周年，海内外学术界同人为此举行了各种各样的纪念活动和出版了大批相关研究著作、历史文献。本译作的出版，也算是我们为这一盛大的纪念活动奉献的一份礼物。译作如有不尽如人意之处，欢迎学界同人批评指正。

欧阳哲生

2011 年 9 月 13 日于海淀蓝旗营

The Alienated Academy: *Culture and Politics in Republican China*, *1919—1937* by Wen-Hsin Yeh, was published by the Harvard University Asia Center, Cambridge, Massachusetts, USA, in 1990.

本书原版 1990 年由哈佛大学亚洲中心出版。简体中文版由哈佛大学亚洲中心授权中国人民大学出版社独家出版发行。

图书在版编目（CIP）数据

民国时期大学校园文化：1919—1937/［美］叶文心著；冯夏根等译. —北京：中国人民大学出版社，2012. 7
（海外中国研究文库）
ISBN 978-7-300-16127-3

Ⅰ. ①民… Ⅱ. ①叶…②冯… Ⅲ. ①高等学校-校园文化-研究-中国-1919—1937 Ⅳ. ①G649. 29

中国版本图书馆 CIP 数据核字（2012）第 161418 号

海外中国研究文库
民国时期大学校园文化（1919—1937）
［美］叶文心　著
冯夏根　胡少诚　田嵩燕　等译
Minguo Shiqi Daxue Xiaoyuan Wenhua

出版发行	中国人民大学出版社		
社　　址	北京中关村大街 31 号	**邮政编码**	100080
电　　话	010－62511242（总编室）		010－62511770（质管部）
	010－82501766（邮购部）		010－62514148（门市部）
	010－62515195（发行公司）		010－62515275（盗版举报）
网　　址	http://www. crup. com. cn		
	http://www. ttrnet. com(人大教研网)		
经　　销	新华书店		
印　　刷	涿州市星河印刷有限公司		
规　　格	160 mm×230 mm　16 开本	**版　　次**	2012 年 8 月第 1 版
印　　张	27. 5 插页 2	**印　　次**	2022 年 9 月第 4 次印刷
字　　数	400 000	**定　　价**	79. 80 元